职场关键能力

U0680585

主编

副主编

◇编

李庚

21世纪高等院校通识教育规划教材

人民邮电出版社

北京

图书在版编目（CIP）数据

职场关键能力 / 周伟主编. -- 2版. -- 北京：人
民邮电出版社，2016.8（2023.8重印）
　　21世纪高等院校通识教育规划教材
　　ISBN 978-7-115-43321-3

Ⅰ. ①职… Ⅱ. ①周… Ⅲ. ①职业社会学－高等学校
－教材 Ⅳ. ①C913.2

中国版本图书馆CIP数据核字(2016)第181005号

内 容 提 要

　　本书围绕双体系教育核心教学内容之一的"职场关键能力"进行讲解，对在校学生进入社会前
应当了解的职场规则、需要调整的职场心态以及必须具备的职场能力等方面进行了介绍。本书富有
鲜明的时代特征，创新性、实用性和针对性较强，全书案例丰富、结构清晰，内容逐步深入，易于
学生学习、掌握。

　　本书不仅可以作为高等院校"就业指导""职场能力"等课程的授课教材，还可作为各类培训机
构的培训教材，同时也可作为职场读物供广大在校生使用。

◆ 主　　编　周　伟

　　副 主 编　陈仲华　吕永生

　　编　　　　李　勇　王　欣　皇甫峰　李文豹

　　　　　　　皮若兰　谢万里

　　责任编辑　刘　博

　　责任印制　沈　蓉　彭志环

◆ 人民邮电出版社出版发行　　北京市丰台区成寿寺路 11 号

　　邮编　100164　　电子邮件　315@ptpress.com.cn

　　网址　http://www.ptpress.com.cn

　　廊坊市印艺阁数字科技有限公司印刷

◆ 开本：787×1092　1/16

　　印张：15.25　　　　　　　　2016 年 8 月第 2 版

　　字数：382 千字　　　　　　 2023 年 8 月河北第 13 次印刷

定价：39.80 元

读者服务热线：**(010)81055256**　印装质量热线：**(010)81055316**
反盗版热线：**(010)81055315**
广告经营许可证：京东市监广登字20170147号

前　　言

近年来，由于高校的不断扩招，高校毕业生的就业形势一直相对紧张。虽然当前我国经济社会发展的总体趋势向好，但国际形势继续发生着深刻复杂的变化，我国经济社会发展面对诸多可以预见和难以预见的风险挑战。就业总量压力和结构性矛盾并存，高校毕业生的就业形势依然严峻。同时，很多权威机构的调查数据都反映出大学生在求职方面依然存在着期望值过高、缺乏求职技巧、缺乏就业培训等问题。大学生职场能力的缺失一方面使得企业难以招聘到合适的员工，而另一方面使得高校毕业生就业要寻找到合适的企业也很困难。

为使大学生在学好专业知识的同时具备企业需要的职场关键能力，实现人才培养与市场需求的无缝对接，重庆邮电大学移通学院和山西农业大学信息学院全面引进"双体系"教育模式（双体实训），成立双体系卓越人才教育基地，通过招聘具有丰富经验的职场精英担任全职导师，对学生实行全企业化的管理与培养。双体实训是中国大学生软件实训的领导品牌，由中科院研究生院计算与通信工程学院和知名教育机构天地英才联合创办的"软件技术实战+职场关键能力"两套系统并行的全新教育模式，面向在校学生提供精品实训课程，是为了解决 IT 企业招聘难题及大学生就业难题而采用的全新的教育模式。双体实训教授最新的主流软件开发技术，通过真实项目让学生从软件系统的需求分析开始一直到系统测试，体验真实、完整的项目过程；同时通过职场关键能力课程的教授，将职场规则、系统思考、有效沟通、团结协作、执行力等企业对员工能力的要求内容融入到人才培养的全过程，促进大学生的高质量就业。

本书第一版于 2012 年初出版，面对职场日新月异的变化，为了使大学生能更好地与职场接轨，编者本着强化"实践性"和"可操作性"的原则修订了本书。此次修订版共九章，分别从"职场准备""职场素养"和"职场心态"三个方面来介绍在职场中必须具备的职场关键能力。其中"职场准备"包括第一章"职场关键能力概述"、第二章"职业规划"和第三章"自我营销"；"职场素养"部分包括第四章"有效沟通"、第五章"团队合作"和第八章"职场礼仪"；"职场心态"部分包括第六章"自我管理"、第七章"职场心态"和第九章"准备——赢得一切"。本书在第一版的基础上加入了当下职场对员工素质能力要求的新内容，使得全书更贴近职场，对学生的指导针对性更强，实用性更突出。全书的内容逐步深入，有助于在校学生有效地学习、掌握，可用作各个高校讲授"职场关键能力""大学生就业指导"等课程时使用，同时也可作为大学生职场读物使用。

希望本书能够成为广大学生成长道路上的良师益友，帮助大学生在学好专业技术知识的同时掌握职场关键能力，打造就业核心竞争力和未来职场的可持续发展能力，真正成为"精技术、有经验、明职场"的现代精英人士，为促进国家经济建设和社会发展贡献力量。

双体实训商标及其知识产权体系之产权拥有人为重庆翔美教育投资有限公司。

目　录

第一章 职场关键能力概述

随着近几年大学应届毕业生数量的不断增加,大学生求职就业与职业发展问题已经越来越成为社会关注的焦点,每年有相当数量的大学生找不到合适的工作,也有很多企业招聘不到合适的人才,究其原因主要还在于当前大学应届毕业生职业化素养较弱,不清楚企业究竟需要什么样的人才。大学应届毕业生要真正达到企业的要求,就必须具备良好的职业化素养和较强的职场关键能力。本章介绍了当前大学生职业发展的现状,并着重讲述职业化与职场关键能力的含义、影响职业化的心态以及职业化的有效方法等与职场关键能力相关的内容。

第一节 职 业 化

一、职业化的含义

职业化就是一种工作状态的标准化、规范化和制度化。即在合适的时间、合适的地点、用合适的方式,说合适的话,做合适的事,使知识、技能、观念、思维、态度、心理等都符合职业规范和标准。

职业化,就是用理性的态度对待工作。

职业化,就是以职业为生并精于此道。

职业化,就是将工作中的细微之处做得专业。

职业化,就是要不断增强自己在职场的不可替代性。

职业化,就是在工作上能够以最小的成本获取最大的效益。

以国际通行的概念,职业化的内涵至少包括以下 4 个方面。

1. 以"人事相宜"为追求,优化人们的职业资质

职业资质:学历认证是最基础的职业资质,如专科、本科、硕士、博士等;其次是职业资格认证,比如教师必须拥有教师资格证书,会计必须拥有会计上岗证书;还有一种没有证书的认证就是社会认证,社会认证通常就是人们在社会中的地位,例如你是某行业的专家,即使你没有任何证书,但是社会承认你,这就代表你在这个行业、这个领域的资质,这种认证也叫作头衔认证。

2. 以"胜任愉快"为目标,保持人们的职业体能

职业体能:指与职业(劳动)有关的身体素质和心理素质,以及在不良劳动环境、条件下的耐受力和适应能力。职业体能分为两类:与职业有关的身体素质(包括身体组成、肌肉力量、肌肉耐力、柔韧度、心肺功能、灵敏性)和心理素质(个体在心理过程、个性心理等方面所具有的基本特征和品质)。

3. 以"创造绩效"为主导，开发人们的职业意识

职业意识：是人们对职业劳动的认识、评价、情感和态度等心理成分的综合反映，是支配和调控全部职业行为和职业活动的调节器，它包括创新意识、竞争意识、协作意识和奉献意识等方面。

4. 以"适应市场"为基点，修养人们的职业道德

职业道德：就是同人们的职业活动紧密联系的符合职业特点所要求的道德准则、道德情操与道德品质的总和，它既是本职人员在职业活动中的行为标准和要求，同时又是职业对社会所负的道德责任与义务。职业人应该遵循的职业道德包括：诚实、正直、守信、忠诚、公平、关心他人、尊重他人、追求卓越、承担责任等。

二、职业化的重要性

人才是指具有一定的专业知识或专门技能，进行创造性劳动并对社会做出贡献的人，是人力资源中能力和素质较高的劳动者。在传统观念里，人们认为学富五车的人是人才，而现代竞争社会对人才有了新的认识与界定，是否拥有职业素质成了人才的一个基本标志。

原网通总经理田溯宁和 UT 斯达康总经理吴鹰，在参加中央电视台《对话》栏目时，主持人列出了八种不同类型的人才，要求两位老总根据自身的喜好选择三种需要的人才。八种类型的人才分别是：勇敢、做事不计后果；点子多、不听话；踏实、但无创意；有本事、但过于谦虚；听话却没有原则；能力强但不懂合作；机灵但不踏实；有将才，也有野心。

最终这两位老总所选的三种人中，有两种人是相同的：第一种是勇敢，做事不计后果；第二种是有将才，也有野心。每个公司的选才都自有其独到之处，但是由这个例子会发现，他们往往也有惊人的相似之处。这种选择也许可以代表大公司的选才之道，那么，规模较小的企业的老板喜欢什么样的人才呢？根据相关的调查显示：规模较小的公司选人标准为肯学、肯干、会干、忠诚、协调、能力与协作、专业、敬业、敬人等。

因此，在现代社会，每个企业的用人标准中都对员工的职业素养提出了很高的要求，而职业素养正是实现职业化的基础。大学生只有不断培养自己的职业素养，提高自己的职业化能力，才能让自己不断贴近企业的用人要求，逐步实现自己在职场的远大理想。

三、职业化的标准

一般来说，企业衡量员工是否职业化的标准有如下 9 点。

1. 是否具有积极的工作态度

企业需要什么样的员工？经过对企业用人需求的调查后，得出了如下结论：工作态度及敬业精神，是企业遴选人才时优先考虑的条件。对企业忠诚和积极主动工作的人是企业最欢迎的员工，而耐心不足、浮躁、消极等待、频繁跳槽的人，则是企业最不欢迎的员工。

一般来说，人的智力因素（智商）相差不大，工作成效的高低往往更多取决其对工作的态度，以及勇于承担任务及责任的精神。在工作中遇到挫折仍不屈不挠、坚持到底的员工，其成效必然较高，同时也更容易受到领导的赏识和同事们的信赖。

小李是某企业的老员工，想当初他凭借着扎实的专业技能和良好的个人形象在众多面试者中脱颖而出，最终胜过很多重点院校的本科生、硕士生，获得了进入该企业工作的资格。然而5 年过去了，眼看着同期进入的甚至是比自己晚进入企业的人员都得到了提升，唯独自己还在

原地踏步不前，小李百思不得其解。

一次偶然的机会，小李从上级那里了解到了自己不能得到提升的原因：原来自己进入公司后，自认为自己的工作能力特别强，在工作时没有特别上心，上级安排的工作总是准点完成，绝不提前；上级没有安排的事情，坚决不做；对于加班更是能避则避，以上这些行为导致上级给予的评价是：该员工具有较强的工作能力，但工作态度欠端正，不能胜任更高一层的管理工作。

正因为以上种种，导致小李进入企业 5 年还未获得任何提升，回想过去，小李悔不当初，如果自己当初能够更加用心工作，那该有多好啊！

2. 是否具有爱岗敬业的精神

爱岗，就是要热爱自己从事的职业、热爱自己的工作岗位；敬业就是要以恭敬、严谨、负责的态度对待本职工作，一丝不苟、兢兢业业。爱岗敬业是职业道德的核心，是从业人员基本的价值观和职业信条，是对从业人员工作态度的基础要求，它表现在重业、乐业、勤业和精业上（图 1.1）。

图 1.1 努力工作

一个人一旦爱上自己的职业，他就是全世界最幸福的人，因为这样的人会把工作当成一种乐趣、一种享受，他的整个身心都会融入到工作中，焕发出无限的热情和动力。

3. 是否具有诚实守信的素养

诚实守信是处理人际关系和经济活动关系的一项最基本的行为规范。诚实就是要言行一致、表里如一、不弄虚作假；守信就是要言而有信、一诺千金，不能背信违约。在职业活动中，特别是在市场经济条件下的职业活动中，诚实守信具有十分重要的意义。

一名留学德国名校的计算机专业博士生毕业后，雄心勃勃地开始找工作，他非常自信地认为凭借自身的专业知识和能力，能在德国的大公司找到一份不错的工作。每次面试后用人单位似乎对他都很满意，但总是没有下文，他不知道是什么环节出了问题。大公司没有希望，他就开始向小公司投简历，但结果还是一样。他百思不得其解，他的同学都在各大公司找到了很好的工作，为什么他却不能。于是他就给曾经面试过他的人事部经理打电话询问原因，对方犹豫了一会儿才告诉他，因为在他的个人档案中曾经有两次地铁逃票的记录。这位博士生万万没有想到竟是这个原因导致自己无法找到工作，在德国人看来，这是很严重的诚信问题，而几欧元的地铁票就葬送了他的大好前程。

刚刚参加工作的大学生经常会出现令用人单位头疼的诚信问题，例如总是抱着骑驴找马的态度，对工作心不在焉，随时准备跳槽；一旦找到其他更好的工作，立即走人，甚至连招呼也不打。一位人事经理说："我现在对一些毕业生的做法非常反感，以前都是提前一个月通知不合格的毕业生离职，但现在却是第二天就不见人影了。工作不交接不说，连单位的工服、资料也不还，打电话也不接。没办法，现在我只能当天通知，让他们当天办完手续走人。"

在中国，由于缺乏对失信行为的约束机制，致使很多大学生认为诚实守信是可有可无的，甚至少数人认为诚实守信是傻子行为。未来中国要走向世界，与世界接轨，首先将加强诚信体系建设，与世界同步。因此可以想象，没有诚信的人在未来找工作的过程中将会四处碰壁。

4. 是否具有高尚的道德品行

道德品质是一个人在社会立足的根本，也是公司对人才的一项基本要求。一个再有学问、再有能力的人，如果道德品质不好，极大可能会对企业造成难以估量的损害，国内很多知名企业在选拔人才时都遵循"品德第一，能力第二，学历第三"的原则。现在，越来越多的企业在招聘员工时，更加重视应聘者的道德品行，在这方面表现差的员工很容易被淘汰。

5. 是否具有较高的学习潜力

有着强烈学习欲望和学习能力的人往往具备较高的学习潜力。现在越来越多的企业在选择人员时，同等情况下倾向于选用有学习潜力的人，而企业也越来越多地在招聘员工时加考逻辑以及综合素质方面的试题，其目的就在于测验应聘者在工作中的培养潜力。

6. 是否具有较强的反应能力

对问题分析缜密、判断正确而且能够迅速做出反应的人，在企业很受欢迎。他们在处理问题时比较容易成功，尤其是私营企业的经营管理面临诸多变化，几乎每天都处在危机管理之中，只有抢先发现机遇，准确掌握时机，妥善应对各种局面，才能立于不败之地。

7. 是否具有新事物的感知能力

现代社会，科学技术的发展日新月异，市场竞争瞬息万变，企业想要持续进步，只有不断创新，保持现状即意味着落后。企业所开展的一切工作都是以人为主体，因此，拥有较强学习意愿、善于感知新事物、能够接受创新思想的员工，在企业的发展就必然比较迅速。

8. 是否具有有效的沟通能力

随着社会日趋开放和多元化，沟通能力已成为现代职业人士必备的能力。对一个企业的员工而言，必然有面对老板、同事、客户等不同对象进行沟通的情况，同时他们可能还需要处理企业与股东、同行、政府、社区居民等的关系，平时经常会有与其他单位或个人进行协调、解说、宣传等工作，沟通能力的重要性由此可见一斑。

9. 是否具有良好的团队精神

员工在个性特点上要具有团队精神，几乎已成为各类企业的普遍要求。个人英雄主义色彩太浓的人在企业里不太容易立足，因为想要做好一件事情，绝不能仅凭个人爱好独断专行，只有通过不断沟通、协调、讨论，优先从整体利益考虑，集合众人的智慧和力量，才能做出为大家接受和支持的决定，才能把事情办好。

团队协作（图1.2）是社会分工的必然，也是职业人的基本素质。一些企业在招聘时就采用了情景测试题，以考察应聘人团队协作的能力。如某外企让三名应聘者在一个房间里等候，但只放了两把椅子。被测者的反应不一，有的人看到只有两把椅子，就赶快占好座位，也有三个被测人互相谦让座位的情景。

图1.2　团队协作

团队中如果有一个协作欠佳的成员，就会增大团队的内部摩擦系数和内耗，一旦这样的成员超过一定数量，就会妨碍团队系统的正常运转，影响团队效率的发挥。优秀的职业人总是真诚地尊重和关心他人，善于沟通，工作中求同存异。这些人在团队中人际吸引力强，人际关系融洽，能促进团队的协作。

拓展阅读

大学生职业发展现状

近十年来，中国普通高校应届毕业生人数呈逐年上升趋势，企业能够为应届大学毕业生提供的岗位数量虽有所增长，但与应届毕业生的数量相比仍然不足，就业的压力也越来越大。在如此巨大的就业压力下，仍然有不少应届毕业生在求职时或进入职场后由于缺乏足够的职场能力，不懂得珍惜机会，从而使得自己的就业之路更加曲折。下面通过几个案例来看看目前大学生在职业发展中的一些现状。

案例一：实习待遇低，难以坚持

小王为某三本院校应届毕业生，经过投递简历和层层面试，有幸进入国内某知名 IT 企业实习。该企业明确告知小王，实习期从进入公司起到正式从学校毕业拿到毕业证、学位证止，实习期间第一个月为试用期，没有工资，从第二个月开始，每个月发放实习工资 650 元，如有加班、出差另行计算。小王得知此种情况后，经过仔细考虑，选择进入该公司实习。

两个月后，小王回学校参加班级聚会，在与同学的交流沟通中，得知一个平时不如自己的同学找到了一家企业实习，这家企业虽然规模和名气都没有自己所在的企业强，但该企业每月给实习生 1500 元的实习工资。小王听后心理非常不平衡，班级聚会结束后彻夜难眠，觉得凭自己的能力每个月不应该只拿这么点工资，自己应该重新找一份待遇更好的工作。

回到公司后，小王果断提出离职，重新成为待就业大军中的一员，与他同批进入该企业实习的小张则一直坚持下来，在毕业后通过了企业的考核，成为企业的正式员工，薪资待遇也得到了极大提升，超过了应届大学毕业生的平均薪资水平。

案例二：工作太辛苦，无法适应

小张是某院校大学应届毕业生，在大四上学期经过自己的努力，通过了国内某 IT 软件开发企业的面试，进入该企业从事 Java 软件开发实习生工作。在进入该企业之前，小张也知道从事软件开发工作有可能会经常加班，忙的时候特别忙，但小张自认为自己吃苦耐劳的能力还不错，因此当企业询问到关于加班方面的问题时，他毫不犹豫地回答没有问题，这一点也得到了企业的认可。

进入该企业实习后，小张发现实际工作情况和自己想的有些不一样，刚开始的两周还比较轻松，每天都是跟着老员工学习岗位操作知识，接下来就一直忙个不停，用企业内部员工开玩笑的话叫"5 加 2，白加黑"，原来该企业承接了一个大型的软件开发项目，需要在较短的时间完成。

这样工作了一个月左右的时间后，小张发现自己确实承受不了这么高强度的工作压力，虽然他也承认在企业里面能够学到很多学校里学不到的知识，但最终只能委婉地向该企业提出离职。

案例三：招我进来做小工

经历笔试、面试、签订实习协议等流程后，小李终于开始到公司上班了。上班前一天晚上，小李还因为兴奋做了一个梦，梦里她脚穿奢华高跟鞋，身穿名贵套装，在公司里指点江山，好像公司任何事少了她就进行不下去了……当小李怀揣梦想来上班的时候，迎接她的却是残酷的现实。当初招她进来的那个帅哥似乎转眼就变成了"撒旦！""新来的，去扫一下地！""小姑娘，去领一下文具！""那个李什么，帮我订个午饭！"……

就这样一个星期过去了，小李确实如她所期望地成为了公司"支柱"，只是……全公司的快递除了她就没人收寄，公司上下谁的文具少了都要管她要；她还管理着公司全部的会议室预定、外卖单子和预定电话，其他同事如手头工作特别忙，小李还要去打个下手，美其名曰："协助工作，这是团队精神的表现！"

这样过了一个月，小李觉得自己实在受不了了，自己十年寒窗苦读就是为了给公司的所有人打杂吗，公司完全不能给自己提供一个发挥自身能力的平台，自己的价值根本不能得到体现，经过左思右想，小李最终向公司提出了离职，草草结束了自己的实习生涯。

大家都在说大学生就业难，而没有认真去思考大学生为什么就业难，是社会上提供的岗位数量不足还是当前大学生本身存在着一定的问题。从上述的种种案例可以看出，当前有部分数量的大学生在学习期间没有明确的目标、无所事事，等到将毕业的时候才发现四年时间没有任何收获，就匆匆忙忙地要四处求职找工作，费尽千辛万苦找到工作后又因为这不满意那不满意而频繁跳槽，而在这一过程中，他们根本不清楚企业需要什么样的人才，也不清楚在职场中应该具备怎样的能力，更不清楚自己的职业生涯应该如何规划与发展，这些都是职业化素养与职业化能力的缺失。作为即将步入职场的新人，要想自己的职业生涯能够顺利发展，就应该及时了解和掌握职业化的相关知识。

第二节　如何做到职业化

一、影响职业化的消极心态

要做到职业化，就必须在不断提高自身能力的同时摒弃一些不好的心态。那么到底哪些是影响人们实现职业化的消极心态呢？具体如下。

1. 推卸责任

每个员工都承担着公司的一部分工作，都需要对这部分工作负责，但有些人却习惯于推卸责任，不是抱怨上级没有把工作交待清楚，就是责备下属能力不强，唯独自己没有一点责任。

殊不知作为一项工作的负责人，只要工作没有做好，责任就是自己的，有错都是"我"的错。上级没有交代清楚，在接受任务的时候为什么不询问清楚？下属能力不强，为什么不在平时的管理工作中去提升他们的能力？作为负责人就应该勇于承担责任，一个连责任都不敢承担的人，上级怎么能够信任并委以重任？下属又怎么可能真心支持和拥戴他？

2. 打工心态

在职场中，很多人都认为自己只是打工的，当然这在事实上也没有错误，大多数人是在打工，但打工也有两种不同的心态。如果认为是为别人打工，那就真的是在打工了；如果是当作为自己打工，坚持下来，离成功的日子就不远了。

工作并不仅仅是为了薪水，更重要的是在工作中不断提升自己的能力，以使自己在未来能够有更多的选择，如果工作得过且过、不思进取，那么你可能永远都是打工者，甚至连打工都不一定能够有机会。请记住，今天打工是为了明天不打工；今天不甘心打工，明天有没有工打亦未可知。

所以，当一天和尚撞一天钟，这样的心态是不可取的，要真正把自己当作主人，以老板的心态打工，才能终有所成。

3. 清高孤傲

如今的世界已经大不同了，单枪匹马、单打独斗就能成功的日子已经一去不复返了，现在竞争的是团队的力量。工作千头万绪，一个人无论个人能力有多强，也难以全部应付。一个人要成功，就必须融入团队，只有团队成功个人才有可能成功，失败的团队里没有成功的个人。

所以，优秀的员工也要融入到团队中去。如果你对团队的现状不太满意，你还可以影响你的团队，想办法让团队变得更加优秀，但你绝不可以孤芳自赏，游离于团队之外，让自己成为一个局外人。

4. 消极被动

《论语》有言"君子不器"，意思是说一个人不要把自己当作工具、器皿。人之所以为人，是因为人是有主动性的，善于运用大脑思考；如果人云亦云，从不思考，别人说什么就是什么，别人安排什么就做什么，那就真的变成工具了，这样的人在竞争中只能是失败者。

在职场中，你如果有好的方法或是好的可行性建议，应该及时拿出来和团队分享，如果藏着掖着，这既是一种资源的浪费，别人也不会知道你的能力，更不用说得到领导的认可与提拔了。

聪明的员工总是"不在其位而谋其政"，他们会主动站在领导者的立场，想领导之所想，及时为领导"排忧解难"；他们会积极主动开展工作，而不是被动等待领导安排工作；他们会为领导带来预期的工作结果，有的时候甚至会超越领导的期望。总之，主动去思考，主动去改变，主动去行动，才会发展得更好。

5. 独善其身

有的人两耳不闻窗外事，只关心自己，只要自己的工作不出什么问题就好了，别人与"我"没有什么关系；看到同事工作出了错误，甚至会幸灾乐祸、落井下石。这种工作心态已经与现代职场的要求格格不入了，拿这种心态处世，以此种态度工作，是无法被团队接纳的，是不可能在竞争中胜出的。

6. 缺乏危机意识

有一个很著名的温水煮青蛙（图 1.3）实验：把青蛙扔进滚烫的水中，青蛙能够立即跳出滚水，避免灭顶之灾。但如果把青蛙放在温水里，慢慢加热去煮，在温水中逍遥自在的青蛙，等到水煮沸了，生命受到威胁了，却发现再也没有力气逃命了。

图 1.3　温水煮青蛙

这个实验告诉人们：在职场中，每个员工都要有危机感，要有竞争意识，不要因为安逸舒适的环境而丧失警惕心、磨灭自己的斗志，都应该从长远考虑自己未来的发展并提前做好相应准备，否则，一旦面临环境改变，就会在激烈的竞争面前茫然无措，最后就只能被淘汰了。

二、促进职业化的积极心态

要真正实现职业化，光摒弃以上那些不良心态是不够的，还需要积极调整心态，做到以下6点。

1. 保持对领导的尊重

在任何组织中，领导都是决定你是"生存"与"死亡"、提拔与"原地徘徊"的至关重要的人，要想得到领导的认可，首先要学会的就是尊重自己的领导。有的领导，可能学历没有你强、英语没有你说得好、颜值没有你高，但他能够成为领导，就说明他有优秀的一面，有能力担任这个职务，作为下属，一定要对他保持应有的尊重。

同时，只有当领导成功了，下属才有机会跟着成功，也就是说领导有机会了，下属才会有机会。那种梦想等着领导犯错甚至引导领导出错，以便自己能够取而代之的心态应该及时丢掉，没有任何组织会认可这样的员工。同样，失败的团队里没有成功的个人，领导在一定程度上代表团队，下属尊重领导就是尊重团队，支持领导就是支持团队。

2. 超预期完成工作任务

既然选择了工作，就要对自己的选择负责，做到干一行爱一行。领导交办的工作，无论难易程度如何，是否属于分内之事，都应该全力以赴地去完成，给领导带来好的工作结果。有的人可能会觉得，分内的工作理当义不容辞，但如果是分外的工作就不必了吧？这种想法是不对的，领导把工作交给自己，说明信任自己，这份信任也值得认真把工作做好。

因此，面对领导的信任，不仅要把工作一丝不苟做好，还要尽量做到最好，超出领导的期望，让领导放心、省心，你自身也会得到更多机会。

3. 包容性格不同的同事

每个人性格不同，处世的方法也不同，在工作中都可能遇到一些做事方法不符合自己喜好的同事，但不能拿自己的标准去要求别人，更不能因为对方未按照自己的标准去做事而厌恶对方甚至怀恨在心，要学会宽容和包容，融入到团队中去。

4. 尽力帮助团队的成员

自己的工作完成后并不是已经万事大吉了，此时可以主动关心其他同事，看看自己能不能帮他们做些什么，如果每个人都这么想、这么做，团队就会更融洽、更强大，公司也就更强大。

有的人喜欢拖延工作，1个小时的工作一定要拖到4个小时做完，甚至还要在下班时故意加会班，让别人觉得他很忙，生怕提前做完被分派其他工作。其实工作是提升个人能力的重要途径，工作做得少，锻炼的机会就少，能力提升就慢。

帮助他人是一种储蓄，一种情感的储蓄、一种爱的储蓄，储蓄总是会有回报的。一个人帮助他人越多，就会有越多的人帮助自己。

5. 寻找与他人的差距

每个人都有优点和不足，在与人相处时，往往容易发现他人的不足而忽视了对方的优点，总觉得别人都比不上自己。其实这是不对的，不要总觉得自己非常优秀，没有缺点，要善于向身边优秀的人学习，主动寻找自己的不足之处，不断提高，不断完善。

6. 积极显示自己的才能

一个人价值的大小更多取决于他为组织或社会创造了多大的价值，他创造的价值越大，他自身的价值也就越大。个人创造价值需要两个条件：能力和机会。

能力是创造价值的基础，一无是处的人是很难为组织或社会创造价值的。但光有能力是不够的，有能力的人只有让别人，尤其是他的领导知道了，别人才会为他创造机会。因此，要勇于表现自己的才能，不断提高自己的技能，这样才会不断有机会施展，才能充分体现自己的价值。

三、实现职业化的方法

大学生可能对职业化这个概念还没有深刻的了解，在正式进入职场之前，可以在调整好自己的心态之后采用以下方法来帮助自己实现职业化。

1. 自我暗示

自我暗示（图 1.4）又称自我肯定，是对某种事物的有力、积极的叙述，这是一种对人们正在想象的事物坚定和持久的表达方式进行肯定的练习，能让自己开始用一些更积极的思想和概念来替代过去陈旧的、否定性的思维模式。无论现在状况如何，也可能没有成功，但要想象自己成功的样子，用成功暗示自己。这种成功的潜意识会不断激励自己，无论什么艰难困苦都能坚持下来，最后终将成功。这是一种强有力的技巧，一种能在短时间内改变人们对生活的态度和期望的技巧。

自我暗示可以在内心深处默默进行，也可以写在纸上，还可以大声地说出来，歌唱或吟诵也是可以的。每天只要抽出几分钟时间

图 1.4　自我暗示

进行积极的自我暗示，就能抵消许多年的消极思维习惯，让自己变得更加积极主动，不畏任何挫折与困难，成功的概率自然就提高了。

拓展阅读

首尔奇迹

1995 年 6 月 29 日 18 时，韩国首尔名闻遐迩的三丰百货大楼在一瞬间倒塌，近千人被埋在瓦石之下。在这场因劣质施工而造成的大惨案中，有 458 人死亡，950 人受伤，同时在这场浩劫中，有 27 人在超越了死亡极限后生还，在人类灾难史上创造了"首尔奇迹"，其中最典型的是"最后一名生还者"创造的"神话"。

7 月 15 日挖掘救援进行到了 16 天，救援人员已经不抱任何期望，而只是在尽人道主义的职责。上午 11 时左右，一名救援人员挖到一个洞口后，隐约听到里面传来女人的哭泣声，大吃一惊，立即叫来其他的救援人员抓紧时间进行营救。通过 20 多分钟的奋力挖抢后，救援人员在这个废墟的洞底，在一堆正在腐烂的尸体旁边，发现了一位小姑娘。

救援医生对小姑娘进行紧急处理后，好奇地询问她是怎样坚持这 16 天时间的，小姑娘回答道："我叫朴胜贤，今年 19 岁，是三丰百货大楼儿童服务部的售货员。在这 16 天的时间里，我没有吃过一点东西，没有喝过一滴水，之所以能够坚持下来，首先在于我有一个超乎寻常的信念：我绝不能死，我还年轻，我热爱生命，我深深地知道我的父母、家人、亲戚、朋友都渴望我能活。因为我深信，营救人员一定在千方百计竭尽全力挖掘寻找。这样一想，我的心情反而平静了，开始想睡觉，我就顺其自然让自己尽情地睡，一天睡多少小时已经无法知道也不想知道，到后来便成为'昏睡'，有时简直一天 24 小时都在昏昏沉沉地睡。"

"在睡梦中，我会做许多奇奇怪怪的梦，但都不是噩梦。最奇妙的是，每当我饥渴难忍时，我总是会梦见一名憨厚善良的小和尚。他每次见到我，都送我一个我最爱吃的青苹果，又酸又甜的大苹果，我吃了以后，不饥也不渴了。"

2. 情绪管理

情绪管理是指通过研究个体和群体对自身情绪和他人情绪的认识、协调、引导、互动和控制，充分挖掘和培植个体与群体的情绪智商、培养驾驭情绪的能力，从而确保个体和群体保持良好的情绪状态，并由此产生良好的管理效果。简单地讲，个人情绪管理方法如下。

（1）体察自己的情绪

随时注意自己现在的情绪，明确现在的情绪是好还是坏。例如：当你因为朋友约会迟到而对他冷言冷语时，问问自己："我为什么这么做？他现在有什么感觉？"有的人认为：人不应该有情绪，所以不肯承认自己有坏情绪的时候。但是要知道，人一定会有情绪的，压抑情绪反而会带来更不好的结果，不在沉默中爆发就在沉默中灭亡，学着体察自己的情绪，是情绪管理的第一步。

（2）表达自己的情绪

在人际交往中，要选择合适的方式将自己的情绪传递给对方，方式方法不对，可能会影响人际关系甚至会让别人厌恶自己。以朋友约会迟到的例子来看，你之所以生气可能是因为你在担心他，在这种情况下，你可以委婉告诉他："你到了约定的时间还没出现，我很担心你在路上发生意外"。试着将你担心的感觉传达给他，让他了解他的迟到会带给你什么感受，这是正确的做法。什么是不适当的表达呢？例如：你指责他："每次约会都迟到，你为什么都不考虑我的感觉？"当你指责对方时，也会引起对方负面的情绪，他会变成一只刺猬，忙着抵御外来的攻击，更没有办法设身处地地为你着想，他的反应可能是："路上塞车嘛！有什么办法，你以为我不想准时吗？"如此一来，两人就开始吵架，更别提什么愉快的约会了。如何适当表达情绪，是一门艺术，需要用心体会、揣摩。

（3）舒解自己的情绪

舒解情绪的方法有很多，有些人会去 KTV 发泄一番，有些人会找朋友倾诉，有些人会逛街、听音乐、跑步等，比较糟糕的方式是借酒浇愁、飙车，甚至自杀。舒解情绪的目的在于给自己一个理清想法的机会，让自己好过一点，也让自己更有能量去面对未来。如果只是为了降低或逃避暂时的痛苦而麻痹自己，清醒后需承受更多的痛苦，那就不是合适的方式。有了不舒服的感觉，要勇敢地面对，仔细想想，为什么这么难过、生气？可以怎么做，将来才不会再重蹈覆辙？怎么做可以降低自己的不愉快？这么做会不会带来更大的伤害？根据这几个角度去选择适合自己且能有效舒解情绪的方式，你就能够控制情绪，而不是让情绪来控制你。

管理好自己的情绪，不要让情绪成为失败的导火索。不管是成功还是失败，只要从正面去看，失败也是一种成功，失败是成功的阶梯。只要管理好情绪，不断自我激励，每天不断进步就会迈向成功。

3．习惯养成

美国心理学巨匠威廉·詹姆斯有一段对习惯的经典注释："种下一个行动，收获一种行为；种下一种行为，收获一种习惯；种下一种习惯，收获一种性格；种下一种性格，收获一种命运。"

习惯是一种长期形成的思维方式、处世态度。习惯往往是在不经意间形成的，每个人都有自己独特的习惯，这些习惯有好有坏，但不无意外，都会对人的一生起着重要的影响作用（图 1.5）。

一般来说，习惯可以在有目的、有计划的训练中形成，也可以在无意识状态中形成。不良习惯容易在不经意间形成，而好习惯往往要经过有意识、有目的的训练才能养成，这是好习惯与不良习惯的根本区别。相对于其他习惯而言，不良习惯形成以后，要改变它是十分困难的，俗话说："江山易改，本性难移。"从根本上说，任何一个好习惯的养成都不会是轻而易举的。

图 1.5　好习惯从小养成

要培养一个好习惯，首先要明白这个习惯的重要性，因为只有明白了重要性，才会有培养这个习惯的强烈愿望。其次是要对所培养的习惯进行必要性、可行性的分析，从某种意义上说，克服一个坏习惯、培养一个好习惯是人生最难的，而又最有价值的事情。因此，要培养一个习惯，开始前的可行性分析很重要，否则，头脑一热，盲目去做，往往会半途而废。再次就是要统筹安排，逐一击破。人的习惯养成是一个庞大的体系，它像一棵大树一样，有干、有枝、有叶。它可以是人们工作方面的习惯，也可以是学习方面的、健康方面的、感情方面的，还可以是与人相处方面的各种习惯、思维方式的习惯、行为方式的习惯。因此当大家明白习惯对人生和命运的重要性后，要对准备培养的习惯作统筹安排。这样可以分清主次，明确先后，然后有步骤地去培养，就会更有成效。

从根本上说，任何一个好习惯的培养都不会是轻而易举的，因此，一定要循序渐进，由浅入深，由近及远，不要想一步到位、一蹴而就。尤其开始培养习惯时要宁少勿多、宁简勿繁、宁易勿难。先找一个比较容易做到的，做起来有兴趣的，很快就能尝到甜头的习惯开始，而且能不断受到自己和周围人的激励，下的工夫要大一些，花的时间要长一些，这样就容易成功。

4. 持续学习

社会在不断发展，知识更新换代的速度也越来越快，一个人如果不能持续学习，他就没办法跟上社会发展速度，甚至可能会被激烈的竞争所淘汰。每个人都要清楚，不是只有学校才能学习，社会是一所更大的学校，企业是课堂，同事也是同学，只要心态放低，到处都有可以学习的知识。要学会随时随地地学习，向周围优秀的人学习，持续地学习，不断地进步，才能扣住时代的脉搏。

机会永远是给有准备的人的。无论如何，请记住，持续学习是你成长道路上最根本的要求。没有良好的学习精神，最终会成为你成长道路上的绊脚石，阻止你快步前进！

5. 全力以赴

对工作要竭尽全力、全力以赴，切忌三心二意、一心两用。有的人可能边聊天边工作一样可以把事情做好，但一定不如全心全意投入做出来的质量高，也就是说要超出别人的期望就要全力以赴，做到最好。

孔子有一名学生叫做冉求，有一天，冉求对孔子说："老师啊，不是我不喜欢你教授的为人处世之道，是因为我自身力量不足啊。"孔子就慨叹说："力量不足的人，是做到中途发现自己力量真的不足时才会停止不做，而你现在还没有开始做就说自己力量不足，这是你自己给自己划定了界限啊。"

很多时候，并不是自己没有获取成功的能力，而是不够自信，轻易地否定自己的才能，把自己拒绝在成功的门外。

美国成功学家格兰特纳说过这样的话："如果你有自己系鞋带的能力，你就有上天摘星星的机会。"可见，能否取得成功不在于有多聪明、有多高的学历、多优越的背景，而在于能否全力以赴地工作。

有一位年轻人即将去一线城市闯荡，临行之前，他去向一位老者讨教应该如何做才能在大城市立足并取得一定的成就，老者简单地告诉他："全力以赴地工作。去吧，20 年后，你再回来找我。"年轻人带着老者的话上路了，他一直都按照老者的指点，一直都全力以赴地工作，经历了很多起伏跌宕、高峰低谷，事业颇有成就。

20 年后，他如约回去再次向老者讨教。老者还是简单地告诉他："尽力而为地工作。去吧，10 年之后，你再回来找我。"年轻人又继续尽力地工作，也经历了很多大风大浪，经过 10 年的努力，他取得了很大的成就。10 年之后，他又如约去拜见老者，见到年轻人前来，老者说道："看来你真的已经很成功了。在我年轻的时候，别人都告诉我，尽力而为，所以我在年轻的时候碌碌无为、一事无成；当我年近中年的时候，别人告诉我应全力以赴，可是我发现自己已经精力不足了。所以我就想，要是把这个顺序调换过来，会不会有不一样的结果。因此当你来见我的时候，我就告诉你年轻的时候一定要全力以赴，看来你真的成功了。"

两位不同的人，因为工作态度的不同，他们的人生也就截然不同。

很多对工作不负责任、没有全力以赴的人，总是为自己的失败找借口："不会这项工作""太难了""我没有经验"等等，结果与成功失之交臂。

《为学》一文里面记载一个故事：蜀国边境有一贫一富的两个和尚。一天，穷和尚对富和尚说："我想要到南海去，你看怎么样？"富和尚说："你凭什么去？"穷和尚说："我只需要一个盛水的水瓶、一个盛饭的饭碗就足够了。"富和尚说："我几年来想要雇船沿着长江下游而去南海，尚且没有成功，你就凭这个去？"到了第二年，穷和尚从南海回来了，把到过南海的这件事告诉富和尚，富和尚的脸上露出了惭愧的神情。蜀国距离南海不知道有几千里路，富和尚不能到达可是穷和尚却到达了。

成功属于那些全力以赴的人。只有不怕险阻的人，才能攀登上高山的巅峰；只有不怕困难的人，才能解决困难。全力以赴精神所到之处，困难也会为之让开道路（图 1.6）。

上述 5 种方法是逐步迈向职业化的阶梯，而大学生要成功转型为合格的职业人还要更注重对自身职场关键能力的培养，具体内容将在本章第三节中重点讲述。

图 1.6 成为不可替代的人

拓展阅读

海尔集团的人才观

一、"人人是人才，赛马不相马"——你能够翻多大跟头，给你搭建多大舞台

现在缺的不是人才，而是出人才的机制。管理者的责任就是要通过搭建"赛马场"为每个员工营造创新的空间，使每个员工成为自主经营的 SBU（SBU 是 strategy business unit 的缩写，即战略事业单位。简单说：每个事业部，每个人都是一个 SBU，集团总的战略落实到每一位员工，而每一位员工的策略创新又会保证集团战略的实现）。

海尔集团的赛马机制有三条原则：一是公平竞争，任人唯贤；二是职适其能，人尽其才；三是合理流动，动态管理。在用工制度上，实行一套优秀员工、合格员工、试用员工"三工并存，动态转换"的机制。在干部制度上，海尔集团对中层干部分类考核，每一位干部的职位都不是固定的，届满轮换。集团公司人力资源开发和管理的要义是，充分发挥每个人的潜在能力，让每个人每天都能感到来自企业内部和市场的竞争压力，又能够将压力转换成竞争的动力，这就是企业持续发展的秘诀。

在海尔，最让人感动的是，很多普普通通在平凡工作岗位上的员工，都能够用心去创造、去发明，去把自己的工作做好。管理者明白，每个人都希望得到别人的尊重，都希望自己的价值得到公司的承认。只要员工为客户创造了价值，公司就肯定他的价值，这就是管理的核心。

二、授权与监督相结合——充分的授权必须与监督相结合

海尔集团制定了三条规定：在位要受控，升迁靠竞争，届满要轮岗。

"在位要受控"有三个含义：一是干部主观上要能够自我控制、自我约束，有自律意识；二是集团要建立控制体系，控制工作方向、工作目标，避免犯方向性错误；三是控制财务，避免违法违纪。

"升迁靠竞争"是指有关职能部门应建立一个更为明确的竞争体系，让优秀的人才能够顺着这个体系上来，让每个人既感到有压力，又能够尽情施展才华，不至于埋没人才。

"届满应轮岗"是指主要干部在一个部门的时间应有任期，届满之后轮换到其他部门。这样做是防止干部长期在一个部门工作，思路僵化，缺乏创造力与活力，导致部门工作没有新局面。轮换制对于年轻的干部还可增加锻炼机会，成为多面手，为企业今后的发展培养更多的人力资源。

三、人材、人才、人财

首席执行官张瑞敏对何为企业人才进行了分析，他提出企业里人才大致可由低到高分为如下三类：

人材——这类人想干，也具备一些基本素质，但需要雕琢，企业要有投入，其本人也要有成材的愿望。

人才——这类人能够迅速融入工作、能够立刻上手。

人财——这类人通过其努力能为企业带来巨大财富。

对海尔集团来说，好用的人就是"人才"。

"人才"的雏形应该是"人材"。这是"人才"的毛坯，是"原材料"，需要企业花费时间去雕琢。但在如今堪称"生死时速"的激烈市场竞争中，企业没有这个时间，还要靠本人努力上进，把自己打造成人才。

"人才"的发展是"人财"。"人才"是好用的，但是好用的人不等于就能为企业带来财富；作为最起码的素质，"人才"认同企业文化，但有了企业文化不一定立刻就能为企业创造价值。光有企业文化还不行，还要能为企业创造财富，这样的人方能成为"人财"。

无论是经过雕琢、可用的"人材"，还是立刻就能上手的、好用的"人才"都不是我们的最终目的，我们要寻求的是能为企业创造财富和价值的"人财"！

只有"人财"才是顶尖级人才！来了就可以为企业创造财富、创造价值！企业要想兴旺发达，就要充分发现、使用"人财"。

四、今天是人才，明天未必还是人才

人才的定义，就要看为社会创造价值的大小，每一位海尔人都应该而且能够成为人才，为社会创造更大的价值。

人才是一个动态的概念，现在市场竞争非常激烈，今天是人才，明天就未必还是人才，海尔人明白只有不断自我超越，不断提高自身素质，才能做一个永远的人才。

海尔集团倡导所有海尔人，一定要有自己的理想、自己的目标！如果没有坚定的目标，在提高自身素质、自我挑战的过程中就会彷徨、动摇，就不能做一个永远的人才。每个海尔人都要有自己的梦想，而这个梦想一定要和海尔创造世界名牌的大目标结合起来。

第三节　职场关键能力

一、职场关键能力的含义与内容

职场关键能力，就是在职业生涯过程中，除了专业技能外，影响一个人个人发展的其他综合能力。如明晰职场相关规则、具备职场所需的语言表达能力、沟通能力、时间管理能力，具备良好的工作心态和团队协作意识等。

人们常说，职场犹如一个大舞台，每个人都是这个大舞台上的演员，都会被赋予一个明确的角色。由于每个人的家庭背景、学历、专业、个人素质等综合因素的影响，不同的人会有不同的角色差异，其表现也是有高有低的，而职场关键能力的高低则是影响职场表现的最重要的因素。职场关键能力主要体现在以下两个方面。

1. 精神层面

精神层面主要包括诚信、正直、忠诚、敬业等职业品质和自信、宽容、团结、自动自发等积极乐观的心态。多数企业在招聘时，对应聘者精神层面的职业能力尤为看重，其重视程度有时甚至是超过了职业技能。

2. 能力层面

能力层面主要包括执行能力、有效思维能力、沟通能力、组织管理能力、语言表达能力、社交活动能力、公关谈判能力等，它是每个现代职业人士都需要具备的能力。

二、缺乏职场关键能力的表现

1. 少年得志型

有的人从小就要比周围的小伙伴强一些，他们往往性格外向，经历丰富，交际能力强，所以在职业发展初期能够快速地取得一些成绩。但他们也不是完美的，顺利的生长环境或多或少地造就了他们心高气傲，自尊心强，心理承受能力差和害怕失败等问题。职场则是瞬息万变的，计划永远赶不上变化，这类人一旦遭遇了挫折或失败，往往无法接受现实，他们或抱怨社会或自暴自弃，浪费着时间，消耗着青春，让自己的聪明才智付诸东流。

张明大学毕业后到某贸易公司就职，任销售主管助理。在实习期间，张明性格沉稳，做事积极，对同事们也很友善，深得领导及同事的赞赏。10 个月后，由于张明工作突出，连续 9个月以月销售排名第一的业绩晋升销售主管。张明的顶头上司王蒙是个沉默寡言的人，性格较孤僻，很少与下属打交道。在王蒙的领导下，张明感到很压抑，于是张明开始想办法要挤走王蒙，借着与同事关系不错，张明在很多场合有意把王蒙孤立起来；在工作上，张明也是越俎代庖，权力上"架空"王蒙，弄得王蒙很不高兴。矛盾不可避免，总会有爆发的时候，两人的关系公然破裂是在一次会议上，面对王蒙的指责，张明立即予以还击，两人关系更加恶化。最后的结果是，张明被迫辞职。原因是王蒙为该公司的创业元老之一，上级领导为维护王蒙的权威，张明不得不辞职。

张明的做法无异于以卵击石，他之所以失败的一个很重要的原因是不知道职场的错综复杂，在不了解情况的前提下就贸然行动。做好本职工作，以公平、合理的竞争手段取得晋升才不失为一种明智的做法。

2. 自以为是型

有的人自认为能力很强，别人都要围绕着他转，每天梦想着成为职场主角，却从未想过大部分主角都是由配角转化而来。他们不甘于做一些基础性工作，希望自己能够在一个组织中得到快速的发展，一旦现实不如意，就可能会上网发帖子倾诉，和朋友诉苦，希望哪天能遇到一位独具慧眼的伯乐，发现自己这匹沉寂数年的千里马。这类人的生活就像进入了一个迷宫，他们不停地幻想，不停地寻找，不停地赶路，却始终转不出去自己思想的迷宫，从未想过自己是否已经具备了主角的能力，其最终的结果是思想一日千里，能力还停留在原点。

昨天的销售会议开得很不成功，原因是林安"搅局"了，导致领导很难堪，会议中途提前结束了。事情经过是这样的：林安半年前到公司实习，任销售代表一职。刚大学毕业的林安满腹经纶，谈起专业知识更是滔滔不绝。在走访市场及销售业务中，林安都提出了一些自己的看法和建议，但上级从未采纳，领导认为林安资历浅、历练少，其建议过于理想化，难以在实际工作中展开。这让林安很恼怒，明明自己的想法对公司好，为什么领导不采纳呢。他便以为领导是故意为难他。终于，在昨日的销售会议上，上级领导以月销量下滑表示不满，要求大家做检讨。林安立即表态，说明如果按照他的方法去实施根本不会这样，责任在于领导。就这样，领导很难堪，又不好发作，所以销售会议不欢而散。

林安的失误在于自认为上级不能欣赏自己，不能正确处理与上级的关系。林安的做法无异于给上级这样的印象，一是哗众取宠，爱表现自己；二是对领导不满，不尊重领导。无论是哪一种，领导都是不会喜欢这样的员工的。人都是需要面子的，更何况是领导呢。假如，林安平日工作时，摆平心态，谦虚好学，常与领导沟通及请教，在适当的时机提出自己的见解，恐怕又将是另一番情景了。

3. 毫无主见型

在现实生活中常发生这样的事，有些人看到别人买什么，自己也买什么；别人干什么，自己也干什么，毫无自己的主见。

人要有主见，要有自己的想法，要学会自己支配自己，不要让别人牵着你的鼻子走。有这样一则报道：一位教授曾对不同年龄段的学生问了同一个问题——"0"是什么？小学生们回答是零，初中生们回答是欧，而高中生、大学生却闭口不答。但当教授问幼儿园的小朋友时，却得到了不同的答案。有的说是皮球，有的说是鸡蛋，有的说是土豆，有的说是地球等等。高中生、大学生们难道不知道"0"是什么吗？当然不是的，他们是受了周围环境的影响。当人们对同一事物得出不同的结论时，请保留自己独到的见解并将其表述出来，或许那还是一个很有价值的发现呢！主见犹如是黑暗的夜晚中的照明灯，照亮人们前进的道路，希望每一个人都能有自己的主见。

小王到某公司已经3年多了，其管辖的区域不愠不火，月销量一直在10万元左右徘徊。作为公司年度重点开发的乡镇市场，业务量上不来，上级区域经理心里很着急，曾多次找小王谈话，又是批评又是培训，可销量一直在原地踏步。对于领导的批评，小王也是战战兢兢，每日按照领导的要求去做，所以在客户和领导之间，小王处理得模棱两可，对客户更是极力妥协。客户看小王如此，更是不把他放在眼里，更不用说按他说的去做了。久而久之，对客户的掌控便处于放任的状态下，销量也自然不会好到哪。最后，在末位淘汰制的管理下，小王被淘汰出局。

小王职场失败的主要原因在于对上级经验生搬硬套，在实际工作上不会灵活运用。在处理客户关系时态度模棱两可，没有自己的主见，说明他对自己的定位不清，没有一个明确的意识。

以上各种情况的出现，很大程度上都是由于自身心态未调节好而导致的，而心态的自我调节是职场关键能力中非常重要的一部分。新人从进入职场到成熟是一个长远的过程，学习对职场关键能力起着非常重要的作用。

三、具备职场关键能力的作用

为什么看上去学历背景、工作能力等各方面条件都差不多的人，有的在职场上几年如一日，而有的却能用更短的时间就翻开新的场面、拓展新的人脉、取得新的时机呢？这些都是职场关键能力在悄然地起作用。职场关键能力不是看几本职场方面的书籍就马上拥有的，它需要每个人在实践中不断地去尝试、去摸索、去总结，去把各种理论知识转化为自己实际掌握的职场技能，具备职场关键能力的作用主要如下。

1. 有利于自身素养的不断提高

具备职场关键能力的人知道当前社会不进则退，如果只满足于当前现状迟早会被社会所淘汰，所以他们会不断学习，通过各种方式与途径提升自己的各方面能力，自身的综合素养也在这个过程中得到了提高。

2. 有利于良好人际关系的形成

职场关键能力所涉及的内容较多，有精神层面的，也有能力层面的，不论是哪方面的能力，都要求人们能够将理论转化为行动，通过具体的实践将相应的能力体现出来，让他人能够感知到。具备较强职场关键能力的人，往往具有较好的职场展现力，不论在任何场所都能够将自己的想法、观点等合理地表达出来，他们也掌握了有效沟通的技能技巧，有较强的语言表达能力，懂得职场商务礼仪，知道如何与不同的人员打交道，这些都有利于良好人际关系的形成（图1.7）。

3. 有利于工作更好地完成

具备职场关键能力的人在工作时，不会自以为是，在没有清楚上级的意图之前就按照自己的想法开展工作。他们知道职场中结果最重要，懂得采取合适的方法与途径了解上级的意图，善于调动各种资源为

图 1.7 建立良好的人际关系

自己承担的工作提供支持，也会想尽各种方法解决工作中存在的问题，他们力争让自己的工作做到更好，最终超出上级的预期。

4. 有利于得到上级更多的赏识

具备职场关键能力的人在职场中能够遵守基本的职场伦理，他们知道在职场中上级的认可与赏识对自身职业发展的重要性，也知道要得到上级的赏识不是那么容易的事情，因此他们会尊重自己的上级，在合适的时机与场所展现自己的能力，竭尽所能地将自己的工作做到完美，让上级放心，因此他们往往更容易得到领导更多的赏识。

5. 增加走向成功的机会

具备职场关键能力的人往往具有较强的职业技能，养成了良好的职场习惯，他们既具有扎实的专业知识，也拥有积极主动、自我学习的优良意识，他们不满足于现有的成绩，而是不断进取，力争上游，通过自己不懈的努力最终实现自我人生价值。

本 章 小 结

1. 职业化是一种工作状态的标准化、规范化和制度化。即在合适的时间、合适的地点、用合适的方式，说合适的话，做合适的事；使知识、技能、观念、思维、态度、心理等都符合职业规范和标准。

2. 实现职业化的具体方法为：成功暗示、情绪管理、习惯养成、持续学习、全力以赴。

3. 职场关键能力是指在职业生涯中，除了专业技能外，对个人发展至关重要的综合能力。例如，明晰职场相关规则、具备职场所需要的沟通技巧、时间管理、系统思考、心态调整、团队合作等能力。

课 后 练 习

1. 请结合本章内容，谈谈你是怎么理解职业化的。
2. 在工作中面临压力和困境的时候，你如何调整自己的心态？
3. 请谈谈职场关键能力对在校大学生的重要性。

第二章　职业规划

职业规划在职业发展中有着极其重要的作用,成功的职业规划将指引职业人逐步实现职业阶段目标,最终步入职业终极目标,实现自我职业价值。职业规划应分阶段进行,随着职业阶段目标的实现,职业人应根据客观环境、行业发展及个人价值观的变化调整职业规划。本章着重介绍了职业生涯规划的相关理论,并通过阐述职业生涯规划的方法、进行案例分析等方式,针对目前大学生职业生涯规划的盲区和误区,指引大学生正确做好职业生涯规划。

第一节　职业生涯发展理论

职业生涯规划是指个人与组织相结合,在对一个人职业生涯的主客观条件进行测定、分析、总结研究的基础上,对自己的兴趣、爱好、能力、特长、经历及不足等各方面进行综合分析与权衡,结合时代要求,根据自身的职业倾向,确定其最佳的职业奋斗目标,并为实现这一目标做出行之有效的计划和安排。

从概念上来看,职业生涯主要是立足在职业人个体层面,但在现代社会知识爆炸的背景下,孤立于组织之外的职业生涯是毫无意义的。因此,职业生涯的发展须以组织为基础,使个体职业生涯同组织的发展有机结合起来。职业生涯发展中结合了人们的主观因素和客观现实因素,所以无法用统一的标准来衡量不同个体的职业生涯规划是否合理,而只能让职业人通过自身发展,并结合其他因素做全方位分析。一个人的职业生涯通常自开始工作时起,至退休时结束。

一、职业与职业生涯规划

职业是指参与社会分工,用专业的技能和知识创造物质或精神财富,并获得合理的报酬,从而实现丰富社会物质或精神生活的一项工作,它体现为人们在社会中所从事的作为谋生手段的工作。从社会角度看,职业是劳动者获得的社会角色,劳动者为社会承担一定的义务和责任,并获得相应的报酬;从国民经济活动所需要的人力资源角度来看,职业是指不同性质、不同内容、不同形式、不同操作的专门劳动岗位。

根据中国职业规划师协会对职业的定义:职业是行业与职能的交集点,一种职业应该包括行业和职能两个维度构成。根据 2015 版《中华人民共和国职业分类大典》的分类标准,我国的职业归为 8 个大类、75 个中类、434 个小类、1481 个细类(职业)。详细职业分类见表 2.1。

表 2.1　　　　　　　　　　　《中华人民共和国职业分类大典》职业分类

类　　别	中　类	小　　类	细类（职业）
第一大类 党的机关、国家机关、群众团体和社会组织、企事业单位负责人	6	15	23
第二大类 专业技术人员	11	120	451
第三大类 办事人员和有关人员	3	9	25
第四大类 社会生产服务和生活服务人员	15	93	278
第五大类 农、林、牧、渔业生产及辅助人员	6	24	52
第六大类 生产制造及有关人员	32	171	650
第七大类 军人	1	1	1
第八大类 不便分类的其他职业人员	1	1	1

　　人们的衣食住用行等各种需要，许多年轻人梦想的出国旅游、买房、买车，几乎都要通过工作来满足。在毕业后到退休前的几十年中，几乎每天都要和自己的工作打交道，因此，自己从事的工作，自己是否喜欢？是否适合？是否觉得这份工作很有意义？对自己同样非常重要。一位总裁曾经说过："在我看来，世界上最大的悲剧莫过于，有太多年轻人从来没有发现自己真正想做什么。想想看，一个人在工作中只能赚到薪水，其他的一无所获，这是一件多么可悲的事情啊！"

　　所以，每个人在选择职业时，都应该慎重对待。中国的古话"男怕入错行，女怕嫁错郎"，在某种程度上也反映了职业对于每个人的重要程度。

　　职业生涯即是一个人一生中所有与职业相联系的行为与活动，以及相关的态度、价值观、愿望等连续性经历的过程，也是一个人一生中职业、职位的变迁及工作理想的实现过程。简而言之，职业生涯就是一个人终生的工作经历。职业生涯开始于任职前的职业学习和培训，终止于退休。每个人选择什么职业作为自己的工作，这对于每个人的重要性都是不言而喻的。

　　职业生涯规划是指个人和组织相结合，在对一个人职业生涯的主客观条件进行测定、分析、总结研究的基础上，对自己的兴趣、爱好、能力、特长、经历及不足等各方面进行综合分析与权衡，结合时代特点，根据自己的职业倾向，确定其最佳的职业奋斗目标，并为实现这一目标做出行之有效的安排。个体职业生涯规划并不是一个单纯的概念，它和个体所处的家庭、组织及社会发展阶段存在着密切的联系。随着个体价值观、家庭环境、工作环境和社会环境的变化，每个人的职业期望都将随之发生变化，因此职业生涯规划是一个动态变化的过程。

　　对于职业人个体来说，职业生涯规划的好坏必将影响整个生命历程。人们通常提到的成功与失败，不过是所设定目标的实现与否，所以，目标是决定成败的关键。职业人个体的人生目标是多样的，个体生活目标、职业发展目标与人际社会关系目标相互影响、相互交织，职业发展目标位于职业人个体各种目标的中心，根据马斯洛需要层次理论（图2.1），现代职业人在迅速突破前四层需求后，会迅速将职业目标与自我实现的终极目标联系在一起，这个终极目标的实现与否将直接关联成就与挫折，也会引起职业人愉快与否的不同感受，职业生涯实现的过程与情感因素紧密联系，这包括实现职业目标的成就感，也包括未按预期实现职业目标的挫折感。

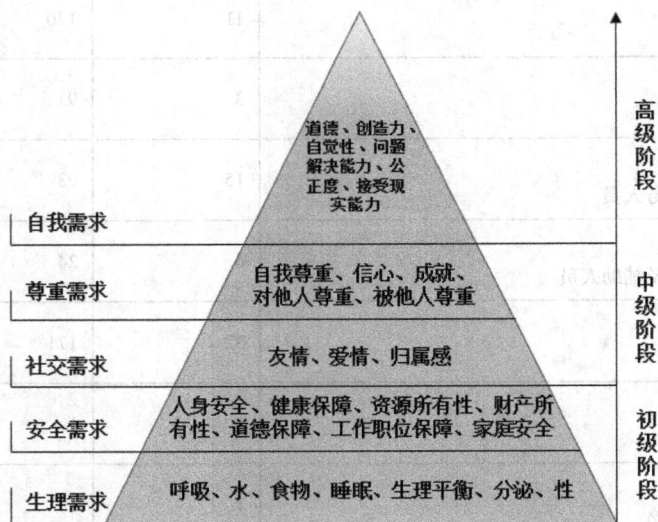

图2.1 马斯洛需求层次

二、职业生涯规划的意义

绝大多数人对职业发展长期处于"迷茫"状态，经常有人说：做一行，爱一行。但大部分人在一生中，对职业规划是模糊的，常常是"摸着石头过河"，而一个人一生中有三个时期对生涯的规划起着决定性的作用：少年求学期、进入社会期和中年转型期。由于个人的经历有限，对社会及职业定位不明确，人们常常对"自己究竟要做什么？适合做什么？怎样才能做好？"等问题难以回答，通常都是做过一段时间后发现自己不合适而中途放弃，而这种放弃后的重新选择却又进入另一个恶性循环。

小张18岁的时候，他的有些同学已经在为生活四处漂泊奔波了，他却上了大学，什么事都挺顺当。在这分开的10年里，他和同学们几乎每隔两三年见一次面。每一次同学们都喜欢问他同一个问题：你将来的目标是什么？

得到的答案总是不相同。下面记录的是小张每次谈及目标的原话：

18岁，高中毕业典礼上：我发誓要当李嘉诚第二！我要当中国首富！

20岁，春节老同学团聚会上：我想创立自己的公司，30岁时拥有资产2000万元。

23岁，在某工厂当技术员，第二职业是炒股：我正在为离开这家工厂而奋斗，因为在这里工作太没前途了。我将全力炒股，3年内用5万元炒到300万元。

25岁，炒股失意而情场得意，开始准备结婚：我希望1年后能有10万元，让我风风光光地结婚。

26岁，不太风光的结婚典礼上：我想生一个胖小子，不久的将来当个车间主任就行，别的不想了。

28 岁，所在的工厂效益下滑，偏偏正是妻子怀胎十月的时候：我希望这次下岗名单里千万不要有我的名字。

从这个案例可以看出，小张显然没有对自己的人生进行合理的规划，刚开始的时候当技术员，但他没有去细心研究技术，而是去炒股，想赚到 300 万元，后来炒股失败忽而又想当车间主任，最后可能技术也不是很精通，担心下岗名单中不要有他的名字。他这样一个没有规划的人生，显然是很容易失败的。

实际上，要想在未来职业生涯中获得成功，职业人首先应该确定一个切合实际的职业定位和职业目标，并且把目标进行分解，然后设计出合理的职业生涯规划图，并且付诸行动，经过不断努力和调整，直到最后实现职业发展目标，获得人生的最大成功。

美国的成功学大师安东尼·罗宾曾经提出过一个成功的万能公式：成功＝明确目标＋详细计划＋马上行动＋检查修正＋坚持到底。从这个公式可以看出，要想成功，首先要制定可实现的目标和详细的计划。在职业生涯领域也是同样，首先要选择一个最适合自身发展的行业和工作，然后确定目标，同时对整个职业生涯进行初步规划，付诸行动。而在随后执行规划的过程中经常对自己的目标和计划进行检查修正，最后坚持到底，定能获得职业生涯的成功。

职业生涯规划是针对决定个人职业选择的主观和客观因素进行分析和测定，确定个人的奋斗目标和职业目标，并对自己的职业生涯进行合理规划的过程。

职业生涯规划要求根据自身的"职业兴趣、性格特点，能力倾向，以及自身所学的专业知识技能"等自身因素，同时考虑到各种外界因素，经过综合权衡考虑，来把自己定位在一个最能发挥自己长处的位置，以便最大限度地实现自我价值。一个职业目标与生活目标相一致的人是幸福的，职业生涯规划实质上是追求最佳职业生涯的过程。

哈佛大学的爱德华·班菲德博士对美国社会进步动力的研究发现，那些成功的人往往都是有长期时间观念的人。他们在做每天、每周、每月活动规划时，都会用长期的观点去考量。他们会做 5 年、10 年，甚至 20 年的未来计划。他们分配资源或做决策都是基于他们预期自己在几年后的地位而定。这一研究成果，对于刚刚跨入社会的职场人士有着重要的启示。

例如，在沈阳市的一次大型招聘会上，毕业于某名牌高校的小何向浙江一家汽车公司申请机械工程师的岗位。他学的是机械专业，在大学期间各门功课都优秀，毕业后的五六年时间里，从事过医药、空调、摩托车等产品的销售、品质主管，换了六七个工作，但是没有机械方面的工作经历。招聘者看了他的简历后认为，如果他毕业后稳定从事机械方面工作，则正是公司需要的人选，但是因为没有这方面的工作经验，公司无法录用他。

小何的例子表明了很多大学生盲目就业，给自己所带来的危害。由于没有长远打算，很多大学生年轻时只是随波逐流地换工作，到了 30 多岁还没有职业定位。这种情况之下，继续下去出路不大，重新定位又要费很大力气，不得不陷入一种尴尬的境地。

因此，职业生涯规划的作用在于帮助人们树立明确的目标，运用科学的方法，采取切实可行的措施，发挥个人的专长，开发自己的潜能，克服生涯发展困阻，避免人生陷阱，不断修正前进的方向，最后获得事业的成功并实现自我价值。

一个有效的职业生涯规划能带来的好处如下。

1. 有效的职业生涯规划能让人们认识到自身的个性特点，现有和潜在的优势，帮助人们重新认识自身的价值并让这种价值持续增值。要做好职业生涯规划，对自身的评估是必不可少的环节，这一点在后面的章节中将详细叙述。在自我评估过程中，人们通常过高地估计了自身的优势而盲目自信，也通常过度看到自己的缺点而盲目悲观，如经常有人说："这个工作我做不了，我不是学这个专业的"等。只有极少数人能客观公正看清自身的优缺点，充分结合自身个性做好职业规划。

2. 有效的职业生涯规划能引导人们对自己的综合优势与劣势进行对比分析，并以此为基础确立职业发展目标及职业理想。客观量化分析可让职业生涯规划过程中保持高度理性，对自身兴趣、专业特长、职业需求等方面有更清晰的认识，在职业生涯规划实务操作中可使用 SWOT 分析法对优势、劣势、机会、威胁进行有效分析，帮助判断职业规划是否合理。

3. 有效的职业生涯规划能帮助人们掌握个人目标与现状之间的距离，做好预期与实际职位定位，明确新的或有潜力的职业机会。当初步确定好职业发展方向后，可以参照市场对该职业发展的生涯路线及各职位的要求，结合其要求找到自身目前存在的差距，从而进一步弥补差距以达到职业发展中的要求，这在职业生涯进程中可避免浪费不必要的时间。

4. 有效的职业生涯规划能让人们学会使用科学的方法，采取切实可行的步骤和措施，不断增强个人职业竞争力，实现自己的职业目标与理想，将个人、事业与家庭联系起来。

三、舒伯职业生涯发展理论

在职业生涯规划和职业咨询中，职业生涯发展理论是自"特质—因素"理论之后重要的生涯理论突破。这项理论使职业咨询从关心当前的职业适应，发展为着眼整个职业生涯的规划，从此，职业咨询从就业指导走向生涯规划辅导。其代表人物舒伯，是职业生涯规划辅导历史上自帕森斯之后又一位里程碑式的大师。

（一）舒伯职业生涯发展理论的形成

舒伯、金斯伯格、格林豪斯、施恩、加里德斯勒等都对职业生涯发展的过程进行了专门的研究，将人们生命周期中的职业生涯划分为不同的发展阶段，假设每一个阶段都有自己独特的问题和任务，并提出了解决这些问题、完成这些任务的方法与对策。舒伯是这一理论的集大成者，他是美国生涯辅导理论的大师，其生涯发展理论综合了差异心理学、发展心理学、人格心理学以及职业社会学的长期研究结果，系统地提出了有关生涯发展的观点。

（二）舒伯职业生涯发展理论的主要观点

舒伯职业生涯发展理论的核心观点是自我概念。自我概念是对"我是谁"以及"我看来像什么"的主观知觉，包括：身体、社交、性、感情、喜好、理智、职业、价值观和人生哲学。他认为，职业选择的历程就是自我概念实践的历程，人有一种驱动力，不断地将理解到的自己融入工作中，在工作中实践自我。其观点总结为 14 项。

1. 人们在能力、人格、需求、价值、兴趣和自我概念等个人特质上存在差异。
2. 具有独特本质的个体，适合从事某些特定的职业范畴。
3. 每种职业对应相应的一组个人特质，职业和个体之间有一定的选择自由度。
4. 个体特质（职业偏好、能力、生活）、工作环境以及自我概念，都会随时间的推移而改变。自我概念会在青少年晚期后逐渐稳定和成熟，在职业生涯选择与适应上持续发挥影响力。
5. 个体的职业生涯可归纳为一系列的生命阶段，包括成长、探索、建立、维持和衰退 5 个人生发展阶段。每一个阶段之间的转换经常受到环境或个人各种不稳定因素的影响。然而，不确定的转换会带来新的成长、再探索、再建立的历程。
6. 影响职业生涯类型（包括所有任职水平、谋职的次序、频率、持续时间）的因素有：个体的社会经济地位、心理能力、教育、技巧、特质（需求、价值、兴趣、与自我概念）、生涯成熟及机遇。

7. 在各阶段，个人能否成功地适应环境和个人需求，主要取决于他的准备情况，即职业成熟程度。职业成熟是由个人生理、心理、社会特质等组成的整体状态。

8. 职业生涯成熟是一假设性概念，如同智力的概念一样，很难界定其操作性定义。但可以确定的是，生涯成熟度并非单一维度的特质。

9. 个人职业生涯的发展可以被引导：一方面促进个人能力和兴趣的成熟，另一方面指导个人实践、形成自我概念。

10. 生涯发展的实质，就是自我概念的发展、形成。自我概念是个人的遗传、身体状况、观察和扮演不同角色、评估角色、扮演、与他人互相学习等活动交互作用的产物。

11. 个人在自我概念和现实之间的心领神会或退让妥协，是一个角色扮演和反馈的学习过程。这些学习的场所包括游戏、生涯咨询、教室、打工场所以及正式的工作等。

12. 个人工作和生活满意的程度取决于如何为自身的能力、需求、价值、兴趣、人格特质与自我概念寻找适当的出口。

13. 个人从工作中所获取的满意程度与其体验到的自我实现程度成正比例关系。

14. 工作和职业，对大多数人来说，提供了个性发挥的条件。对某些人来说，这只是处于生命的边缘位置，甚至是微不足道的，而其他角色，如休闲活动和家庭照顾，居于核心。社会传统，诸如性别角色的刻板形象、楷模学习、种族偏见、环境机会结构及个别差异等，决定了个人对工作者、学生、休闲者、持家者以及公民等角色的偏好。

（三）舒伯职业生涯发展理论的阶段模型

舒伯职业生涯发展理论的阶段模型，经过 20 多年的大量实验研究，是依据发展心理学和社会学对各种职业行为的分析，以年龄阶段分析生涯发展的过程。他将职业生涯分成 5 个主要阶段，每个阶段都有其独特的发展任务。

1. 成长阶段

年龄范围：0～14 岁，属于认知阶段。儿童通过家庭和学校中关键人物的影响并加以认同，发展自我概念。此阶段早期，需要和幻想占统治地位，随着参与社会和了解现实的增加，兴趣和能力也变得更加重要。

主要任务：发展自我概念，也就是认识自己是个什么样的人，建立对工作世界的正确态度，并了解工作的意义。

阶段细分：幻想期（4～10 岁），需要支配一切，在幻想中扮演自己喜爱的职业角色；兴趣期（11～12 岁），喜好成为个人职业期望和活动的主要决定因素；能力期（13～14 岁），能力的重要性逐渐增加，开始考虑自己的能力及工作要求。

2. 探索阶段

年龄范围：15～24 岁，属于学习打基础阶段。通过学校学习、休闲活动和短期工作，进行自我考察、角色鉴定和职业探索。

主要任务：使职业偏好逐渐具体化、特定化并实现职业偏好；形成与事实相符的自我概念，学习开创生涯机会。

阶段细分：尝试期（15～17 岁），考虑兴趣、需要、能力、价值观以及就业机会，通过幻想、讨论、课外工作等方式，尝试着选择职业，判断可能适合自己的职业领域和层次。主要任务是明确自己的职业偏好；过渡期（18～21 岁），进入就业市场或接受职业培训，更重视现实，发展自我概念。主要任务是将一般性的职业偏好转化为明确的职业倾向，初步试验；承诺期（22～24 岁），初步确定了职业选择，探索其成为终身职业的可能。必要时会重新选择，再次探索。主要任务实现职业偏好。

3. 建立阶段

年龄范围：25~44岁，属于选择、安置阶段。找到合适的职业领域，努力建立巩固的地位。以后发生的变化将主要是职位、工作内容的变化，而不是职业的变化。

主要任务：找到机会从事自己喜欢的职业；学习处理人际关系；巩固地位，力争提升；稳定地发展职业生涯。

阶段细分：承诺和稳定期（25~30岁），在选择的职业上安顿下来，可能因满意程度的差别略有调整；晋升期（31~44岁），致力于职业生涯的稳定，大多数人在此时期富有创造性，在工作中做出好的业绩，资历、辈份攀升。

4. 维持阶段

年龄范围：45~64岁，属于专精和升迁阶段。个人不断地付出努力来获得生涯的发展和成就，避免产生停滞感。面对新人的挑战，全力应对；很少或不去寻求在新领域中的发展。

主要任务：接受自身的局限性；找出需要解决的新问题；开发新技能；专注于最重要的活动；维持并巩固既得的职业地位。

5. 衰退阶段

年龄范围：65岁以后，属于退休阶段。随着身心逐步衰退，从原有工作中退出。完成角色转换，从有选择的参与者转换为完全退出工作领域的旁观者。退休后，个体还必须找到满意感的其他来源，以减缓身心上的衰退，持续生命力。

主要任务：缩减工作投入，发展非职业角色，为退休做准备，做一直期望做的事。

阶段细分：衰减期（60~70岁），按照自身能力的下降，减缓工作节奏，转移责任，以兼职代替全职；退休期（71岁以后），完全退休或转为部分时间工作、义工或休闲活动。

职业规划理论的阶段模型认为，阶段之间可能有交叉重叠，并不完全受年龄的限制，也不存在严格的界限。同时，在个人生涯的不同时期，都可以经历由这5个阶段构成的"小循环"。

四、职业锚理论

职业锚，又称职业系留点。锚，是使船只停泊定位用的铁制器具。职业锚，实际就是人们选择和发展自己的职业时所围绕的中心，是指当一个人不得不做出选择的时候，他无论如何都不会放弃的职业中的那种至关重要的东西或价值观。

职业锚理论产生于在职业生涯规划领域具有"教父"级地位的美国著名职业指导专家埃德加·H·施恩（Edgar.H.Schein）教授领导的专门研究小组，是对麻省理工学院斯隆商学院毕业生的职业生涯研究中演绎成的。斯隆商学院的44名MBA毕业生，自愿形成一个小组接受施恩教授长达12年的职业生涯研究，包括面谈、跟踪调查、公司调查、人才测评、问卷等多种方式，最终分析总结出了职业锚理论（图2.2）。

职业锚理论包括5种类型：技术职能型职业锚、管理能力型职业锚、创业型职业锚、自由独立型职业锚、安全型职业锚。

个人在职业生涯中应具备三种技能：概念技能、技术技能、人际技能。不同的员工需要这3种技能的程度不同。技术人员需要有较高的技术技能、少量的

图2.2 职业锚测评

概念技能和人际技能；基层管理者要求有较高的技术技能和人际技能、少量的概念技能；高层管理者要求有较高的概念技能和人际技能，但对专业技术技能不做过多要求；创造型人员要求有极高的概念技能和较高的技术技能，但对人际技能不做过多要求；自由独立型人员要求有极高的概念技能和技术技能，人际技能也要求较高；安全型人员只需要有一般的技术技能和人际技能，对概念技能不做要求。

个人在做职业规划时一定要考虑这些因素，如果个人不擅长某项技能而且在这方面不可能有长足的进步，就要回避需要这种技能的职业。各管理者在因岗用人时也要充分考虑员工各项技能的掌握程度，要发挥员工的优势，扬长避短。职业生涯的 5 种方向的特点如表 2.2 所示。

表 2.2　　　　　　　　　　　　　　职业生涯 5 种发展方向

职业生涯发展方向	特　　点
技术型	少量概念技能、少量人际技能
管理型	较高概念技能、较高人际技能
创造型	极高概念技能、一般人际技能
自由独立型	极高概念技能、较高人际技能
安全型	较低概念技能、一般人际技能

1. 技术型：少量概念技能、少量人际技能

持有这类职业定位的人出于自身个性与爱好考虑，往往并不愿意从事管理工作，而是愿意在自己所处的专业技术领域发展（如高级软件开发工程师、专家、教授等）。当技术拔尖的科技人员被提拔到领导岗位，而他们又往往并不喜欢这个工作，更希望能继续研究自己的专业，走向管理岗位后反而不能发挥其专业优势。

2. 管理型：较高概念技能、较高人际技能

这类人有强烈的愿望去做管理人员，同时经验也告诉他们自己有能力达到高层领导职位，因此他们将职业目标定为有相当大职责的管理岗位（如公司里的部门主管、部门经理等）。成为高层经理需要的能力包括 3 个方面。

（1）分析能力：在信息不充分或情况不确定时，判断、分析、解决问题的能力；

（2）人际能力：影响、监督、领导、应对与控制各级人员的能力；

（3）情绪控制力：有能力在面对危急事件时，不沮丧、不气馁，并且有能力承担重大的责任，而不被其压垮。

3. 创造型：极高概念技能、一般人际技能

这类人需要建立完全属于自己的东西，或是以自己名字命名的产品或工艺，或是自己的公司，或是能反映个人成就的私人财产。他们对新生事物和市场需求较敏感，认为只有把这些实实在在的事物创造出来才能体现自己的才干。

4. 自由独立型：极高概念技能、较高人际技能

这些人更喜欢独来独往，希望随心所欲安排自己的工作方式、工作习惯和生活方式。不愿像在大公司里那样彼此依赖，很多有这种职业定位的人同时也有相当高的技术型职业定位。但是他们不同于那些简单技术型定位的人，他们并不愿意在组织中发展，而是宁愿做一名咨询人员，或是独立从业，或是与他人合伙开业。其他自由独立型的人往往会成为自由撰稿人，或是开一家小的零售店。

5. 安全型：较低概念技能、一般人际技能

这些人最关心的是职业的长期稳定性与安全性，他们为了安定的工作，稳定的收入，优越的福利与养老制度等付出努力。目前我国绝大多数的人都选择这种职业定位，很多情况下，这是由于社会发展水平决定的，而并不完全是本人的意愿。相信随着社会的进步，人们将不再被迫选择这种缺乏自我挑战性的工作。

需要说明的是，这5种类型不是截然独立的，对于个人需要综合划分，并根据自己的实际情况，确定出自己的职业生涯发展方向。

📖 **拓展阅读**

我国的职业生涯理论发展

职业生涯管理理论源于20世纪初美国职业指导运动的兴起。从学科历史发展角度看，职业生涯管理理论的演进，经历了从静态到动态研究的历程。在我国，职业生涯管理理论也经历了不同的发展过程。特别是改革开放以后，我国经济的飞速发展，凸显出各种专业型人才需求的日益紧缺，但同时又存在着大量人员无法找到工作的"结构性失业"状况。为解决这些问题，对不同的群体进行科学合理的职业导引，职业生涯管理理论的研究在我国迅速发展起来。

1908年，"职业辅导之父"——美国波士顿大学教授帕森斯创办了波士顿职业指导局，从事职业指导工作，这也成为人们公认的职业指导工作的滥觞。1909年，帕森斯撰写了《选择职业》，该书第一次运用了"职业辅导"这一专门学术用语，建构了帮助青少年了解自己、了解职业，以及人职相配的职业指导模式，标志着职业指导活动的历史性开端。帕森斯的这3个步骤包含了"知己、知彼与决策"的三重含义，其理论成为以后职业指导理论的基石。

1939年，美国学者威廉姆逊出版了《怎样咨询学生》一书，进一步拓展了帕森斯的特质因素理论。他将职业指导分为分析、整理、诊断、预测、咨询（处理）、追踪6个步骤，形成了一套独特的指导方法，被称为"明尼苏达辅导学派"。该理论在20世纪三四十年代占据了职业指导的主导地位。1942年罗杰斯所著的《心理咨询和心理疗法》一书出版，提出应以当事人为中心的，尊重个人自我选择的能力及自由发展的权利。同时，罗杰斯以"人性善"和"人的本质潜能的可信赖性"为依据，创立了"当事人中心"的非指导学派。

1951年，金斯伯格等人出版了《职业选择》一书，通过对不同家庭背景的大学生职业选择过程及其间所遇到的问题进行研究，提出了"职业发展是一个与人身心发展相一致的过程"，向动态的职业生涯管理理论迈出了一步。1953年，舒伯提出了生涯发展理论，重在对个人的职业倾向和职业选择过程本身进行研究。他以差异心理学和现象学作为解释职业选择的理论基础，提出了个体生涯发展中成长、探索、建立、维持以及衰退5个阶段，以及不同阶段的发展任务。这一思想把职业指导上升到更高的层面，不仅以个人的发展为着眼点，同时也兼顾社会的需要和利益，从个体发展和整体生活的高度来考察个人与职业、个人与社会的关系。舒伯生涯发展理论的提出被认为是职业生涯管理理论形成的标志。

20世纪60年代至今，职业生涯管理理论继续得到了发展，具有代表性的为霍兰德的类型论与吉列特等的生涯决定论。霍兰德把人和环境区分为实际型、研究型、艺术型、社会型、企业型以及传统型六大类型，以此为依据，把人的特质和这种特质所适合的工作联系起来。吉列特等的生涯决定理论则以"个体职业生涯发展过程是不断面临生涯决定的过程"为逻辑起点，提出了职业生涯管理中的预测系统、价

值系统以及决策系统。这些理论在一定程度上标志着职业生涯管理理论又向前迈出了一大步。

对于中国而言，职业生涯管理理论则是一种地道的"舶来品"。职业生涯管理理论在中国的发展，经历了初步引进、停滞与恢复发展的历程。

我国对职业生涯管理理论的引入始于民国时期。该理论的引入，与辛亥革命以后至 20 世纪 30 年代我国民族资本主义工商业的兴衰密切相关，也深刻反映了当时我国教育发展的内在逻辑。大量新式人才的紧缺和大批学校毕业生"毕业即失业"的现实，成为职业指导理论被引入中国的直接动因。

1916 年，中华职业教育社主办的刊物《教育与职业》第 15 期专门刊出《职业指导》专号，进行宣传和推介。同年，清华学校校长周寄梅为了指导学生择业，发起了择业演讲活动，聘请名人、专家进校演讲，指导学生填写工作志愿，以预测就业趋势，并为确定职业指导学科提供依据，此次活动可谓开创了我国指导就业的先河。

此后，在 20 世纪二三十年代，一系列有关职业指导的著作不断出版。早在 1923 年，国外职业指导的理论研究也刚刚起步不久，邹恩润就编译了《职业指导》一书。该书通过对职业指导范围的界定，指出了职业指导的效用和方法，该书是我国首次系统论述职业指导的著作，堪称我国职业指导理论研究的开创性著作。其后，喻鉴清和陈重寅的《中小学升学及职业指导》，江恒源的《如何办理职业指导》，何清儒的《职业指导学》，潘文安的《职业指导》，等等，对我国职业指导理论和实践的研究，都具有一定的理论价值。此后，欧美和日本的职业指导理论又相应地被介绍到中国来。由中华职业教育社主办的《教育与职业》杂志，几乎每期都要涉及职业指导问题。而黄炎培、蔡元培、胡适等当时的教育界名流积极投身到对职业指导和职业教育的讨论中去，则使得职业指导理论蔚为思潮，对 20 世纪 20 年代的学制改革、教育改革实践活动和教育理论的丰富发展产生过重要影响。但由于当时的动乱局势，职业指导理论并没有真正普遍地应用到实践中去。

20 世纪 30 年代中期开始，随着民族危机的加剧和抗战胜利后内战的爆发，职业指导理论也逐步退出历史舞台。

新中国成立以后的相当长时间内，各行各业建设人才奇缺，由于实行计划经济体制，国家对各级各类的人才在配置方式上长期使用"统包统分"的政策，使得职业生涯管理理论没有用武之地。

改革开放以后，社会主义市场经济体制的形成和发展，促使国家就业政策也逐步向"自主择业"的方向演变，经过 30 多年的发展，职业生涯管理理论已经得到了长足的发展。

一方面，职业生涯管理理论的宏观研究蔚为大观。在职业生涯管理理论研究的初步阶段，具有代表性的有 1996 年出版的朱启臻的《职业指导理论与方法》、俞文钊主编的《职业心理与职业指导》等。朱启臻主要从职业指导的学科类型，职业指导的功能和原则，职业指导和其他学科的关系，以及职业指导的基本途径和研究方法等方面，对职业指导理论进行了研究和梳理，该书对于改革开放以后中国大陆职业指导理论的启动和发展具有筚路蓝缕之功。俞文钊主编的《职业心理与职业指导》，则以心理学为基础，全面介绍并评价了职业心理和职业指导的各种理论，以及国外各种职业指导和职业咨询的情况，旨在帮助求职者获得具体的方法和技能，以及如何达到对未来职业的适应等。从出版年代上看，这些著作是随着我国就业政策向"自主择业"政策的转变应运而生的。其后至今，一大批关于大学生职业生涯管理理论的宏观论著也相继出版，为当今就业政策和实践提供了坚实的理论支持。

另一方面，具体到大学生职业指导方面的研究成果也相继面世。尚志平针对中等职业学校学生主编的《职业指导与职业教育》从就业政策与法规、职业素质及养成方法、就业途径、创业意识与创业教育等方面，阐释了促使中等职业学校学生掌握职业指导和创业教育的内容和掌握实现自身人生价值的技巧。

熊志梅的《大学生职业指导教程》一书，则是针对全国高校毕业生实行了双向选择、自主择业的情况下，一些学生对这种形式无所适从而做。她把多种学说运用到该教程中来，厘清了学生择业、就业以及创业方面的若干问题，具有较强的教育性、针对性和可操作性。此外，大学生职业指导和职业道德关系的一些专题性论著也相继出版，则是通过职业价值取向角度对学生职业生涯规划工作所做的一个指导。

总体上说，改革开放以后职业生涯管理理论论著的相继出版，对于推进中国社会主义市场经济体制下自主择业政策的进一步深化和落实，以及帮助缓解当今各类求职人员和大学毕业生就业困难的事实，都具有重要的理论和现实意义。

——摘自《中国人力资源开发》

第二节　职业生涯规划的方法

做出一个清晰、专业、有效的职业发展地图有利于一步一步靠近职业梦想，掌握职业发展地图的基本方法对职业人来说至关重要。职业发展地图又称"4G 三线图"，是由 Goal（目标）、Gap（差距）、Gather（积累）和 Graduate（行程）组成，在积累方面需要兼顾能力、人脉和金钱 3 个方面。

（1）Goal——列出职业发展目标。

（2）Gap——找出自身的能力差距。

（3）Gather——找出达成职业目标所需要的资源。

（4）Graduate——列举需要达到职业目标需要的步骤及职业阶梯。

一、职业目标的确定

（一）制定目标的重要性

研究那些成功者的职业发展轨迹，能发现他们走向成功之前大都有着自己的明确目标。美国成功学家拿破仑·希尔在《一年致富》中有这样一句名言：一切成就的起点是渴望。一个人追求的目标越高，他的才能发展就越快。一心向着自己目标前进的人，整个世界都给他让路。希尔认为，所有成功，都必须先确立一个明确的目标，当对目标的追求变成一种执着时，就会发现所有的行动都会带领职业人朝着这个目标迈进。目标就是力量，奋斗才会成功。

古今中外凡在事业上有所成就的人，无不有着明确而坚定的目标。英国前首相本杰明·迪斯累里原本是一名并不成功的作家，出版数部作品却无一能给人留下深刻印象。后来迪斯累里涉足政坛，决心成为英国首相。他克服重重阻力，先后当选议员、下议院主席、高等法院首席法官，直至 1868 年实现既定目标成为英国首相。对于自己的成功，在一次简短的演说中他总结到："成功的秘诀在于坚持目标。"

明确而坚定的目标是赢得成功、有所作为的基本前提，因为坚定目标的意义，不仅在于面对种种挫折与困难时能百折不挠，抓住成功的契机，让梦想一步步变为现实，更重要的还在于身处逆境能产生巨大的奋进激情，使自己的潜能得到最大发掘与释放。

1. 哈佛大学的调查

哈佛大学有一个非常著名的关于目标对人生影响的跟踪调查。调查的对象是一群智力、学历、环境等条件都差不多的大学毕业生。结果如图 2.3 所示。

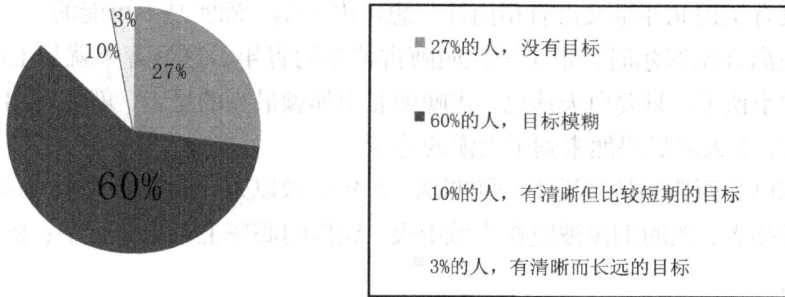

图 2.3　调查对象目标分布图

以后的 25 年，他们开始了自己的职业生涯。25 年后，哈佛再次对这群学生进行了跟踪调查。结果如表 2.3 所示。

表 2.3　　　　　　　　　　　　　　　调查对象分析表

25 年前	25 年后
3%有清晰而长远的目标的人	一直朝着同一个方向努力，成为社会各界的顶尖成功人士，他们不乏白手创业者、行业领袖、社会精英。
10%有清晰但比较短期的目标的人	他们生活在社会的上层，他们的短期目标不断达成，成为行业专业人士，有很好的工作，比如医生、律师、公司高级管理人员等。
60%目标模糊的人	他们生活在社会的中层或下层，尽管能够安稳地生活，但没有取得什么成绩。
27%没有目标的人	他们生活在社会底层，生活得十分不如意，不断抱怨社会和他人，经常失业，家庭也不幸福。

25 年的时间，使不同的人有了不同的境遇，但其实他们之间的差别仅仅在于：25 年前，他们中的一些人知道自己到底要什么，而另一些人则不清楚或不很清楚。

2. 比塞尔的故事

还有一个故事，同样说明了清晰的目标和方向对职业发展成功的重要意义。

比塞尔是西撒哈拉沙漠中的一个小村庄，它靠在一块 1.5 平方千米的绿洲旁，可是在肯·莱文 1926 年发现它之前，这儿的人没有一个走出过大沙漠。肯·莱文作为英国皇家学院的院士，当然不相信这种说法。他用手语向这儿的人问其原因，结果每个人的回答都是一样：从这儿无论向哪个方向走，最后都还是要转到这个地方来。为了证实这种说法的真伪，他做了一次实验，从比塞尔向北走，结果 3 天半就走了出来。

比塞尔人为什么走不出来呢？肯·莱文非常纳闷，最后他只得雇一个比塞尔人，让他带路，看看到底如何？他们带了半个月的水，牵上两匹骆驼，肯·莱文收起指南针等现代化设备，只拄一根木棍在后面。10 天过去了，他们走了数百英里的路程，第 11 天的早晨，一块绿洲出现在眼前。他们果然又回到了比塞尔。这一次肯·莱文终于明白了，比塞尔人之所以走不出沙漠，是因为他们根本没有认识北斗星。

在一望无际的沙漠里，一个人如果凭着感觉往前走，他会走出许许多多、大小不一的圆圈，最后的足迹十有八九是一把卷尺的形状。比塞尔村处在浩瀚的沙漠中间，方圆上千千米没有一点参照物，若没有认识北斗星又没有指南针，想走出沙漠，确实是不可能的。

肯·莱文在离开比塞尔时，带了一位叫阿古特尔的青年，这个青年就是上次和他合作的人，他告诉这位小伙子，只要白天休息，夜晚朝北面那颗最亮的星走，就能走出沙漠。阿古特尔跟着肯·莱文，3天之后果然来到了大漠的边缘。

现在比塞尔已是西撒哈拉沙漠中一颗明珠，每年有数以万计的旅游者来到这儿，阿古特尔作为比塞尔的开拓者，他的铜像被竖在小城中央。铜像的底座上刻着一行字：新生活是从选定方向开始的。

从以上案例可以看出：成功，需要明确的目标和方向。有无目标是成功者与平庸者的最大区别。用简单的数学知识来说，两点之间，直线最短。假设以相同的速度行进，如果一个人看到明确的目标，他就会和第2个故事中的肯·文莱一样，努力以直线前进，很快到达他的目的地；而如果一个人没有看到目标，他就会像在浩瀚沙漠中完全凭着感觉在摸索的比塞尔人一样，漫无目的，曲折前行，而且最终可能发现，自己又回到了起点，或经过多年的辛勤努力后，却两手空空，一无所获。一个人无论他多大年龄，他真正的人生之旅，是从设定目标那一天开始的，以前的日子，只不过是在绕圈子而已。

3. 成功的职业生涯从制定合适的目标开始

目标，像分水岭一样，轻而易举地把资质相似的人们分成为少数的精英和多数的平庸之辈。前者主宰了自己的命运，后者随波逐流，枉度一生。当一个人下定决心之后，往往没什么能阻止他达到目标。一旦有了成功的渴求，就会产生强烈的使命感与责任感并为之拼搏。西方有句谚语：你想要的尽管拿去，只要付出相应的代价就行。有位哲人说："决心攀登高峰的人，总能找到道路。"强烈的动机可以驱使人超越诸多困境，无需扬鞭自奋蹄。如果至今仍不清楚自己希望达到怎样的人生高度，那么请把目标写下来，矢志不渝地向着心中的目标拼搏进取，如此，便会敏锐地捕捉到成功的契机，顺利抵达理想的境地。

只有给自己的人生设定了目标，自己内心深处那个勇敢、坚定、执着、不畏艰险的"我"才会走出来，才能最大程度地激发自己的潜能，更好地迎接人生路上的各种挑战。美国歌星玛利亚·凯莉有一首成名代表作《英雄》，歌词写得非常好：

在你的内心深处/有一个英雄/你不必害怕自己是什么样的一个人/如果探索灵魂深处/你会发现答案/而所谓的痛苦便会消融/随后/英雄带着无穷的力量向你走来/让你抛开恐惧/确信困难终将被战胜/发掘自我/变得坚强/你会发现/英雄就在你心中……

所以，成功源于梦想，敢于制订适合自己并富有挑战性的目标，这样才能使潜能最大限度地激发出来，才更加容易在未来的职场上获得成功。

（二）制订目标的原则

制订目标是看似一件很简单的事情，每个人都有过制订目标的经历，但有些目标是不合理的，制订目标必须遵循SMART原则。SMART是5个英文单词的第一个字母，分别代表不同的含义。具体如表2.4所示。

表2.4　　　　　　　　　　　　　　　　　SMART 原则的含义

英文字母	代表词语	含义
S	Specific	具体、明确
M	Measurable	可衡量
A	Achievable	可实现
R	Realistic	相关性
T	Time-based	时限性

1. 具体、明确（Specific）

所谓明确就是要用具体的语言清楚地说明要达成的行为标准。明确的目标几乎是所有成功人士的一致特点。很多人不成功的重要原因之一就因为目标定得模棱两可，或没有将目标有效地传达给自己。

例如：目标——"增强客户意识"。这种对目标的描述就很不明确，因为增强客户意识有许多具体做法，如减少客户投诉，过去客户投诉率是 3%，现在把它减低到 1.5%或者 1%。提升服务的速度，使用规范礼貌的用语，采用规范的服务流程，也是客户意识的一个方面。

有这么多增强客户意识的做法，其所说的"增强客户意识"到底指哪一块？不明确就没有办法评判、衡量。所以建议这样修改，例如，一定要在月底前把前台收银的速度提升至正常的标准，这个正常的标准可能是两分钟，也可能是一分钟，或分时段来确定标准。

2. 可衡量（Measurable）

可衡量就是指目标应该是明确的，而不是模糊的。应该有一组明确的数据，作为衡量是否达成目标的依据。

如果制定的目标没有办法衡量，就无法判断这个目标是否实现。比如领导有一天问"这个目标离实现大概有多远？"团队成员的回答是"我们早实现了"。这就是领导和下属对团队目标所产生的一种分歧，原因就在于没有给它一个定量的可以衡量的分析数据。但并不是所有的目标都可以衡量，有时也会有例外，比如说大方向性质的目标就难以衡量。

例如"为所有的老员工安排进一步的管理培训"。"进一步"是一个既不明确也不容易衡量的概念，"进一步"到底指什么？是不是只要安排了这个培训，不管谁授课，也不管效果好坏都叫"进一步"？建议改为：在什么时间完成对所有老员工关于某个主题的培训，并且在这个课程结束后，学员的评分在 85 分以上，低于 85 分就认为效果不理想，高于 85 分就是所期待的结果。这样目标变得可以衡量。

实施要求：目标的衡量标准遵循"能量化的量化，不能量化的质化"。使大家有一个统一的、标准的、清晰的、可度量的标尺，杜绝在目标设置中使用形容词等概念模糊、无法衡量的描述。对于目标的可衡量性应该首先从数量、质量、成本、时间、上级或客户的满意程度 5 个方面来进行，如果仍不能进行衡量，其次可考虑将目标细化，细化成分目标后再从以上 5 个方面衡量，如果仍不能衡量，还可以将完成目标的工作进行流程化，通过流程化使目标可衡量。

3. 可实现（Achievable）

目标是要可以让人实现、达到的，不能是不太可能达成的目标。

实施要求：在制定目标的时候，可以制定出跳起来"摘桃"的目标，不能制定出跳起来"摘星星"的目标。

4. 相关性（Realistic）

目标的相关性是指实现此目标与其他目标的关联情况。如果实现了这个目标，但对其他的目标完全不相关，或者相关度很低，那这个目标即使被达到了，意义也不是很大。

因为毕竟工作目标的设定，是要和岗位职责相关联的，不能跑题。比如一个前台，让她学点英语以便接电话的时候用得上，这时候提升英语水平和前台接电话的服务质量有关联，即学英语这一目标与提高前台工作水准这一目标直接相关。若让她去通过大学英语六级考试，就比较跑题了。

5. 时限性（Time-based）

目标的时限性就是指目标是有时间限制的。例如，我将在 2017 年 10 月 31 日之前完成某事，10 月 31 日就是一个确定的时间限制。目标设置如果没有时限，将直接导致上下级之间对完成目标轻重缓急的认识程度不同，其结果是上司急得暴跳如雷，下属则无所适从、备感委屈，因此，没有明确时间限定的目标设置，极易造成管理混乱、考核不公正，进而伤害工作关系，伤害下属的工作热情。

实施要求：目标设置要具有时间限制，根据工作任务的权重、事情的轻重缓急，拟定出完成目标项目的时间要求，定期检查项目的完成进度，及时掌握项目进展的变化情况，以方便对下属进行及时的工作指导，同时根据工作计划的在实际工作中的执行情况，及时地加以完善和调整。

总之，无论是制定团队的工作目标，还是个人目标，都必须符合上述原则，5 个原则缺一不可。其实制定目标的过程也是自身能力不断增长的过程。

（三）制定目标的方法（5W 法）

5W 法一共有 5 个问题，具体如下表。

表 2.5　5W 含义

What are you?	我是谁？
What do you want?	我想干什么
What can you do?	我能干什么？
What can support you?	环境支持或允许我干什么？
What you can be in the end?	最终的职业目标是什么？

一个人回答了这 5 个问题，找到它们的共同点，就有了自己的生涯目标。该方法尤其适合即将毕业的大学生。

1. What are you? 我是谁？

职业人应该对自己进行一次深刻的反思，有一个比较清醒的认识，包括自己的自然条件、性格特点、优点和缺点等都应该一一列出来。

2. What do you want? 我想干什么？

这是对自己职业发展的一个心理趋向的检查，同时也是对自己人生观、价值观的分析。

3.　What can you do?　我能干什么?

这是对自己能力与潜力的全面总结,一个人职业的定位最根本的还是要归结于他(她)的能力,而其职业发展空间的大小则取决于自己的潜力。一个人的能力和潜力包括:智商、情商、逆商以及学习能力、知识迁移能力、交际沟通能力等。

4.　What can support you?　环境支持或允许我干什么?

环境一方面指的是就业地域和行业的大环境,主要包括经济发展、人事政策、企业制度、职业发展空间等,另一方面指的是家庭和个人的小环境,主要包括家庭经济情况、父母亲属的人脉关系、男(女)朋友的影响等。

5.　What you can be in the end?　最终的职业目标是什么?

这是对自己最终目标的确认。

二、个人 SWOT 分析

SWOT 分析模型,又称为态势分析法,来自 Mckinsey 公司,在企业或营业单位战略规划报告里,SWOT 分析是一个众所周知的工具。SWOT 分析代表分析优势(strength)、劣势(weakness)、机会(opportunity)和威胁(threats)。因此,SWOT 分析实际上是对内外部条件各方面内容进行综合性分析,进而分析优劣势、面临的机会和威胁的一种方法。随着时代的变迁,SWOT 分析法也被广泛运用职业生涯规划中,需要总结自己的优势、劣势、机会和挑战,然后结合这四方面进行深入分析(图 2.4)。

图 2.4　麦肯锡公司

1.　优势分析

在职业生涯规划中,如果能根据自身长处在选择职业并"顺势而为"地将自己的优势发挥得淋漓尽致,就能做到事半功倍,如鱼得水。如果像兔子学游泳那样选择了与自身爱好、兴趣、特长"背道而驰"的职业,即使耗尽九牛二虎之力,也是事倍功半,勤难补拙。在职业生涯规划优势分析中,必有的前提是知道自身优势是什么,并将自己的生活、工作和事业发展都建立在这个优势之上。具体来说,首先,需要弄清楚自己学到了些什么知识,在大学 3~4 年的学习生活中,从学校开设的课程中学到了什么有价值的知识,社会实践活动提高和升华了哪些方面的知识和技能。其次,在校期间曾做过什么,在学校期间担当的学生职务,参加过哪些社会实践活动,实习工作经验积累的程度如何等,要提高自己经历的丰富性和突出性。在优势分析时,还应有针对性地选择与职业目标相一致的工作内容,坚持不懈地努力工作,这样才能使自身的经历具备强的说服力。最后,是需要弄清楚学习工作经历中最成功或引以为豪的是什么。通过对自己成功的经历进行分析,可以发现自己的长处,如坚强的意志、创新精神、学习力等,以此作为个人深层次挖掘的动力之源和魅力闪光点，形成对职业生涯规划的有力支撑。

2. 劣势分析

劣势分析通常被忽略，大多数人认为职业生涯规划只与优势相关，然而，客观分析自身劣势对职业生涯规划有更深层次的意义。做好劣势分析，需要指出的是劣势及自己不喜欢做的工作，不知道自己的劣势在哪里，就会盲目自信，总觉得自己可以做好许多工作，长期沉浸在自我优势的圈子里，像井底之蛙，不知道天到底有多大。如一个人并不喜欢接触陌生人却选择以直销工作为起点，如一个人性格强势却说自己喜欢从事客服工作等。找到自身的短处，可以努力改正自己常犯的错误，提高自己的技能，放弃那些对不擅长的技能要求很高的职业。劣势分析时应首先弄清楚自身性格的弱点，人天生都有弱点，这些弱点甚至与生俱来无法避免。经常与周围的朋友或同事沟通，了解别人眼中的自己是什么样子，对比与自己的看法有何不同，找出其中的偏差并借鉴，这有助于自我提高。其次，还应了解自身经验或经历中所欠缺的部分。最后，像优势分析一样，还应从劣势分析方面了解自己最失败的经历，失败的结果是如何造成的，通过分析以避免今后的职业中再次失败。

3. 机遇分析

正确分析目前所面临的环境，了解职业生涯规划中面临的各种条件及社会认同度。在职业定位后，还必须充分结合所属行业的发展情况，由于社会快速变化，知识爆炸时代及科技的突飞猛进都使环境分析的情况更加复杂。市场竞争不断加剧，对个人职业发展产生了巨大的影响，个人如果能很好地利用外部环境，将非常有助力自身的发展。目前，职业人面临着各种各样的机遇，如经济快速发展提供了更多职业空间，移动互联网进入日常生活让社会格局发生着巨大变革，创造了许多新兴的产业和行业，提供了无数的机会。因此，保持与时代同步，时常了解与自己职业发展相关的行业变化趋势，掌握行业发展信息，能使职业人在职业规划中抢占先机。另外，就目前我国的情形来看，城市发展的不平衡也造成机会的地区差异，如东部沿海地区的新兴行业成长速度更快等。

4. 挑战（威胁）分析

除了前面叙述的机遇外，在社会发展中，职业发展也面临着对应的挑战和威胁。这些通常是人所无法控制的外部因素，但常常会给职业发展造成无形的影响。对预期挑战的客观分析可让这些不利因素的影响得到削弱。对职业规划带来的外部挑战通常包括就业处于买方市场形势、大学期间所学专业与社会不同步、随着时间推移竞争加剧等。

SWOT 分析是检查职业人技能、能力、职业、喜好和职业机会契合度的有力工具，通过对优势、劣势、机会及挑战的分析，将 4 个方面绘制在一个四象限图里并分项列出，再对其进行客观对比分析，能让人们迅速锁定职业目标，找准差距，迅速做好弥补。

三、职业生涯规划六步法

1. 自我评估

自我评估包括对自己的兴趣、特长、性格的了解，也包括对自己的学识、技能、智商、情商的测试，以及对自己思维方式、思维方法、道德水准的评价等等。自我评估的目的，是认识自己、了解自己，从而对自己所适合的职业和职业生涯目标做出合理的抉择。

有许多学生毕业找工作的时候，经常出现的情况是：找工作时只考虑工作与专业对不对口，至于自己所学的专业和要从事的工作是否到底适合自己，从来就不曾考虑；或者是不分企业、不分行业、不分工作，盲目发送求职简历；或者是在求职简历的求职意向一栏，写着技术、销售、部门经理等许多职位，而对自己没有一个明确的定位；也有的同学在就业压力下，只要碰到一个单位想录用自己，则不管该行业和该工作是不是适合自己，赶紧签了就业协议书，而且可能一下就签了三五年。

当然，许多时候，迫于就业压力，以上的种种做法也可以理解。但同时应看到，以上种种做法都带有一定的盲目性，没有很全面并且站在一个长远角度来考虑就业问题。如果找工作之前没有经过详细分析就盲目地进行了选择，那么 3~5 年之后，很可能发现自己仍然面临着选择的困境：那就是继续做现在的工作，又觉得该工作不太适合自己，甚至感觉工作的每一天都很沉闷或痛苦，工作了几年也没做出太大的成绩；如果辞职重新选择别的行业或职业，那么很可能意味着放弃现在积累的一些专业知识、行业背景和人际关系，不得不付出极高的"机会成本"。

而实际上，比较科学理性的做法是：在开始找工作以前，应该对自身的情况进行一下全面了解和详细分析，而从自身的角度讲，了解和分析的应该包括以下主要因素。

（1）我喜欢做什么（主要包括职业兴趣、职业价值观等）；

（2）我适合做什么（主要包括职业性格、气质、天赋才干、智商情商等）；

（3）我能够做什么（主要包括自己掌握的专业知识、技能和工作经验等）；

（4）我擅长做什么（主要包括职业能力倾向，比如言语表达、逻辑推理、数字运算等）。

2. 环境评估

环境评估，主要是评估周边各种环境因素对自己职业生涯发展的影响。在制定个人的职业生涯规划时，要充分了解所处环境的特点、掌握职业环境的发展变化情况、明确自己在这个环境中的地位以及环境对自己提出的要求和创造的条件等。只有对环境因素充分了解和把握，才能做到在复杂的环境中避害趋利，使职业生涯规划具有实际意义。环境因素评估主要包括：组织环境、政治环境、社会环境、经济环境。短期的规划比较注重组织环境的分析，长期的规划要更多地注重社会环境的分析。

3. 确定职业发展目标

俗话说："志不立，天下无可成之事。"立志是人生的起跑点，反映着一个人的理想、胸怀、情趣和价值观。在准确地对自己和环境做出了评估之后，可以确定适合自己、有实现可能的职业发展目标。在确定职业发展的目标时要注意自己性格、兴趣、特长与选定职业的匹配，更重要的是考察自己所处的内外环境与职业目标是否相适应，不能妄自菲薄，也不能好高骛远。合理、可行的职业生涯目标的确立决定了职业发展中的行为和结果，是制定职业生涯规划的关键。

4. 选择职业发展路线

在职业目标确定后，向哪一路线发展，如是走技术路线，还是管理路线；是走技术 + 管理，即技术管理路线，还是先走技术路线、再走管理路线等，此时要做出选择。由于发展路线不同，对职业发展的要求也不同。因此，在职业生涯规划中，必须对发展路线做出抉择，以便及时调整自己的学习、工作以及各种行动措施沿着预定的方向前进。

5. 制定职业生涯行动计划与措施

在确定了职业生涯的终极目标并选定职业发展的路线后，行动便成了关键的环节。这里所指的行动，是指落实目标的具体措施，主要包括工作、培训、教育、轮岗等方面的措施。对应自己行动计划可将职业目标进行分解，即分解为短期目标、中期目标和长期目标，其中短期目标可分为日目标、周目标、月目标、年目标，中期目标一般为3～5年；长期目标为5～10年。分解后的目标有利于跟踪检查，同时可以根据环境变化制定和调整短期行动计划，并针对具体计划目标采取有效措施。职业生涯中的措施主要指为达成既定目标，在提高工作效率、学习知识、掌握技能、开发潜能等方面选用的方法。行动计划要对应相关的措施，要层层分解、具体落实，细致的计划与措施便于进行定时检查和及时调整。

表2.6是一个市场营销专业大学毕业生的职业生涯行动计划。

表2.6　　　　　　　　　　　　　　　职业生涯行动计划表

职业目标：2022年成为一家中小型企业的市场部经理

阶段	开始时间	终止时间	职　业	所需掌握的知识	所需掌握的技能	能力和经验的积累
1	2016年7月	2019年6月	销售代表	销售知识、产品知识	销售技巧	如何谈客户
2	2019年7月	2022年6月	所在公司的销售主管	领导下属的艺术	如何激励下属	团队领导能力
3	2022年7月	2024年6月	所在公司销售经理	市场营销方面的知识	如何制定市场营销目标计划	如何把一个地区的业务迅速做大

6. 评估与反馈

影响职业生涯规划的因素很多，有的变化因素是可以预测的，而有的变化因素难以预测。在此状态下，要使职业生涯规划行之有效，就必须不断地对职业生涯规划执行情况进行评估。首先，要对年度目标的执行情况进行总结，确定哪些目标已按计划完成，哪些目标未完成。然后，对未完成目标进行分析，找出未完成原因及发展障碍，制定相应解决障碍的对策及方法。最后，依据评估结果对下年的计划进行修订与完善。如果有必要，也可考虑对职业目标和路线进行修正，但一定要谨慎考虑。

第三节　大学生职业生涯规划

一、大学生职业生涯规划的常见误区

在大学生进行职业生涯规划的过程中，由于对社会职业了解甚少，导致自身掌握的信息不足，再加之常缺乏有效的指导，就容易出现以下一些常见的误区。

1. 认为职业生涯规划是大四时才需要思考的问题

一些刚上大学的学生常会错误的认为：经历了高考，大学应该是轻松的，找工作是大四才会面临的问题，因此自身的职业生涯规划等到大四再来思考就可以了。但其实从跨入大学的那一刻开始，每一名学生就已经开始为自己的职业发展之路打下了各种基础。

大学一开始的生活主要是学业规划，而学业规划则是进行职业生涯规划的重要基础。学业规划是要在实际的专业学习和探索中选择自己最喜欢最适合的专业来学习，学业规划所选定的专业不一定是自己所学的专业，因为学业规划的根本出发点是在理论和实际的探索中找到适合的喜欢的专业，然后去深入学习这个专业。很多人由于高考报专业的轻率导致了上大学后专业与兴趣巨大错位，这个错位的弥补只能由上大学后的大一、大二来纠正和确定。

大学阶段本就是一个整体，最核心目标还是为今后的职业生涯做准备，而每一个阶段的所做的努力也都应该是自身职业生涯规划中的一部分内容。如果以大学学业为半径，以职业为圆心，那么在这个圆上，大学期间的任何时间与职业这个圆心的距离都是一样的，因此职业生涯规划也就不仅仅是大四才要面临的问题，而是整个大学阶段都要面临的。

2. 认为职业生涯规划等同于寻找高薪酬的工作

有这种误区的人主要是不明确职业生涯规划的作用。职业生涯规划是要通过对与自身职业发展相关的各个因素进行分析，从而找到适合自己、能发挥自身价值的职业发展路径，而并非是一个寻找高薪资高福利工作的简单过程。

职业生涯规划的目标首先是适合，其次才是待遇。但其实一旦准确找到了适合的职业，那薪资待遇的提高也只是时间和积累的问题，因为在自己适合的领域工作，人们会把自己的主动性和创造性淋漓尽致地发挥出来，业绩提升的同时必然带来薪水的增长。而单纯的不适合自己的高薪水工作，会使人们在拿着高薪的无聊中把自己的创造性毁灭，从而会因不喜欢而导致不胜任或懈怠工作，最终也会因业绩下滑而导致薪酬跳水。所以说，适合的工作可能因为暂时的不胜任而拿低薪水，但从长远的职业发展角度看，只要能够坚持努力，一定会收获令自己满意的薪资待遇。

3. 把职业生涯规划和日常生活割裂开来

在校的大学生们，包括职场上打滚多年的人士都认为工作和生活是两码事，是不相关的，对于他们来说工作就是工作，生活就是生活；工作时不谈生活，生活时不说工作。但事实上两者是有关系的，而且有很重要的关系。人们安身立命的依靠是工作，衣食无忧的保证是工作，甚至更高的建功立业、自我实现都要依赖工作。从这个角度来说，职业影响生活，职业就是生活。不同的职业就会有不同的工作方式、思维方式、行为方式及休闲方式，职业人生活方式安排的一个重要前提是遵循所做工作的职业工作方式。人生要想取得平衡，那必须在工作、生活、情感三者上有一定比例的安排和收获，缺失任何一个方面人生都是失衡的、不快乐的。

职业影响生活，所选择的职业会直接导致生活方式的不同。教师的作息时间中有寒暑假，而其他职业没有；从事营销工作讲求的是在推销自我中赢得客户的认可并购买公司的产品，而从事管理工作追求的是在组织平衡中谋得最大效益。职业会影响生活，所以，当选择职业时，要充分考虑这个职业能否给予自己所想要的生活。

职业就是生活，在大的层面说，职业也是生活的一部份，做什么工作，怎么做，什么时间做等都是在个人生活中对工作的一种安排。当职业也是生活时，就得做到在一定程度上喜欢上工作，把职业融为生活中的人也会在把生活当作职业来过，职业与生活本身的一些理念都是相通的，这个理解程度上更多地取决于个人在职场上的成熟度。

二、大学生职业生涯规划的实施

大学期间虽然短暂，但它在整个人生生涯规划中占有重要地位，它是生涯规划的起点，同时也是职业生涯发展的准备期。大学生在校期间学习了专业知识，塑造了价值观、人生观，培养了能力，拓展了素质。根据每一年大学生的学习重点与心理特征，结合生涯规划的步骤，按照自然年限划分，可将大学期间分为适应探索期、定向准备期、实践提升期和冲刺收获期 4个阶段。

1. 适应探索期

大学一年级为适应探索期，这一时期的阶段目标为：适应大学生活与自我探索。

具体实施方案：实现由高中生到大学生的角色转变，适应大学学习特点，打牢专业基础知识，加强英语学习；开始接触职业和职业生涯的概念，特别要重点了解自己未来所希望从事的职业或与自己所学专业对口的职业，进行初步的职业生涯设计。在职业探知方面可以向高年级同学、尤其是大四的毕业生询问就业情况；熟悉环境，建立新的人际关系，提高交际沟通能力；如果有必要，为可能的转专业、获得双学位、留学计划做好资料收集及课程准备，为将来的就业选择打下良好的基础；运用测评工具，了解自己的性格、兴趣、价值观、能力。

2. 定向准备期

大学二年级为定向准备期，这一时期的阶段目标为：初步确定毕业方向及培养相应能力与素质。

具体实施方案：为自己选定生涯发展路线，确定毕业方向——直接找工作、考研、留学、公务员或自主创业等；清楚不同发展方向所需基本素质和能力，通过参加学生会或社团等组织，培养和锻炼自己相应的能力。如打算创业的同学可加入创业学院的团队，考公务员的可以参加演讲协会等，同时检验自己的知识技能；可以开始尝试兼职、社会实践活动，最好能在课余时间从事与自己未来职业或本专业有关的工作，提高自己的责任感、主动性和受挫能力，并从不断地总结分析中得到职业经验；增强英语口语能力，通过英语等级考试，并开始有选择地辅修其他专业的知识充实自己。

3. 实践提升期

大学三年级为实践提升期，这一时期的阶段目标为：根据不同毕业方向，进行不同的实践活动，提升自身能力。

具体实施方案：如是毕业后直接工作的，可以考取与目标职业有关的职业资格证书或通过相应的职业技能鉴定；如毕业后准备考研，可报名参加考研辅导班；如毕业后准备留学的可多接触留学顾问，参与留学系列活动，准备 TOEFL、GRE 的考试，注意留学信息等；如毕业后准备考公务员的可参加公务员考试培训；如毕业后准备自己创业的，可参加大学生创业大赛，了解大学生创业的相关优惠政策。

4. 冲刺收获期

大学四年级为冲刺收获期，这一时期的阶段目标为：最后努力，实现梦想。

具体实施方案：毕业后直接工作的就要开始准备简历，学习求职技巧，进行模拟面试等训练，搜集就业信息，积极参与招聘活动等；毕业后准备考研、留学和考公务员的需要参加相应考试，并做好面试准备；毕业后准备自主创业的需要撰写创业计划书，找风险投资等。

拓展阅读

诸葛亮的个人"职业生涯规划"

东汉三国时期，群雄逐鹿，人杰辈出。与绝大多数怀才不遇者的思维定势相反：长期隐居南阳草庐的诸葛亮一出山就投靠了当时最为势单力薄的刘备集团并终生为其奔走效力。在为刘备集团做出杰出贡献基础上，诸葛亮实现了个人事业的成功——这归根结底取决于诸葛亮近乎圆满的职业选择策划。

首先，诸葛亮的个人职业发展定位非常清晰。诸葛亮自幼胸怀大志，始终以春秋战国时期两位著名的最高参谋管仲、乐毅为个人楷模，立誓要成为他所处时代杰出的"谋略大师"，为光复汉室贡献力量；同时，诸葛亮也非常清楚：他自己长期积累的才干已具备了实现职业目标的可能！

其次，从应聘对象选择上看，诸葛亮也独具慧眼：曹操已经统一了半个中国，实力雄厚，最有资格挑战全国统治权；孙权只求偏安自保；而势力最为弱小的刘备集团却具备快速成长的能力，与曹操、孙权三足鼎立乃至在此基础上一统天下。

原因在于：第一，刘备始终坚持光复汉室的理想并在全国赢得了相当一批支持者——这与诸葛亮的个人价值观吻合；第二，刘备品性坚韧顽强，敢于与任何强大的敌人对抗；第三，刘备待人宽厚谦和，团队凝聚力超强；第四，刘备是汉朝皇族后裔，具备名正言顺继承"大统"的资格——以上条件恰恰是刘备增值潜力最大的资源且其他诸侯很难模仿和替代的。此外，还有一个非常重要的原因：到赤壁之战前夕时，曹操和孙权两大集团都已人才济济、颇具规模，诸葛亮若去投奔，最多也只能成为一名"中层管理人员"；而刘备集团当时主要由一些武将构成，高级参谋人才奇缺，诸葛亮完全有可能被破格提拔进入最高领导层。

再次，在应聘准备和应聘实施方面，诸葛亮更是做得登峰造极。

在个人推销方面，诸葛亮通过躬耕陇亩给外界留下踏实肯干的印象；同时，他还自己写作了一篇《梁父吟》，含蓄地表明心志；此外，诸葛亮在与外人言谈中每每自比管仲、乐毅，一方面宣传了个人的卓越才华，另一方面也表明了他对"和谐双赢"的君臣关系的向往。诸葛亮个人才能和求职意向等重要信息最终通过各种渠道传递到了刘备那里。

在应聘临场发挥方面，诸葛亮在完全私密性的"隆中对"时，通过逻辑严谨的精彩表述充分展现了个人对国内军事、政治形势以及刘备集团未来发展战略的全面深入思考，令刘备对这个27岁的年轻人大为叹服！此后，刘备始终待诸葛亮为上宾，全部重大决策都要与其共同协商探讨，甚至在临终之时还有托孤让位之举；诸葛亮也始终对刘备忠诚一心，鞠躬尽瘁。深厚的君臣情谊是刘备集团后来事业蓬勃发展，最终成为与曹操、孙权三足鼎立的重要因素并传为千古佳话！

诸葛亮是昔日乱世中的一介书生，若非正确的职业选择助力，很可能就淹没在历史的尘埃之中，永不为人所知。但积极进取且颇有心计的诸葛亮通过在职业选择上的完美谋划，彻底改变了自己的命运。

三、大学生职业生涯规划范文

本范文以重庆邮电大学移通学院一名计算机科学与技术专业大一学生为例，介绍如何进行大学生职业生涯规划。

（一）自我评估

性格：亲和力强，稳重踏实，有极强的责任心，擅长与人交流沟通，注重团队协作。

兴趣：喜欢用自己所学知识编写各种小程序，同时也喜欢管理方面的工作，此外还对健身、跑步、篮球等运动充满兴趣。

能力：能熟练掌握HTML、DIV+CSS页面布局，熟练使用PS、AE、PR等后期软件，可以用JavaScript编写简单的程序。担任过学生干部，具备一定的组织能力、良好的环境适应能力和学习能力。

（二）环境评估

行业和社会环境：21世纪是一个知识、能力、信息、机遇和挑战的时代，更是一个现代信息技术与科学技术飞速发展的时代。目前就业市场上最火爆的专业当属与IT行业相关的计算机、通信、电子、网络信息科学类专业。但计算机专业竞争非常激烈，除了每年毕业的博、硕、本、专等毕业生外，还有大批 IT 培训机构推向市场的从业人员。

家庭环境：父母为个体户，月收入不高但较稳定，身体健康，在 5 年之内家庭情况应该不会出现大的变故。由于我未来将从事 IT 行业，家人无法为我提供相应行业的人脉支持。

学校环境：学校在计算机专业领域拥有高水准的师资队伍，能够对自己所学的专业进行有效的指导，帮助自己不断提升在计算机方面的专业能力。同时学校有各类丰富的实践活动，能帮助自己提升综合能力。此外，学校为学生的毕业求职提供了大量的平台，能有效获得各类就业信息与就业推荐。

（三）职业目标

大学 4 年的目标是毕业后能进入一家大型的软件开发公司担任软件开发工程师；毕业后10 年内成为一家大型软件开发公司的项目经理。

（四）生涯路线

基于以上的分析，生涯路线是：技术+管理生涯路线，毕业直接参加工作，职业生涯初期侧重技术方向的发展，后期侧重管理方向发展。

（五）行动计划

为了能顺利实现职业目标，结合实际情况，将短期、中期、长期的目标及行动计划制定如下。

1. 短期目标及行动计划

2015 年——2019 年，通过大学四年的学习，掌握扎实的专业技能，不断提升自己的综合素质，最终进入大型软件企业担任软件工程师，具体行动计划如表 2.7 所示。

表 2.7　　　　　　　　　　　　　职业生涯行动计划

计划名称	时间跨度	目标	实施策略
专业知识学习计划	大学期间	打牢基础、拓展知识领域	大一主动适应大学学习生活；大二多学习计算机方面知识，熟悉各种软件开发技术；大三深入钻研专业知识，熟练掌握某几项专业技能；大四多参加实践，将知识灵活运用
英语学习计划	大学期间	英语过国家六级	大一通过英语四级，大二通过英语六级，大三大四练口语，达到流利对话
辅修专业计划	大学期间	获得管理学双学位	利用业余时间系统学习管理学课程，为将来走向管理岗位打下理论基础
社会工作计划	大一、大二、大三	锻炼组织、协调、沟通能力，培养团队合作精神	大一进入学生会，同时担任班级干部，大二争取获得更大的学生工作平台，大三担任学生会主要职务，组织一些有影响力的活动，锻炼组织、协调、沟通能力，培养团队合作精神
实习生计划	大三暑期	体验职场生活，积累工作经验	大三下学期，联系实习单位，暑假到实习单位进行实习，了解各部门运营情况，熟悉岗位工作职责及工作流程
求职面试计划	大四	成功就业	搜集就业信息，准备简历及求职信，参加面试技巧培训，参加招聘会

2. 中期目标及行动计划

2019 年——2023 年，目标是成为前端开发类项目主管。中期目标的行动计划如下：

（1）按照公司的安排，做好各项本职工作，主动融入所在的工作环境；

（2）结合公司的业务需求，不断地深入学习相关的专业知识，随时给自己充电，努力提升自己；

（3）与同事建立良好的人际关系，培养自己的人脉关系，进一步提升自己的人际交往能力；

（4）以出色的业绩来证明自己的能力，争取获得晋升为项目主管的机会。

3. 长期目标及行动计划

2024 年——2029 年，目标是成为公司的项目经理，中长期目标的行动计划如下：

（1）根据工作的各类需要，继续加强对各类专业技术的学习，增强自己在专业领域的发言权；

（2）在工作之余对管理相关知识进行自学，不断提高自身的管理能力；

（3）积极参加各类培训与实践，扩大自己的工作范围与圈子，继续积累自身的人脉；

（4）通过努力，争取晋升成为公司的项目经理。

（六）评估与调整

事物总是发展变化的，因此职业生涯规划也具有许多的不确定性。要使职业生涯规划行之有效，就必须在实践中定时对规划的执行情况及目标的实现情况进行不断地评估，同时根据评估结果进行相应的调整。

此外，结合自身的实际情况，在未能实现担任软件工程师这一目标时，可以发挥自己在影视后期制作方面的特长，在毕业时寻找影视后期制作相关的工作，在积累了足够的经验与资金时，成立自己的工作室。

本 章 小 结

1. 职业生涯是一个人一生中所有与职业相联系的行为与活动，以及相关的态度、价值观、愿望等连续性经历的过程，也是一个人一生中职业、职位的变迁及工作理想的实现过程。

2. 职业生涯发展方向有技术型、管理型、创造型、自由独立型、安全型 5 种。

3. 职业生涯规划的 6 个步骤：自我评估、环境评估、确定职业发展目标、选择职业发展路线、制定职业生涯行动计划与措施、评估与反馈。

课 后 练 习

1. 请思考目标与人生的关系。

2. 舒伯职业生涯发展理论的阶段模型中的 5 个阶段各自有什么特点？

3. 结合本章知识，做一个详细的个人职业生涯规划。

第三章 自我营销

在当今社会越来越激烈的竞争中，如何把自己塑造成一个符合社会需求且具有核心竞争力的人，成为大学生踏足社会、立足社会的重中之重，于是自我营销这一概念便应运而生。自我营销是以个体为出发点，在个人成长发展的过程中，采用适合自己的策略，有创意、新颖地完成自我定位，建立竞争优势的过程。本章主要介绍大学生在迈入职场进行自我营销的过程中最关键的内容，即简历制作、面试技巧及自我销售等内容。

第一节 简历制作

简历，就是对个人学历、经历、特长、爱好以及其他有关情况所作的简明扼要的书面介绍。简历是个人形象，是对求职者资历与能力的书面表述，对求职者而言是一种非常重要的应用文。

一、简历制作的误区

任何事情都需辩证对待，简历的制作也同样，一份好的简历是助力成功的武器，而一份失败的简历则是阻碍成功的绊脚石。因此，精心准备的简历却没能引起招聘人员青睐甚至让自身的优势变成了劣势的情况时有发生。下面就简单介绍一些简历制作中的误区。

1. 误区一：越多越好

这里所讲的"越多越好"有两层意思：第一层是"纸张"越多越好，把自己所有的荣誉证书、获奖证书、资格资质证书以及各类照片全部附上，一份简历变成了厚厚的一本履历；第二层是"内容"越多越好，同学们将自己的培训经历、项目经历、成绩单等流水账一样记录到简历里面。招聘人员拿着此类简历时，需一页一页地寻找所需要的重要信息，这样的简历极大地浪费了招聘人员的时间，而且无法对应聘者形成直观印象。

2. 误区二：夸大经验

大学即将毕业或者刚毕业不久的同学，为了获得一份较好的面试机会，或者说为了找一份比较好的工作，在简历中工作内容描述上出现了：工作经历越"全面"越好、工作岗位越"高"越好、工作权限越"多"越好的错误理念，例如："负责策划过某某大型促销项目"，或者"担任某某项目总负责人"。

这样的简历从学生角度来看的确显得内容丰富且能体现自身个人能力，但是大学四年，只有极少数的大学生会有"总负责""总策划"等全局把控型的工作经验，大多数学生是没有的。有当然可以写，但是不能过分夸大，因为经验老道的招聘人员一眼就能看出其中的水分，有的工作和岗位是不可能给一个学生来操作的。虚构或者过分夸大的简历，反而会被招聘人员丢进垃圾桶。

3. 误区三：过于华丽

有些同学在简历制作的时候非常容易进入一个叫做华丽形容词的误区。

例如：

任务方面："出色地完成了任务""很好地完成任务""协助某某很好地完成了任务"；

能力方面：敏锐的洞察力、超人的抗压力、无与伦比的毅力；

实习企业：首屈一指的某某企业、某地区很有竞争力的企业；

个人评价：活泼、性格开朗等等。

以上的形容词都是简历的负担，给招聘人员的感觉是"不知道你在某项工作中具体负责什么"，另外，太多华丽形容词会使人产生欠缺可信度的错觉。

4. 误区四：万用简历

做一份万用简历，投所有公司和所有岗位，这个误区是最常规性的误区，也是最致命的错误。一份简历的核心论点是自身的能力素质符合应聘岗位的相关要求，通过 5 ~ 7 个模块进行论证。而万用简历首先就失去了这个核心论点。当然也有同学采取求职意向一栏不填写，到现场才填写，这样的表现显得更加缺乏针对性。

二、简历制作的原则

在求职过程中，简历无疑是大学生向用人单位展示自己的第一机会。求职简历要想达到给人留下深刻印象的效果，要遵循 5 个原则：简明性、真实性、匹配性、针对性和严谨性，具体操作时应考虑以下几个方面的内容。

1. 简历最好不超过两页纸

大学生制作简历时，往往抱着尽善尽美的心态，总觉得为了充分展示自己的才能，就要把简历制作得面面俱到，生怕疏漏一些用人单位比较关注的细节部分，从而使自己在最初步的竞争中处于下风位置。因此，制作精美、内容详实往往是大学生制作简历时普遍的心理标准。有很多学生为显得简历厚重，把自己有的东西全部附上，让用人单位去选，这样的简历给人的印象是没有重点，同时也缺乏竞争力。用人单位通常只是想通过个人简历了解应聘者的一些初步情况。大学生缺乏实际操作经验，他们的能力高低难以通过简历表现出来，写得再多再详细也是纸上谈兵。而且用人单位会收到许多应聘者的简历，长篇累牍式的简历让招聘者看得头昏眼花。所以建议求职简历最好不要超过两页纸，一页是基础简历，另一页是求职信。两页纸虽然简单，但那些真正用心制作的学生几乎每次投递都有机会去面试。若简历投递目标单位是外资或合资企业可附英文简历，国内的企业一般可不附带。

2. 经历描述简约而不简单

工作经历包括校内工作经历和实习工作经历。经历中担任的角色以及取得的突出成果，要着重表达，如：在某单位做过某工作，取得什么样的成果，而不是具体把这个工作中一些日常具体事务写清。因为，将来如果有面试机会，面试官对你的经历感兴趣，会进一步向你询问，你此时可以有机会详细地介绍自己，让别人也有机会进一步加强对你的了解和印象。除此以外，所有有关能力信息的表达，尽量要与所求的岗位相匹配，包括知识结构、能力和经历，而不是把大学的各科成绩、4 年所有经历像流水账一样全部附加。

3. 不违背真实原则的变通

简历的真实性原则，是指真实地填写自己的各项信息，不能杜撰个人能力和经历。在不违背真实原则的基础上也可稍做变通。比如知识结构一项中可以包括你"学"过但是没有"考"

过的各种课程。有的学生在得知某企业的招聘信息后,明知其岗位要求的知识结构自己有欠缺,但是可以通过自学获得,可以在简历中先行填写这一部分,在投送简历以后再努力学习,这样并不违背简历的真实性原则。真实性原则基础上的变通,都必须在个人的可控范围之内。

4. 求职意向明确到岗位

求职意向一定要明确到岗位,而且要打印出来。一些学生职位的意向写得非常抽象或笼统,比如"企事业单位及政府机关",还有的学生把求职意向一栏空出来到求职现场再填,这样容易给用人单位留下的印象是:你其实并不明白你要做什么、能做好什么。

5. 简历内容要有针对性

首先说明你要应聘其中的哪个岗位,再说明一下自己所学习和工作过的经历,有何业绩,工作过程中对岗位的认识,即表明自己能力与该岗位的匹配性;接下来要简单地写一下对企业的发展历史和文化的了解,如果能够有幸应聘成功,自己会以什么样的态度投入工作?总之一份简历要含有四层意思:我了解和认同这个企业的文化并愿意成为其中一员;我是可以胜任岗位工作的;我是愿意在工作中主动成长的;我愿意为企业的发展做出贡献。

三、简历制作的流程

简历的制作过程就是对自身情况进行梳理的过程,制作简历的具体流程如图 3.1 所示。

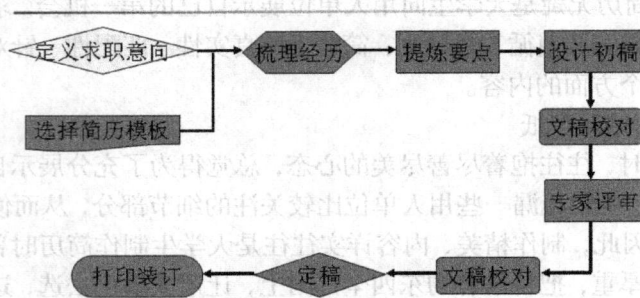

图 3.1 简历制作流程

(一)确定求职意向

在制作简历之前,首先要确定自己的求职意向,定准求职目标,明确自己要找什么工作或应聘什么职位,简历的求职目标要随应聘职位的不同而做出相应改变,切忌同一个求职目标对应多个不同招聘岗位。

在确定自己的求职意向时,需要注意的是要结合自己的个人特征、实践经验、学历专业和其他兴趣特长,确定自己的职业兴趣(喜欢干什么)、职业能力(擅长干什么)、职业价值观(最看重什么)和职业性格(适合干什么),然后再确定自己的求职目标。

(二)梳理经历提炼要点

梳理经历提炼要点是简历制作过程中非常重要的一项工作,通过这项工作要分析自身的优点、挖掘自身的长处,寻找到能够支撑自己胜任某个岗位的重要依据。在这个过程中还需要完成简历初稿的制作,在初稿中需要交代清楚以下内容。

1. 写清个人信息

个人必备信息有:姓名、性别、出生年月、毕业院校、专业、学历、住址、联系电话和电子邮箱等内容;可选择添加的信息有民族、政治面貌、有效证件号码、健康状况、身高等。从而能让招聘人员通过简历对应聘者个人的基本信息有所了解。

2. 明确求职意向

求职意向中包含期望行业、求职岗位、目标地点、期望薪资和公司性质等等。求职意向是求职者对工作的期望和对职业的规划，是简历中不可或缺的部分。如今用人单位更愿意招聘目标明确的求职者，这样的人才能在企业内稳定工作，伴随企业一同成长。因此每位求职者在求职前切忌盲目，要认清自我，了解行业，了解不同岗位的工作内容，写简历的时候才能有的放矢。

求职意向模糊的应聘者，要明确分类，多手准备，避免一历通的情况。也就是说，将自己的求职意向分为几类，写在不同的简历上，实习实践、工作经验等要根据不同的求职意向有所改变。然后在现场针对不同的职位，给出相应的简历。除此之外，还可以多准备几份求职意向栏空白的简历，一旦在招聘现场发现了心仪职位，填写后递交。

3. 介绍教育背景

对于应届生来说，教育背景是简历中一个很重要的信息，一般按照时间逆序的写法来写，主要是个人从大学阶段到毕业前所获得的学历，时间上需要衔接。最近的学历放在最前面，即如果你现在即将硕士毕业，那么要先写硕士再写本科。大学以前高中阶段、初中阶段经历一般不写，但如果有获得特别的奖励或者与众不同的经历也可适当表述。在应届生简历中，教育背景一般也包括必有信息和可选信息。必有信息包括时间段、学校、学院或专业、学历等。可选信息包括研究方向、主修课程、辅修课程、研究项目、成绩排名、活动等。

教育背景中的每个项目的书写要求如下。

（1）时间段：每段教育经历都应有起止日期的时间段，时间段有助于让招聘人员了解你的毕业日期，了解你接受教育的成长轨迹。

（2）学校：便于招聘人员能迅速识别你的学历，如果就读的是名校，校名可能对你应聘有所帮助，这种情况下，建议将学校校名加粗显示。如果你就读的是普通院校，则可以不用加粗显示，而通过其他方式来弥补，例如强调实习经历、社会实践经历等。简历中是否对某些内容加粗还需根据企业的实际情况进行判断，灵活使用。

（3）专业：如果是应聘专业对口的职位，那么专业一定要加粗强调。若你是跨专业求职，有双学位或者有相关的辅修经历，那么辅修的专业要加粗强调。例如：你本专业学习的是生物，但你辅修了经济学双学位，如果你想从事金融方面的工作，那么你应当淡化生物学的背景，强调经济学的双学位。如果你的学校是普通院校，主专业也与职位要求不对口，且没有学习过相关的课程或者辅修经历，那么在这种情况下，你可能需要在简历中弱化教育背景，转而强调其他与职位相关的实习经历或者社会实践经历。总而言之，应根据职位和自身情况做到突出优势，规避劣势。

（4）相关课程：很多同学无论应聘什么职位都会将大学中学到的所有课程列一遍，这其实是不正确的做法。一般来说，如果专业符合应聘职位要求，那么可以不列课程，如果要列，那么只列 7 ~ 10 门与职位相关的主干课程。如果专业与应聘职位要求不符，但是有该专业的双学位或者选修过相关的课程，那么可以将相关的三四门课程列出来，如果成绩优异，还可以再标注上相应的成绩，课程不宜列多，选择相关的核心课程即可。

（5）排名情况：通过相对数字来表示学习成绩也比较有说服力。如果你的排名在班级或者院系的前10%以内，一般可以直接写上，例如"排名：年级前 5%"。如果排名比较居中，但所在的班级或者年级人数比较多，那么可将专业人数列出，如"排名：40/300"。

4. 总结实践经历

在简历中，实践经历是能够说明应聘者实力的重要依据，因此要特别注意在这一部分的书写。

（1）使用倒叙的方法

实践经历的描述一定要采用倒叙的方法，从最近的时间写起。把与申请职位有关的实践（工作）经历，进行主要描述，适当时可采用加粗的方式，凸显重要信息。编写个人简历的原则之一是突出重点，如果简历的陈述没有工作和职位重点，或是把自己描写成一个适合于所有职位的求职者，将无法在求职竞争中胜出。而另一个原则是将凸显自己核心竞争力的重要信息适当加以重复，如在简历中陈述性格上的最大优势，然后再将这些优势结合工作经历和业绩的形式加以叙述，以争取更大的成功机会。

（2）书写匹配的经验

一般来说，学生的职场经验最短缺，所以很多学生在社会实践栏中列举自己在学校期间的所有校园实践内容，完全不顾自己的经验是否与招聘岗位中的职位需求是否一致，而盲目地书写上去，最终反而适得其反。应聘者应当积极寻找实践经历中与职位要求相匹配的内容进行重点表述，以证明自身拥有胜任该职位的能力。

5. 描述获奖状况

获奖状况是个人学习、实践中有所成就的记录单，因此获奖状况在简历中也是非常重要的，在描述获奖状况的时候，一般会采用两种方式，一是通过倒叙的方式，以时间为基准倒推罗列获奖状况，如"2015～2016 学年，荣获……比赛一等奖；2014～2015 学年，荣获……荣誉称号"；二是通过所获奖项的级别为基准进行描述，将所获奖项份量重、级别高的内容优先，按照从重到轻的顺序进行罗列，如"2013～2014 学年，荣获全国……；2014～2015 学年，荣获重庆市……；2012～2013 学年，荣获校级……"。

除此，要在表述获奖状况时应明确所获奖励的名称、级别和获奖范围。

6. 完成自我评价

自我评价是对自身情况的一个高度概括，它应当能够让招聘者在看过后就对应聘者有一个大概的认识。在书写自我评价时候应当注意以下 3 个方面。

（1）重点突出

要找到自己真正的闪光点，结合实际经验，重点描述。很多人简历中的"自我评价"都是泛泛而谈，根本没有根据自身的优点来写，而且丝毫没有重点，即使招聘人员有心去看你的"自我评价"，也会摸不着头脑，看完之后也不会留下什么印象，可以说这样的"自我评价"是多此一举的，甚至有可能会造成招聘人员的反感。

（2）实事求是

弄虚作假、夸大其词的自我评价，会让招聘人员感到浮夸，不着边际。这样的简历即使审查阶段侥幸过关，在面试的阶段，求职者也会被专业的招聘人员一眼看破。因此在做自我评价时应当本着实事求是的态度对自己进行总结、描述。

（3）科学描述

在标准简历中，自我评价部分应当尽可能地使用科学的模板将自己的优势介绍完整。一般情况下，评价内容要包括综合能力和专业技能两方面，其中能够使用数字量化的指标应当尽可能使用数字进行量化，以增加可信度。如：3 年学生会干部工作经验，2 年社会实践经历、实习工作经验，熟悉通信基础、简单局域网调测，熟悉项目操作各个流程及控制，良好的英文写作及表达能力。在这段描述中前半段是对综合能力的描述，中间部分是对专业技能的描述，最后是对个人特长的描述；在描述过程中还使用了"3 年""2 年"这样明确的数字，给人传递了一种充分的可信度。

（三）文稿校对

在初稿设计完毕以后，首先自己要认真校对，在校对的过程中主要针对于初稿内容的细节部分，主要包括：内容是否完整、是否有错别字、标点运用、语句是否通顺、罗列信息时是否先重后轻等，采用的方式主要有改正、删除、增补和对调等方式。在校对完毕以后，要请他人评审，如果有掌握简历制作知识丰富的老师或朋友，则请他们以招聘人员的身份和心态帮助修正，通过不断地修正形成定稿。

（四）打印装订

ABB（中国）有限责任公司人力资源经理唐炜女士接受采访时曾表示：一份干净整洁、言简意赅的简历是最受 ABB 欢迎的，长度在 2 到 3 页纸比较合适；个人信息、工作经验的叙述和招聘职位的要求越接近越容易赢得入围机会；那些越精美或者越花里胡哨的简历并不见得就越受欢迎。简历的真实内容才是考核重点。

对于毕业生来说，求职时携带的简历、证书、各种证明材料等有很多张，这就涉及如何装订的问题。简历装订可以重点考虑使用抽杆夹进行装订，这种装订方式较为正规，并且便于招聘人员在搜集完简历后做二次处理，在实际应聘过程中使用较多。

同时，简历的设计也并非一定要很华丽才能受欢迎，尤其是简历的封面应当简洁大方。简历封面等于一个应聘者的脸，不能浓妆艳抹，也不能不加以修饰：浓妆艳抹容易给招聘人员一种华而不实的感觉；不加以修饰，容易给招聘人员一种不受尊重的感觉。因此要把握好分寸，充分做到"简约而不简单"。

此外，简历在打印方面也需要格外注意，由于简历会被经常翻动，所以在可能的情况下尽量选择柔韧度高的纸张进行打印。

📚 **拓展阅读**

ABB 企业文化

　　ABB 集团位列全球 500 强企业，集团总部位于瑞士苏黎世。ABB 由两个历史 100 多年的国际性企业：瑞典的阿西亚公司（ASEA）和瑞士的布朗勃法瑞公司（BBC Brown Boveri）在 1988 年合并而成。两公司分别成立于 1883 年和 1891 年。 ABB 是电力和自动化技术领域的领导厂商。ABB 的技术可以帮助电力、公共事业和工业客户提高业绩，同时降低对环境的不良影响。ABB 集团业务遍布全球 100 多个国家，拥有 11.7 万名员工，2009 年销售额高达 320 亿美元。

　　ABB 发明、制造了众多产品和技术，其中包括全球第一套三相输电系统、世界上第一台自冷式变压器、高压直流输电技术和第一台工业机器人，并率先将它们投入商业应用。

ABB 拥有广泛的产品线，包括全系列电力变压器和配电变压器，高、中、低压开关柜产品，交流和直流输配电系统，电力自动化系统，各种测量设备和传感器，实时控制和优化系统，机器人软硬件和仿真系统，高效节能的电机和传动系统，电力质量、转换和同步系统，保护电力系统安全的熔断和开关设备。这些产品已广泛应用于工业、商业、电力和公共事业中。 ABB 与中国的合作开始于 100 多年前的 1907 年。当时 ABB 向中国提供了第一台蒸汽锅炉。1974 年 ABB 正式在香港设立了中国业务部，随后于 1979 年在北京设立了永久性办事处。1994 年 ABB 将中国总部迁至北京，并在 1995 年正式成立了 ABB（中国）有限公司。2010 年，ABB 在中国的销售额达 44 亿美元，继续保持了中国作为 ABB 全球第一大市场的领先地位。ABB 高度重视吸引、培养和保留人才，积极承担社会责任，是广受尊重的最佳雇主之一。

近年来，ABB 公司已与中国各主要部委和大客户建立了密切的关系。在中国和全球市场，ABB 都致力于成为一个能够帮助客户实现其业务目标的供应商。ABB 能够实现这一远大的目标，是因为它对客户的业务需求有着深刻的理解，能够预测风云变换的市场和客户需求，可提供创新的总体解决方案和强有力的金融和售后服务支持。

如今，ABB 公司在中国 38 个主要城市设有销售办事处、拥有 31 个独资和合资企业。在中国的员工总数达到 16 300 人。矢志不渝地提高客户满意度已成为 ABB 公司的文化内核。ABB 公司计划在近年内开设更多的分支机构，以便向客户提供更多先进、节能、可靠和环保型产品和服务。

四、简历制作的诀窍

有些人觉得自己的简历做得不错，为什么一投出去就石沉大海，杳无音信？很大的原因是该简历并没有吸引住招聘人员的眼球。没有吸引住招聘人员的眼球，在很大程度上是因为只从自己的眼光来看自己的简历，而没有从招聘人员的立场看待自己的简历。这样的简历无论做得多么精美，都要清楚一点，招聘人员在筛选简历时很可能没时间仔细查看。因此简历设计时需要求职者发挥想象力通过思考抓住窍门，以吸引招聘人员，从而走向成功。

（一）用心写好实践经验

撰写简历是应届毕业生求职的第一课，在简历中，实践经验历来是重头戏，也是用人单位考量求职者的最重要一个部分。在书写实践经验时可使用以下两个技巧。

1. 选用关键词

关键词的选用主要含有动词、数字、对象、工具、流程方法与达成效果等方面。

（1）动词的选用

动词的选用除了能体现出语言艺术化、增加事物的形象性以达到传神作用外，在实践经验描述的过程中，最重要的是能起到充分体现出在相关实践中求职者所起到的作用。如"独立负责"的使用充分体现出求职者不仅仅能独当一面，不对周围环境有过多的依赖感，而且能体现出求职者的责任感是得到单位信赖的；如果实践经验中多次出现"协助配合""参与"则达不到如此效果，反而体现出求职者有待培养锻炼，与岗位要求还有差距。

（2）数字的选用

数字的选用会让实践经验的描述简约、明显，能达到一目了然的效果，且数字的不同会让招聘人员把握到求职者是否具有足够的经验，从而判定求职者是否符合单位的需求。实践经验描述过程中数字的合理选用将具有许多正面积极的作用。

（3）对象的选用

对象选用的关键点是在于选用的对象最好是与现在求职目标单位相吻合的单位，不要把思维局限于范围广、数量多等让招聘人员觉得大众化的感觉，要具有针对性，要做到有的放矢。如某位求职者在应聘市场专员时，个人简历中介绍自身社会实践经历时描述到"2007 年暑假，在××外语学校担任英语教师""2008 年暑期，在××电视台新闻频道实习"，这种实践经验是与市场专员不具有相关性的，肯定不会让招聘人员感觉到吸引力。

（4）工具的选用

工具选用主要目的是要让招聘人员了解到求职者在完成工作任务时所采用的思维模式是否具有创新性，也就是达成工作目标时所采用的工作技术方式。面临同一工作任务、同一工作目标，不同的人会采用不同的思维模式和工作方式去达成目标，而往往就是这种不同的思维模式和工作方式最能体现出一个人的工作技能和所存在的潜力，也能体现出求职者是否具备在该公司工作时所应具备的专业技能。某求职者在简历中介绍自身社会实践过程时描述到"制定分析模板，分析了 53 个企业的营运能力、偿债能力、盈利能力和获现能力"，可见，在分析企业的运营、偿债、盈利和获现 4 种能力时，求职者采用的工具是"分析模板"，这样的描述是能让招聘人员充分认知到该求职者是具有做市场专员的专业技能和潜力的。

（5）流程方法的选用

流程方法的选用主要目的在于体现求职者在做一项事情时的工作思路是否清晰、合理和科学。

（6）达成效果的选用

达成效果的选用主要描述求职者在实践过程中所获得的成果，主要目的是对上面所有一切关键词的肯定，这也是在所有关键词里面最重要的关键所在。

2. 使用"STAR 原则"

STAR 原则，即 Situation（情景）、Task（任务）、Action（行动）和 Result（结果）4 个英文单词的首字母组合。STAR 原则是结构化面试当中非常重要的一个理论，在对实践经验部分的描述中同样可以使用此原则。

S 指的是 situation，中文含义是情景，也就是在实践经验过程中要描述事件所发生的背景状况。

T 指的是 task，中文含义为任务，即是要考察应聘者在其背景环境中所执行的任务与角色，从而考察该应聘者是否做过其描述的职位及其是否具备该岗位的相应能力。

A 指的是 action，中文含义是行动，是考察应聘者在其所描述的任务当中所担任的角色是如何操作与执行任务的。

R 指的是 result，中文含义为结果，即该项任务在行动后所达到的效果。

通常，应聘者求职材料上写的都是一些结果，描述自己做过什么，成绩怎样，比较简单和宽泛。而招聘人员在阅读简历中的实践经验时，则需要了解应聘者如何做出这样的业绩，做出这样的业绩都使用了一些什么样的方法，采取了什么样的手段。通过这些过程，招聘人员可以全面了解该应聘者的知识、经验、技能的掌握程度以及他的工作风格、性格特点等与工作有关的内容。因此在进行实践经验描述时，采用 STAR 原则不仅能够让内容条理清晰，还能有效吸引招聘人员的注意力。

（二）适当体现个性色彩

市场竞争实质上是差异化的竞争，产品、价格、渠道、促销、服务、人事、形象等各个竞争要素都是差异化竞争的载体，市场竞争就体现在各个竞争要素在顾客面前的表现和由此给顾客带来的感受差异。个性化色彩，顾名思义，就是非一般大众化的东西。在大众化的基础上增加独特、另类、拥有自己特质的需要，独具一格、别开生面的一种说法，打造一种与众不同的效果。

作为招聘人员最不喜欢看那些太过于雷同的简历。有时候看了很多简历，格式、内容基本一样，这种千篇一律的简历，会有让人厌倦甚至反感的感觉。大部分应届毕业生经常犯这样的毛病，把别人的简历拿过来，套个格式，改改内容就搞定了。此类简历的普遍化和数量化，让招聘者很是为难，看不出大家有与他人的不同之处，从而往往是批量淘汰招聘者。不过对于毕业生来说，简历雷同也是在所难免的，大家的经历相似，简历当然也差不多了。但是有些毕业生却能把一样的事，用不一样的方式写出来，这就是能力的体现。

在简历的制作过程中需要进行创新，但创新也是需要适度的，只有在合适范围内的创新才能真正地体现应聘者的个性色彩，从而引起别人的兴趣。在创新的过程中，应当重点把握以下3点。

1. 简历创新要把握方向，切不可偏离目标。制作简历的目标是获得面试的机会，能实现目标的简历就是最好的简历。

2. 简历创新要慎重，千万不要离谱，要以招聘者和常人都能接受的方式进行创新，否则会弄巧成拙，反受其累。

3. 简历创新要结合企业和自己的具体情况，把两者有机结合起来，让所有的创新都为简历的主人服务，都从招聘人员的角度出发。

（三）巧妙使用专业术语

用人单位最关心的是应聘者的学历、经历、能力和潜力，学会用优势弥补劣势，应聘者的简历将不会石沉大海。但是在 1~2 页纸的简历上，如何将自己的特点和优势体现出来，还能别具一格抢眼球？那就是写简历前，把所有要写的内容全拿来，先合并同类项，再分门别类装好筐，大筐下面再分小筐。然后一小筐、一小筐写下去，每一小筐里又突出一个主题。最后从头到尾，梳理几遍，就会有因有果、由浅入深，由表及里，层层相扣。

除了把自己求学经历、实践尝试、爱好特长、得过奖项、技能水平，用骄人的成绩、诚恳的态度、简练的语言、量化的数字列举之外，还要把所应聘职位的专业特点体现出来，生动地展现在招聘者的眼前。每个专业都有独特的专业特点和专业术语，在简历中可以适当引用应聘职位所需要的技能和专业术语，以更好地证明自己对所应聘职位的胜任力。比如你去应聘财会岗位，可以用"财务决算、利润分析，资金平衡表、资金周转率"等；你去应聘 IT 职业，可以用"Java、Web、SAP、DBA、Lotus Notes、AS400 和 RS6000、嵌入式程序开发、Unix 后台进程的实现、MFC 的多文档模板的加载、数据库 SQL 语句查询"等。通过简历体现专业素养和专业水平，及对所求职位的深入理解，这样的简历就会合适、合格、合理、合意，招聘单位就会把这无声的简历，看作是有声音的叙述，就像应聘者已经在对面试官娓娓陈述、生动描绘自己的专业水平和工作能力，这将大大有利于应聘成功率的提高。

五、简历制作的禁忌

每发出一份求职简历，就多了一份期盼与渴望，但往往事与愿违，因为发出的简历，有时如同石沉大海，毫无音信，会屡屡打击求职信心，这很可能是由于简历在制作的过程中触犯了某些禁忌。因此，在简历制作过程中，应当注意避免出现以下的错误。

1. 简历出现低级错误

简历好比求职者的"脸面"，如果出现错字、时间顺序混乱或内容错误等情况，无疑会让人觉得连自己"脸面"都收拾不好的人，工作也好不到哪儿去。所以，简历填写完毕，作为求职者要反复查阅，核对无误。

2. 不注明应聘岗位名称

有的简历不注明应聘岗位名称，对于每天接收成百上千封简历的招聘人员来说，可能这样的简历一下就被删除了，原因在于这些简历没有从招聘人员角度去思考简历的设计，而招聘人员是不会猜测面试者想应聘什么岗位。

3. 简历与招聘岗位要求明显不符

有的简历呈现出来的工作经验与应聘岗位差异太大，也是瞬间被删除的对象。如企业招聘软件开发人员，求职简历里却呈现出做销售或客户开发的工作经历。求职者需要了解：什么都能干的人，可能什么都干不好。因为这样的简历没有突出任何方面的技能或专长，自己对自身的发展不清楚，如无头的苍蝇乱撞，这样的人企业不会感兴趣的。当然，对于刚毕业的学生，求职心切，需要企业帮他们来定位，希望多获得一份机会，可以另当别论，但对于有工作经验的人，出现这种情况是不应该的。

4. 简历呈现出"频繁跳槽"的经历

用人单位普遍不喜欢"频繁跳槽"者，往往因其频繁更换工作，而将其拒之门外，除非本人所拥有的技能市场替代性很小。当然，求职者如隐瞒"频繁跳槽"经历，造成简历不真实，则更有可能弄巧成拙。

第二节 成 功 面 试

面试是公司挑选职工的一种重要方法。面试给公司和应聘者提供了进行双向交流的机会，能使公司和应聘者之间相互了解，从而双方都可更准确地做出聘用与否、受聘与否的决定。本章将从面试准备、面试过程、面试礼仪、面试结束、面试忌讳和应聘问答6个方面对面试进行讲述，从而为应聘者成功面试提供指导。

一、面试的准备

古代智者提出"不打没有把握的仗"，今天流行"不做准备的人，就是准备失败的人"。在求职道路上也应该尽力去做有把握的事情。所以在接到面试通知的那一刻开始，就应该抖擞精神去进行面试前的准备。可以准备的内容有以下几个方面。

（一）了解目标公司

要了解公司的经营，首先要了解公司所属的行业以及公司背景。公司背景包括企业所属行业、产品、项目、发展沿革、组织结构、企业文化、薪酬水平、员工稳定性、发生的关键事件等，除此之外必须先了解公司的经营情况。而经营情况也是方方面面的，其中最应该关注的不外乎是两个方面：当前公司的盈利模式以及未来公司的发展蓝图。了解越全面、深入，则越有助于对企业的判断，面试的成功率就越高。

（二）了解目标职位

面试前对应聘单位和应聘职位进行调查研究，是获取有用信息的必要和有效的手段。求职动机是面试过程中的一个重要的评价要素。主考官经常会问类似这样的问题：你对我们单位了解吗？你为什么来应聘？你对你要应聘的职位了解吗？你为什么应聘这个职位？假如你被录用后，你将如何开展工作？对于这样的问题，回答绝不仅仅是个技巧问题，从来也没有什么标准的答案。面试过程中，应聘者回答每一个问题都要有根据，从客观实际出发。这个客观实际就是指应聘单位和应聘职位的实情，离开这一点，所有的回答就失去了根基，成功也就失去了保障。

为了争取面试成功，需要调查了解以下 5 点具体问题。

1. 要调查研究应聘单位的性质、主要职能、组织结构和规模。

2. 要调查研究应聘单位的人员结构，如年龄结构、专业结构以及人际关系状况等。

3. 了解有关应聘职位尽可能全面真实的信息。如工作的性质、中心任务和责任，所需的知识结构、能力结构以及对兴趣爱好、个性特征、技术特长等专门要求。

4. 了解单位主管、所应聘职位的直接上司以及可能的面试考官的个人情况，如姓名、教育程度、专业、出生地、民族、信仰、家庭、兴趣爱好等等。

5. 有关单位的新闻报导，有关可能出现面试考官的新近情况，以及针对与目标职位或所属行业的政策或新闻信息。

（三）做好着装准备

俗话说"人靠衣装"，日常与普通朋友的会面中也会注意衣着打扮，更何况是重要的面试。仪态端庄，衣冠整洁体现了对面试官、对面试公司的尊重，表现出一个人的精神状态和文明程度，在面试时当然也成为衡量人品的标准之一。况且出色的衣着打扮还能增强自己面试时候的信心。所以在面试衣着达到最佳水平之前，请一定不要轻易罢休。正如网上流行语所说的："头可断，发型不可乱；血可流，皮鞋不可擦油。"这不仅是一种内在的情绪反映，更是一种直观的现实。仪表形象是最先进入主考官评价范围的测评要素，因此应聘者应当重视自己的仪表形象。

（四）科学安排时间

面试时千万不能迟到，提前 15 分钟到达并不是最好的预备时间，但至少这是时间底线。面试时必须要比通知的时间早 15 分钟到达目的地，让自己的心态在面试前可以调整一下，这样就大可稳步安静地进入面试公司，而不至于匆匆忙忙，满头大汗地闯进面试室。

如果要面试的公司在市区，交通又比较方便，那么需要考虑的是乘坐的公交线路是什么，高峰时段是否会堵车等，如果面试的公司在郊区，那么更需要准备充足的时间来应付路面上的突发情况。要知道，迟到给面试官的印象是非常差的。

（五）调节心理状态

自信心在面试中极其重要，要强化自信心主要是两方面，其一是对应聘公司的客观情况和业务作充分地了解，有信心可以回答好业务方面的问题。其二是对面试可能出现的所有过程进行模拟，包括衣着模拟、问答模拟。在此建议，在面试前要反复看个人简历，使之熟记于心，这样在自我介绍时则可以从容应付，在实践中不断强化自我信心。若仍无把握，可在面试前组织部分同学朋友，做一次模拟面试，这样有助于进一步掌握有关资料，增强对面试的自信心。在面试过程中，需要积极地去应对面试官可能提出的问题，既不要目空一切，也无需失去信心。

（六）充分思考业务

面试时候的问题通常会分为两大类，其一是与业务有关的问题，其二是与人事行政有关的问题，而大多面试思考重点当然是业务有关的问题，因为招聘的决定权通常都在业务主管手中，除非你应聘的是行政方面的工作。

既然重点是在业务部分，那么思考方向主要有两个，其一是如何更好地维持公司当前的业务，应对竞争对手，降低运营成本、保持目前的竞争优势等；其二是如何拓展公司当前的业务，增加盈利点以及扩大市场份额，扩大公司品牌优势等。这是对于业务层面的基本思考点，无论是哪个行业，思考点都应该是相类似的。

二、面试的过程

面试的过程是整个面试的重中之重，在面试过程中，要把握好面试要领；能力在短时间内难以改变，但态度的展现却由自己把握。要遵循自信和诚信两大面试原则，并注意面试技巧和细节问题。

（一）消除紧张感

由于面试成功与否关系到求职者的前途，所以应聘者面试时往往容易产生紧张情绪，尤其是应届毕业大学生，往往由于过度紧张导致面试失败，所以紧张感在面试中是常见的。紧张是应聘者精神过度集中的一种心理状态，初次参加面试的人都容易有紧张的感觉，慌慌张张、粗心大意、说东往西、词不达意的情况最为常见。那么怎样才能在面试时克服、消除紧张感呢？

1. 保持"平常心"

在面对竞争时，人人都会紧张，这是普遍规律；在面试时你紧张，别人也紧张，也许他人相比较你来说是有过之而无不及，这是客观存在的，要接受这一客观事实。这时不妨坦率地承认自己紧张，也许会求得理解。同时要进行自我暗示，提醒自己镇静下来，常用的方法是坦言自己现在较为紧张，把面试官当成熟人对待，通过先听后讲来帮助消除紧张。

2. 看淡成败

"胜败乃兵家常事"要这样提醒自己，面试成功固然好，若这次不成也还有下次机会。而且要告知自己即使这次求职不成，也不是说自己一无所获，只要认真分析这次面试过程中的失败，总结经验，从而以新姿态迎接下次面试就会成功。在面试时不要老想着面试结果，要把注意力放在谈话和回答问题上，这样就会大大消除紧张感。

3. 准备充分

实践证明，面试时准备越充分，紧张程度就越小，面试官提出的问题全在意料之中，自然就不会紧张了。而且在应对自如的情况下，反而会越来越自信。面试前除了进行知识、技能、心理准备外还要了解和熟悉求职的常识、技巧、基本理解，必要时同学之间可模拟现场，互指不足，相互帮助，到面试时紧张程度就会减少。

4. 增强自信

面试时应聘者往往要接受多方的提问，迎接多方的目光是造成紧张的客观原因之一。这时可将目光盯住主招聘者的脑门，用余光注视周围，既可增强自信心又能消除紧张感；在面试过程中，考官们可能交头接耳，小声议论，这是很正常的，不要将其当成精神负担，因为考官们进行讨论的同时已经进行了默许，要做的只是继续努力，提高面试的成功率。

（二）注意文明礼仪

1. 保持安静

在等候面试时，不要到处走动，更不能擅自到考场外面张望，应聘者之间的交谈要尽可能降低音量，避免影响他人的思考，最好的办法就是抓紧时间积极准备，或带一本专业书籍打发等候时间，这样也可以消除紧张感。

2. 讲究礼貌

进门时应主动打招呼："您好，我是某某……"。如果是对方主动约自己面谈，要感谢对方提供这样的机会；如果是自己约对方面谈，一定要表示歉意和谢意"对不起，打扰您了，非常感谢……"。面试时要真诚注视对方，表示对他的话感兴趣，决不可东张西望，心不在焉，不停看时间，否则显得不尊重对方。另外，对面试官的问题的反应要适度，要有呼应。

3. 自然得体

表情越自然越好，在对方没有请你坐下时切勿急于坐下，请你坐下时，应表示感谢。在整个面试过程中，要注意自身动作，不要有挠头皮、扣鼻孔或跷二郎腿乱抖的情况，另外各种手势与也要恰当得体、自然。

（三）实现有效沟通

面试场上的语言表达往往标志着自身的成熟程度和综合素养。对应聘者来说，掌握语言表达的技巧无疑是重要的。如何在面试的过程中善于倾听对方的语言，合理地使用自己的口头表达与肢体语言表达，是能否实现有效沟通、获得目标职位的关键问题。

在整个面试过程中，面试问答是能否实现有效沟通的核心环节，也是应聘者最关心、最畏惧的一个环节，因为在这场"考试"中，很多人会认为成绩的好坏取决于此。实际上，整个面试过程中都是应聘者被考核的过程，并非所有的成绩都会取决于此，但是面试问答仍旧有着非常重要的作用。在问答过程中，应聘者应遵循诚信、自信两大基本原则，尽可能在问题的回答过程中展现自己正面、积极的一面。

拓展阅读

常见的面试问答

1. 请你自我介绍一下你自己。

回答提示：一般人回答这个问题过于平常，只说姓名、年龄、爱好、工作经验，这些在简历上都有。其实，企业最希望知道的是求职者能否胜任工作，包括：最强的技能、最深入研究的知识领域、个性中最积极的部分、做过的最成功的事，主要的成就等，这些都可以和学习无关，也可以和学习有关，但要突出积极的个性和做事的能力，说得合情合理企业才会相信。企业很重视一个人的礼貌，求职者要尊重考官，在回答每个问题之后都说一句"谢谢"，企业喜欢有礼貌的求职者。

2. 你觉得你个性上最大的优点是什么？

回答提示：沉着冷静、条理清楚、立场坚定、顽强向上、乐于助人和关心他人、适应能力和幽默感、乐观和友爱。

3. 说说你最大的缺点。

回答提示：这个问题企业问的概率很大，通常不希望听到直接回答的缺点是什么等，如果求职者说自己小心眼、爱忌妒人、非常懒、脾气大、工作效率低，企业肯定不会录用你。绝对不要自作聪明地回答"我最大的缺点是过于追求完美"，有的人以为这样回答会显得自己比较出色，但事实上，这已经发发可危了。企业喜欢求职者从自己的优点说起，中间加一些小缺点，最后再把问题转回到优点上，突出优点的部分，企业喜欢聪明的求职者。

4. 你对加班的看法。

回答提示：实际上好多公司问这个问题，并不证明一定要加班，只是想测试应聘者是否愿意为公司奉献。

5. 你对薪资的要求。

回答提示：如果对薪酬的要求太低，那显然贬低自己的能力；如果对薪酬的要求太高，那又会显得自己分量过重，公司受用不起。一些雇主通常都事先对求聘的职位定下开支预算，因而他们第一次提出的价钱往往是他们所能给予的最高价钱，他们问你只不过想证实一下这笔钱是否足以引起你对该工作的兴趣。

6. 在5年的时间内，你的职业规划是什么？

回答提示：这是每一个应聘者都不希望被问到的问题，但是几乎每个人都会被问到，比较多的答案是"管理者"。但是近几年来，许多公司都已经建立了专门的技术途径。这些工作地位往往被称作"顾问""参议技师"或"高级软件工程师"等。当然，说出其他一些自己感兴趣的职位也是可以的，比如产品销售部经理，生产部经理等一些与自身的专业有相关背景的工作。要知道，考官总是喜欢有进取心的应聘者，此时如果说"不知道"，或许就会丧失一个好机会。最普通的回答应该是"我准备在技术领域有所作为"或"我希望能按照公司的管理思路发展"。

7. 如果通过这次面试我们单位录用了你，但工作一段时间却发现你根本不适合这个职位，你怎么办？

回答提示：一段时间发现工作不适合，有两种情况：①如果确实热爱这个职业，那就要不断学习，虚心向领导和同事学习业务知识和处事经验，了解这个职业的精神内涵和职业要求，力争减少差距；②觉得这个职业可有可无，那还是趁早换个职业，去发现适合自己的，自己热爱的职业，那样自身发展前途也会大点，对单位和个人都有好处。

8. 在完成某项工作时，你认为领导要求的方式不是最好的，自己还有更好的方法，你应该怎么做？

回答提示：①原则上会尊重和服从领导的工作安排，同时私底下找机会以请教的口吻，婉转地表达自己的想法，看看领导是否能改变想法。②如果领导没有采纳自己的建议，也同样会按领导的要求认真地去完成这项工作。③还有一种情况，假如领导要求的方式违背原则，会坚决提出反对意见，如领导仍固执己见，会毫不犹豫地再向上级领导反映。

9. 如果你做的一项工作受到上级领导的表扬，但你主管领导却说是他做的，你该怎样？

回答提示：首先不会找那位上级领导说明这件事，会主动找自己的主管领导来沟通，因为沟通是解决人际关系的最好办法，但结果会有两种：①主管领导认识到自己的错误，那么会视具体情况决定是否原谅选择。②主管领导更加变本加厉地来威胁自己，那就会毫不犹豫地找上级领导反映此事，因为这样做会造成负面影响，对今后的工作不利。

10. 谈谈你对跳槽的看法。

回答提示：①正常的"跳槽"能促进人才合理流动，应该支持。②频繁的跳槽对单位和个人双方都不利，应该反对。

11. 工作中你难以和同事、上司相处，你该怎么办？

回答提示：①会服从领导的指挥，配合同事的工作。②会从自身找原因，仔细分析是不是自己工作做得不好让领导不满意，同事看不惯。还要看看是不是为人处世方面做得不好，如果是这样的话会努力改正。③如果找不到原因，会找机会跟对方沟通，请对方指出不足，有问题就及时改正。④作为优秀的员工，应该时刻以大局为重，即使在一段时间内，领导和同事不理解，也会做好本职工作，虚心向身边的人学习，相信大家会看见自己在努力，总有一天会报以微笑的。

12. 假设你在某单位工作，成绩比较突出，得到领导的肯定。但同时你发现同事们越来越孤立你，你怎么看这个问题？你准备怎么办？

回答提示：①成绩比较突出，得到领导的肯定是件好事情，以后更加努力。②检讨一下自己是不是对工作的热心度超过同事间交往的热心了，加强同事间的交往及共同的兴趣爱好。③工作中，切勿伤害别人的自尊心。④不在领导前拨弄是非。

13. 为了做好你工作份外之事，你该怎样获得他人的支持和帮助？

回答提示：每个公司都在不断变化发展的过程中，当然希望员工也是这样，希望得到那些欢迎变化的人，因为这些人明白，为了公司的发展，变化是公司日常生活中重要组成部分。这样的员工往往很容易适应公司的变化，并会对变化做出积极的响应。

14. 你对于我们公司了解多少？

回答提示：在去公司面试前上网查一下该公司主营业务。如回答：贵公司有意改变策略，加强与国外大厂的 OEM 合作，自有品牌的部分则透过海外经销商。

15. 请说出你选择这份工作的动机。

回答提示：这是想知道面试者对这份工作的热忱及理解度，并筛选因一时兴起而来应试的人，如果是无经验者，可以强调"就算职种不同，也希望有机会发挥之前的经验"。

16. 你最擅长的技术方向是什么？

回答提示：说和自己要应聘的职位相关的课程，表现一下自己的热忱没有什么坏处。

17. 你能为我们公司带来什么呢？

回答提示：①假如可以的话，试着告诉对方可以减低企业的费用，如"我已经接受过双体系卓越人才教育基地专业的培训，立刻就可以上岗工作"。②企业很想知道未来的员工能为企业做什么，求职者应再次重复自己的优势，然后说："就我的能力，我可以做一个优秀员工在组织中发挥能力，给组织带来高效率和更多的收益。"企业喜欢求职者就申请的职位表明自己的能力，比如申请营销之类的职位，可以说："我可以开发大量的新客户，同时，对老客户做更全面周到的服务，开发老客户的新需求和消费"等等。

18. 最能概括你自己的三个词是什么？

回答提示：尽量选取可传递自身岗位胜任力的词语，如：适应能力强，有责任心和做事有始终，结合具体例子向主考官解释。

19. 你的业余爱好是什么？

回答提示：找一些富于团体合作精神的。如足球、篮球等。曾有人被否决掉，因为他的爱好是深海潜水，主考官说：因为这是一项单人活动，不敢肯定该人能否适应团体工作。

20. 作为被面试者给我打一下分？

回答提示：试着列出 4 个优点和一个非常小的缺点（可以抱怨一下设施，没有明确责任人的缺点是不会有人介意的）。

21. 你怎么理解你应聘的职位？

回答提示：把岗位职责和任务及工作态度阐述一下。

22. 为什么要离职？

回答提示：①回答这个问题时一定要小心，就算在前一个工作受到再大的委屈，对公司有多少的怨言，都千万不要表现出来，尤其要避免对公司本身主管的批评，避免面试官的负面情绪及印象。建议此时最好的回答方式是将问题归咎在自己身上，例如觉得工作没有学习发展的空间，自己想在面试工作的相关产业中多加学习，或是前一份工作与自己的生涯规划不合等，回答的答案最好是积极正面的。②希望能获得一份更好的工作，如果机会来临，自己会抓住。③自己觉得目前的工作，已经达到顶峰，没有更多升迁机会。

23. 你对行业、技术发展趋势怎么看？

回答提示：企业对这个问题很感兴趣，只有有备而来的求职者能够过关。求职者可以直接在网上查找对你所申请的行业部门的信息，只有深入了解才能产生独特的见解。企业认为最聪明的求职者是对所面试的公司预先了解很多，包括公司各个部门，发展情况，在面试回答问题的时候可以提到所了解的情况，企业欢迎进入企业的人是"知己"，而不是"盲人"。

24. 对工作的期望与目标何在？

回答提示：这是面试者用来评断求职者是否对自己有一定程度的期望、对这份工作是否了解的问题。对于工作有准确目标的人通常学习较快，对于新工作自然较容易进入状况，建议最好针对工作的性质找出一个确定的答案，如业务员的工作可以这样回答："我的目标是能成为一个超级业务员，将公司的产品广泛地推销出去，达到最好的业绩成效；为了达到这个目标，我一定会努力学习，而我相信以我认真负责的态度，一定可以达到这个目标。"其他类的工作也可以比照这个方式来回答，只要在目标方面稍微修改一下就可以了。

25. 你如何评价你的家庭？

回答提示：企业面试时询问家庭问题不是非要知道求职者家庭的情况，探究隐私，企业不喜欢探究个人隐私，而是要了解家庭背景对求职者的塑造和影响。企业希望听到的重点也在于家庭对求职者的积极影响。企业最喜欢听到的是：我很爱我的家庭，我的家庭一向很和睦，虽然我的父亲和母亲都是普通人，但是从小，我就看到我父亲起早贪黑，每天工作特别勤劳，他的行动无形中培养了我认真负责的态度和勤劳的精神。我母亲为人善良，对人热情，特别乐于助人，所以在单位人缘很好，她的一言一行也一直在教导我做人的道理。企业相信，和睦的家庭关系对一个人的成长有潜移默化的影响。

26. 就你申请的这个职位，你认为你还欠缺什么？

回答提示：企业喜欢问求职者弱点，但精明的求职者一般不直接回答。他们希望看到这样的求职者：继续重复自己的优势，然后说："对于这个职位和我的能力来说，我相信自己是可以胜任的，只是缺乏经验，这个问题我想我可以进入公司以后以最短的时间来解决，我的学习能力很强，我相信可以很快融入公司的企业文化，进入工作状态。"企业喜欢能够巧妙地躲过难题的求职者。

27. 你欣赏哪种性格的人？

回答提示：诚实、不死板、容易相处而且有"实际行动"的人。

28. 你通常如何处理别人的批评？

回答提示：①沉默是金，不必说什么，否则情况更糟，不过自己会接受建设性的批评。②会等大家冷静下来再讨论。

29. 怎样对待自己的失败?

回答提示:人生来都不是十全十美的,相信有第二个机会改正自己的错误。

30. 什么会让你有成就感?

回答提示:为贵公司竭力效劳,尽己所能,完成一个项目。

31. 眼下你生活中最重要的是什么?

回答提示:能在这个领域找到工作是最重要的,能在贵公司任职对自己说最重要。

32. 你为什么愿意到我们公司来工作?

回答提示:对于这个问题,要格外小心,如果已经对该单位作了研究,可以回答一些详细的原因,像"公司本身的高技术开发环境很吸引我。""我同公司出生在同样的时代,我希望能够进入一家与我共同成长的公司。""你们公司一直都稳定发展,在近几年来在市场上很有竞争力。""我认为贵公司能够给我提供一个与众不同的发展道路。"这都显示出已经做了一些调查,也说明对自己的未来有了较为具体的远景规划。

33. 对这项工作,你有哪些可预见的困难?

回答提示:①不宜直接说出具体的困难,否则可能令对方怀疑应聘者不行。②可以尝试迂回战术,说出应聘者对困难所持有的态度——工作中出现一些困难是正常的,也是难免的,但是只要有坚忍不拔的毅力、良好的合作精神以及事前周密而充分的准备,任何困难都是可以克服。

分析:一般问这个问题,面试者的希望就比较大了,因为已经在谈工作细节,但常规思路中的回答,又被面试官"骗"了。当面试官询问这个问题的时候,有两个目的。第一,看看应聘者是不是在行,说出的困难是不是在这个职位中一般都不可避免的问题。第二,是想看一下应聘者解决困难的手法对不对,及公司能否提供这样的资源,而不是想了解应聘者对困难的态度。

34. 如果我录用你,你将怎样开展工作?

回答提示:①如果应聘者对于应聘的职位缺乏足够的了解,最好不要直接说出自己开展工作的具体办法。②可以尝试采用迂回战术来回答,如"首先听取领导的指示和要求,然后就有关情况进行了解和熟悉,接下来制定一份近期的工作计划并报领导批准,最后根据计划开展工作。"

分析:这个问题的主要目的也是了解应聘者的工作能力和计划性、条理性,如果考官重点想要知道细节,而应聘者一味采取迂回战术,面试官会认为回避问题,如果引导了几次仍然是回避的话,此人绝对不会录用了。

35. 你工作经验欠缺,如何能胜任这项工作?

回答提示:①如果招聘单位对应届毕业生的应聘者提出这个问题,说明招聘公司并不真正在乎"经验",关键看应聘者怎样回答。②对这个问题的回答最好要体现出应聘者的诚恳、机智、果敢及敬业。③如"作为应届毕业生,在工作经验方面的确会有所欠缺,因此在读书期间我一直利用各种机会在这个行业里做兼职。我也发现,实际工作远比书本知识丰富、复杂。但我有较强的责任心、适应能力和学习能力,而且比较勤奋,所以在兼职中均能圆满完成各项工作,从中获取的经验也令我受益匪浅。请贵公司放心,学校所学及兼职的工作经验使我一定能胜任这个职位。"

分析:这个问题思路中的答案尚可,突出自己的吃苦能力和适应性以及学习能力(不是学习成绩)为好。

36. 如果你在这次面试中没有被录用,你怎么打算?

回答提示:现在的社会是一个竞争的社会,从这次面试中也可看出这一点,有竞争就必然有优劣,有成功必定就会有失败。往往成功的背后有许多的困难和挫折，如果这次失败了也仅仅是一次而已，只有经过经验经历的积累才能塑造出一个完全的成功者。因此会从以下几个方面来正确看待这次失败：①要敢于面对，面对这次失败不气馁，接受已经失去了这次机会就不会回头的现实，从心理意志和精神上体现出对这次失败的抵抗力。要有自信，相信自己经历了这次之后经过努力一定能行，能够超越自我。②善于反思，对于这次面试经验要认真总结，思考剖析，能够从自身的角度找差距。正确对待自己，实事求是地评价自己，辩证地看待自己的长短得失，做一个明白人。③走出阴影，要克服这一次失败带给自己的心理压力，查缺补漏，加强学习，提高自身素质。④认真工作，相信三十六行、行行出状元，争取在新岗位上做出一定的成绩。⑤再接再厉，成为贵公司中的一员一直是自己的梦想，以后如果有机会再次参加竞争。

三、面试的结束

在求职的过程中，面试的结束并不意味着求职过程的结束。在面试结束的同时，应当积极为自己的应聘成功去再做一些努力。具体可以在以下两个方面做一些尝试。

（一）面试结束后的现场询问

当面试官在规定时间内完成了面试工作后，他总会礼貌地请应聘人回去等候通知。此时应聘者在礼貌地感谢对方的同时，可以再适当表露自己对这份工作的渴望，或者询问何时可以获得面试回应等。这样的努力也许会是打动招聘单位的一个契机。当然，是否适合再问，适合询问什么内容，这些都应当根据实际的情况来做判断，不能生搬硬套。

（二）面试结束后的跟进与选择

面试结束时招聘官总要说一句"有进一步的消息和安排我们会和你联系的。"很多人简单地界定为这样面试就结束了，其实不然，面试结束，应聘未完。当面试正式结束后，应聘者还应当及时跟进。据统计，用人单位接到过的询问电话不超过招聘量的 5%，绝大部分人只是被动等待，一段时间没有消息就当做结束了。面试后，有时很快出结果，有时由于多种考虑纠结，不能立即决定，会拖很长时间。后一种情况很常见，所以想进某单位的人即使一时没有机会，也不要着急，只要坚持下去，仍有峰回路转的可能性。

面试结束后进行应聘跟踪最常用的方式是电话联系，当电话打不通时亲自去问，也可以偶尔为之。发邮件是个好办法，将自己的感受、工作计划、迫切心情用书面表达出来，某些情形下也能起到作用。

四、面试的禁忌

为提高求职面试的成功率，求职者应该了解求职面试中一些让面试官忌讳的事项，并且尽力避免不要让其出现在面试过程中。

（一）面试中，忌不良用语

1. 急问待遇

"你们的待遇怎么样？"工作还没干，就先提条件，何况还没被录用呢！谈论报酬待遇无可厚非，只是要看准时机，一般在双方已有初步意向时，再委婉地提出。

2. 报有熟人

"我认识你们单位的××""我和××是同学，关系很不错"等。这种话主考官听了会反感，如果主考官并不欣赏你所说的那个人，甚至有矛盾，那么你这话引起的结果就会更糟。

3. 不当反问

面试官问："关于工资，你的期望值是多少？"应试者反问："你们打算出多少？"这样的反问就很不礼貌，很容易引起主考官的不快。

4. 不合逻辑

面试官问："请你告诉我一次失败的经历。""我想不起我曾经失败过。"如果这样说，在逻辑上讲不通。又如："你有何优缺点？""我可以胜任一切工作。"这也不符合实际，自诩自大的态度也会让面试官觉得态度不够诚恳。

5. 本末倒置

例如，一次面试快要结束时，面试官问应聘者："请问你有什么问题要问我们吗？"这位应聘者欠了欠身，开始了他的发问："请问你们的单位有多大？招考比例有多少？请问你们在单位担当什么职务？你们会是我的上司吗？"这样的表现就是本末倒置。参加面试，一定要把自己的位置摆正，像这位应聘者，就是没有把自己的位置摆正，提出的问题已经超出了应当提问的范围，使面试官产生了反感。

6. 缺少主见

在面试的过程中，一定要呈现出自己的主见所在，如面试官问应聘者："请问你是否有自己的职业规划？"应聘者答道："我从来没思考过职业规划问题，我以前都是听我爸的安排。"像这些问题如此回答会让面试官思考如果要了这位应聘者，他来不来还得要得到他家长的同意，自然会降低应聘者面试成功的概率。除此之外，现代职场人士都应该制订自己的职业生涯规划，因为个人只有依据各自计划要点在短期内充分发挥自我潜能，并运用环境资源达到各阶段的生涯成熟，最终才能达到既定的生涯目标。

（二）面试中，忌不良习惯

面试时，个别应试者由于某些不拘小节的不良习惯，破坏了自己的形象，使面试的效果大打折扣，导致失败。

1. 手：这个部位最易出毛病。如双手总是不安稳，忙个不停，做些玩弄领带、挖鼻、抚弄头发、掰关节、玩弄考官递过来的名片等动作。

2. 脚：神经质般不停晃动、前伸、翘起等，不仅人为地制造紧张气氛，而且显得心不在焉，相当不礼貌。

3. 眼：或惊慌失措，或躲躲闪闪，该正视时，却目光游移不定，给人缺乏自信或者隐藏不可告人的秘密的印象，容易使考官反感；另外，死盯着考官，又难免给人压迫感，招致不满。

4. 脸：或呆滞死板，或冷漠无生气等，如此僵尸般的表情怎么能打动人？得快快改掉，一张活泼动人的脸很重要。

5. 行：其动作手足无措，慌里慌张，明显缺乏自信；反应迟钝，不知所措，不仅会自贬身价，而且考官会将你看"扁"。

总之，面试时，这些坏习惯一定要改掉，并自始至终保持斯文有礼、不卑不亢、大方得体、生动活泼的言谈举止。这不仅可大大地提升自身的形象，而且可以使成功的机会增大。

（三）面试中，忌不良态度

凡参加面试的人，不管你素质如何，水平高低，一定不要忘记自己是在接受用人单位的挑选，以下态度应当注意：

1. 目空一切、盛气凌人

有的应试者笔试成绩名列前茅，各方面条件也较优越，于是就恃才傲物，目空一切。面试中态度傲慢，说话咄咄逼人。一是主考官对自己的回答不够满意或进行善意引导时，常强词夺理、拼命狡辩、拒不承认错误；二是总想占据面试的主动地位，经常反问主考官一些与面试内容无关的问题，如用人单位住房条件如何，自己将任何种职务，好像用人单位已决定录用他（她），面试仅仅是在谈条件；三是在被问及原单位工作情况时，不能保持冷静，常贬低原单位领导及工作，否定人家的成绩。因为面试中过分地贬低原单位领导的工作，会让人觉得桀骜不驯，难以领导，好背后议论别人，合作精神差。

2. 孤芳自赏、态度冷漠

有的应试者平时性格孤僻，对人冷淡、心事较重，并把这种个性带进了面试考场，面试中表情冷漠，不能积极与主考官配合，缺乏必要的热情和亲切感。岂知所有用人单位的领导都希望自己的工作人员能够在工作中和睦相处、与人为善、团结互助、使人感到轻松愉快，这样才能提高工作效率。即使应试者平时性格孤僻，在面试的过程中，也要加以克服，否则气氛一定很沉闷，回答机械呆板，很难说有中选的希望。

（四）面试中，忌不良表现

1. 准备不足

无论学历多高，资历多深，工作经验多丰富，当主考官发现应试者对申请的职位知之不多，甚至连最基本的问题也回答不好时，印象分自然大打折扣。主考官不但会觉得应试者准备不足，甚至会认为他们根本无志于在这方面发展。所以，面试前应做好充分的准备工作。

2. 迟到失约

迟到失约是面试中的大忌。这不但会表现出应试者没有时间观念和责任感，更会令主考官觉得应试者对这份工作没有热忱，印象分自然大减。守时不但是美德，更是面试时必须做到的事。因此，最好提前 10 ~ 15 分钟到达。如因有要事迟到或缺席，一定要尽早打电话通知该公司，并预约另一个面试时间。另外，匆匆忙忙到公司，心情还未平静便要进行面试，面试表现也会大失水准。

3. 欠缺目标

面试时，千万不要给主考官留下没有明确目标的印象。虽然一些应试者的其他条件不错，但工作没有目标就会缺少主动性和创造性，给企业带来损失。主考官倒情愿聘用一个各方面表现虽较逊色，但有远大目标和热忱的应试者。

4. 逞强好胜

有的应试者一入面试考场，便无拘无束，神采飞扬，处处显示高人一筹。不管主考官愿不愿意，主动上前与他们一一握手，然后四平八稳地就座；对主考官所提出的各种问题，均表现出不在话下的样子，回答问题总喜欢用"我以为""我主张"这一类字眼开头，不管对错，均夸夸其谈。本来有些问题自己确实答不上来，但自作聪明，东拉西扯地乱讲一遍，宁可答跑了题，也不愿做个老实人。

五、无领导小组讨论

无领导小组讨论（Leaderless Group Discussion）是企业在面试的时候经常使用的一种测评技术，采用情景模拟的方式对考生进行集体面试。无领导小组是通过一定数目的考生组成一组（通常为 6 ~ 9 人），进行一小时左右时间的与工作有关问题的讨论，讨论过程中不指定谁是领导，也不指定受测者应坐的位置，让受测者自行安排组织，评价者来观测考生的组织协调能力、口头表达能力、辩论的说服能力等各方面的能力和素质是否达到拟任岗位的要求，以及自信程度、进取心、情绪稳定性、反应灵活性等个性特点是否符合拟任岗位的团体气氛，由此来综合评价考生之间的差别。

（一）无领导小组讨论考察的内容

1. 应试者举止仪表：应试者的体格外貌、穿着举止、精神状态。

2. 应试者在团队中与他人发生关系时所表现出的能力，主要有语言和非语言的沟通能力、说服能力、影响力、人际交往的意识与技巧、团队精神等。

3. 应试者在处理实际问题时的思维分析能力：主要包括理解能力、分析能力、综合能力、推理能力、想象力、创新力以及信息的检索和利用能力。

4. 应试者的个性特征和行为风格：主要包括动机特征、自信心、独立性、灵活性等特点，还包括考察问题时从大处着眼还是关注细节。

5. 动机与岗位匹配性：对职位的选择是否源于对事业的追求，是否有奋斗目标，是否积极努力、兢兢业业、尽职尽责。

6. 应变能力：在实际情景中，解决突发性事件的能力，能否快速妥当地解决棘手问题。

7. 言语表达：考生言语表达的流畅性、清晰性、组织性、逻辑性和说服性。

（二）无领导小组讨论的类型

1. 根据讨论的主题有无情境性，可分为无情境性讨论和情境性讨论。无情境性讨论一般针对某一个开放性的问题来进行；情境性讨论一般把应聘者放在某个假设的情境中来进行。

2. 根据是否给应聘者分配角色，可以分为不定角色的讨论和指定角色的讨论。不定角色的讨论是指小组中的应聘者在讨论过程中不扮演任何角色，可以自由地就所讨论的问题发表自己的见解；指定角色的小组讨论中，应聘者分别被赋予一个固定的角色。

（三）无领导小组讨论的形式

无领导小组讨论的讨论题一般都是智能性的题目，从形式上来分，可以分为以下 5 种。

1. 开放式

例如，您认为什么样的领导才是个好领导？

所谓开放式问题，是其答案的范围可以很广、很宽。主要考察应试者思考问题时是否全面，是否有针对性，思路是否清晰，是否有新的观点和见解。例如：你认为什么样的领导是好领导？关于此问题，应试者可以从很多方面，如领导的人格魅力、领导的才能、领导的亲和力、领导的管理取向等方面来回答，可以列出很多的优良品质，开放式问题对于评价者来说，容易出题，但是不容易对应试者进行评价，因为此类问题不太容易引起应试者之间的争辩，所考察应试者的能力范围较为有限。

2. 两难式

例如，您认为个人能力和合作精神哪个更重要？

所谓两难问题，是让应试者在两种互有利弊的答案中选择其中的一种。主要考察应试者分析能力、语言表达能力以及说服力等。例如：你认为以工作取向的领导是好领导呢，还是以人为取向的领导是好领导？一方面此类问题对于应试者而言，不但通俗易懂，而且能够引起充分的辩论；另一方面对于评价者而言，不但在编制题目方面比较方便，而且在评价应试者方面也比较有效。但是，此种类型的题目需要注意的是两种备选答案一定要有同等程度的利弊，不能是其中一个答案比另一个答案有很明显的选择性优势。

3. 排序选择

例如，若母亲、妻子、儿子三人同时落水，该先救谁？

此类问题是让应试者在多种备选答案中选择其中有效的几种或对备选答案的重要性进行排序，主要考察应试者分析问题实质，抓住问题本质方面的能力。此类问题对于评价者来说，比较难于出题，但对于评价应试者各个方面的能力和人格特点则比较有利。

4. 资源争夺

例如，公司只有 500 万元奖金，不同部门应如何分配？

此类问题适用于指定角色的无领导小组讨论，是让处于同等地位的应试者就有限的资源进行分配，从而考察应试者的语言表达能力、分析问题能力、概括或总结能力、发言的积极性和反应的灵敏性等。如让应试者担当各个分部门的经理，并就有限数量的资金进行分配，因为要想获得更多的资源，自己必须要有理有据，必须能说服他人，所以此类问题可以引起应试者的充分辩论，也有利于考官对应试者的评价，但是对讨论题的要求较高，即讨论题本身必须具有角色地位的平等性和准备材料的充分性。

5. 实际操作

操作性问题，是给应试者一些材料、工具或者道具，让他们利用所给的这些材料，设计出一个或一些由考官指定的物体来，主要考察应试者的主动性、合作能力以及在实际操作任务中所充当的角色，如给应试者一些材料，要求他们相互配合，构建一座铁塔或者一座楼房的模型。此类问题，在考察应试者的操作行为方面要比其他方面多一些，同时情境模拟的程度要大一些，但考察言语方面的能力则较少，同时考官必须很好地准备所能用到的一切材料，对考官的要求和题目的要求都比较高。

（四）无领导小组讨论的技巧

1. 在面试官发布题目的时候精神一定要集中，如果担心有遗忘，可以边听边记。没有按照要求做的人可能会被考官认为是理解力太差，而且你做记录的行为很可能还会让面试官觉得你做事认真有条理，从而大加印象分。

2. 群面比较注重的是对比。应该在面试中学会调整自己的表现，不可太沉默，也不能太张扬。如果一旦发现自己说得太多，就要懂得适时闭嘴，把发言的机会留给别人，这个时候可以加上一句："××，对于这个问题你是怎么看的？能谈谈你的想法吗？"这可是一个非常好的表现自己团队意识的好机会。

3. 注重强调表现自己的过人优势。要在一些细节上突出自己的一些优秀特质，比如坚毅、认真、勤奋、细心、宽容等等，这些都是用人公司非常看重的方面。

4. 标新立异不是吸引面试官注意力的捷径，高情商是成功的必备素质。虽然主考官在介绍群面的题目时会说观点并没有对错之分，但应聘者不要为了标新立异而提出一些有政治倾向性或者太过偏激的内容说出来。记住，生活在这个社会里，就必须遵守社会主流的价值观。

5. 充分展现你的职业素养。不要做很多不自然的或者潜意识的小动作，说话要注意语气、音量，尤其是女性，要学会压低嗓音说话，否则声音很容易变得刺耳。另外要注意自己的眼神，不可东张西望，闪闪烁烁，像打呵欠、用手指指人这些毛病一定要杜绝。

6. 充分把握独立发言的表现机会，在几分钟内让面试官记住你。群面中，一般每个面试者会有几分钟的发言时间，应聘者一定要把握好这个机会，争做发言人，这是让面试官印象深刻的关键技巧。虽然只是短短几分钟，但把握时机充分利用，可能会是自己通往成功的转折点。

（五）无领导小组讨论应注意的问题

1. 把握讨论方向

讨论中最为重要的部分就是要有人能明确考察要求，并在关键时刻纠正讨论方向。

2. 发言积极主动

面试开始后，抢先亮出自己的观点，不仅可以给主考官员留下较深的印象，而且还有可能引导和左右其他应试者的思想和见解，将他们的注意力吸引到自己的观点上来，从而争取充当小组中的领导角色。自己的观点表述完以后，还应认真听取别人的意见和看法，以弥补自己发言的不足，从而使自己的应答内容更趋完善。

3. 人际关系基础

在考虑是否接受对方的观点时，会首先考虑双方的熟悉程度和友善程度，彼此的关系越亲密，就越容易接受你的观点。若认为彼此是敌对的关系，那么拒绝就是对自己的自我保护。

4. 说服对方

不要在对方情绪激动的时候力图使对方改变观点。因为在情绪激动时，情感多于理智，过于逼迫反而可能使其更加坚持原有的观点，做出过火的行为，造成难以改变的结果。

5. 言词真诚可信

能够设身处地地站在对方立场上考虑问题，理解对方的观点，在此基础上，找出彼此的共同点，引导对方接受自己的观点，整个过程中态度要诚挚，用更深入的分析、更充分的证据来说服对方。

6. 抓住问题实质

语言的攻击力和威慑力，归根到底来自于语言的真理性和鲜明性。反驳对方的观点不要恶语相加，敌视的态度不能达到有效反驳的目的。从心理学角度看，敌视的态度会使人产生一种反抗心理，因而很难倾听别人的意见。

7. 摆事实，讲道理

要立场鲜明，态度严肃，语气坚定，这样可以使对方明确自己的观点，重视自己的意见。

8. 先肯定后转折

当对方提出一种观点，而自己不赞成时，可先肯定对方的说法，再转折一下，最后予以否定。肯定是手段，转折、否定是目的。先予肯定，可使对方在轻松的心理感受中，继续接受信息。尽管最终是转折了，但这样柔和地叙述反对意见，对方较易接受。这样即使自己能从难以反驳的困境中解脱出来，又使对方能在较平和的心境中接受。

9. 取长补短

这其实是"后发制人"的策略，在面试开始后，不急于表述自己的看法，而是仔细倾听别人的发言，从中捕捉某些对于自己有用的信息，通过取人之长来补己之短。待自己的应答思路及内容都成熟以后，再精心地予以阐述，最终达到基于他人而又高于他人的目的。

第三节 自我销售

一、自我销售的含义

自我销售就是狭义的自我营销，是一种由个人或者团体作为主体参加的活动（本文以个人作为自我销售的主体），个人或者团体通过自我介绍履历表等形式手段，采用包括惊奇性、创意性、幽默性等策略，展示自我形象、人品以及情感，以达到个人或团体预期目的的活动。

2006 年 11 月，哈佛商学院的两位助理教授史汀博格（Thomas Steen burgh）与诺顿（Michael

Norton）向即将毕业的学生，出了最后一道习题：在课堂里，两位老师先要学生重新阅读过去以来所有学过的营销理论与知识，加以融会贯通，再以"自己"为商品，把自己卖出去（Sell Yourself）。

现在的就业形式严峻，人才市场已经成了典型的买方市场，普遍存在供求失衡的情况。这是一个开放的、个性化的时代里，"营销"已经不再是企业、国家、公众人物与演艺明星的专利了。产品需要营销，人自身也需要营销。

自我销售会给团体和个人带来附加价值，例如自我销售有助于提高魅力问题。尤其对于个体而言，涉及的如何提高个人魅力问题在实际人际交往和工作中是有指导意义的，人人应该有这个共识，作为一个团体或者个人，在成功推销产品或服务之前，一定要确保成功地推销自己。自我销售有益于影响他人的行为，帮助自我销售的主体通过一定的手段方式实现一定的目的。自我销售对于个体而言，可以帮助主体形成良好的人际关系，有利于人际交往的发展。

人生离不开自我销售。自我销售的意义在于：运用好的表情、表达方式，能让别人对自己形成好感；通过正确方式使别人消除戒备，使其接受自己的信息；确立信任感。

二、自我销售的原则

自我销售是有一些基本原则的，只有坚持这些原则才能做好自我销售，简单概括，自我销售有 3 项基本原则：第一是自信，第二是学习，第三是包装。

（一）自信

在做自我销售时首先要自信，因为自信是做营销的基础。在自我销售的过程，经常会遭到拒绝，会产生挫败感，这是不可避免的，所以在进行自我销售时要有此心理准备，只有这样才会充满自信地干下去，正是因为失败是不可避免的，所以自我销售的过程也就充满了挑战，这也给自己在进行自我销售时提供了不断超越自我的机会。

世界级销售大师哥特曼曾说过"推销从被拒绝开始"，不接受拒绝就不可能学会销售自己，更不会去销售产品。所以对社会上的每一个人，尤其是在做自我销售的人来说，自信不能是一个空洞的口号，而应该是一个必备的素质，需要让其扎根在灵魂深处，跟随自己的心脏和血液一起跳动和流淌。

（二）学习

读书期间学生主要是进行学习，而当踏入职场进行自我销售时还要做好社会功课。要进行自我销售就一定要学会做功课，就是把自己做成一个商品、一个体系、一个系统对自己进行充分的认知，然后再不断训练自己才能达成销售目的。在自我销售的过程中，学习是持续不断的，只有通过不断的学习才能够让自己跟上时代的步伐，符合企业的需要，在自我销售的过程中占据主动的位置。

（三）包装

就像包装是产品是必不可少的一部分，自我包装也是自我销售不可或缺的一部分，包装就是要在进行自我销售时要做一些相应的准备和相应的表现，来显示自己真实的优势。营销学上有这么一句话，"一个有缺口的碗，一面是缺的，另一面是圆的，你要把圆的那一面对着他人，这样你才能把自己卖出去，才能把自己卖个好价钱。"

三、自我销售的方法

（一）明确产品定位

在自我销售中，产品定位也就是自我定位，指的是产品在未来潜在"顾客"心目中占有的位置。其重点是在对未来潜在顾客心智所下的工夫，为此要从产品特征、包装、服务等多方面做研究，并顾及到竞争对手的情况。通过市场调查掌握市场和消费者消费习惯的变化，在必要时对产品进行重新定位。

在自我销售时，产品就是自己，应届毕业生首先应该对个人与其他竞争者做深入分析，这是定位的良好起点。同时，找出差异性，比较作为产品的自身和其他竞争者，以所竞聘的岗位要求为目标进行正面及负面的差异性，这些差异性必须详细列出更适合目标岗位要求的优劣势所在。列举负面作用的原因在于，有时候表面上看来是负面效果的差异性，也许会变成正面效果。

有时候，自我销售必须在自身和目标岗位特征之间，画上许多条线，以发觉自身尚有哪些最重要的特征，未满足目标岗位要求。简单讲，作为计算机科学专业的学生，与他人相比自己的专业优势到底积累了多少；作为一名大学毕业生，经过锻炼之后与他人相比，能直接运用到职场上的能力又是什么；与同专业的人相比，在专业技术方面是不是与他人相比具有更大的优势。这些都是需要思考的问题，只有充分理解和认知自我，才能挖掘出自身的优势，从而能确定自己的职业兴趣、职业特长和职业价值观。

（二）做好产品升级

产品升级，指的是在自我销售过程中要坚持终身学习，尽力将自己塑造成高附加值人才。大家生活在一个信息时代，知识结构每时每刻都在发生着变化。现在产品更新换代的频率逐渐加快，表现得最典型的就是软件产品，基本上每个月都会有升级，每天都会有数据库更新，有各种补丁下载，只有保持最快的更新速度，软件产品才会有生命力。作为职业人士也是如此，大家必须时刻保持空杯心态，养成学习的习惯，才能让自己跟上时代的步伐。努力提高自身的业务素质，提升自己的思想，做好自身的知识更新，使得自己符合公司发展的要求。否则应聘人员就会像过时的产品一样，面临着退市的危险。

（三）塑造自我品牌

产品成功营销的结果就是形成自己的品牌，在自我销售中也是一样。只有有了自己的品牌，产品的市场竞争力才会得到极大的加强，才能摆脱低层次的恶性竞争，提高自己的盈利水平。可口可乐的总裁曾骄傲地说过，即使是可口可乐公司的工厂有一天被大火烧掉，他有信心在一天内重建。这讲的就是他对自己品牌的自信。

自我销售的终极目标就是拥有自我品牌，甚至是自我的名牌。也就是说自己成为业内的知名人物，像联想柳传志、网易的丁磊等等就是这样的人物，拥有着对业界的强大影响力。达到了这个程度，职业生涯就到达了顶点，人生梦想也就得到了实现。这时就再也不会为寻找就业机会而担忧了，当选择实现自我价值的平台时，是自己选企业而不是企业选你了。

1. 品牌定位——个人品牌的形成

所谓"个人品牌"是指一个人的外在形象和内在素质所构成的一种特质，是一个人名字的载体与灵魂。由于每一个人的学识和经历存在差距，必然致使"个性"的存在，作为一个刚进入职场的人，认清自己和找准定位是一个关乎职业生涯成功的重要一环，首先要清楚自己是否适合做这一行，自身有什么优势与缺点，如何去修正和完善。将这些问题罗列在一张白纸上，仔细分析判断与思考。给自己定位往往是一件比较难的事情，现在很多大学生对自己的定位不清甚至漠视，找不准自己的定位，工作牢骚满腹必定黯然离去。个人品牌定位可以简单地分为：

（1）内在气质的定位

也就是一个人在同事、上司、客户心目中的形象，譬如老好人、正直公证等个人特征。

（2）企业位置的定位

找准自己在公司内的位置，不能随着自己的性子乱来，不能把自己在家里的做法和做事风格等全盘照搬到职场中来，这样往往会犯形而上学的错误。在单位没有满足自己想法的时候，大多是没有认清形势，找准自己在企业的位置。

（3）职业生涯的定位

销售代表、销售主任、销售经理、省级经理、总监等每一发展阶段的定位是不一样的，这是一种职业规划上的定位，不要祈望一步到位、一步登天。在每一个岗位上都要脚踏实地。在不同的环境、企业和职业生涯阶段，个人的定位都不一样，找准自己的定位，是树立个人品牌的基础。

2. 品牌内核——个人核心竞争力的建立与提升

明确自己的定位后，一定要强化"个人品牌"的内功修炼，丰富"个人品牌"的内涵，内功修炼来自"学习力"的提高。学习一般分为书本学习和实践学习，优秀的人不能仅停留在拥有一些最基本的成功学、心理学、营销学等方面的基础知识上，要尽可能地博览群书，经济、历史、金融、体育、组织行为学等都需知晓，要视读书为自己最大的知识之源和乐趣，这是因为日常工作中要与许多专业和非专业的人士进行沟通与交流，要有与"妇孺"沟通的知识面。

但读书不能简单地停留在"书里"，要做到能进能出，不能老是一张嘴就是××书上说的，这是一种不能从书中走出来的典型表现，好比一个小偷进了房子偷了很多珠宝，后来才发现门给锁死了，无法出来一样，不光要读书还要善于读书。在读书的同时要强化对实践经验的总结与互动，将实践与你所学习的书本知识进行对照，反复研究判断，锤炼自己的竞争优势和核心竞争力，使别人无法复制或一段时间内无法与自己并肩比齐。

3. 品牌宣传——善于推广自己

现在在职场中存在一部分这样的人，他们有很强的实战经验和理论水准，但为人低调与内敛，不善于褒扬自己，同事和上司对其印象不是很深，长期处于"自然销售状态"，最终被迫退出"市场"。作为一个当代职业人士，要有很强的自我推销能力，善于在不同的场合、人群进行自我推销。可以通过撰文、人脉转介绍、演讲等方式进行自我"推广"，扩大自己的影响面，推动"个人品牌"的发展，灵活运用"推""拉"等方式进行自我"推广"宣传，扩大自己的知名度。

📖 **拓展阅读**

郭德纲的自我销售

粉丝的根本意义在于让别人来帮助自己实现梦想，对于相声爱好者来说，郭德纲已经不是一个普通的相声演员，他还寄托着人们对相声复兴的理想。所以这也造成了郭德纲如鱼得水、千载难逢的市场环境。

郭德纲不是一个营销人，但这样一个"非著名"相声演员的迅速窜红，却不能说不是一种营销现象。

如果以营销的观点去看郭德纲现象，郭德纲的火爆并非偶然，这可以说是营销的结果，而且是一次相当成功的营销。

首先，郭德纲具备了进行营销的先决条件，他将相声视为一种产品，一种需要销售、需要市场认同的产品，这使得他能够区别于那些"著名"相声演员，能够专心地生产、经营自己的相声产品，这让郭德纲的相声真正进入了市场经济。

一个品牌要想在市场上获得成功，产品力是至关重要的。郭派相声从不知名到一票难求的火爆场面，产品力在其中起到了很大的作用。现在的一些主流相声，高举着"创新"大旗不断改变着表现形式，最终使相声面目全非，迷失了自我，也丧失了相声真正的魅力。郭德纲的相声则不同，他从未抛弃相声的传统形式，而是在这种形式中加入了内容的创新去吸引观众，去卖掉更多的笑声。郭德纲的相声可以在10分钟之内让观众笑10次，没有足够强的产品力是不可能完成的任务。

其次，郭派相声的定位很巧妙。"非著名"相声演员这一称谓到底给他带来了什么呢？

严格地说，郭德纲的定位实际上是被动定位，因为他没有名气，甚至成名前他的相声表演连电视也没上过，所以"非著名相声演员"的定位本无可厚非。但巧妙的是他把这无可厚非的定位放在了被观众关注的位置上，而且他越在名气变大时越是强调他的"非著名"，在他自己以及媒体的反复强调下，"非著名"相声演员已经成为了郭德纲特有的定位。

凭借这几个字，他有效地实现了差异化。如今电视上充斥的"著名"相声演员、相声表演艺术家们的表演已经让观众们倒足了胃口。而"非著名"给观众带来了全新的感觉，同时也迎合了现代人反主流、反权威的心态。这使得郭德纲成为了又一个草根文化潮流的代表人物。

再次，郭德纲充分利用了渠道的特点。网络即是其中一个重要的渠道。可以说，郭德纲的火爆离不开网络传播的贡献。他在网络上开办"相声公社"，并自任版主，他在新浪有专区，他还有自己的博客，通过这些网络资源，他上传了许多自己的作品，免费提供给网民，这使得通过网络了解郭德纲的人在呈几何倍数增长着，他的很多"纲丝"最初都是在网上接触到他的相声的。这种成本低，效率高的"病毒"营销手段正在变成弱势品牌崛起的最佳渠道。

成就郭派相声的另一条渠道就是郭德纲所坚守的小剧场。不知道是郭德纲成就了剧场相声，还是剧场相声成就了郭德纲。总之，郭德纲将相声回归到剧场，演员和观众直接面对面，这让演员可以在表演的同时随时观察台下观众的反应，并及时调整自己的表演。而观众置身于这种环境中，也会被互动的气氛所感染，就好像去现场看球、看演唱会一样，观众得到的不仅是简单的欣赏。而近几十年相声的电视化，很难说是给了相声一个更大的、还是更小的舞台。

最后，郭派相声之所以卖得好，宣传在其中的作用同样功不可没。应该说，郭德纲是很懂得宣传的。他当初在网络免费上传自己作品的举动，不但没有影响到他剧场相声的票房，反而让人们在接触后产生了去现场观看的更强烈的冲动，这就好像商家常用的试用装促销一样，是用来吸引人气的。事实也证明，这些散落在网络上的火种成为今天现场火爆的一个重要助动力。

同时，郭德纲很会用相声跟观众沟通，用相声为自己的品牌进行宣传。有两件事，是郭德纲经常在段子里提及的。一个说的是传统相声总共有1000多段，经过相声演员这些年不断的"努力"，到现在还剩下200段。而郭德纲也说过自己会600多段相声。这种不言自明的宣传让观众们形成了听传统相声就找郭德纲的品牌认知。另一个事件流传更广，说的是在一次演出中，台下只坐着一位观众，但郭德纲和他的同伴们还是坚持为他说完了整台节目。我不由想起来一个故事，1998年10月25日，一架英国航空公司的客机从东京飞往伦敦，偌大的飞机只载了一名乘客。原来，这架飞机因机械故障而推迟了起飞时间，这段期间，其他乘客都被劝说改乘了别的航班，唯独一位老年乘客非这趟班机不乘。在此情况下，英国航空公司毅然决定为这位乘客创造了一次绝佳机会，赢得了无数乘客的赞赏和青睐。"一名观众"这个故事对提升郭德纲美誉度的贡献不可小觑。不管是有意还是无意，最终这些事件都起到了树立品牌形象的作用。

除了自身的宣传外，在这个营销事件中，媒体起到了推波助澜的作用。在春节前后，各大媒体的访谈等节目给了郭德纲足够的曝光率。而这些节目也围绕着他的相声展开，更体现出郭德纲实实在在的形象。当然这其中也包含了一些负面的报道，但这也不一定就是坏事。炒作就好像是炒鸡蛋，只炒正面或者只炒反面都会把鸡蛋炒糊，只有兼顾了两面，火候得当，才能炒出好蛋来。

四、自我销售的关键

（一）自我销售无绝招

金庸笔下的英雄侠客最强的绝招往往都是简单招式，而就是主角们将其练到极致就是绝招，不出手则已，一出手对方未进行任何反应就倒下去，在困惑中死亡。

武术是这样，人生很多事情又何尝不是如此？自我销售也是一样，自我销售的绝招是什么？技巧是什么？答案是没有！要是非得强调那就是最基本的等于最有效的，所以不需要去拼命寻找技巧，只需要实实在在地做下去，真正地去了解进行自我销售的规范然后去执行就可以了。

（二）把握好说话的时机

西方有句谚语：沉默是金。中国也有格言叫做"讷于言而敏于行""言多必失"。因此在进行自我销售的时候，话要讲，但是要遵循少而精，尽可能少说。古希腊有一句话说"聪明的人借助经验说话，更聪明的人根据经验不说话"。喜欢多言者，经常我怎么怎么，天上明白一半，地上知晓全部，但是更聪明的人，根据经验，知道自己经常说错什么，所以少说或者不说。在进行自我销售时，要坦诚地与对方进行交流，不可以似聊天般夸夸其谈，因为话多就会存在水分，有水分就是会自觉或不自觉地骗人，就会让自己的缺点暴露得越来越多，这等于给自己挖陷阱，因此需要注意，需讲则讲。

（三）运用好赞美的艺术

赞美是一种艺术，是一种展示优点，掩饰缺点的艺术，进行自我销售时应掌握这门技术，因为赞美是一种有效拉近与对方关系的手段，适当地、体面地称赞别人，会使双方交谈的气氛融洽，有利于双方有效沟通，所以，在销售自己时赞美是需要的。

本 章 小 结

1. 自我营销是以个体为出发点，在个人成长发展的过程中，采用适合自己的策略，有创意、新颖地完成自我定位，建立竞争优势的过程。

2. 简历的制作过程就是对自身经历梳理的一种过程，制作简历的主要流程为：明确求职意向→提炼经历要点→文稿校对→打印装订。

3. 面试是一个全面而有序的系统过程，需要处理好面试准备、面试过程、面试礼仪、面试结束等环节。

4. 自我销售需要遵循 3 项基本原则，第一是自信，第二是学习，第三是包装。

课 后 练 习

1. 请设计一份应聘 IT 行业销售助理的岗位简历。
2. 在班级内部，组织进行企业行政专员的模拟招聘和模拟面试。
3. 认真思考如何树立自己的品牌形象，同时如何设计合理的自我推荐，并在班级内部进行讨论。

第四章　有 效 沟 通

沟通是人类的本能，是人与人交流的主要手段。随着社会市场经济的不断发展和人际交往的频繁，沟通也越来越成为影响个人发展、事业成功的重要因素。但是在现实生活中，很多人没能掌握沟通的技巧，不知道如何与他人进行有效沟通，给自己的工作生活带来诸多困扰。本章从沟通的原理、说话的技巧、个体有效沟通和团体有效沟通4个方面对有效沟通进行介绍。

第一节　沟通的原理

一、沟通的含义

随着社会市场经济的发展和人际交往的频繁，人们越来越明显地感受到沟通在工作、生活中的重要。对于沟通，不同的人有不同的理解，如下所示。

"广义的沟通是指信息自我传承或个体间信息的有效传递与接受，并影响和产生实质的行动或结果。狭义的沟通是指不同个体间信息的有效传递与接受"。

"沟通是人与人之间、人与群体之间思想与感情的传递和反馈的过程，以求思想达成一致和感情的通畅"。

"沟通是运用人的内外感官系统，对信息（语言文字和情感）进行交流，进而达成'三赢'共识的过程"。

可以这样理解沟通：沟通实际上就是为了设定的目标，把信息、思想和情感在个人或群体间传递，并达成共同协议的过程。

具体分析，此概念有如下要点。

1. 沟通之前有明确的目标

只有大家有了明确的目标才叫沟通。如：在学校里，辅导员找某个学生谈话，辅导员在谈话之前肯定有一个明确目标，可能是这位学生最近学习没有状态，需要调整自身的状态；也有可能是学校要评奖学金了，需要了解学生的情况等。如果只是为了避免无聊、打发时间而进行的八卦式的聊天，就不是有效的沟通。

2. 沟通的目的是达成共同的协议

如果仅仅只是沟通，沟通结束时没有达成共同的协议，或沟通的另一方未按照协议的内容去做，这同样也是一种无效的沟通。如一个学生经常上课迟到，往往是铃声响了两三分钟后才进入教室，作为辅导员就需要和这位学生进行沟通了。但如果辅导员苦口婆心地和这位学生沟通了半个小时，在结束谈话时，学生并未认识到自己的错误，那这就是无效的沟通，因为最终没有达成共同的协议。当然，如果学生认识到了错误，但他后面还是经常迟到，这同样是无效沟通，因为结果没有任何改变。

3. 沟通是一个编码与解码的过程

沟通也是一个编码和解码的过程，发送者根据自己的思想和语言进行编码并发送给接收者；接收者接收到编码后用自己的思维对语言进行解码，理解发送方的意思后，再将自己想要表达的思想或者情感经过编码反馈给发送方。在整个过程中，双方都进行着编码和解码的工作，并穿插一定的噪音，这就是沟通的全过程（图 4.1）。

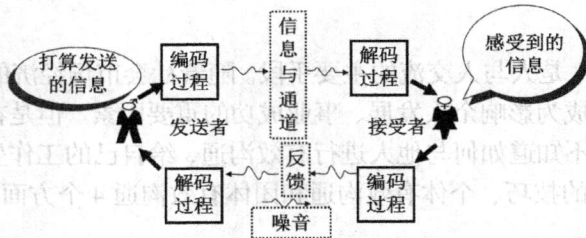

图 4.1　沟通全过程示意图

二、沟通的要素

沟通过程中的 4 个要素为信息的发送者、信息的接受者、信息、渠道。

1. 信息的发送者

信息的发送者是信息的来源，他必须了解信息接受者的情况，并选择合适的沟通渠道以利于信息接受者的理解。

2. 信息的接受者

信息的接受者是指获得信息的人。他必须从事信息解码的工作，即将信息转化为他所了解的想法和感受。这一过程要受到接受者的知识、经验、才能、情绪、个人素质以及对信息发送者的期望等因素的影响。

3. 信息

信息是指在沟通过程中传给信息接受者的消息（包括信息、思想或情感），同样的信息，发送者和接受者可能有着不同的理解，这可能是由于发送者和接受者的差异造成的，也可能是由于发送者传送了过多的不必要信息或沟通过程中受到各种因素的干扰。

4. 沟通渠道

沟通渠道是信息得以传递的载体，可以分为正式渠道和非正式渠道，在工作中还可分为向上沟通渠道、水平沟通渠道、向下沟通渠道。

拓展阅读

有效沟通三原则

1. 有效果沟通：强调沟通的目标明确性。通过交流，沟通双方就某个问题可以达成共识。

2. 有效率沟通：强调沟通的时间概念。沟通的时间要简短，频率要增加，在尽量短的时间内完成沟通的目标。

3. 有笑声沟通：强调沟通的人性化作用。沟通要使参与沟通的人员认识到自身的价值，只有心情愉悦的沟通才能实现双赢的效果。

三、沟通的 3 种行为

沟通是一个过程，在沟通过程中，沟通双方的角色是在不断变化的。一个人既是信息的发送者，同时他又在接收对方所发送的信息。在沟通的整个过程中，每个人都有 3 种行为：说（信息的传递者），通过这一行为传递自己的信息；听（信息的接受者），通过这一行为了解对方的意图；问，对接收的信息进行确认，以真正了解对方所表达的意图。

（一）说——发送信息

在沟通过程中，人们使用最多的沟通方式就是语言。在日常工作生活中，人们往往习惯用嘴将希望发送的信息"说"出去，"说"对所有人来说，实在是一个很重要的事情。

在沟通中有一个理论叫做"沟通漏斗"理论，如图 4.2 所示。

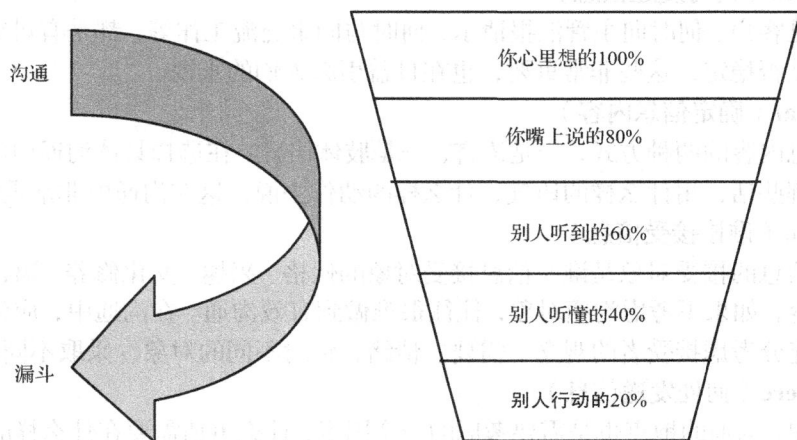

图 4.2　沟通漏斗

对沟通者来说，如果一个人心里想的是 100% 的东西，当他在众人面前、在开会等场合用语言表达心里 100% 的东西时，这些东西已经漏掉 20% 了，他说出来的只剩下 80%。而当这 80% 的东西进入别人的耳朵时，受文化水平、知识背景等因素的影响，只存活了 60%。实际上，真正被别人理解了、消化了的东西大概只有 40%。等到这些人遵照领悟的 40% 具体行动时，已经变成 20% 了。

每个人都能说话，但并不是每个人都会说话。在日常生活中，也经常会发现很多人不会"说"，以至于本身可以做成、做好的事情并未做成、做好。如：

> 对话一：
>
> 病人：护士小姐，你小心点打针，我害怕……
>
> 护士：请你放心，我刚毕业，今天第一天上班，所以我会特别小心。
>
> 对话二：
>
> 客人：小姐，这商品真好，我找不出什么问题，所以我决定买了。
>
> 售货员：谢谢，其实我们的商品也没你说的这么好，只是你还没有亲自使用过，还不知道它的问题罢了……

那么如何才能"说"好话，将需要发送的信息有效地发送给信息接受者呢？这里简单介绍一下在这个环节需要注意的一些技巧，即4W1H。

（1）How（如何发送信息）

信息包括3个方面内容：信息、思想和情感。在沟通中，发送的不仅仅是信息，还有思想和情感。因此，在发送信息的时候，要注意以下两个问题：

向上级汇报或向同事传达工作，更多的是一种信息的沟通；

和客户沟通的过程中，在传递必要信息的同时，更重要的是为了增加和客户之间的感情和信任。这时，信息是次要的，而感情才是主要的。

所以说，首先各位要考虑自己的信息内容本身是以信息为主还是以思想和情感为主，据此选择合适的发送方法。

（2）When（何时发送信息）

何时约见客户、何时向主管汇报请示、何时与同事交流工作等，都是有讲究的。时间是否恰当，情绪是否稳定，这些非常重要，也在日益引起人们的重视。

（3）What（确定信息内容）

发送信息内容的两种方式，一是语言；一是肢体语言。在选择具体沟通内容的时候，一定要确定要说哪些话，用什么样的语气、什么样的动作去说，这在沟通中非常重要。

（4）Who（谁该接受信息）

要注意信息的接受对象是谁？信息接受对象的性格、兴趣、文化修养、语言习惯等都是需要考虑的内容，如果不考虑沟通对象，往往很难做到有效沟通。在沟通中，应先引起接受对象的注意，并充分考虑接受者的观念、需要、情绪，针对不同的对象，采取不同的沟通方式。

（5）Where（何处发送信息）

在沟通中，沟通的地点也是需要考虑的一个因素，什么事情需要在什么样的场合沟通也是有讲究的。比如公司要裁员了，你正好是这件事情的执行者，需要和被裁员的对象进行沟通，做通对方的思想工作，这时是直接在有多人同时办公的办公室和对方沟通呢，还是在一个轻松、安静、没有其他人打扰的地方和对方沟通？中国特色的"酒桌文化"也是这一要素的典型体现。

（二）听——接受信息

在现实生活中，也有很多人感觉到了说的重要，但大多数人没有考虑过听是否同样重要。真正的沟通高手实际上不仅会说，他们往往更会听。

有这样一种有趣的说法：人为什么长着两只耳朵一张嘴呢？有人认为上帝在造人时考虑得非常周全，在造人时就把想要告诫人类的一些为人处事道理明显地展现出来，两只耳朵一张嘴巴就是要人时时刻刻都要牢记多听少说这个道理。当然，这只是一个小笑话，但美国沟通大师保罗·蓝金曾专门对此进行过研究，他发现领导人的沟通时间有45%花在听，30%花在说，16%花在读，9%花在写。

因此，在沟通过程中，大家不光要会说，更要会听。聆听越多，就会变得越聪明，就会被更多的人喜爱，就会成为更好的谈话伙伴。人们常说一个好听众总比一个擅讲者容易赢得更多的好感，这是因为，一个好的听众总能够让人们倾听他们最喜欢的说话者——他们自己。在沟通中，各位要学会倾听，要真正了解沟通的另一方的想法、意图，否则很容易产生各种误会。

美国知名主持人林克莱特某一天在节目中采访一名小朋友，他问道："小朋友，你长大后想要当什么呀？"小朋友天真地回答："我要当飞机的驾驶员！"林克莱特接着问："如果有一天，你驾驶的飞机飞到太平洋上空时所有引擎都熄火了，你会怎么办？"小朋友想了想说："我会先告诉坐在飞机上的乘客绑好安全带，然后我带上我的降落伞跳出去。"当时在现场的观众笑得东倒西歪，有的大人就说，小孩子毕竟还小，有这样的想法也是无可厚非的；有的大人说，这个小孩子也还是蛮聪明的，至少自己的安全得到了保障。林克莱特继续注视这孩子，想看他是不是自作聪明的家伙。没想到，接着小孩子的两行热泪夺眶而出，显得非常委屈。于是林克莱特问他说："为什么要这么做呢？"小孩的答案透露出一个孩子真挚的想法："我要去拿燃料，我还要回来！"

这个故事告诉我们，不要随意凭借自己的经验或根据自己的主观思维去判断别人的想法，凡事应当先听完别人的话以后再作理解和决定，"听"是沟通中一个极其重要的环节。

1. "听"字解析

古人是很聪明、很有智慧的，他们在造字时往往会把自己的一些理解、感悟融入其中，"聽"——此为繁体的"听"字，这个字里面也包含了很多古人的智慧：

一个"耳"字，听自然要用耳朵去听；

但是光用耳朵去听肯定是不够的，还得加上"目"。

"目"代表眼睛，在倾听时要善于使用眼睛，目光要注视对方，表示对对方的尊重：我在很认真地听你讲话。同时还要察言观色。

"一"个"心"字：代表一心一意，在"听"的过程中必须要很专心地去听。

"耳"下方还有个"王"字，是指在倾听时要把说话的人当成王者一样对待。

因此，听不仅是耳朵听到相应的声音的过程，更是一种情感活动，需要人们通过面部表情、肢体语言和话语的回应，向对方传递一种信息：我很想听你说话，我尊重和关怀你。

倾听是取得智慧的第一步；有智慧的人都是先听再说。

2. 倾听的误区

倾听看上去很简单，人们每天都在用耳朵听，听别人说话，听电话等，但大家真的会听吗？有这样一个倾听的小游戏，题目是：

假如你是公交车驾驶员，车上有 26 名乘客；

到了一站上了 17 人，下了 3 人；

到了另外一站上了 6 人，下了 20 人；

然后又上了 16 人，下了 2 人；

到了另一站又上了 4 人，下了 18 人；

之后上了 7 人，下了 4 人；

到了下一站上了 2 人，下了 5 人；

最后上了 6 人，下了 10 人。

当问题描述到这里时，提问者询问游戏的参与者："各位，结果出来了吗？"很多参与者会主动举手说：结果出来了，车上现在还有多少人，或者公交车一共停了多少站等等。其实，这个问题最终要问的是公交车司机的性别。而最终问题提出后，又有参与者回答说：公交车司机是男司机，因为驾驶公交车的基本都是男性，选择男性正确的概率会高一些；也有参与者说：公交车司机是女司机，老师既然提这样的问题，那肯定不能按常规思考，所以是女司机的可能性更高等等。

这个游戏实际上很简单，只需要听清题目，等提问者发问后再作思考不难得出结论，但实际在游戏过程中，犯错的人不在少数。造成这一结果的原因就在于每个人在面对各种环境、各种对话时经常会根据自己的主观想法或经验来做出判断，而忽略对话的真实目的与内容。

在日常工作生活中，也经常能够见到类似游戏中的场景，很多人在沟通中没有掌握有效倾听的方法，凭借自己的主观想法或经验去倾听，不等对方讲完就下决定，最终没有真正了解对方的意图和想法，沟通也就没能达到预期的目的了。

3. 阻碍有效沟通的倾听方式

在日常生活工作中，往往会有很多因素阻碍大家的倾听，从而无法准确掌握发送者真正想发送的信息。常见的有以下几种错误的倾听方式：

（1）假性倾听

假装在听，实际上没有听。这一种倾听经常能够看到，比如说上课时有的同学看上去在很认真地听课，但老师突然点名让他回答问题时，他却很茫然地站起来，同时悄悄地问同桌："刚刚老师提了什么问题？"

（2）字面倾听

中国语言文字博大精深，往往一个字、一句话里面蕴含了丰富的意思，这种情况下，如果只听字面意思，往往很难了解对方的真实意图。比如吵架双方在争吵过程中经常会说："你真是太聪明了！"在这种语境下，这句话传递的意思可能就不是字面上直接理解到的含义了。

（3）选择性倾听

人们只听自己想听到的话。在沟通中，感兴趣的内容就认真听一下，不感兴趣的内容就左耳进右耳出，甚至根本不听，在这种情况下，就很难真正了解对方的意图。

（4）防卫性倾听

在沟通中，把别人的善意当作讽刺，对别人采取防卫心理。例如张三和李四是一对冤家，两人只要一见面就免不了冷嘲热讽。张三参加了人际关系课程培训后，觉得自己应该主动去改善和李四的关系，于是第二天，张三一见到李四，就夸李四当天穿的衣服很得体、很好看。张三离开后，李四立即返回住处，在镜子前仔细观察，看今天着装上是否存在问题，因为他认为张三不是在夸他，而是在讽刺、嘲笑他。

（5）攻击性倾听

在沟通中很认真倾听对方发送的信息，但这种倾听并不是为了最终达成共识，而是找寻对方在发送信息过程中的问题、漏洞，为了倾听之后更好地反击对方。此种倾听常见于辩论比赛中的正反方、法庭辩护等。

（6）独断倾听

在沟通中早已确定了自己的想法而不考虑别人话语的真实含义，笃定自己的判断。前面提到的倾听小游戏，就是独断倾听的一种体现。

4. 同理心倾听

在沟通过程中，想要真正做到有效倾听，就应该采取同理心倾听。

同理心是心理学上的一个概念，指的是正确了解他人的感受和情绪，进而做到相互理解、关怀和情感上的融洽。也就是将心比心，同样时间、地点，而当事人换成自己，设身处地去感受、体谅他人。

在工作生活中，每个人都应该学习和掌握同理心原理，多站在对方的角度去思考和处理问题，否则容易出现下面的情况：

有两位妇人在聊天，其中一位问道"你儿子还好吧？"

"别提了，真是不幸哦！"这位妇人叹息道：

"他实在够可怜，娶个媳妇懒得要命，不做饭、不扫地、不洗衣服、不带孩子，整天就是睡觉，我儿子还要端早餐到她的床上呢！"

"那女儿呢？"

"那她可就好命了。"妇人满脸笑容

"她嫁了一个不错的丈夫，丈夫不让她做家事，煮饭、洗衣、扫地、带孩子全部都由先生一手包办，而且每天早晨还端早点到床上给她吃呢！"

同理心倾听就是在沟通过程中，站在对方的立场进行倾听。具体来说就是在沟通过程中，听者应轻松自然、神情专注，随着对方情绪的变化而做出自然的呼应，同时通过简短的插话和提问，暗示对方自己对他的谈话感兴趣，或启发对方引出对自己有利的问题。当对方讲到要点时，要点头表示赞同；当对方说笑话时，笑声会增添他的兴致；当他说到紧张处时，屏住呼吸能强化气氛……

同理心倾听要求努力去理解对方想要表达的含义，而不是想理解的含义；需要暂停自己的想法和感觉，站在对方的角度上去理解信息，这样可以保证对所倾听到的信息的理解，符合对方的本意。

（三）问——反馈、确认

1. 询问的意义

询问就是在沟通的过程中，信息的接受者向信息的发送者做出回应的行为。在沟通中，不询问往往直接导致两种恶果：

（1）信息的发送方，常常遇到一言不发的"闷葫芦"，自己表达的信息往往"泥牛入海"、毫无消息。

（2）信息的接受方无法澄清和确认是否准确地接受了信息。

当今中国最受欢迎的实战型管理培训专家余世维先生在进行《有效沟通》培训时，曾做过一个很有趣的"撕纸"小游戏：

将A4纸发下去。主持人说："来，每两人共分一张A4的白纸，每个人一半。"

主持人的话讲到这里就不讲了，猜猜看，会发生什么事？有的人就把这张纸"哗"地撕开了，有的是横着撕，有的是竖着撕。主持人如果提出质问："我说要撕开吗？"大家就会笑起来。这就是沟通不良。主持人只说这一句话，马上就出现不同的结果。

重新分发A4纸，主持人说："来，每两人共分一张A4的白纸，每个人一半。"这一次就没有人提前撕了。

接下来主持人做个示范，并说："现在每个人半张，然后这样子撕。"

于是大家全部都照主持人那样，"哗"地将纸撕开。

主持人说："将半张纸分成一样大小的四条。"

马上就会出现两种方法，有的是这样分，有的是那样分，不是4条瘦的，就是4条胖的。又不一样。主持人说："我要4条瘦的。"于是分成胖的纸条统统丢掉。把纸发下去再分，这回每个人都是4条瘦的了。

主持人说："将每一条放在另一条的中间。"

结果全场至少出现了五六种叠放的样子，有的像"米"字，有的像"井"字，有的统统叠放在一起，总之，各式各样的都有。

从这个游戏中可以看到，所有人最初拿到的纸都是一样的，但最终做出来的结果却各不相同，这主要是因为每个人对所接受的信息都有各自不同的理解，而这种理解很可能并不是信息发送者所期望的。因此，在沟通过程中，"问"不仅是需要的，而且还是必需的。

2．询问的方式

"问"的方法和技巧很多，在此向大家介绍两种基本的询问方式：开放式询问和封闭式询问。

（1）开放式询问

提出比较概括、广泛、没有标准答案的问题，对回答的内容限制不严格，给对方以充分自由发挥的余地。开放式询问常用以下语句发问："什么？""怎么？""为什么？"；如：你是怎么来的北京？

（2）封闭式询问

提出问题的答案有唯一性，范围较小。提问时，给对方一个框架，让对方在可选的6个答案中进行选择，如"是"或"不是""对"或"错""喜欢"或"不喜欢"等。如：你是坐火车来的北京吗？

以下是对同一问题，两种询问方式的对比如表4.1所示。

表 4.1   两种询问方式对比表

开放式询问	封闭式询问
会议是如何结束的？	会议结束了吗？
你喜欢你工作的哪些方面？	你喜欢你的工作吗？
你有什么问题？	你还有问题吗？
如果实行这个计划会产生怎样的问题？	你认为这个计划可行吗？

（3）两种询问方式的优缺点

开放式询问的优点在于可以使气氛轻松，能了解被询问者的行为、感受和想法；激发交流的愿望，能自由地表达自己的想法。缺点在于谈话时间会比较长，谈话容易偏离最初设想的目标。

封闭式询问的优点在于节约谈话时间，容易控制谈话的气氛。缺点在于只能确认信息，不能更多地收集信息，而且容易让对方感到紧张。

因此，在使用这两种询问方式时，应当根据语言环境合理使用：用开放式的问题开始沟通，可营造轻松的交谈氛围；发现话题跑偏时可问一个封闭式的问题；发现对方比较紧张时可问开放式的问题；插一个开放式问题可使气氛变得轻松。封闭式提问不宜多用，易使对方变得被动、疑惑、沉默。

拓展阅读

聆听技巧分享

1．要成为一个倾听高手，要训练自己在听别人说话时不要感到紧张，不要把它作为一种负担，而且还要训练自己静静地听别人说话，不要轻易地开口。

2．沟通、谈判、聊天、谈话的最佳模式就是他说你听。也就是一种对方说，自己静静地听，以对方为主导的谈话模式。

3．一个专业的听者可以在对方说话之前营造出一种融洽的气氛，然后静静地等待，直到对方开口说话。有时候，也许双方会有长达15分钟的沉默，但如果可以使对方不感觉到那么长的话，就是一个聆听的高手了。

4. 如果总是认真聆听别人讲话，那么同样，在自己讲话时，别人也一定会尊重你。而如果不能认真地听别人讲话，那么当自己说话时，别人也不会愿意听（换位思考亦即同理心的表现）。

5. 首先要训练的是安静地听，甚至当自己想反驳的时候，也请让对方把话说完。也许有的时候，对方的态度也会平和起来，也就不用和他争辩了。这就是作为一个倾听高手的乐趣所在。

6. 以对方为中心，集中精神听对方讲话，这样虽然"说"的一方得到了释放，但也很容易使他们渐渐失去警惕心。

7. 要想告诉对方自己非常认真地在听他说话，那么附和是一个最好的方法。要判断一个人，比起语言人们更愿意从这个人的态度来判断。

8. 语言和行为（态度）可以传递相反的信息，但是行为（态度）和行为（态度）本身不可能传递相反的信息。所以说，人们是从态度上来判断一个人的。

9. 为了使谈话顺利、愉快地进行，学会肯定对方是非常重要的。如果知道自己所说的得不到对方的肯定，那么谁也没有继续说下去的心情了。

10. 作为一个专业的营销高手、讲师、咨询师心理咨询家，能够肯定地接受对方说的话是非常重要的一个要素。从专业的角度来说，就是"容忍"，注意怎么去附和对方，就能成为倾听高手。

11. 大家如果能够认识到对方说的只是和他自己有关的事，就能够以肯定的态度来接受了。因为一个人所说的话，和听的人并没有任何关系，只不过他是这么想的。

12. 能够明确地区分自己和别人，是作为一个专业聆听高手所必须具有的素质。

13. 一般人更喜欢做诸如点头之类的简单的动作，再加上一些简单的语言（嗯、OK、果然是这样、这样的啊……）来附和对方；如果加强语气说"哦"，就表示非常肯定。

14. 年轻人会觉得你的附和语和你的年龄不太谐调，于是就换了自己的附和语。不管是哪一种，都可发现其中包含着人与人之间的相互谦让。

15. 最难的一种附和方法，就是重复对方说的话。能够把对方说的话重复一遍，会使自己的附和更加出色。

16. 重复附和对方的话最重要的是要做到"明白通畅""简洁""抓住要点""使用对方说过的话"这几个要点（简单、扼要、明白、重点、重复）。

17. 对于那些比较敏感的人来说就会觉得是完全不同的内容。在这种时候，不要轻易地去重复他的话，还是用一般的附和语比较保险（尤其是隐私、丑陋、模仿）。

18. 附和语少用"理解理解"，也许对方就会产生反感并且想"难道你真的能那么理解我吗？"要理解一个人可不是件容易的事。人的内心活动非常复杂，一个人说的和想的不一定一样，或者当时的心情是兼而有之。

19. 两个人越谈越深，越谈越具体。但是，如果可以改变一下附和语，那么谈话就可以朝另一个方向发展。

20. 深入的谈话在某种程度上就意味着把自己的缺点暴露在对方面前。如果一直非常急的要问下去，那么对方就会怀疑究竟有什么企图而不信赖你，这样谈话就无法进行下去了。

21. 附和语要为了话题的深入而准备。所谓话题的深入，就是要循序渐进，不要把谈话的顺序搞乱了。认真听对方讲话，然后通过附和语告诉对方接受他的意见。

22. 一个专业的听者，会非常严格地遵守这条准则。如果说的一方不便再往下说，而听的一方却要他继续说下去，有时候这种情况甚至会影响到人与人之间的关系。"高明地听"是人与人交流、沟通时最有用的武器。

23. 当对方把积蓄的情感向自己发泄的时候，要能够忍耐和接受。但是如果全都积存在自己心里，不久也会承受不了。所以不要让这些情绪积存在心里，而是要通过自己，再向外发散出去。

24. 当有人向自己发牢骚时，最重要的是要以生动的、积极的姿态去倾听。千万不能说"光发牢骚又解决不了问题"之类的话来阻止对方。发发牢骚并不会影响到什么，因此，当别人想向自己发牢骚时，希望能耐心地倾听。

25. 当一个人开始想要说关于自己的事时，他的心理（头脑）状态已经从听的一方转换成了说的一方。

26. 人们总是会对一些可以和自己产生共鸣的人产生好感，这是因为每个人都想拥有自己的拥护者。一些具有人格魅力的人更加会有这种想法，甚至在他们应该听别人讲话时，他们也总是寻找着机会把对方的话题引到自己希望的领域。

27. 如果听的一方是怀着要支配对方的意志这一目的的话，后果就难以预料了。因为每一件事都存在着正反两面，有利也有弊。

28. 人们总是想对别人的事情发表自己的意见。

29. 人们总是以自己为中心来考虑事物。可虽然这样，也许又出了一种赎罪的心理，人们总是想替别人做点什么，总带有冲动的说话意识。

30. 说的一方不会问及听的一方有关的事是较少的。当自己成为一个听者时，请牢记这一点。

31. 如果想继续听下去，就必须站在说话方的角度去回答他的问题。如果从自己的角度去回答，就会导致错误的理解，产生分歧。如果大家以此为基准的话，就会发现，有时对方好像是在问你，但此时你并不用回答。例如对方说："上两天，我遇到件……事，你说说看……"对于这样的问题，作为听者的一方一般是没必要回答的。虽然对方叫你"说说看"，但这件事自己并没有亲身经历过，所以无法做出评价。如果要说的话也只不过是自己的一些感想，但如果自己所想的不是对方所想的，那么谈话的氛围就被破坏了。

32. 听者的职责就是听。说的一方会一点一点地说出自己的想法，发泄心中的不满，从而达到释放的目的，这才是作为听者最大的成功。

33. 但是也要注意，有时候会遇到一些问题是必须要做出回答的，那是说的一方要问自己一些具体的信息，这是对方想通过你的回答给谈话注入点活力。

34. 在日常谈话中，被对方问及的问题不会和听者有关，而是和说者自身有关。因为人们总是会把希望别人听的话以问句的形式表达出来。

35. 在日常生活中，人们都会很高明地去避免话题的深入，这是为了避免人与人之间的关系太远或者太近的缘故。

36. 因为关于人生的问题，答案都是具有主观性，每个人都有自己可以理解的正确答案。有一些答案也可以让第三者接受，但对于他本人来说并不是这样。

37. 成为听力高手的又一个诀窍就是把那些难解决的问题，不知道答案的问题（或者就算知道答案也无能为力）和那些只有一个答案并且容易解决的问题区分开来。

38. 因为有些问题无法回答，因为有些问题有许多答案，所以它们又是十分重要的问题，不要勉强回答那些无法回答的问题，反过来去倾听一下对方的内心感受这才是一个听力高手应该做的事情。

39. 没有作用的建议和忠告虽然正确，却更像是已经人尽皆知的陈旧标语。当所说的话起不到作用就是废话。

40. 每一种意思都有一定的道理，而在这种意思相对的内容中，通常一句是劝诫，一句包含了古人的一种智慧。这种富有智慧的话语只有当对方置身于具体的事例中时才会起作用。

41. 劝告和建议如果无法打动对方就失去了意义，当然那就是废话。

42. 在《圣经》，佛学和其他各种宗教类的书里，都蕴涵着许多做人的道理。如果读者可以真正领悟到在这些道理背后的神、佛的思想，那么这些道理就像是圣人亲自对自己说的一样，真正进入自己的内心，这是最有意义的建议。

43. 听的一方不应该存在觉得自己比对方了不起的心态。因为一旦有这样的心态存在，就会以高人一等的姿态去给对方提建议。能够始终意识到并保持和对方的平等性的人，是值得尊敬的人。

44. 如果从普通的、健康的角度去听的话，是无法做一个高明的听者的（包容别人的错误与偏见的聆听才不会累）。

45. 一个人要洞察另外一个人为什么会这么认为以及他是怎样看待世界和事物的，这样的过程说难一点，就是对人类行为的变化方式产生兴趣。

46. 一旦用自己的心情去理解的话，就多少会和对方的感受产生误差；对谈话内容本身没有太大的兴趣，而对说话者本人有兴趣，这样才能很容易地听他说话。

47. 如果能对对方的话产生兴趣，"听"会成为一件很快乐的事。但只有当自己对这些话没有兴趣时，才是理解对方的最好机会。

48. 大家将"决定想学和不想学的并不是大脑，而是这个人的心"这句话铭记在心，这也是成为听力高手的一个诀窍。

49. 人类的心灵和精神世界无限深奥，即使想探求"为什么"，不管自己怎么探求，心中这个"为什么"怎么也不会消失。

50. 比起喜欢指点别人来说，请教别人的态度更重要。因为"一个人的内心只有他自己才了解。"

51. "一个人的内心只有他自己才了解。"所以人们知道要以请教的态度和别人谈话。

52. 老实地听强调的就是听这件事。所以听的时候就只要听，不要问。

53. 发牢骚的人到底是为什么发牢骚，发谁的牢骚，这和听的人是完全没有关系的。因为如果和听的人有关系，就不叫牢骚而要叫抗议了。

54. 要做到不带着自己的主观感情去听，而且不要袒护对方发牢骚的对象。最重要的是能够设身处地地站在对方的立场去听他说的话。

55. 听力高手一定是可以做到娓娓道来的人。

56. 坦率的人不会试图去掩饰自己，他会如实地把自己展现出来，这样的人才会带给人安全感。

57. 一个可以诚实面对自身缺点的人，一定也可以原谅对方的缺点，这不由得让人产生一种信赖感。

58. 无论是不明朗的人还是不相信别人的人，只要他一旦和谁产生了联系，至少对那个人是坦率的。

59. 不管一个人看上去多么令人讨厌，只要能够坦率地对待别人，就一定能赢得别人的好感。

60. 坦率并不是指肯说自己的缺点或失败的经历。但很多情况下，人们说自己的缺点或失败的经历是为了掩饰更大的弱点、缺点，隐藏更大、更具有决定性的失败经历。

61. 像谎话败露，让对方生气之类的谎话被称为"没有的谎话"，还会被别人看不起，但如果谎话虽然败露了，却能让对方开怀大笑的谎话是人人所追求的。这样的谎话被称为"绝妙的谎话"。

62. 要成为一个听力高手，就要做到"不要说谎，不要掩饰"，因为这很重要。

63. 说了真话会被责骂的时候，都会选择一些好的话说，而从客观来说，这样就说谎了。如果想要不说谎，总会觉得心情不愉快。

64. 作为一个听力高手，幽默感是非常必要的，但如果掌握不好这个本领，就会变成说无聊的笑话，让人讨厌，当然就失败了。

65. 用坦率的富有幽默感的态度去听，这样一来，说的一方也会感到非常自由，自然敞开心扉，吐露心声。

66. 要做到以友善的心情理解"对方说的是他自己的事"，就必须理解对方的心情（换位思考也就是同理心）。

67. 首先要做到经常把理解对方放在心上。不主张从自己的立场，而是要以对方的心情而且不要把自己和对方混同在一起，这就是人们常说的"理解万岁"。虽然真正要做到这一点也不是件容易的事。

68. 确实对于人类来说：最严重的欺负别人的方法就是无视他的存在了。

69. 如果听的一方参与感太弱，那么说的一方说下去的欲望也会降低。参与感太弱时的发言被称为"带有评论家性质的发言"。

70. 对方的存在和对方的话这两者的不可替代性，而不是指将自己和对方完全隔离开来。如果无法和说话的一方产生同感，就会变得像评论家一样。

71. 一个聆听高手要能够像镜子一样。这一点非常重要。这是指能够照出别人内心的镜子，而不是指冰冷的镜子。

72. 所谓积极的听不是主张从自己的立场出发，说到底还是听。因此，在积极地听这句话里，包含着二律背反的原理。

73. 有时候做某件事时由于错过了时机导致失败，于是会被别人斥责为什么不早点采取行动。而反过来，如果急于求成导致失败，别人又会说为什么不考虑充分。他们总是觉得自己是对的，自己感觉不到痛苦，却要把痛苦强加在别人身上。因此，只会说正确的理论就变成了评论家或者旁观者。

74. 那些只会说正确的理论的人总会让人产生不信赖感。为什么呢？就因为他们总是不停地说着道理，而自己什么也不会做。

75. "你总是对的，不好的总是我。"自己不积极地采取行动，还要对对方做的事或将要做的事持反对意见时，经常会说这样的话。也就是说俨然像一个评论家一样，去反对对方。

76. 能够很好地聆听别人，理解别人的人，不仅仅关注对的事，还能理解别人的弱点和不对的一面。也就是说他们和评论家，专说道理的人不同，他们能够承认和理解对方的不好、弱点以及不对的一面。如果要触及到人类内心的深处，就必然会触及到人类的阴暗面。

77. "聆听者的成功与否由自己的弱点决定"。

78. 在一个听力高手所应具备的态度里，"同感"是很重要的一点。所谓的同感，就是要像对方所感受的那样去感受。也可以说是自己和对方站在同一立场。

79. "戏剧存在于人们的皮肉——意指人类感知的表层和深层之间"这句名言中，它极其生动地描述了什么是同感。演员扮演角色这是他们的工作。而为了扮演角色，就要和角色人物融为一体，也就是说同感很重要。

80. 听者和说者之间的交流，就像舞台和观众的交流，是心与心之间交流，也就是说，不是一种现实的世界。

81. 在说者说话时，听者就像和他站在同一个舞台上，扮演一个忠实的听者，这很重要。但是在舞台下就不能还是这样。如果还是这样的话就会很危险。因为同感是内心世界的感觉。听者必须学会"做一个成人"。因此，无论听者有多么强烈的同感，都不能试图代替对方，要做一个始终可以区分立场的成年人。

82. 如果想要了解到更深层的联系，要能够跟着对方说话的节奏这一点非常重要。不仅听说的内容，还要能跟着对方说话时的感情和态度，如果能做到这一点，自己的听力水平就可以达到中级了。

83. 从某种意义上说，牢骚会触及到听者的某种潜在意识。而如果这种潜在意识和说的一方的潜在意识有共同之处的话，他就会越说越激烈，越说越固执。

84. 在抗议里有些是和发牢骚差不多的，也有些无理的责备，而其中多多少少也有一定的道理。更何况如果对方的抗议是真的有道理的时候，是改变自己态度的绝对机会。而且当对方的抗议越是不正确，自己就会越痛苦，越紧张，所以到最后就不能老实地听。

85. 喜欢辩解的人总是试图使自己的行为合理化，久而久之就会失去威信，而不自我辩护，不解释的人才会得到尊敬，所以人们当然会认为不解释的话会更明智。

86. 一些轻微的抗议和牢骚对你来说，应该是家常便饭。对于这些抗议和牢骚，不需要辩解，只要认真地听，如果是自己的不对或过失就请主动地改正，如果需要赔偿的话，就做出赔偿，对方一定会原谅你的。

87. 当真的给别人添了麻烦时，就不要找任何借口。当对方向自己抱怨，抗议的时候，说明自己一定给他带来了不便。

88. 如果觉得必须要向对方说明时，是因为觉得自己说的话没被理解。在这种情况下，确实有对方不理解的情况的原因，但也不能排除有时候是自己不明白对方。

89. 在谈话中，包含了内容以及和内容有关的情感。观察了外交谈判后就能明白这一点，因为谈判涉及到利害关系。虽然谈判双方都很明白谈判的内容，但无论哪一方都想坚持以己方的利益为重，所以无论怎样说明都无法得到对方的理解。谈判是以均等，平等作为原则的。

90. 感情和思考是一对相反的心理机能。感情是根据开心、不开心作为基本判断机能，而思考是以伦理的整合性作为判断机能的。

91. 有一些人总会从道理上，思想上去分析。而一旦从道理上，思想上去分析了，就会无视感情，只用道理去处理事物。现代社会中，重视讲理超过重视感情，尤其在社会生活中，很多情况下虽然讨厌受到讲理的约束，却又会照此去做，这是造成精神压力的根源，这就是原则话和真心话的区别。

92. "不要动摇，不要逃避，不要拘泥于小事"，这对于领导者和接受者都是非常重要的要素。

93. "越是不想说的话开场白越是长"，请允许对方足够的时间说开场白。

94. 作为听者，就不太注意，在听对方说话的态度上，会有冒犯对方的时候，这就是常会去插对方话的态度。言语间有一点不正经，通常把它称为听者的"色心"，对于专业顾问来说，如果有这种"色心"，还是别做这类职业吧。

95. 以人际关系为基础的教育者为了事实确认而去询问对方是没有必要的。如果硬要去争论，也没有必要去确认是否是事实。因为教师为了纠正孩子的不正当行为和问题行为，有必要进行教育。

96. 兴趣与站在说话人的立场上，对他所说的话感到厌烦，却仍要持有的兴趣是完全不同的。

97. 不合常理的话仅仅是说话者希望听到自己的心声。"话里没有具体性的内容"，较之具体的话的内容，在希望听到自己心声的时候，这与说不合常理的话时是一样的，但比起说话不合常理的时候，说话者的心情更加浮动。实际上，可以说对抗的情绪降低了。

98. 以谈话为职业的人，都要接受守秘义务的培训。这种有守秘义务的人，有必要听听知道痛的人的话。不用自己防卫着守秘义务，一起去感受痛，把秘密说出来是很重要的。

99. 为了成为善于听的人，有必要具有能不装他人秘密的容量。秘密对他人来说是很轻的东西，所以不小心说漏了嘴这种危险性常有，但希望仅仅在这点上有所防备。隔墙有耳。要想成为善于听的人，请好好地体会一下。

100. 聆听高手的对话与一般人的对话不同点就在于经常使用沉默和间隔。如果在对话中加入间隔，一般就会变得很沉着，当然也会使谈话变得融洽。如果变得沉默，气氛就更加沉重。沉默多的对话，说话的内容就很重要而且认真，而且较多时候是像利害关系对立之类的严重内容。

101. 沉默和间隔不是对话的中断。心中的对话一直在持续。如果心中的对话断了，这对话就不能成立，只是在浪费时间。

102. 听者沉默和间隔的压迫力，产生这个的压迫力就是听者的度量。这在说话人说话内容越严肃，越具有灵魂的苦恼和呐喊，越是必要的。

103. 如果心灵能够相连，在对话中引入具有压迫力的沉默和间隔，就证明自己业已成为出色的听话者。

104. 塑造自己被别人利用的价值，主动创造自己为别人服务的机会，虔诚地对待每一个人、每一件事！

第二节　说话的技巧

在本章第一节中介绍了沟通的 3 种行为，其中"说"和"问"都属于说话的范畴，由此可见如何说好话对沟通的效果起着关键性的作用，本节将对说话的技巧进行介绍，以帮助同学们更好地学会沟通。

一、把握说话的分寸

（一）把握好沉默的分寸

1. 时机未到时保持沉默

在人际交往当中，沉默是一种难得的心理素质和可贵的处世之道。心理学研究表明，在不同的场合，人们对他人的话语会有不同的理解与感受，并表现出不同的心理承受力。有的话在某些特定环境中说比较好，但有的话则不太合适。同样的一句话，在此说与在彼说的效果也是不一样的。因此，说什么，怎么说，一定要顾及说话的环境，如果环境不当或时机未至，最好的办法就是保持沉默。将沉默运用得恰到好处，就能够收到以无声胜有声的效果。如果不分场合，不懂分寸，故作高深或多情而滥用沉默，其结果必然是事与愿违，只能给人以矫揉造作或难以捉摸的感觉。在运用沉默时，不应该将其和语言截然分开，恰恰相反，沉默和语言的和谐一致，相辅相成，才正是沉默的功效。

2. 心照不宣时保持沉默

心照不宣即彼此心里都明白但不说出，这也是保持沉默的一种方法。

有位老师发现一位学生上课时总是低着头，不知在画什么。有一天，他走过去拿起学生的画，发现画中的人物正是龇牙咧嘴的自己。老师没有发火，只是憨厚地笑笑。但是，从此那位学生上课时再没画过画，各门功课也都学得不错。后来，他成为颇有造诣的漫画家。

试想一下，如果老师不是保持沉默——憨厚地笑，而是采用大声斥责的方式，会带来怎样的后果呢？也许该学生会跟老师作对，而老师会对其失望，如此下去，他能否成为有造诣的漫画家，还尚未可知。

3. 不明就里时保持沉默

在不知道对方底细的情况下，适时保持沉默，不但能揣摩对方意图，还可能变被动为主动。如果冒失开口，可能会造成难以挽回的损失。说话盲目易造成危害，无形之中是贬低了对方。如果是有目的、有意识地刺激对方，你也会同样达到目标，因为你已经摸清了彼方的情况。通过这样一场较量，以退为进，激将对方，调动对方的积极性，就能自然而然地收到很理想的效果。

4. 别人论己时保持沉默

在特定的环境下，沉默常常比论理更有说服力，尤其是当听到别人在谈论自己的时候。很多人容易犯这样一个错误：一旦别人谈到自己时，尤其是谈到不利于自己的情况时，往往会打断别人，并与对方进行争论。其实，这是最不明智之举。沉默的力量是无穷的，事实更胜于雄辩。所以要学会沉默，学会在别人论己时保持沉默。

（二）把握好时机的分寸

1. 说话的时机

孔子在《论语·季氏》里说："言未及之而言谓之躁，言及之而不言谓之隐，不见颜色而言谓之瞽。"这句话有 3 层意思：一是不该说话的时候说了，叫做急躁；二是应该说话的时候却不说，叫做隐瞒；三是不看对方脸色的变化，贸然信口开河，叫做闭着眼睛瞎说。这 3 种毛病都是没有把握好说话的时机，没有注意说话的策略和技巧。因为说话是沟通，是双方的交流，不是一个人的单方面行为，它要受到诸如说话对象、沟通时间、周边环境等种种影响，所以说话要把握时机。如果该说的时候不说，时机转瞬即逝，便失去了成功的机会。同样地，如不顾说话对象的心态，不注意周边的环境氛围，不到说话的火候却急于抢着说，很可能会引起对方的误解，甚至反感。如果信口开河，乱说一通，后果就更加严重。

2. 插话的时机

在与别人说话的过程中，经常遇到有些话没听清，或是急于想发表一下自己看法的情况，这时要特别注意不要在对方说话过程中突然提出问题，必须等到对方将话说完，再提出自己的想法或观点。如果是在对方说话中间打断，问："等等，你刚才这句话能不能再重复一遍？"这样，会让对方觉得不尊重他，会使对方有一种受到命令或指示的感觉，显然，他对你的印象就不会那么好了。听人说话，务必有始有终，这既是对说话对象的尊重，也能够帮助自身养成良好的倾听习惯，从而使自己成为真正的沟通高手。

3. 聪明说话

说话要能讨人喜欢就要能够分辨哪些话该说哪些不该说，哪些该问哪些不该问。有些问题，当得不到满意的答复时，是可以继续问下去的，但有一些问题就不宜追根究底。如果不该问的还继续问下去，就容易使人感到厌烦。一般来说，在交谈的过程中不可问对方同行的经营状况，不可问及别人服饰的价钱，不可问及女子的年龄（除非她是 6 岁或 60 岁左右），不可问及别人的收入，不可详问别人的家世，不可问别人消费的习惯，不可问别人工作的秘密等等。凡别人不知道或不愿意让人知道的事情都应避免询问。询问的目的在于引起双方的兴趣，而不是使任何一方没趣。若能让答者起劲，同时也能增加自己的见识，那是使用问话的最高本领。

4. 合理说话

沉默是金，但并不是说要不分场合一味沉默不语，掌握时机，该说话的时候就不要沉默。比如父母为鸡毛蒜皮的小事吵得不可开交，这时可以保持沉默；如果他们各自的怒火都平息下来了，但却陷入双方互不理睬的僵局时，保持沉默就不是明智之举了，这时就应该说些劝解话，让他们重归于好。又比如，领导遇到尴尬情况了，就需要站出来为领导打圆场，同事有矛盾了，需要开口化干戈为玉帛等等。

（三）把握好赞美的分寸

1. 赞美要真诚

在交谈中，真诚的赞扬和鼓励，能满足人的荣誉感，使人终身难忘，同时也有利于与他人建立良好的人际关系。一句简单的赞美他人的话，不仅满足了对方的心理需要，同时也让自己得到了对方的喜爱和赞叹。说句简单的赞美话，实在不是一件困难的事情，只要愿意并且留心观察，处处都会有值得赞美的地方。

2. 赞美要适度

赞美的话人人都爱听，适度的赞美，会使人心情舒畅；过度赞美，则会使人十分尴尬。为了让赞美达到应有的效果，合理把握赞美的"度"就成为赞美者们必须重视的问题。通常在赞美的过程中，应当注重寻找对方在工作或获得成功过程中值得赞美的地方，及时地进行赞美。同时，也应当对赞美的频率进行控制，过分频繁的赞美容易适得其反。

3. 赞美要委婉

有时候过于直接的赞美会让别人觉得是在拍马屁，而通过他人之口赞美对方，既可以达到赞美对方的目的，还可以维护自己基本的心理安全需要。一般来说，人们都倾向于认为，借他人之口加以赞美的方式不过是一个托词，表达的其实正是自己的真实看法，只是羞于直接说出口而已。借他人之口赞美一个人，会使自己的观点蒙上一层面纱，其中微妙的心理不仅常常使人感到惊奇，更会令其陶醉在猜想的快乐中。也可以在背后赞扬他人（绝不能在背后议人是非或中伤他人），无论在大众场合还是在个别场合赞扬某个人，这些溢美之词总有一天会传至那人耳中，更能使对方感到对他的赞扬是真诚的。

4. 赞美要创新

每个人都希望能得到别人的赞美，但"千篇一律""老生常谈"的那些套话有时只会引起对方的反感。因此，赞美同样需要创新，有新意的赞美更容易得到他人的认可。通常在赞美的过程中可以寻找一些独特的角度，用新颖的语言、新意的表达方式来进行赞美。

5. 谦逊地去赞美

谦卑之心更容易发现别人可赞美之处。谦卑是一种难得的美德，用谦卑之心赞美他人，是真诚而有意义的。在赞美他人时可以通过谦虚地向他人请教其强项，肯定他人的优势，这样可以使得赞美更加自然，而且更容易为人所接受。

（四）把握好批评的分寸

1. 给人留足面子

在对他人进行批评时，要注意把握批评的分寸，在言语中给对方留好台阶，尽量在不伤害对方面子的情况下将批评的意思表达清晰。批评的话最好不要太多，当对方已经明白自己所犯错误时就应该见好就收，给对方留一定的余地，否则将对方批得"体无完肤"，结果是过犹不及，往往把事情推到了反面。同时，批评别人时要因人而异，择言而施，需谨慎又谨慎，应充分考虑对方的职业情况、年龄情况、知识阅历情况、个性心理情况等因素，确定对方属何种类型后，再决定如何批评。当然，对于那些无视批评、屡教不改的人，在严厉批评的同时还要采取一定的组织行政措施，以儆效尤。

2. 间接指出错误

在说服他人的时候，经常会犯一个错误，就是当发现对方有明显的错误时，会不分场合、直言不讳地批评对方说："那是错的，任何人都会认为那是错的！"这样一来，对方的自尊心会受到伤害，甚至对方会挑剔你的言辞来拒绝批评。通常可以使用"不知道是不是这样？"这种委婉的态度与对方进行交谈，效果反而会更好。

3. 先肯定再批评

先肯定再批评，也就是欲抑先扬的批评方式，即在批评别人之前先肯定对方的长处与可取的地方，然后再提出批评，最后再使用一些鼓励性的词语。这种方法使人认为批评是公正客观的，自己既有过失，也有成绩。这样就减少了因批评所带来的抵触情绪，收到良好的批评效果。在实际操作中，也可以将表扬放在批评之后，当用表扬结束批评时，人们考虑的是自己的行为，而不是你的态度，也可收到不错的效果。

4. 多做自我批评

当批评他人时，应多做自我批评，这样可以使得自己对他人的看法更加公正。先想想自己："我做得怎样？是否应该完全怪罪他人？"这样也许会完全改变自己的想法和行为，并与他人保持一种良好的人际关系。自我批评比针锋相对的指责效果要好得多。遇到问题在斥责批评别人之前先自我反省，多做一下自我批评，不仅能得到别人的赞同，还会让问题得以顺利地解决。

（五）把握好道歉的分寸

1. 道歉要及时

人非圣贤，孰能无过，如果犯了错误，就要及时承认。与其等别人提出质疑，还不如主动认错道歉，更易于获得谅解宽恕。凡是坚信自己绝对正确，发生争端总是武断地指责对方大错特错而自己从不认错、道歉的人，根本不能服众。领导者勇于承认错误不仅不会丢脸，反而有利于维护形象、提高威信。勇于认错并能主动承担责任的领导人，比自夸一贯正确，有错就推卸责任的领导更有威信，更深得下级的信赖、拥护、爱戴。

2. 道歉要诚恳

道歉，有时只不过是简简单单的"对不起"三个字，但它却是一种心灵美的外在表现。勇于道歉的人，常常是善于体谅别人，善于设身处地为他人着想的人。诚心实意的道歉，应该语气温和、坦诚直率、堂堂正正，不必躲躲闪闪、羞羞答答，更不要夸大其词、奴颜婢膝，一味往自己脸上抹黑。那样，别人不仅不会接受道歉，甚至还会觉得很虚伪。

3. 通过赞美道歉

赞美是道歉的一种好方法，在道歉的时候，称赞对方，让对方获得一种自我满足感，知道自己是正确的，别人是错误的，这样能轻而易举地获得对方的谅解。

二、学会与不同的对象说话

（一）学会与陌生人说话

1. 说好第一句话

初次见面的第一句话，是留给对方的第一印象，第一句话说得好与坏，关系重大。说第一句话的原则是：亲热、贴心、消除陌生感。在说第一句话的时候通常可以通过攀认式、敬慕式、问候式等方法来进行设计。

2. 寻找交谈的话题

为了和陌生人说话时能够保证交流的气氛与效果，选择适当的话题是很重要的。通常在话题选择时候可以考虑以下方法，如：想了解什么就问什么，谈什么；就社会热点问题进行交谈；从眼前和身边的具体景物上找话题；就对方职业范围或擅长的内容进行交谈；谈论对方感兴趣的事情等方式。通过话题打开谈话的"瓶颈"，使接下来的谈话顺利进行。

3. 创新谈话的结尾

在与陌生人交谈结束时，应当尽量设计能给对方留下深刻印象的告别语，从而进一步促进前期交谈的效果。通常可采用这样收尾方法：祝愿式收尾、道谢式收尾、征询式收尾、归纳式收尾、邀请式收尾等。与陌生人交谈的结束语的表达方法多种多样，只要能够驾驭情境，正确审视对象，选择正确、得体的话语，交谈结束时，不仅会非常得体、有趣，而且还会余韵犹存，感人至深。

（二）学会与朋友说话

1. 见面多打招呼

在当今社会，人际关系非常重要，人脉资源已经成为事业成功的一个重要保障，对于每个人来说，在工作中不断拓展自己的人脉是很有必要的。对于在生活或工作中遇到的人，应当尽可能地保持一个谦逊的心进行交流，哪怕是一个微笑、一次点头，尽量能够给对方留下一个好的印象。而真正的社交需四面出击，结交三教九流，只有如此，自己的社交圈子才有深度和广度，才能够获得各种不同类型的社交对象青睐，才能达到人际关系的理想境界。

2. 及时替人解围

在人际交往过程中，难免会遇到一些尴尬的状况，在这种情况下，学会替别人找个台阶下，不仅会缓和对方的紧张心理，让事情得到顺利发展，更还会让彼此的友谊得到进一步的增进。

3. 说话开诚布公

有些朋友彼此太熟了，再用文绉绉、有模有样的说话方式交流，朋友会觉得你"假"，所以和熟的朋友说话不必一本正经。这种沟通法不容易使朋友之间产生心结，心里有什么话，就亮出来，有助于互相了解，也有助于解决已经存在的问题。

（三）学会与领导说话

1. 摆正自己位置

每个人都好面子，领导更是如此。给领导面子也是给自己机会。给领导面子，最关键的就是要摆正自己的位置，不要超越领导的位置。在与上司的相处中，尤其在工作的时候，如果摆不正自己的位置，即使为上司出了力，也会遭到上司的反感甚至排挤。在平时行事中，要特别注意不要有决策的越位、表态的越位、工作范围的越位、答复问题的越位等这些情况的发生。

2. 理解尊重领导

领导之所以批评下属，就是因为他认为有他值得批评的地方。聪明的下属是很明白这一点的，他们会善于利用领导的批评，从中化害为利，化腐朽为神奇。同时，不顶撞自己的领导，就是对领导的尊重，很多领导会因此感激自己的下属。当面顶撞老板更是一种匹夫行径，是不可取的，因为这不仅仅使领导颜面无存，连下属本身也下不了台，是一种鱼死网破行为。

3. 说话不卑不亢

作为下属，需要对领导保持应有的尊重，但又不能不论事情的对错，凡事都附和领导。不卑不亢也就是在和领导讲话的时候既不能肉麻地拍马屁，也不能让领导感觉被压制，下不了台。当在领导面前处于不利境地时，讲究点技巧，不卑不亢，既讲了真话，不违背自己的本心，又能使对方接受，一举两得。

4. 诚恳接受批评

作为下属，被上司批评是很经常遇到的情况。而面对这种情况应该遵循下面的原则：认真倾听，让领导把话说完。同时，一定要注意自己的动作、表情，千万不要让老板感觉到自己不愿意继续听下去。正确的做法是：直视老板的目光，身体稍微前倾，面部表情要和善，充分表明在很认真地听取他的谆谆教诲。在一般情况下，如果老板批评不当，可以进行恰当的"辩解"，可是必须建立在自己充分认识到老板的正确性的前提之下，而不是文过饰非，胡搅蛮缠。当然，最好是不要进行辩解，特别是对那些细枝末节的或无法弄清楚的事情，最好是保持缄默。

5. 合理汇报工作

在任何单位中，下级向上级汇报工作是再常见不过的了。而汇报工作，不能太简单，也不能太啰嗦，关键是要说到点子上，没有哪一个上司会喜欢啰哩啰唆而又政绩平平的汇报者。汇报工作有时采取书面汇报，有时采取口头汇报，但不管是采取书面的形式，还是当面口头汇报的形式，都应当在汇报前理清思路、突出重点、删繁就简，最后请领导对汇报的工作进行评点、指示。

（四）学会与同事说话

1. 以诚待人

同事之间要建立良好融洽的人际关系，必须学会沟通，得体恰当地说话。刚进入一个新的环境，要管住自己的嘴，多做少说，多观察周围同事的性格、喜好等，在此基础上考虑如何与同事沟通。切记：不在与同事说话时自吹自擂，时刻保持谦虚友好的态度。

2. 不谈是非

每个人都有隐私，与人相处中，要极力避免谈论别人的隐私，否则别人会觉得太八卦，缺乏修养，甚至会破坏与他人的和睦关系。在同事之间不要传播小道消息，当散布流言飞语的同事存在于自己周围时，自己也会感到痛苦。端正自己的说话行事，抛弃那些流言飞语，给自己的嘴安一把锁，坚决不传别人的闲话。

3. 避免争执

工作中可能会出现双方争执的情况，但这种情况应该极力避免。人是有记忆的，发生了冲突或争吵之后，无论怎样妥善地处理，总会在心理、感情上蒙上一层阴影，为日后的相处带来障碍。因此在工作中当与同事意见相左时，应当尽量控制自己的语言，避免说一些过激或带有攻击性的话。冷处理的解决方式可能既能合理解决问题，也可以给别人留下大度的印象。

4. 自曝劣势

在职场中，当明显比同事强时，在感情上还是要和大家在一起，千万不能与他们拉开距离，仍然用谦逊之心和同事相处，这样，同事们也就不会再嫉妒了，同时也会在心里承认你的"优位"是靠自己努力换来的。当处于优位时，要用合适的方式让他人感知到个人的劣势，从而减轻妒忌者的心理压力，让他们寻找到一种心理平衡，进而淡化乃至免除对自己的嫉妒。在自曝劣势、"不耻下问"的过程中，与其他人员的关系往往会更加紧密，从而创造出更加美好的成果。

（五）学会与下属说话

1. 表扬下属

在工作中，领导应当对自己的下属多给予一些肯定与表扬，以激发下属的工作积极性。对于表现优异的员工，更要在公众场合进行表扬，以激励他们更好地工作。但表扬员工时，一定注意表扬要具体、要及时，要寻找合适的时机，要多表扬下属的才华。要通过表扬尽量使下属得到在别人那里得不到或未被满足的某种心理需求，让下属的自我价值得到某种程度的实现。

2. 批评下属

批评下属是一件很不容易的事情，批评得不当，不但达不成预期的目的，有时还会让下属有逆反心理。为了让批评达到预期的效果，应当在遇到问题时候冷静地分析，可先采取一些冷处理的方式，根据下属的性格特点，寻找合适的场合，使用恰当的方式，重点明确地进行批评。

3. 用话消除下属的怨气

在工作中，下属可能会因为各种原因而抱怨，尤其是当他们觉得受到委屈的时候，这种情绪是非常不利于工作开展的。作为领导则需要采用一些方式，在不失去自己作为上司的尊严与威信的同时，让下属消解心中的怨气。通常可以使用主动自责的方式先拉近双方的距离，然后抓住问题的实质，晓以利害关系，以争取下属的理解，从而化解下属心中的不快。

4. 用话化解下属的敌意

作为领导，对员工说话时，注意方式掌握分寸很重要。要避免高高在上，看不起下属，这容易造成领导与下属彼此对立。领导不应当仅仅看到下属的工作，还应当了解他们内心的烦恼。因此，领导在与下属沟通时，应选用合适的方式方法，以鼓励为主、批评为辅，注意肯定下属的成绩，保护下属的感情，从而使得下属发自内心地认可你。

三、学会在不同的场景说话

（一）求职面试

1. 自我介绍重点突出

在求职面试时，考官一般都要求先做个自我介绍。为了使用人单位全面、具体了解自己，应如实地向对方介绍自己与求职有关的、最主要的情况。与此无关情况的则不必介绍，以防冲淡了主要内容。

2. 离职原因合理说明

在面试时，面试考官通常会问到离开原单位的原因等问题。在回答这样的问题时，对于一些普遍性的原因，如上班路途太远、专业不对口、结婚、生病等大家都可以理解的原因是可以说的；但涉及有关原上司的缺点、原工作单位人际关系复杂、工作压力太大、竞争过于激烈等问题时，则应尽量避免提起。

3. 曾经辉煌适当展示

在面试时求职者可以从以前的工作中挑出几个具体的例子来说明自己有很强的办事能力，因为那些工作能力强，或对所从事的职业怀有很高的热情，或富有自信心，或办事果断刚毅，或为人处世老成持重，或擅长社交，或对从事的工作孜孜不倦，或者以前的工作硕果累累的求职者往往受到用人单位的青睐。因此在面试时，要寻找合适的时机，将自己工作经历中具有代表性的事件进行语言组织，然后表达，从而促进面试官对自己的了解与认识。

4. 薪酬问题委婉回答

薪酬是一个人的能力、价值、对组织的贡献的综合反映，但在用人单位尚未了解求职者的具体情况时，开价过高，难以被用人单位接受；开价过低，吃亏的又是自己。因此在面对此类问题时，可进行模糊回答："我相信公司会根据我的业绩给予合理报酬，以体现多劳多得的原则"，或"钱不是我唯一关心的事。我想先谈谈我对贵公司所能作的贡献——如果您允许的话"等，将问题先委婉回避；也可告诉对方一个薪酬幅度，后根据实际情况再作决定。

（二）求人办事

1. 称赞对方

在求人办事时，为了拉近彼此间的关系，让对方能顺利地答应自己的要求，替自己办成事，可对他进行称赞。但在称赞对方时一定注意要给予恰如其分的赞美，不要过于直截了当，同时也不能过多。过于直接或过于频繁都会让对方觉得不自在，甚至会觉得你是一个花言巧语、溜须拍马之人，更不会信任你。

2. 少谈自己

求人办事时，只有让对方感到高兴才能让其爽快答应，把事情办成。那么，让其高兴的方法之一就是多谈论他，而少谈论自己。人们最感兴趣的就是谈论自己的事情，对于那些与自己毫无相关的事情，多数人会觉得索然无味。对自己来说是最有趣的事情，常常不仅很难引起别人的共鸣，甚至还会让人觉得可笑。当对方已经在谈话中逐渐进入状态后，再适时地提出自己想要求助的事情，成功率往往会比较高。

3. 以情动人

有求于人时，尽量先从对方感兴趣的话题谈起，不要过早暴露自己的意图，让对方一步步地赞同自己的想法。同时尽量帮助对方分析现状，从对方内心深处的角度去说话，用真情打动对方，引起对方的共鸣，从而让对方不自觉地认同自己的观点。

（三）主持会议

1. 精彩开场

主持会议时候应注意开场白的设计，开场白给人的印象是深刻的，能起到先入为主、吸引听众的作用。会议开场白的内容包括会议的主题、目的、意义、议程和开法，其语言要言简意赅、条理清晰，语调与表情都要与会议气氛一致。

在实际工作中，有三种较好的开场方式：一是直入点题，提纲挈领地把会议的内容主题讲明白；二是借题发挥，调动全场情绪，使与会者亢奋起来，营造良好的会议氛围；三是出口成章，富于启示性和诱导性，引导全场迅速进入境界。要尽力避免那种陈旧死板、千篇一律的格式。例如，"现在开会了，请×××同志做报告，大家欢迎……""××晚会现在开始，第一个节目……"。要根据会议的实际，或说内容，或讲形式，或道特点，或提要求，或谈历史上的今天，或讲别处的此时此刻，总之因境制宜，灵活设计。

2. 合理引导

会议在研究讨论过程中，出现偏离主题、意见分歧、无谓争辩等现象，都是很正常的。要使会议顺利地进行，达到预期目的，离不开主持者的正确引导。这个过程能够充分显示主持者的知识水平、应变能力、领导艺术。主持者要善于提问，积极引导，从不同角度、不同层面上发现和提出问题，让与会者深入思考。正确引导会议，要在会议中特别注意耐心倾听、学会劝说、适时插话、随机应变等问题，只有熟练掌握了这些技巧，才能真正引导好一个会议的进程。

3. 精炼结尾

会议即将结束时，主持者对会议的总结是相当重要的，主持人应用精炼、概括的语言对会议的基本情况以及会议的主要收获，进行高度总结。会议总结既要简明扼要、全面准确，又要突出重点、实事求是。通常会使用归纳法、启下法、鼓动法等方式进行结尾。

4. 主持忌讳

要真正主持一场会议，充分调动与会者的积极性，达到完美的效果是很不容易的。主持会议不仅在如何开场、如何联结、如何驾驭，如何总结等诸多环节有讲究，同时更有一些忌讳要引起特别的注意，如：准备不周、照本宣科、大喊大叫、死板呆滞等。在实际的会议主持过程中应当尽量避免这些问题的出现，以保障会议的流畅度与严整性。

四、掌握演讲的基本技巧

演讲又叫讲演或演说，是一种特殊的说话方式，主要指在公众场所，以有声语言为主要手段，以体态语言为辅助手段，针对某个具体问题，鲜明、完整地发表自己的见解和主张，阐明事理或抒发情感，进行宣传的一种语言交际活动。在职场中，根据工作的需要，经常也会遇到需要进行公开演讲的情况。

（一）演讲的基本要求

演讲的受众面大，影响力广，无论哪种形式的演讲，都要注意体现演讲的基本要求，以正确发挥演讲的职能或作用。只有达到了基本要求的演讲，才是成功的演讲。

1. 演讲要内容正确、观点鲜明、平易近人、亲切感人

演讲要有实质性的内容，要让听众有所收获。单纯追求演技而内容空泛的演讲，只会给人留下无病呻吟或哗众取宠的印象。演讲的内容必须是正确的：一要实事求是，二要具有科学性、真实性，切忌出现知识性错误，更不容许宣传迷信、错误或反动的东西。演讲所阐发的各种思想，必须观点鲜明，赞成什么、反对什么、提倡什么、否定什么都要一清二楚，便于听众做出明确的选择。同时，演讲所阐发的思想观点，要在人们现有的知识、认识水平和认识方法上有所突破，或新颖，或深刻，或独到别致，总要给人以启发教益，演讲最忌讳"老生常谈"，没有新意，没有个人意见。另外，无论多么重要、多么正确、多么先进的思想，都要做到平易近人，切忌拿真理吓人，或板着面孔说教，或打着名人的幌子压人。

2. 演讲要材料充实、论据确凿、论证严密、逻辑性强

演讲要靠事实说话，演讲所使用的材料，一是要充分，可以结合实物、案例、数字、图表等进行说明；二是要确凿，在演讲过程中尽量不要出现"可能""大概""也许""差不多"之

类的词语。演讲使用的材料，既应该是新鲜、有用的，又应该是典型有力且最能说明问题的。材料能否发挥它应有的作用，在很大程度上，取决于材料与观点的结合。所以，演讲要论证严密、说理透彻，要让整个材料与观点的组合产生一种不可辩驳的逻辑力量。

3. 演讲语言要通俗明白、生动流畅，声音要清晰明亮

演讲的语言要通俗易懂，不能加入过多的专业词语，以显示自己特别厉害。除了一些礼仪性惯例式的演讲，讲究措辞或使用一些固定词汇、固定表达方式外，一般演讲都要做到通俗明白、深入浅出、生动活泼。一是要句式短、句型灵活、节奏感强；二是要多用那些音节流畅、直接性和渗透性好，而又表述庄重、简洁明确的口语词汇，尽量少用专门术语。演讲语言的使用，最忌讳堆砌词藻、文白夹杂，或行文不畅、生涩难懂。同时，演讲者的声音，必须抑扬顿挫、富有激情，以适应"大庭广众"特定场合的需要。

4. 演讲感情要真挚朴实，态势要自然得体

演讲必须"动之以情"，才能"晓之以理"。但演讲中的感情流露，一要真挚，最忌讳装腔作势；二要朴素自然，要随着演讲的节奏、内容与进程的需要，自然而然地流露，切忌不合时宜地铺陈张扬、虚张声势，以免弄巧成拙。有些演讲，通篇慷慨激昂，一味地追求所谓高亢、铿锵，往往达不到良好的效果。演讲中的态势语是比较丰富的，有的演讲家还以善用态势语闻名。但演讲中的态势语，要服从内容表达的需要，切忌过多过滥。有些演讲，动作过多，喧宾夺主或举止不雅、造成失态，不仅降低了演讲的效果，也给听众留下了矫揉造作的印象。

（二）演讲的准备

1. 尽量避免冷场

（1）上台前，要采取各种方式让自己放松下来，过于紧张只会让自己无法发挥正常的演讲水平。

（2）即将登台时，情绪仍然需要放松。可以尝试这样的方法：缓缓地吸一口气，使两肋张开，憋气数秒，再慢慢地把"让你心神不定的气"吐出来、吐干净，如此多做几次。在做深呼吸时，尽量什么都不要去想，尽量让自己处于无意识状态。

（3）给自己积极的心理暗示，回想自己曾经收获的成功和自己的优势所在，通过自我肯定、自我欣赏，稳定住自己的心理优势。暂时藐视一下台下的听众，将他们看作是"一无所知"、只有"听我慢慢道来，他们才能有所收获"，通过这样的方式促进自己获得足够的心理优势来进行现场发挥。步上讲台的那一时刻，切莫期待什么"轰动效应"，想到的是：大局已定，只有"万念俱空"、全身心地投入演讲才有成功的希望。

（4）一开口，语调可以高一些。响亮有力的开场白一出口，既稳住了现场，也稳住了自己。讲的时候，要做到"思路先行"，以在登台前已经"定格"在脑子里的信号系统为依据，把握整体，大胆地、毫不犹豫地讲下去。当演讲进入良性循环的运转系统，演讲的成功已见曙光。

2. 把握语言的分寸

在演讲过程中，有些演讲者喜欢通过夸大事实来赢得现场观众的认可，这种方法容易让人觉得演讲者好大喜功；同时当听众已经在心里对演讲者有超过他能力的预期时，也容易让演讲者自己陷入被动。此外，在演讲过程中，可以适当地使用一些专业词汇来为演讲增添一些光彩，但是专业词汇的使用必须要适当，如果使用得太多容易让听众觉得演讲者做作，反而留下坏印象。因此，在演讲过程中，对于语言的使用一定要掌握好分寸，这样才能真正有助于演讲效果的提高。

3. 结尾不要拖拉

（1）结尾应该简洁，用精炼的语言带领听众回顾演讲的重点。

（2）结尾不要过于仓促，过于仓促的结尾只会让听众摸不清头脑。

（3）结尾是为主题服务的，离开了主题，结尾也就失去了意义。有些演讲者一味地追求新奇，设计自认为十分得意的结尾，殊不知这种结尾已远离主题。如有些演讲者喜欢引用名言警句作结尾，如果引用得准确，对主题有服务作用，如果引用的名言警句与主题不符，就会游离主题。

（4）有些演讲者在结束演讲时喜欢套用例行的客套话，以示自己的谦虚。其实，讲得好与坏、优与劣，听众心中自有评论，无需使用多余的话语再来谦虚。

第三节 个体有效沟通

在职场中，每个人都会根据工作或实际情况的需要和形形色色的人群沟通、打交道，具体来说，在企业内部会面临着三类群体：上级、同事（同级）、下属。此时，沟通也会分为对上的沟通、水平的沟通和对下的沟通。

虽然人们在工作生活中都知道沟通的重要性，但很多人在这几个方面的沟通做得不是很好，有人进行了生动形象的总结，叫做：向上沟通没胆，水平沟通没肺，向下沟通没心。向上沟通没胆是指下属向上级沟通时没有胆量，缺乏积极主动性；水平沟通没肺是指部门和平级之间沟通缺乏真心，没有肺腑之言；向下沟通没心是指上级对下属没有过多的心情或时间进行沟通，不能对下属的移位及时指导和修正。实际上，只要大家掌握了有效沟通的相关技巧，无论是向上的沟通、水平的沟通，还是向下的沟通，就都可以做得很好，使沟通真正有效。

一、对上的沟通

在职场中，每个人都需要向上级汇报工作，都需要和上级进行沟通。在沟通的过程中，如果能够让领导对自己产生良好的印象，往往能够推动自身职业生涯的发展。在现实生活中，很多人畏惧领导、不愿意与领导沟通，但实际上领导也是人，也希望与下属沟通交流，也希望建立融洽和谐的上下级关系。所以，不用害怕，也不需要犹豫，只要掌握与上级沟通的方法技巧，在职场中就能游刃有余。

（一）了解领导

不同的领导有不同的性格、管理理念、领导风格、工作习惯等。沟通前，要仔细揣摩每一位领导特点，选择领导喜欢的方式和他们沟通，往往会获得更好的沟通效果，如表4.2所示。

表4.2　　　　　　　　　　　　　　　　不同领导风格对比表

领导风格	倾向于……
控制型	直接下命令，不允许部下违背自己的意志，关注工作的结果而不是过程
互动型	亲切友善地与部下相处，愿意聆听部下的困难和要求，努力营造融洽的工作氛围
实事求是型	按照自己的行事标准要求部下，注重问题的细节，善于理性思考

1. 控制型领导

（1）性格特征

强硬的态度；要求下属立即服从；实际，果决，旨在求胜；关注结果更胜于关注过程。

（2）沟通技巧

①与此类领导沟通时，直接汇报工作内容，做到简明扼要，干脆利索，不拖泥带水，不拐弯抹角。

②此类领导特别重视自身的权威，在沟通过程中要采取合适的方式体现对领导的尊重，沟通过程中，切忌反驳领导的意见。

2. 互动型领导

（1）性格特征

善于交际，喜欢与他人交流；喜欢享受他人对自己的赞美；凡事喜欢参与。

（2）沟通技巧

①面对这一类型领导，可在合适的场合对其进行公开赞美，赞美的话语要出自真心诚意，言之有物，过于做作只会引起他们的反感。

②要亲近领导，主动和领导建立良好的工作关系。此外，这类领导还喜欢与部下当面沟通，喜欢部下能与自己开诚布公地谈问题，即使有对他本人的意见，也希望能够摆在桌面上交谈，而厌恶在私下里发泄不满情绪的部下。

3. 实事求是型领导

（1）性格特征

讲究公事公办而不喜欢感情用事；为人处事自有一套标准；喜欢弄清楚事情的来龙去脉；理性思考而缺乏想象力。

（2）沟通技巧

与这一类领导沟通时，可以省掉话家常的时间，直接谈他们感兴趣并具有实质性的东西。他们同样喜欢直截了当的方式，对他们提出的问题也最好直接作答。同时，在进行工作汇报时，多就一些关键性的细节加以说明。

（二）沟通要点

1. 主动聆听

（1）仔细聆听领导的安排

领导布置工作任务时，下属一定要用最简洁有效的方式明白领导的意图和工作的重点。此时不妨利用传统的 5W2H 的方法来快速记录工作要点，即弄清楚该任务的时间（when）、地点（where）、执行者（who）、目的（why）、需要做什么工作（what）、怎么样去做（how）、需要多少工作量（how many）。在领导布置完任务后，立即将自己的记录进行整理，并向领导进行确认和反馈，看是否还有遗漏或是否领会了领导的真实意图，并请领导加以明确。

（2）用心理解领导的意图

一个人的表达方式和沟通方式，都受其文化背景、知识结构、能力、经验等因素影响，尤其是当沟通对象来自不同文化背景，采用的语言又不是母语时，更容易出现误解。所以说，"听得见"不等于"听得懂"。这就要求清楚地掌握领导的真实意图，而后还须采取有效的、积极的反应，也就是"立即执行"。每个领导都喜欢听话的员工，执行力强的员工往往容易得到领导的青睐。因此，领会领导意图并坚决执行指令，才可避免出现错误。

2. 及时汇报

（1）选择合适的汇报时机

职场中，汇报工作也是一种技术活，对于不同的领导要采取不同的汇报方式。注重结果型的领导一般在工作过程中不喜听汇报，因为他只要结果，不问过程。而管理风格比较细腻的领导则不同，他安排工作之后总是不放心，这时的下属就应该勤汇报、多请示，否则他会认为不把他放在眼里。在工作中遇到了难以解决的问题或需要领导的支持也要及时向领导汇报，以便于他了解工作的进度。一般而言，汇报工作应该是下属积极主动地向上级汇报，而不要等上级来询问工作进展的情况。

工作完成后，要及时向领导汇报完成的结果。重大的工作事项一定要有一个漂亮的工作总结。总结应该言之有物、实事求是、数据真实准确，不要过分夸大自己的功劳，更不能贬低别人的努力和帮助，当然还不能忘记写上领导的正确指导与大力支持。工作总结的内容一般包括：完成情况（与计划对比）、采取的措施和努力、成功的经验、存在的问题及下一步改进的意见等。

另外，汇报时间的选择也有讲究。刚上班时，领导会因事情多而繁忙，到快下班时，领导又会疲倦心烦，显然，这都不是汇报的好时机。要选择领导时间充分、心情舒畅的时候进行汇报，这样，沟通往往能取得良好的效果。

（2）搜集详实的资讯数据

想令人信服，不能光凭一张嘴。在时间允许的情况下，应事先收集整理好有关的数据和资料，做成书面材料，借助视觉力量，就会加强说服力。只有摆出利与弊，用各种数据、事实逐项证明，才能让领导不认为汇报是头脑发热、天马行空、主观臆断。

（3）准备可能问题的答案

向领导提出请求或建议时，若领导提出疑问，如果事先毫无准备，吞吞吐吐，前言不搭后语，自相矛盾，当然不能说服领导。因此，应事先设想领导会提什么问题，自己该如何回答。

（4）语言简明、重点突出

在与领导沟通时，语言一定要简单明了。对于领导最关心的问题要重点突出、言简意赅，而不要东拉西扯，分散领导的注意力。

工作汇报最为忌讳的可能就是：渲染或夸大、啰嗦、表功。领导往往会用工作结果来评价，说再多的辛苦其实没有什么作用，反而可能会让领导对汇报者的印象变坏。所以，不要带着邀功的心态，极力强调工作的难处。此外，领导一般都很忙碌，把汇报做得简明扼要恐怕才能够的领导赏识。汇报的内容要与原定目标和计划相对应，切忌漫无边际，牵扯到其他没有关系的事情。

（5）充满自信、面带微笑

在与人交谈的时候，语言和肢体语言所传达的信息都同样重要，在很多时候，肢体语言传递的信息会多于语言传递的信息。一个人若是对自己的计划和建议充满信心，那么他无论面对的是谁，都会表情自然；反之，如果他对自己的提议缺乏必要的信心，也会在言谈举止上有所流露。

试想一下，如果你的下属表情紧张、局促不安地对你说："经理，我有信心完成目标。"你会不会相信他？你肯定会说，你从他的肢体语言上读到了"不自信"这三个字，你不太敢相信他的保证是可信任的。同样道理，在你面对自己的领导时，要学会用你自信的微笑去感染领导，征服领导。

3. 欣赏自己的领导

领导不是完人，他也有缺点和不足，但是他之所以成为自己的领导，一定有许多别人所不具备的特质，这些特质使他超越了别人。看到他人的缺点很容易，但要学会看他人的优点并虚心学习，才能真正进步，才能赢得友谊和赞赏。

这个道理同样适用于领导。然而，正由于他是领导，所以并不能十分容易做到这一点。作为公司的管理者自然会经常对自己的许多做法提出批评，经常会否定你的许多想法，这些都会影响自己对领导做出客观的评价，甚至产生厌恶、抵触、反感等负面心理。而这些消极负面的情绪则可能使你与领导之间缺乏信任，摧毁相互欣赏的心理桥梁，最终导致无法真诚有效的沟通。

（1）尊重但不吹棒

作为下属，一定要尊重领导，在各方面维护领导的权威，支持领导的工作，这是下属的本分。尊重和溜须拍马、阿谀奉承是不同的，需要注意两者的区别。

（2）请示但不依赖

一般说来，作为部门主管在自己职权范围内大胆负责、创造性工作，是值得倡导的，也是为领导所欢迎的。下属不能事事请示，遇事没有主见，大小事不做主。这样领导也许会觉得下属办事不力，顶不了事。该请示汇报的必须请示汇报，但绝不要依赖、等待。

（3）主动但不越权

对工作要积极主动，敢于直言，善于提出自己的意见。在处理同领导的关系上要克服两种错误认识：一是领导说啥是啥，即使是错误的甚至违反了职业底线也照做不误；二是自恃高明，对领导的工作思路不研究，不落实，甚至另搞一套，阳奉阴违。当然，下属的积极主动、大胆负责是有条件的，要明确自身的工作权限，要有利于维护领导的权威，维护团体内部的团结，在工作上不能越权自作主张。

（三）沟通常用句型

1. 我们似乎碰到一些状况

好处：以最婉约的方式传递坏消息。

如果立刻冲到领导的办公室里报告坏消息，即使不关自己的事，也只会让领导质疑下属危机处理的能力。此时，应该不带情绪起伏的声调，从容不迫地说出本句型，要让领导觉得事情并非无法解决，同时听起来像是将与领导站在同一阵线，并肩作战。

2. 我马上处理

好处：领导传唤时责无旁贷。

冷静，迅速地做出这样的回答，领导会认为是名有效率的好部属；相反，犹豫不决的态度只会惹得责任本就繁重的领导不快。

3. 张三的主意真不错

好处：表现出团队精神。

张三想出了一条连领导都赞赏的绝妙好计，你恨不得你的脑筋动得比人家快；这种情况下，与其拉长脸孔，暗自不爽，不如偷沾他的光，会让领导觉得你富有团队精神，因而另眼看待。

4. 让我再认真考虑一下，5点以前给你答复好吗

好处：巧妙闪避不知道的事。

领导问了某个与业务有关的问题，而不知该如何作答，切忌直接回答不知道或不太清楚。本句型不仅暂时解危，也让领导认为在这件事情上头很用心。不过，事后可得做足功课，按时交出答复。

5. 我很想知道你对某件事情的看法

好外：恰如其分的讨好。

当与领导单独出差时，在这个让自己能够赢得青睐的绝佳时机该说些什么好呢？此时，最

恰当的莫过一个跟公司前景有关，而又发人深省的话题。在他滔滔不绝地诉说心得的时候，不仅获益良多，也会让他对你的求知上进之心刮目相看。

6. 是我一时失察，不过幸好

好处：承认疏失但不引起领导不满。

犯错在所难免，勇于承认自己的过失非常重要，不过这不表示就得因此对每个人道歉，诀窍在于别让所有的矛头都指到自己身上，坦诚却淡化过失，转移众人的焦点。

7. 谢谢你告诉我，我会仔细考虑你的建议

好处：面对批评表现冷静。

自己的工作成果遭人修正或批评，的确是一件令人苦恼的事。不需要将不满的情绪写出在脸上，不卑不亢的表现令自己看起来更有自信，更值得人敬重。

二、水平的沟通

在企业里，要想一个人把所有事情做完是不可能的，在很多时候，需要寻求本部门同事、其他部门同事的支持与配合，掌握恰当的沟通方式方法，往往能让自己在沟通过程中事半功倍，无往不利。

（一）了解同事

在工作生活中，会遇见不同类型的人。只有了解不同人在沟通过程中不同的特点，才有可能用相应的方法与其沟通，最终达成一个完美的结果。俗语说物以类聚，人以群分，两个风格相似的人沟通时效果会非常好。只有掌握了不同的人在沟通中的特点后，才能选择与他相接近的方式与其沟通。

在人际风格沟通过程中，依据一个人在沟通过程中情感流露的多少，以及沟通过程中做决策的速度是否果断，把大家在工作和生活中遇到的所有的人可分为四种不同的类型：分析型、和蔼型、表达型、支配型。只有很好地了解了这 4 种类型人的特征，并且采用与他相似的沟通方法，和他沟通的时候才可以得到一个更好的结果。

1. 分析型

（1）性格特征

分析型的人在决策的过程中果断性非常弱，感情流露也较少，说话非常啰嗦，问了许多细节仍然不能做出决定。

这类人严肃认真，有条不紊，语调单一，真实的，寡言的，缄默的，面部表情少，动作慢，合乎逻辑，准确语言，注意细节，有计划有步骤，使用挂图，喜欢有较大的个人空间。

（2）沟通技巧

①注重细节。

②遵守时间。

③尽快切入主题。

④要一边说一边拿纸和笔在记录，像他一样认真一丝不苟。

⑤不要有太多和他眼神的交流，更避免有太多身体接触，身体不要太多的前倾，应该略微的后仰，因为分析型的人强调安全，尊重他的个人空间。

⑥同分析型的人在说话的过程中，一定要用很多的准确的专业术语，这是他需求的。

⑦分析型的人在说话过程中，要多列举一些具体的数据，多做计划，使用图表。

2. 和蔼型

（1）性格特征

和蔼型的人感情丰富，喜怒哀乐都会自然而然地流露出来，他总是微笑着去看着你，但是他说话很慢，表达的也很慢。

这类型的人合作，友好，赞同，耐心，轻松，面部表情和蔼可亲，频繁的目光接触，说话慢条斯理，声音轻柔，抑扬顿挫，使用鼓励性的语言，办公室里有家人照片。

（2）沟通技巧

①和蔼型的人看重的是双方良好的关系，他们不看重结果。在和此类型人沟通时，首先要建立好关系。

②要对和蔼型人的办公室照片及时加以赞赏。和蔼型的人有一个特征就是在办公室里经常摆放家人的照片，当看到照片，千万不要视而不见，一定要对照片上的人物进行赞赏，这是他最大的需求，赞赏一定要及时。

③同和蔼型的人沟通，要时刻面带微笑。如果突然不笑了，和蔼型的人就会想：他为什么不笑了？是不是我哪句话说错了？会不会是我得罪他了？是不是以后他就不来找我了等等，他会想很多。所以在沟通的过程中，一定要注意始终保持微笑的姿态。

④说话要比较慢，要注意抑扬顿挫，不要给他压力，要鼓励他，去征求他的意见。所以，遇着和蔼型的人要多提问："你有什么意见，你有什么看法"。问后会发现，他能说出很多非常好的意见，如果不问的话，他基本上不会主动去说。所以，你看他微笑的点头时就要问。

⑤遇到和蔼型的人一定要时常注意同他要有频繁的目光接触。每次接触的时间不长，但是频率要高。三五分钟，他就会目光接触一次，接触以后立刻又会羞愧地低下头，过一会儿再去接触一下，但是不要盯着他不放，要接触一下回避一下，沟通效果会非常的好。

3. 表达型

（1）性格特征

表达型的人感情外露，做事非常的果断、直接，热情、有幽默感、活跃、动作非常的多，而且非常地夸张，他在说话的过程中，往往会借助一些动作来表达他的意思。

这个类型的人外向，直率，友好，热情，不注重细节，令人信服，幽默，合群，活泼，语调生动、抑扬顿挫，有快速的动作、手势和有说服力的语言。

（2）沟通技巧

①在和表达型的人沟通的时候，声音一定相应地要洪亮。

②沟通时，要有肢体语言，如果自己很死板，没有动作，那么对方的热情很快就消失掉，所以要配合着他，当他用动作传递一些信息时，眼神一定要看着他的动作，否则，他会感到非常的失望。他经常说你看这个方案怎么样，你一定要看着他的手，仿佛他手里就有一个完整的方案。在沟通中你也要学会伸出手，"你看，我这个方案怎么样？"他会很好奇地看着你的手，仿佛手里就有一个完整的解决方案。

③表达型的人特点是只见森林，不见树木。所以在与表达型的人沟通的过程中，要多从宏观的角度去说一说："你看这件事总体上怎么样""最后怎么样"。

④说话要非常直接。

⑤表达型的人不注重细节，甚至有可能说完就忘了。所以达成协议以后，最好与之进行一个书面的确认，这样可以提醒他。

4. 支配型

（1）性格特征

支配型的人感情不外露，但是做事非常的果断，总喜欢指挥、命令别人。

这类型的人果断，喜欢指挥人，独立，有能力，热情，面部表情比较少，情感不外露，审慎的，有作为，强调效率，有目光接触，说话快且有说服力，语言直接、有目的性，常使用日历，重计划。

（2）沟通技巧

①给他的回答一定要非常的准确。

②和他沟通的时候，可以问一些封闭式的问题，他会觉得效率非常高。

③对于支配型的人，要讲究实际情况，有具体的依据和大量创新的思想。

④同支配型的人沟通的时候，一定要非常的直接，不要转弯抹角，直接说出自己的来意，或者直接告诉他自己的目的，要节约时间。

⑤说话的时候声音要洪亮，充满了信心，语速一定要比较快。如果声音很小，他会觉得你不够自信，他就会产生很大的怀疑。

⑥在和支配型的人沟通时，一定要有计划，并且最终要落到一个结果上，他看重的是结果。

⑦在和支配型人的谈话中不要感情流露太多，要直奔结果，从结果的方向说，而不要从感情的方向去说。

⑧在和他沟通的过程中，要有强烈的目光接触，目光的接触是一种信心的表现，所以和支配型的人沟通时，一定要和他有目光的接触。

⑨同支配型的人沟通的时候，身体一定要略微前倾。

（二）沟通原则

1. 尊重

要多倾听对方意见，重视对方意见，不背后议论。

2. 合作

在沟通中，要主动提供信息、沟通意见。

3. 帮助

为最终达成共同的协议，在力所能及的情况下，要主动给予对方支持。具体地说要做到以下3点。

（1）容忍差异

应当承认人与人之间是存在差异的，不能用自己的标准去衡量他人。工作中应当容忍个体差异的存在，首先考虑自己能为公司、其他部门或同事作什么贡献，而不是对方能为自己做什么。

（2）克服傲慢

不要希望其他人、其他部门的同事都成为自身所从事的领域的专家，更不要因此而轻视他们。

（3）做好服务

内部顾客对你满意与否会通过各种方式传达给你的外部顾客，间接影响到客户、公司、直接上级对你的评价。

在沟通时，要了解对方需要你为他提供些什么；在告诉对方你能提供的资源时，使用对方能够理解的"语言"。

（三）把握自己

1. 寻求个人社交风格的反馈

将经常打交道并为你所尊重的同事或上司发展成为提供反馈的资源。进行表现评估时，鼓励他们提供一些关于你个人社交风格的 360 度反馈。从别人那里寻求一些你改变行为方面的建议，这些反馈将帮助你知道那些方面需要改善。

2. 降低自我主导意识的形成

（1）避免打断

设定自己表明同一观点的次数；多用建议用语，少用决定用语；留心自己谈话的时间，让他人有机会表达；避免妄下判断及批评别人，如果批评是必要的，也要考虑别人的感觉；鼓励别人表达自己的观点。

（2）避免挖苦

检讨哪些情况下会挖苦别人，分析自己的措辞技巧。如果你有挖苦别人的倾向，想办法改变。在任何情况下都要分析谈话对象的个性，再决定恰当运用幽默。要提醒自己，目的是在保持幽默的同时不伤害别人。

（3）接受不同观点

请自己信任的同事或上级帮助区分自己过于僵硬或令人难以忍受的行为。当劝导别人时，要考虑别人的感受，他们是被激怒，受到伤害，还是有抵触情绪？为什么使他们感受如此？将来如何减少这种负面行为？把自己放进角色中，如果受到伤害，你的经验会对你有帮助的。

（4）培养共同话题

倾听"自由"信息，寻找对方的兴趣。在以后的几个星期，留意别人的兴趣，可以成为谈话话题。用这些信息形成话题，不要问太多的问题。准备谈话话题。平时注意读新杂志、报纸或者看电视新闻。

三、对下的沟通

管理就是管事理人，一个组织的管理者不是事必躬亲，所有的事情都由自己去做；管理者更多的是管理他人做事。管理者在与下属进行沟通时，也需要掌握沟通的一些原则和方法，真正让下属领会自己的意图，将事情做好。

（一）了解下属

在组织中，管理者与下属进行沟通往往是带有强烈的目的的。一般包括：有关工作方面的相关指示；工作内容的描述；员工应该遵循的政策、程序、规章等；有关员工绩效的反馈；员工工作状态、方法方面的激励；希望员工自愿参加的各种活动等，无论沟通的是哪方面的内容，上级都希望自己的下属能清楚无误地领会自己的意图，并按照自己的意图把相应的事情做好。

（二）沟通要点

向下沟通中存在的最主要的问题是"没心"，在沟通的过程中，一些领导人往往由于地位的影响，不可避免会产生一种"居高临下"的感觉。例如：当下级汇报工作时，不管他说完没有，只要上司觉得听懂了他要表达的意思，便打断他的话，开始滔滔不绝地发表自己的观点，然后以某些指令结束谈话。

向下的沟通可以从以下 3 个方面进行尝试。

1. 消除位差效应

在组织中，作为管理者，都希望下属能积极主动地和自己沟通。当然，这肯定是不现实的，很多下属不愿意多与上级沟通，原因很多，比如：害怕面对上级；频繁与上级沟通，会被其他人认为是溜须拍马等等。事实上，在沟通中，沟通双方的地位很大程度上取决于他们的职位，地位的高低对沟通的方向和频率有很大的影响。同时，由于在组织中的职位不同，上司可能与下属的观点不一致，致使沟通中出现沟通障碍。

美国加利福尼亚州立大学对企业内部沟通进行研究后得出了一个重要成果：沟通的位差效应。他们发现，来自领导层的信息只有 20%～25%被下级知道并正确理解，而从下到上反馈的信息则不超过 10%，平行交流的效率则可达到 90%以上。进一步的研究发现，平行交流的效率之所以如此之高，是因为平行交流是一种以平等为基础的交流。为试验平等交流在企业内部实施的可行性，他们试着在整个企业内部建立一种平等沟通的机制。结果发现，与建立这种机制前相比，在企业内建立平等的沟通渠道，可以大大增加领导者与下属之间的协调沟通能力，使他们在价值观、道德观、经营哲学等方面很快地达成一致；可以使上下级之间、各个部门之间的信息形成较为对称的流动，业务流、信息流、制度流也更为通畅，信息在执行过程中发生变形的情况也会大大减少。这样，他们得出了一个结论：平等交流是企业有效沟通的保证。

英特尔公司的总裁安迪·格鲁夫是一个世界级的管理者，但就是这样一个掌管着数万人的人，他的办公室的房间却允许下属不用敲门随意出入，随时与其沟通，在开会的时候，他甚至可以坐在地板上或是坐在最后一排去聆听员工的意见，而不是坐在最显著、最约定俗成的位置上。正是靠这种面对面的平等沟通，他得以掌握了整个公司发展必要的信息，也获得了拉动整个团队向前的魅力，从而使产品能不断推陈出新，公司的发展欣欣向荣。

2. 尊重下属

尊重是相互的，要想得到他人的尊重，就必须先要尊重对方。在组织中也是一样，下属并不会因为领导的职位高就一定会尊重领导，可能下属当面说的全是好话，一转身就开始议论领导；严重的情况下，甚至是一拍桌子，此处不留爷，自有留爷处，大不了不做这个工作了，这种情况尤其是在 80 后末期、90 后的新生代员工中经常出现。

因此，在与下属的沟通过程中，作为上司，首先要调整自己的心态：作为人来讲，上司与下属双方都是平等的，每个人的人格、尊严等都是一样不受侵害的；领导只是职务上比下属高一些，也没什么大不了的，只有拥有了这样的心态，在沟通中，才能真正会有耐心、用真心去倾听，去了解下属的真实想法。

3. 解决下属问题

很多时候，下属主动找上级沟通是因为在工作中遇到了一些自己难以解决或无法解决的问题，下属是抱着极大的期望来与上级进行沟通，他们期望上级能够给出指引或建议，帮助自己解决面临的问题。在这种情况下，作为上级，不能因为下属提的问题对自己来说很容易解决，就沾沾自喜，并对下属冷嘲热讽，诸如：这么简单的事情都不会做，公司养着你们干嘛等。要知道，上级之所以是对方的上级，就是因为能力比下属强。作为上级，有责任和义务去帮助下属解决他们所无法解决的问题，也有责任和义务帮助下属提升他们的工作能力；同时，也不能因为下属提的问题难度较大，难以解决，就认为下属是故意给自己使绊子，是要给自己点颜色看看，而对下属心生抱怨，这样下属也不再敢主动与上级进行沟通了。

作为上级，不能不拘小节，要时刻注意自己的言行，不能在无意中成为沟通的"杀手"。向下沟通要有"心"，要从认真对待每一句话开始。作为上级，要尽可能地与员工进行交流，以平等的心态倾听他们的心声，尊重他们的想法，让他们参与决策，求同存异，达成共识，做到真正与员工交心。

（三）沟通禁忌

在与下属沟通的过程中，往往一些驾轻就熟、脱口而出的语言，会成了"杀手"式的语言信息，阻碍上下级沟通的效果，导致了上下级之间的误会和冲突。因此，作为一名始终重视沟通有效性的管理人员，在与下属沟通时，一定要注意不要使用错误的沟通语言。

汤玛斯·高登和克里斯·科尔等心理学家曾经把错误或不当的沟通语言分为 3 大类。参照他们的分类，结合企业中上下级沟通的一些实际状况，把向下沟通中常见的语言错误划分为 4 类：发号施令型、傲慢无礼型、讽刺挖苦型与隔靴搔痒型。

1. 发号施令型

发号施令型语言总是告诉员工：作为一个员工，他（她）"应该"怎么做、"必须"怎么做、"最好"怎么做、"可以"怎么做。

发号施令型的人认为，这样的语言可以直接高效地让下属知道他们该做什么，他们期望员工最好能无条件地接受。这也是许多上级最喜欢使用的一种语言。

发号施令型语言可以分为 4 种，根据上级使用的频率排列为：

（1）命令

如：这里轮不到你说话，你的任务就是好好听我说！怎么这么啰嗦，按照我说的去做就行了！

这种语言使人感到，员工的感受、需求或问题并不重要，他们必须顺从上级的感受与需要，并有可能产生对上级权威的恐惧感。这是上级单方面发出的语言信息，员工的情感或需求没有得到尊重，因此员工有可能对上级产生怨恨、恼怒和敌对的情绪，比如顶撞、抗拒，故意考验上级决心、发脾气等。

（2）威胁

如：如果你们这次再完不成任务，我就要扣你们全年奖金！如果你再不改，你就直接收拾东西走人！

这种语言与命令很相似，只是在命令的基础上加上做不到的后果。这种语言可能使员工感到恐惧和屈从，也可能引起员工的敌意。员工有时还可能对此做出与上级期待的相反反应："好啊，不管你说什么，我都不在乎，看你把我怎么样！"更有甚者，做一做刚才被警告过的事，好看看上级真的是否言出必行。

（3）强加于人

如：昨天为什么没有完成任务？是不是没有照我的话去做？你知道如何来安排工作程序吗？让我来告诉你。今天找你来，是要与你讨论你这次工作失误的事情。经过我对你的分析，我发现你存在的问题是粗心。你说是吗？记住：下次要细心！好，我的话讲完了，你可以回去了！千万要记住我的话，别再粗心！

"强加于人"实际上也是微妙地下命令，但是它可以更巧妙地隐藏在貌似很有礼貌的、富于逻辑的陈述中，但讲话的这一方只有一种心态："你是我的员工，所以必须按照我的观点来做。"

因为不给对方发表意见的机会，因而这类谈话进行得很快，员工也根本没有时间表达自己的想法。长此以往，员工会产生一种"上级总是认为我不行，缺点太多了，怎么改也改不完"等压抑感。

（4）过度忠告

如：如果我是你，肯定不会像你这么做。以后给我记住，一定要先找熟悉的给客户，再找不熟悉的给客户。

这样的语言信息是在向员工证明：上级不信任员工自身解决问题的能力。其后果往往会使员工对上级产生依赖心理，削弱他们独立判断的能力和创造力。

过度忠告也意味着上级的一种自我优越感，容易引起追求独立的员工的反感。

发号施令型语言是上级在沟通过程中使用得最多的一种语言。许多上级认为它是见效最快的语言。它的优点是上级可以快速解决员工存在的一些问题，而缺点是使用过度就会失效。根本原因在于：容易造成员工反感。这种语言的后面常常隐藏着这样的意思："你太笨了""你太差劲了""你要听我的""我是权威"，等等。这让员工听后很反感，随之出现逆反心理或顶撞情绪。

这种语言容易使员工顺从，却不容易产生积极的行为。

它所表达的信息仅涉及员工而不涉及上级本身。由于员工不知道他的行为对上级有什么影响，只知道上级要求他对某些行为进行改变。在这种单方面的沟通渠道中，员工也会单方面地对上级做不正确的推测，比如："这位上级偏心，心胸狭隘，脾气坏，专门拿我们出气，对我们要求太高"等等。员工有了这样的负面心态，就不会从正面来接受上级原本良好的用意了。

2. 傲慢无礼型

傲慢无礼型语言可以分为以下 3 种。

（1）训诫

例如，你大学学的就是会计学啊，应该知道报表上这些数字代表什么？否则你得到学校里去回炉了！你应该很清楚，在上级面前应该怎样说话！

这种语言表达了一种预先设定好的立场，使员工感受到与上级之间地位的不平等，感受到上级在运用职位权利，导致员工容易对上级产生防卫心理。

（2）标记

例如，我发现公司里一有麻烦，总有你的份！我早就知道你不行！因为你太粗心。

这种语言一下就把员工打入了"另类"，最容易令员工产生自卑感或"破罐子破摔"式的消极心态。

面对上级这样的标记语言，员工会感到自尊心受到了损害。为了维护自己的形象，他们以后就会在上级面前尽量掩饰自己的想法和情感，不愿将内心世界向上级打开。

（3）揭露

例如，你这样对抗上级无非是为了出风头！你心里想什么我还不知道，在我面前你别想玩什么花招！

其实，上级让员工知道"我知道为什么""我能看穿你"并不是件好事。因为如果上级分析正确，员工会由于被揭穿而感到窘迫或气恼。而如果上级分析不正确，员工也会由于受到诬赖而感到愤怒。他们常常认为上级是在自作聪明，自以为能像上帝一样居高临下地洞察所有员工的内心，感觉莫名其妙的好。

傲慢无礼型语言在不同程度上都有明显贬损员工的意味。它们会打击员工的自尊心，贬低员工的人格。员工如果经常听到这类语言，就有可能形成"我是一个差劲的人"等自卑心理，长此以往会对员工的身心发展造成较大的伤害。由于这种语言常常使员工的自尊心受到伤害，他们也可能随之出现反攻击的心态。这时，上下级之间可能出现大的冲突。更重要的是，傲慢无礼型语言给上级的形象蒙上了粗鲁、教养差等阴影，给员工造成负面影响，对他们的成长十分不利。

3. 讽刺挖苦型

讽刺挖苦型语言可以分为两种。

（1）暗示

例如，你讲话的水平真高啊，看来以后我的位置该让给你了吧。临近年底了才完成 70% 的任务，你还不着急，真是胸有成竹啊，看来重点大学毕业的高人真是能力强啊。

（2）中伤

例如，你的报告写得太好了，我的水平太差，实在看不懂！你以为你是比尔·盖茨吗？不要自以为懂得很多了！

这类话语一出口，就流露出对员工的明显鄙视，还带有一些人格侮辱的成分在内。

对这类语言，员工会非常反感。他们即使当面不敢说，心里却会反击："你有什么资格来消遣我。看你说话的样子，哪像个上级！"

4. 隔靴搔痒型

隔靴搔痒型语言主要有以下两种。

（1）空口安慰

例如，不要着急，你还年轻，人生之路长着呢。回去休息休息，明天一切都会好起来。

在这些并不能解决实际问题的、没有意义的安慰中，隐含着一丝"哀其不幸"式的怜悯感。因此，员工会感到双方并没有站在平等的地位对话，而自尊心越强的员工越不喜欢上级这样的讲话方式。

（2）泛泛之辞

例如，总的看来，你基本上还算是一个合格的员工。我也不知道对你说什么好，你自己好自为之吧。

这种泛泛而论的评价过于简单，对于员工的成长根本无益。而员工也会怀疑上级是否真正关心自己。当上级安慰一个痛苦中的员工、或员工急切地要求上级对自己有所帮助时，隔靴搔痒式的语言会让员工非常失望。进而他们就会对上级产生无能、自私、冷漠等不良印象。如果员工经常听到上级说此类话，还会怀疑上级是否一直在敷衍自己，对自己毫无爱心。长此以往，上下级关系就不会融洽，隔阂日益加深。

21 世纪是一个充满激烈竞争的时代，同时也是一个讲求沟通的时代，沟通无论是对组织、对家庭、对个人都是非常重要的。"经营之神"松下幸之助曾说："企业管理过去是沟通，现在是沟通，未来还是沟通"，美国通用公司原董事长杰克·韦尔奇说："管理就是沟通，沟通再沟通"。想要自己在毕业之后能找到一份好的工作，想要在自己的职业生涯中取得一定的成绩，就一定要重视沟通。让我们从现在开始，将有效沟通的方法和技巧用于日常的学习生活中去，不断训练自己，不断提升自己的沟通能力，人人都能成为真正的沟通高手。

第四节 团体有效沟通（六顶思考帽）

六顶思考帽是英国学者爱德华·德·波诺（Edward de Bono）博士开发的一种思维训练模式，它提供了一种"平行思维"的工具，避免人们将时间浪费在互相争执上。运用六顶思考帽，将会使混乱的思考变得更清晰，使团体中无意义的争论变成集思广益的创造，使每个人变得富有创造性，从而有效促进团体沟通的效果。

一、六顶思考帽的来源

（一）爱德华·德·波诺

爱德华·德·波诺博士（Dr. Edward de Bono）（图4.3）被誉为20世纪改变人类思考方式的缔造者，是创造性思维领域和思维训练领域举世公认的权威，被尊为"创新思维之父"。

他1933年出生于马耳他。获得牛津大学心理学和医学博士学位、剑桥大学医学博士学位。曾任职于牛津大学、伦敦大学、哈佛大学和剑桥大学。

爱德华·德·波诺博士第一次把创造性思维的研究建立在科学的基础上，是思维训练领域的国际权威。欧洲创新协会将他列为人类历史上贡献最大的250人之一。

爱德华·德·波诺博士是横向思维理论的创立者。如今"横向思维"一词作为语言的一部分，已经被收入《牛津英语大词典》、《朗文词典》。

图4.3 爱德华·德·波诺博士（Dr. Edward de Bono）

爱德华·德·波诺博士一生著书50多部，其中《我对你错》一书受到三位诺贝尔奖得主推荐。1990年他主持了韩国首尔的诺贝尔奖获得者大会。爱德华·德·波诺这个名字已经成为创造力和新思维的象征。

爱德华·德·波诺的代表作《六顶思考帽》和《水平思考法》被译成37种语言，行销54个国家，在这些国家的企业界、教育界和政界得到了广泛的推广和肯定。长期以来，爱德华·德·波诺思维作为政府、企业和个人生活的决策指南，一直被公认为是最有效的创新思维训练工具，国际思维大会由于爱德华·德·波诺对人类思维的杰出贡献而授予他"先驱者"称号，爱德华·德·波诺这个名字已经成为创造力和新思维的象征。

📖 拓展阅读

爱德华·德·波诺博士中国大事记

2001年，爱德华·德·波诺理论首次正式登陆中国。

2002年，《六顶思考帽》中文简体版出版，成为年度畅销书，蝉联管理类畅销书前10名排行榜6年。

2002年，爱德华·德·波诺博士作为演讲嘉宾应邀参加"达沃斯世界经济论坛北京峰会"，做了"价值设计决定一切"的主题演讲。

2002年，爱德华·德·波诺博士为"北京奥组委"做创造性思维方法的讲座，获得时任北京市委副书记，北京市党校校长龙新民的高度认可。

2003年，北京德波诺管理咨询有限公司成立。

2004年，北京举办"创新思维教育论坛"，爱德华·德·波诺博士做了"思维质量与儿童成长"的专题演讲。

> 2007年，爱德华·德·波诺博士在上海和北京600多位大型企业高级经理人举办企业创新管理的讲座，先后多次接受《中国青年报》《北京青年报》《经济观察报》《中外管理》等多家国内专业媒体访问。
>
> 2011年10月，爱德华·德·波诺博士在上海环球金融中心，展开为期4天的中国之行，与大众分享他在"思维创新"的卓越成果与激情。

（二）六项思考帽是平行思维的一种具体运用方式

《六项思考帽》是爱德华·德·波诺博士的代表作之一，也是他开发的一种思维训练模式。《六项思考帽》提供了"平行思维"的工具，避免将时间浪费在互相争执上。强调的是"能够成为什么"，而非"本身是什么"，是寻求一条向前发展的路，而不是争论谁对谁错。

六项思考帽分别是白帽、红帽、黑帽、黄帽、青帽（绿帽）和蓝帽，每一顶帽子代表一种思维模式，六项思考帽即六种不同的思维模式。

之所以用帽子而不用其他的如手套、衣服代替，爱德华·德·波诺博士也进行了说明。他在书中写道："六顶帽子的目的是避免思维混杂，按这种方式，思考者在某一个时间里就可以只按照一种模式思考——而不是在某一时刻做全部的事。"帽子为组织思维提供了框架，思维变得更加集中，更加有组织性，更有创造性，也使思考方式的转换变得容易。

二、六项思考帽的作用

六项思考帽作为一种创新的平行思维模式工具，一经发表，就得到学术界和社会各界的广泛认同。

1984年首次个人承办奥运会成功并获得1.5亿美元巨额利润的美国商人彼得·尤伯罗斯，将自己的超凡成就归功于水平思考法引发的新观念和新想法，他曾参加过爱德华·德·波诺博士举办的青年总裁组织（Younger President Organization）六项思考帽培训班。

1996年的美国联邦法律大会邀请爱德华·德·波诺讲授六项思考帽，听众是来自52个联邦国家和被邀请国家的2300多名高级律师、法官和知名人士。

德国西门子公司有37万人学习爱德华·德·波诺的思维课程，随之产品开发时间减少了30%。

英国Channel 4电视台说，通过接受培训，他们在两天内创造出的新点子比过去6个月里想出的还要多。

英国的施乐公司反映，通过使用所学的技巧和工具使他们仅用不到一天的时间就完成了过去需一周才能完成的工作。

芬兰的ABB公司曾就国际项目的讨论花了30天的时间，而今天，通过使用平行思维，仅用了2天。

J.P. Morgan通过使用六项思考帽，将会议时间减少80%，并改变了他们在欧洲的文化。

麦当劳日本公司让员工参加"六项思考帽"思维训练，取得了显著成效——员工更有激情，坦白交流减少了"黑色思考帽"的消极作用。

在杜邦公司的创新中心，设立了专门的课题探讨用爱德华·德·波诺的思维工具改变公司文化，并在公司内广泛运用"六项思考帽"。

爱德华·德·波诺博士认为，六项思考帽的一个巨大价值在于它们提供了思维角色。一个思考者可以为他能够扮演这种角色而感到骄傲。如果没有这些思维的正式形式，一些思考者就将永远地处于一种固定的模式中。这种帽子思维方式运用得越多，它们就将越多地成为思维文化中的一部分。在一个组织中的每一个人都应该当学习这种思维方式，以便使它成为其文化的一部分。这样，就能够集中思维，使之更为强大有力，同时，它也通过一种活跃的和有约束性的方法代替了那种浪费时间的争论和漫无目标的讨论。

通过六项思考帽的训练可以掌握：如何指导更加集中、高效的会议；如何在大多数人只能发现问题的地方发现机会；如何从全新和不寻常的角度看待问题；如何从多个角度看问题；如何培养协作思考；如何减少交互作用中的对抗性和判断性思考；如何采用一种深思熟虑的步骤来解决问题和发现机会；如何创造一种动态的、积极的环境来争取人们的参与；如何解决问题时发现不为人注意的、有效的和创新的解决方法；如何为公司贯彻解决方案的简单易行的工具；高度集中与高效会议的方法；如何发现一个问题的新的角度，从而找到商业机会；如何有效地提高创造能力……

三、六项思考帽的内涵

六项思考帽代表 6 种不同的思维模式，要想运用好六帽思维模式，需要注意两大要点。

（一）角色扮演

六帽中的每一顶都有其具体的职能和作用，当被要求带上某一顶帽子时，就要扮演由这顶帽所规定的角色，而不能再去做超出此帽所规定的事情。

（二）思维转换

六帽代表 6 种不同的思维模式，当换上另一顶思考帽时，就必须跟着变换角色，采用相应的思维模式进行思考。

接下来大家一起来了解每一顶帽子具体所代表的思维模式和使用要求：

1. 白帽

（1）白帽的含义

白色标志中立和不偏不倚，白帽思维要求别人以中立和客观的方式给出事实和数字。

在日常生活中，人们经常会说"今天天气很热""今天天气很冷"之类的话，"今天天气很热""今天天气很冷"很明显带有个人主观感受，也许当你正在说今天很冷时，旁边就有一个人跳出来说"不，今天一点都不冷，反而还有点热"，继续下去，又可能会变成对抗性思维了。

那么，用白帽思维如何表述呢？白帽思维要求以中立和客观的方式给出事实和数字，在这种思维模式下，思考者应该模仿计算机，思考及表述过程中不掺杂任何主观感受或感情。因此，用白帽思维则应这样表述"今天气温是 39 度""今天气温是零下 2 度"。

（2）白帽的运用

运用白帽思维时，需紧紧围绕主题从以下 4 个方面进行思考。

①针对主题需要哪些方面的信息？

②其中哪些信息是现在能够得到的？

③有哪些信息是目前所缺少的？

④缺少的信息有没有渠道或途径可以获得？

现在一个班级的学生聚在一块，需要针对未通过大学英语四级考试的同学，制定帮助他们通过四级考试的行动方案，此时运用白帽思维如下。

需要的信息：班级通过四级考试的人数、班级未通过大学四级考试的人数；未通过人员之前是否参加过四级考试，分数各是多少；未通过人数四级考试各题型得分情况；未通过人员目前英语水平掌握情况；下一次四级考试的时间、距离现在剩下的时间；四级考试的总分、合格分数线；四级考试的具体要求等等。

目前可以得到的信息：通过四级考试、未通过考试的人数；未通过人员之前参加四级考试的分数；下次考试的时间、距离现在的时间；四级考试的总分、合格分数线等等。

目前尚不能得到的信息：未通过人员对英语的实际掌握情况、上一次四级考试各模块的得分情况等。

如何获得缺少的信息：对未通过人员进行模拟测评，了解其实际英语水平；制作调查问卷、询问未通过人员等。

在运用白帽思维时，需注意，此时提供的信息和数据必须是客观的事实，白帽思维鼓励思考者泾渭分明地表述在获得的信息中哪些是事实，而哪些属于他个人的发挥。

（3）白帽的使用要点

在使用白帽思维时，需注意以下要点。

①白帽思维过程中，如遇有争议情况，无需争论，此时只需将争议点记录下来即可；

②对于白帽思维过程中所涉及的数据、信息，务必评估其相关性、实用性和准确性，确保数据、信息无误，否则可能导致最终决策无效或失败；

③准确区分事实与信仰、推论。

如去年美国的火鸡销售量增长 25%，原因是由于人们对食疗的兴趣和对健康的关心。火鸡肉被人认为含有更少的热量。

"费兹勒先生，我要你做的是戴白帽，事实是增加了 25%，其余都是你凭空发挥的。"

"不是这样，先生，市场调查清楚地表明人们之所以买火鸡是因为他们认为火鸡肉释放的卡路里少一些。"

"那么你就有了两个事实。事实一：火鸡肉的销售量在去年增加了 25%。事实二：有些市场调查表明，人们之所以买火鸡肉是出于卡路里的考虑。"

④明确如何获得现在未知，但需要的信息。

2. 红帽

（1）红帽的含义

红色是火焰的颜色，象征着情绪和感觉。红帽思维所涉及的是思维中的情绪、感觉以及其他非理性方面，它为把思维中的这些情感表达出来提来提供了一条正规的和明确的途径。

如：不要问我为什么，我就是不喜欢这桩交易，它令我讨厌；

我不喜欢这个人，也不想和他作什么生意，这就是我对此的全部看法；

这种设计简直是异想天开，根本无法成功，实施它纯粹是在白白扔钱；

我觉得这桩交易肯定成不了，而且到头来还会惹一场大官司。

（2）红帽的运用

红帽思维强调的是：

①"我"现在的感受是什么？

②"我"的直觉告诉我什么？

③"我"的本能反应是什么？

（3）红帽的使用要点

在使用红帽思维时，需注意以下要点。

①红帽使用时间不能过长，一般可以限制在 30 秒内。红帽象征人的情绪和感觉，在实际使用过程中，更多出现的是"不好"的情绪和感觉，如"我就是觉得这个不行，没有什么为什

么"。恰当使用，可以为情感的表达提供途径，使用时间过长，可能会使人陷入"不好"的情绪和感觉之中而拔不出来，进而影响其他帽子的使用。

②红帽思维给予使用者"充分许可"表达感觉、预感或直觉，其他参与者不能打断、反驳或争辩等，此时只需将相应感受、预感或直觉记录下来即可。

③红帽思维强调的是人的非理性一面，使用红帽者在表达感觉、预感和直觉时，只需直接表达，无需进行论证，即没有为什么，"我"就是这样觉得。

④红帽思维可以在做出决定之后使用，也可以作为决策思考的一部分：尽管红帽思维是一种非理性的思维，但却强调个人的直觉、经验、第六感等。当大家针对某项事情做出决定之后，再可以让参与决策人员戴一下红帽，如果其中绝大多数参与者的感觉是不行，那么，有必要考虑此时的决定是否合理、可行，是否需要调整或重新决策。

⑤不可过度使用红帽。过度使用红帽有两方面即：单次使用时间过长和红帽使用次数过于频繁，无论是其中哪一种情况，都可能会导致使用者陷入情绪之中难以自制，最终影响整体思维。

3. 黑帽

（1）黑帽的含义

黑色是法官的颜色，象征着冷静，黑帽思维特别关心的是否定评价。黑帽思考者意在指出什么东西是谬误，什么东西是错误的和不正确的。它要指出某些事情是如何地不符合于人们的经验和人们已经具备的知识。

（2）黑帽的运用

黑帽思考者不仅要提出为什么有些事情不起作用，而且还要指出风险和危机，在改进过程中，黑帽思考者要指出缺点。

如：（这个提议或建议）会起作用吗？（这样做）可能存在的问题是什么？（这样做）可能遇到的困难有哪些？需要警惕的地方有哪些？（这样做）有何风险？

与红帽思维相比，黑帽思维虽然同样消极但却注重逻辑和理性。黑帽思维是否定，但否定也需要相关的理由，黑帽理由一定要站得住脚，它们对任何人来说都必须是适用的，它们必须是完全合理的，而不是某一个权威人物提出的哗众取宠的观点。

（3）黑帽的使用要点

在使用黑帽思维时，需注意以下要点。

①黑帽思维是最佳决策所必须的。在做任何决策时，不能只关注可能会获得的利益、好处，同样需要关注存在的问题及面临的风险，只有通过将利益与风险进行对比，全面考虑，最终才能做出最合适的决策。

②黑帽思维一定要对所关注的问题给出合乎逻辑的理由，一定要讲清楚为什么。

③黑帽思维与黄帽思维结合使用（先戴黄帽后戴黑帽），可以成为强大的评估工具。有一种观点是这样的，认为黑帽总是应该首先运用，这样就可以很快剔出那些不起作用的方法而不用花很多时间去考虑它们。这种观点或许会引起争论，但这种否定筛选是大多数人在思考时使用的方法，而且在许多实际问题中它是迅捷而有效的。当人们寻求的是效能而不是成就时，否定筛选就可以节约时间。

发现一次新提议的短处比找到它的长处要容易得多，但思维中的开关一旦直接转向了否定，人们要看到肯定的方面就非常困难，这时，大脑的化学条件也许处在"担心"和"不安全感"中。

所以当大家考虑一项新提议或者新变化时，首先使用黄帽子，然后再使用黑帽，这样可以产生许许多多的感觉。

④不能过度使用黑帽。在团体决策中，如果只带黑帽，无论谁提出任何建议或看法，都找出理由去进行否定，只能表明错误地站在了旁观者的立场，认为这个事情与自己没有任何利益关系。如果是利益的相关者，就不能只戴黑帽，需知批评远比提出可行性建议要容易得多。作为利益的相关者，一定要记住：除了黑帽，还有其他的帽子。

4. 黄帽

（1）黄帽的含义

黄色是阳光的颜色，象征希望和乐观。黄帽思路寻查和探索的是价值和利益，然后，黄帽思路需要极力为这种价值和利益寻找逻辑根据；如：（这样做）有何利益？（这样做）有何积极因素？（建议、方法等）存在哪些有价值的地方？这个想法中有何吸引人的地方？这样做可行吗？

（2）黄帽的运用

从态度上讲，黄帽和黑帽正好相反。黑帽与否定评价相关，而黄帽则是从肯定方面看问题；与黑帽相同的是，黄帽也强调思维逻辑性，对于自己的观点要给出合乎逻辑的理由，黄帽思维是思考者所选择的一种深思熟虑的方法。

如：某人的黄帽思路建议把煎蛋饼做成一种好的快餐。如果寻找理由来支持他这个观点，可能就会列举出人们的食物意识和对易消化食物的偏爱，或许还会说由于人们倾向于早餐不再吃鸡蛋，因此其他时间就该有吃蛋的机会。

批判性思维是思维中一个非常重要的组成部分，但它绝非全部。黑帽思路概括了批判性思维的各个方面，戴黑帽的思考者应该充分扮演这种角色，要尽可能地进行强烈的批判，这是思维中的一个重要部分，一定要做好；建设性的和生产性的思维方面则属于黄帽，主意、建议和方案的提出都是来自黄帽思路，任何建议的提出都是为了使事情变得更好。它或许是为了解决某个问题；或许是为了做出某种改进；或许是为了利用一个机会。在每一种情况下，所有建议都是为了带来某种积极变化。

（3）黄帽的使用要点

使用黄帽思维时，需注意以下要点。

①黄帽思维需要深思熟虑。和黑帽思维一样，黄帽思维需要对自己的乐观主义给出合乎逻辑的理由，黄帽思考者应该尽最大可能去寻求支持其乐观主义的理由。

②相对于黑帽思维，使用黄帽思维并不那么自然。黑帽是否定的评估，而黄帽是肯定的评估，正如批评远比赞美一个人更容易一样，找问题、困难和不足也远比找利益、好处、优点要容易。使用黄帽时，需要克服这种不自然。

③黄帽与黑帽一起使用，会成为强大的评估工具。

5. 青帽

（1）青帽的含义

绿色是大自然的颜色，是植物种子繁育生长的颜色，象征着创新、改变。青帽代表创造性思维，它和新思想相关联，是观察新事物的新途径。青帽思路力图摆脱旧想法，以便找出更好的新想法。一个人一旦戴上青帽，那他就将运用创造性思维的习惯用语。他周围的人也应该把他的成果看成是创造性的成果。理想情况下，思考者和听众应该戴上青帽。

（2）青帽的运用

青帽思维的关注点包括以下要点。

①还有其他方法做这件事吗？

②还能做其他什么事情吗？

③还存在什么可能性？

④什么方法，可以克服用黑帽提出的困难？

事实上，比起任何其它的思维来说，人们更需要青帽。在创造性思维的练习中，一些激发性的想法常常故意地不合逻辑。所以，当人们去寻求激发所产生的新概念时，都有意识地扮演着滑稽角色或小丑，而且也需要一种途径使之更加清晰，即使它们不是激发性的新想法的奇妙种子，也需要青帽的保护，使其免受黑帽习惯的寒霜侵袭。

（3）青帽的使用要点

使用青帽思维时，需注意以下要点。

①青帽思维鼓励寻找新方案和替代方案：青帽本身并不能使人更善于创造，然而青帽能给思维者以时间和重点使他们更富于创造性。通常，富于创造性的人是那些用更多的时间去试图创造的人，他们更多地为创造欲望所驱使。青帽思维承认这样一种人为的动机。激发一个人的创造力是困难的，但却能很容易地让某人戴上青帽，然后经他们输入青帽的信号。

②青帽思维无需以逻辑为基础，允许各种假设。青帽思维代表创造性思维，它鼓励思考者开动脑筋，针对现状提出建议、方法。提出建议、方法时，无需以逻辑为基础，允许各种假设，此时他人不能反驳、嘲讽或争辩，只需将建议、方法记录下来即可。

6. 蓝帽

（1）蓝帽的含义

蓝色象征着总体的控制，因为它是天空的颜色，而天空覆盖世间万物。蓝色也昭示着超脱、冷静和控制。戴上蓝帽，就可以告诉自己或者别人，该戴其他 5 顶帽子中的哪一顶。蓝帽思维告诉大家该什么时候转换帽子。如果思维是一段正式的程序，那么蓝帽子就是对这种约定的控制。

（2）蓝帽的运用

蓝帽思维关注：

①（我们）应当从哪里开始？

②（我们的）议程是怎样的？

③（我们的）下一步怎么办？

④（我们）现在使用的是哪一顶帽子？

⑤（我们）如何总结当前的讨论？

⑥（我们的）决定是什么？

（3）蓝帽的使用要点

使用蓝帽思维时，需注意以下要点。

①蓝帽是主持人的帽子，团队中任何成员都可以戴。一般说来，任何会议的主持人都自动地发挥其蓝帽的功能。他或她维持着会议的秩序，而且要保证会议的议程得到贯彻。任命会议主持人以外的人作为一个蓝帽角色是可能的。然后，这个蓝帽思考者就将在主持人规定的范围内执行监督的任务。因为，情况往往是会议主持人本身并不一定在监督思维方面特别熟练。团队中的任何成员只要符合使用蓝帽的要求，都可以戴蓝帽，但要记住，同一时间内，团队中只能有一个人戴蓝帽，其他成员根据蓝帽要求，使用其他几项思考帽。

②蓝帽要关注和再关注思考，蓝帽思考者随时注视着正在发生的各种思维。他像一位设计舞步的舞蹈设计家，但他同时也是一位观察正在发生什么的评论家。蓝帽思考者并不沿着道路

驾驶汽车，但他随时注视着司机。他同时也注视着所走的路线。

③蓝帽要处理对特定思维类型的请求，指出不合适的意见。在使用其他几项思考帽时，可能会出现团队成员提出使用某项思考帽的请求，如：先别忙戴黑帽，先戴红帽可不可以？还可以再戴会白帽吗？对于这些不同的请求，蓝帽需给出明确的意见，对于其中不合适的意见，也要立即指出。

④蓝帽要关注现在用哪一顶帽子，团队的成员是否在使用这顶帽子，如有未按要求戴帽或戴错帽子的情况，需立即指出并要求相关人员进行改正。

⑤蓝帽要对思考做出总结。每时每刻，蓝帽思考者都要对那些正在发生的事以及已经取得的成就做出概括。做出最后的概要和准备总结报告也是蓝帽思考者的例行公事。

⑥蓝帽可以促使或者要求团队做出决定。在现实生活中，也会遇到难以决定的事情，团队使用了几轮思考帽或开了几个会议都还不能做出最后的决定，而且有迹象表明此种现象可能会持续一段较长的时间，作为思维的控制者，蓝帽可以促使或要求团队在规定的时间内作出决定，如再使用一轮思考帽后，大家一定要做出最后的决定。

四、六顶思考帽的使用

在现实生活中，大家不可避免地都混用了一番帽子。比如，本来想戴白帽子，结果戴成了红帽子，本来想戴黄帽子结果戴成了青帽子。看来要想正确合理地戴好帽子并不是一件容易的事，尤其是如何系统地使用这六顶帽子。

六顶帽子代表了六种思考规则，可以由人们选择。六顶思考帽并不是对思考者分类，而是要求每个思考者应该会用所有的帽子。每种帽子都有限定的时间，不能无限制地使用。对于白帽子，人们期望输入中性和客观的信息；对于红帽子，人们得到包括感情在内的报告，即使感情是中性的；对于黑帽子，人们期望一些有价值意义的批评；对于黄帽子，人们趋向于得到肯定的评论，而这并非总是可能的；对于青帽子，人们需要拿出时间去产生新想法；对于蓝帽子，人们可以为思维制订一个计划。

帽子可以单独使用，也可以系统进行使用、多次使用。什么时候单独使用呢？在评价一个见解、减少负面性、检查忽略的价值时，黄帽可以单独使用；在征求团队意见、无法判断或对决策进行投票的时候，红帽单独使用是可行的；在避免错误、变化评估、检查可行性之时，黑帽可单独使用；在寻求改进、摆脱束缚、寻找创新的时候，青帽能单独使用。

然而，当时间紧迫，需要全面研究问题，或是问题复杂，无法得出明确结论，意见不统一，互不相让的时候，就需要使用六帽序列。六个帽子没有绝对正确的使用序列，它们在序列中可多次使用或不使用。因此大家要正确使用初始序列、中间序列、结尾序列，并充分使用简单的短序列。初始序列是有关"我们该如何解决这个问题""你怎么看这个问题""我们有什么信息""让我先看这个观点对我们有利的地方"等诸如此类的问题，在这个序列中最忌讳用到的是黑帽和青帽。中间序列是关于"替代方案是什么""让我们看看价值吧""有什么缺点吗""这不是与我们知道的信息不符合吗"等问题。使用结尾序列时，对于需要行动来决定的情况，可以使用黑帽得出最终评价，对于不可控制的重大决策，使用红帽结尾，在需要迅速决策并采取下一步行动，使用蓝帽进行总结。

简单的短序列是人们处理某些问题的一种快速思考模式。举几个例子，在确定初步方案过程中，可以使用"蓝（思维任务是什么）——白（对这个情况都知道什么）——青（能想出什么主意）"这种思维模式；要进行快速评价时，一般采用"黄（优点是什么）——黑（缺点是什么）——蓝（能总结这些优缺点吗）"的序列；"黑（缺点是什么）——青（如何克服这些缺点）"的模式适用于需要实行改进的事件；"蓝（设计任务是什么）——青（可能的设计是什么）——红（如何看每种可能的设计）"的帽子序列适合以设计为主的工作处理。

一个典型的六项思考帽团队在实际中的应用步骤：陈述问题事实（白帽）；提出如何解决问题的建议（青帽）；评估建议的优缺点，列举优点（黄帽）；列举缺点（黑帽）；对各项选择方案进行直觉判断（红帽）；总结陈述，得出方案（蓝帽）。

总的来说，六项帽子的思维方式好处一是简化思维，二是易于思维转换。它使人们的思维变得清晰简单，虽然六项帽子不可能穷尽思维的所有方面，但它们的确涵盖了人类思维的主要模型。或许在刚开始使用各种帽子的过程中大家会显得有点笨拙，但这种笨拙感很快会随着该系统的方便性而日益消失。相信六项思考帽的思维方式能像一把梳子，帮助大家理清思维，明确自己的目标，找到正确的解决问题的模式，促进团体有效沟通的进行。

本 章 小 结

1. 沟通是为了设定的目标，把信息、思想和情感在个人或群体间传递，并达成共同协议的过程。

2. 每个人在沟通的过程中都会出现 3 种行为：说、听、问，要正确把握每个环节中的注意事项。

3. 说话应当把握分寸，注意在不同场景下与不同人说话时使用不同的说话技巧。

4. 从沟通的群体上看，沟通可分为 3 种：对上的沟通，水平的沟通，对下的沟通，要系统掌握每类沟通的相关技巧。

5. 《六项思考帽》是水平思维理论的典型代表与具体运用，六项不同颜色的帽子代表了六种不同的思维模式。正确运用六帽思维，可以帮助人们拓展视野，促使人们进行创造性思考和建设性思考，有效促进团体沟通。

课 后 练 习

1. 如果你刚参加工作，你的能力和学历都很不错，但是有一个同事仗着自己资历深，对你很不服气，对于你的工作也常常不予配合，对此你怎么办？

2. 如果你的一位同事经常用办公室的电话打私人电话，影响公司的工作，领导让你去说服他，你会怎么做？请模拟一段说服的对话。

3. 领导安排你和部门另外一位同事一起完成某项工作，该同事不和你沟通工作情况，导致你的工作没有完成好，受到领导批评，你会怎么办？

4. 当你在工作中遇到如下情况时，该如何使用六项思考帽的方法来组织团体沟通，解决问题呢？

情况一：一个大客户可能要中断与你的合作；

情况二：公司内部各部门之间缺少合作，大家遇到问题容易相互指责与推诿。

第五章 团队合作

随着社会的不断发展，各种知识、技术不断推陈出新，竞争日趋紧张激烈，社会需求越来越多样化，而人们在工作学习中所面临的情况和环境也更加复杂。在很多情况下，都需要人们组成团队，通过成员之间的共同合作来解决错综复杂的问题，依靠团队合作的力量完成任务、创造奇迹。本章将从团队的理论、团队的打造、团队与执行力、高效团队协作四方面对团队合作进行介绍。

第一节 团 队

一、团队的含义

1994 年，美国著名的管理学教授斯蒂芬·罗宾斯首次提到了"团队"的概念：为了实现某一目标而由相互协作的个体所组成的正式群体。在随后的 10 年里，关于"团队合作"的理念逐渐风靡世界。团队合作指的是一群有信念、有能力的人在特定的团队中，为了一个共同的目标相互支持、相互合作、一起奋斗的过程。它可以调动团队成员的所有才智和资源，并且会自动地驱除所有不公正和不和谐现象，同时会给予那些大公无私的、诚心奉献者适当的回报。如果团队合作一旦形成时，它必将会产生一股强大而且持久的力量。

二、团队的重要性

首先，团队可以产生大于个人绩效之和的群体效应（即 1+1>2）。个人与团体的关系就如同部分与整体的关系，团队模式可使整个组织结构大大简化，领导和团队、成员和团队以及团队内部成员之间的关系变成伙伴式相互信任和相互合作的关系。建立在志同道合基础上的团队可以起到功能互补的作用，因而决策科学合理、士气高涨，从而产生了比个体相加高得多的劳动生产率。

其次，团队有着极强的凝聚力。随着社会的发展，人们的物质文化生活水平不断地提高，同时思想也得到了极大的解放，人们已经不再满足于别人对自己的管理和控制，他们不仅仅把工作当作一种谋生的手段，更希望在工作中找到人生的乐趣，实现自我的价值和自身的发展。团队强调沟通协调，成员之间坦诚沟通、相互信任，人际关系和谐，这样可以提高员工自豪感和归属感，大大激发企业员工的积极性，增强企业内部凝聚力。

伴随着团队建设为企业带来的好处，国内外的学者纷纷对团队建设理论展开了探讨与研究。

有这样一个故事：一个跛子和一个瞎子，被熊熊大火围在一座楼房里，眼看只有坐以待毙，但眼睛明亮的跛子和四肢健全的瞎子，聪明地组合成了一个完整的"身体"，瞎子让跛子背着自己，跛子指路，最终从大火中死里逃生。

在现实生活中人无完人，每个人都难免在某些时候或是"跛子"，或是"瞎子"，都需要与他人合作从而以弥补自身的缺陷。一项事业的成功往往是团队所有人精诚合作的结果，一个单位，不但相同级别的人之间需要合作，就是上下级之间也是需要合作的。不同的人处在不同的位置上，目的是让他们能更好地发挥自身的特长。如果作为一个部门负责人，就要学会调动下属成员的积极性、凝聚成员们的向心力，把部门工作做得更好、更出色。如果负责人全盘一手包办，或者只把自己的成员当作机器人一样不停使唤，自然会引起有思想、有智慧、有主见的组员的不满，从而导致上级与下级合不来甚至闹僵的被动局面。俗话说，单丝不成线，独木不成林。也就是说，一个人如果没有合作精神，即便有天大的本事，也难成大事。

所以，学习与他人合作，发挥好团队精神在具体的工作和生活中的运用，可以收到事半功倍的效果，也可以使个人的学习和工作更加良好地向前发展。

三、团队建设的相关理论

（一）基于"人性假设"的团队建设

基于"人性假设"的团队建设理论是西方管理理论中人学思想的集中体现。这一理论主要是建立在对人性理解的基础上，关于以人性为基础的西方组织管理理论中主要有 4 次重大变革。

1. "经济人"假设

20 世纪初，传统的组织管理理论的奠基者泰勒提出的"科学管理"理论，即人是"经济人"的假设。该观点认为，人的动机是由经济利益而引发的，并以追求最大的经济利益为目的。

2. "社会人"假设

20 世纪 20~30 年代修正时期的"行为科学"理论的先驱梅奥提出的"人群关系"理论，即人是"社会人"的假设。其认为引起人行为的主要动机不是经济利益，而是人际关系或社会交际，必须从社会关系中满足人们的需要，重视培养工人的团体感和归属感。

3. "自我实现人"假设

美国管理学家道格拉斯·麦格雷戈等人提出"自我实现人"的假设，即认为实现目标的报酬中获得个人的自我实现、自我满足的需要是最大的报酬。

4. "复杂人"假设

"复杂人"的假设，认为由于人的个性、年龄、职位、需要、知识、人际关系等不同，因而认为需要、动机也是复杂的，体现在管理方式上要因时、因地、因人而异，主张管理方式的多样性。这是其合理性一面，但其缺陷是忽略了人的共同本质和共性。

以上无论是"社会人""经济人"，又或者是"复杂人"和"自我实现人"的假设，它们的理论依据都是马斯洛的需求层次论。管理理论开始从过去的"以人去适应物"转向"以人为中心""以人为本""让物来适应人"，由注重层层控制式的管理模式，转而注重调动员工参与决策的积极性，出现了一种"参与管理"的新型管理模式。员工在这种参与模式下，感到员工自身被重视，体验到自身价值的实现与归属，促进了群体凝聚力，从而提高了生产效益。"行为科学管理理论"和"人际关系理论"的演变和发展就是今天流行的"团队管理理论"。

（二）基于"木桶理论"的团队建设

1. 木桶理论及分析

所谓"木桶理论"也即"木桶定律"，其核心内容为：一只木桶盛水的多少，并不是取决于桶壁上最高的那块木块，而是取决于桶壁上最短的那块。根据这一核心内容，"木桶理论"还有两个推论：其一，只有桶壁上的所有木板都有相同的高度，那木桶才能盛满水。其二，只要这个木桶里有一块木板不够高度，木桶里的水就不可能是满的（图5.1）。

在团队中，团队成员恰恰如构成木桶的每一块木板一样，团队的成功并不是在那个最优秀的成员身上，而是取决于最弱的那一方面，也就是团队的那个"短板"。一只木桶能够装多少水，在正常情况下不仅由最短的那块木板决定，同时也和构成其所有木板的紧密程度有很大关系，这一点就体现在团队中就是每一个成员之间的相互协作。再就是桶底，一个好的木桶，首要的是它的桶底必须是好的，如果没有一个好的桶底，那也就盛不了水了，这一点就相当于团队为每位成员提供的发展平台。

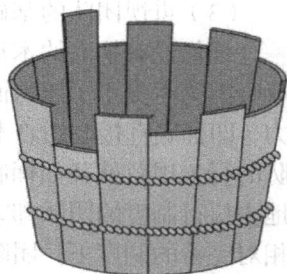

图 5.1　木桶原理

2. 木桶理论对团队建设的指导作用

从木桶理论中可以看出，一个团队能够做出多大的成绩，主要取决于3个方面的因素：第一，团队中每一位成员的自身素质的水平；第二，团队中成员与成员之间相互团结协作的能力；第三，团队能为成员所能提供的展示平台。

借鉴"木桶原理"的理论内涵，基于木桶理论的团队建设研究者认为，可通过采取各种措施对前述三个限制性因素进行调整，增强整个团队的实力，进而提高团队的工作绩效。同时结合"木桶原理"的其他相关理论对团队的各种限制性因素进行各种调整，从而达到团队工作效果最优的目的。按照木桶理论的要求，团队建设应通过以下三方面进行改进。

（1）正确看待团队成员的自身素质水平

团队每一位成员的素质水平是不一样的，因此在各项工作任务安排的过程中，不同素质水平成员的正确对待，对团队的整体发展有着至关重要的影响。遵循"补短板"的原则需不断提高水平较低团队成员的能力与素质。"木桶原理"指出桶的盛水量取决于最短的那块木板，为了增加木桶的盛水量，就需要不断使短板加长。对于团队建设来说，针对工作能力最弱的成员最明智的做法是加强对他们的关注和关爱，而不是一味地让他们承担责任以及对他们的批评与排斥，多为其创造一些条件和机会让他们尽快提高自身素质，更好地融入到团队中。遵循"拉长板"原则，要不断提升高水平成员的工作能力。在社会竞争中，一个团队想要在竞争中取得全面性竞争优势是不太现实的。因此，对于团队中的高水平成员，要充分集中他们的优势，形成团队自己的鲜明特点，不断培养团队的差异化优势。从木桶理论的基本原则来看，在团队建设中应"拉长板"与"补短板"并重，充分发挥每位成员的能力。一个团队，在不断加长"短板"让团队整体均衡发展的同时，还要注意"拉长板"形成团队独特的差异化优势，这样才能使团队在竞争中处于优势地位。

（2）加强成员间的团结协作，增强团队的凝聚力

在一个团队中，团队成员的年龄、专业背景、工作习惯等各不相同，任何团队成员都会有这样那样的缺点，但只要每一位成员能够相互协作、相互配合、取长补短，形成成员间的优势互补，达到最佳的协调状态，那么每位成员自身的缺点是不会影响整个团队的完美的。

在木桶理论中，箍桶原理也是及其重要的组成内容。桶箍是各木板间紧密连接的有效保证，没有桶箍，那就只能是一堆木板而无法形成一只木桶。桶箍的好坏也直接影响着木桶质量，如果桶箍太松，木板间会有缝隙，那么整个木桶就会漏水；桶箍太紧，超出了每块木板所能承受的压力，木桶就会裂开。因此，在进行团队管理时要加强内部管理控制，但要注意内部管理的

松紧适度，既要让团队每一位成员紧密地团结在一起，又不能造成团队成员间相互矛盾冲突。合理有效地对团队成员进行控制，加强团队成员之间的协作，同时发挥团队成员的主动性，是高效完成团队事务的重要条件。

（3）重视团队的基础平台建设

任何没有桶底的木桶都是无法盛水的；而一只不太结实的桶底，在其盛水量不断增加时，就会因为承受不了压力而破损。因此，一只木桶能盛多少水还取决于木桶桶底的所能承受的压力，即桶底直接制约着木桶盛水量的大小。在团队中，团队的基础管理、团队的制度建设、团队的行为规范就犹如桶底。一般情况下，任何团队都有较为完善的管理制度，但能够彻彻底底地去执行制度的团队却寥寥无几，所以团队建设绝不能忽视自身的制度建设和制度的执行。在相对完善的制度下，团队成员统一行动，共同思考，形成一种行为习惯，这种习惯经过升华，会形成一种精神，即团队精神，这种团队精神会促进团队的进一步发展。

（三）基于"共生理论"的团队建设

1. 共生理论分析

"共生"源于生物概念，可泛指在一定环境中具有有机联系的同一类型的不同对象之间、不同类型的对象之间、个体与群体、集体与集体之间相互依赖、相互承认、利益互惠的共存关系，彼此形成一个共生体。共生关系强调的是特定生态环境中管理者与被管理者、管理者之间的依存关系。

依据共生理论，团队人才共生就是团队中每位成员共同相处、共同发展、共同推动组织发展，体现共生理念的团队是组织的核心竞争力。它强调团队管理工作中的大局观念、合作意识和协调发展的意识，其意义就在于破除以"我"为中心的思维定势。强调在团队中学会移情体验、谋求谅解、换位思考、协作与共同发展。

2. 共生理论对团队建设的指导意义

根据共生理论，在团队建设中，首先要选择"共生元素"。在团队中要注意每一个个体成员，凝聚力是整个团队生存的关键，所以在选择团队成员时，对必须达到的团队目标要有清晰的认识，把个人目标升华到团队目标中去，并且要面向整个团体建立共生联系。融合横向空间规模与纵向时间延续，进而形成人才群落。共生理论认为，增强团队的凝聚力和向心力最有力的工具是沟通意识和团队精神。

（四）基于"贝尔宾团队角色理论"的团队建设

1. 贝尔宾团队角色理论分析

贝尔宾团队角色（Belbin Team Roles）亦被称为贝尔宾团队角色表（Belbin Team Inventory）。剑桥产业培训研究部前主任贝尔宾博士和他的同事们经过多年在英国和澳大利亚的研究与实践，提出了著名的贝尔宾团队角色理论，即一支结构合理的团队应该由 8 种人组成，这 8 种团队角色分别为：实干家 CW（Company Worker）、协调员 CO（Coordinator）、推进者 SH（Shaper）、智多星 PL（Planter）、外交家 RI（Resource Investigator）、监督员 ME（Monitor Evaluator）、凝聚者 TW（Team Worker）、完美主义者 FI（Finisher）。贝尔宾团队角色和团队建设可以放在一起进行比较，但贝尔宾团队角色代表的是一种对任务和活动实施自我管理所表现出的个人行为特征，而非思维类型或个性类型。尽管有各种测试工具来帮助团队中成员确定理想团队角色，但并不代表在实践中团队中成员不能够担当其他角色。这是贝尔宾团队角色理论的局限性（图5.2）。

2. 贝尔宾团队角色理论的应用

依据贝尔宾团队角色理论，在建设团队时，首先应该角色齐全。一个成功的团队首先应该是实干家、协调员、监督员等上述 8 种角色的综合平衡。其次，要容纳团队成员个体的短处。管理者在组建团队时，应该充分认识到各个角色的基本特征，用人所长，容人之短。在实践过程中，管理者要对下属人员的性格能力等特征了解透彻，而且只有在此基础上组建的团队，才能真正实现气质结构上的优化，成为高绩效的团队。再次，是要尊重团队成员的差异，实现团队成员互补。对于一份给定的工作任务，团队成员互补能发挥系统的异质性和多样性，从而促使整个团队生机勃勃，充满活力。最后是增强弹性，主动补位。从团队角色理论的角度出发，还应该特别注重培养团队每一位成员的主动补位意识——即当一个团队在以上 8 种团队角色出现欠缺时，其余成员应该在条件许可的情况下，能够增强弹性，主动促成自我角色的转换，促使团队的气质结构从总体上趋于合理，以便于更好地达成团队共同的绩效目标。

图 5.2 贝尔宾博士

第二节 团队的打造

竞争激烈的市场环境以及经济全球化的压力，迫使现代企业不断地对低效的经营管理过程进行重组，以加快企业对外部市场环境的反应速度。此时，把拥有创新意识，专业知识、技能，具有强烈的成功愿望和合作精神的员工组成高效团队就成为一种行之有效的方式。

一、团队成员的分工

在任何一个团队中，每个人都在必须扮演着、或者被动扮演着一个或多个角色，每个角色都有其不同的特点和功用，每个角色效能发挥的程度，将会成为影响这个团队完成目标的重要因素，角色之间的合理运用和正确调配，则是高绩效团队的重要基础。一个完整的团队往往是由表 5.1 所示的角色组合而成的。

表 5.1　　　　　　　　　　　　团队中的 9 种角色

创新者	提出观点
信息者	提供支持
实干者	运筹计划
推进者	推进实施
协调者	任务分配
监督者	监督实施
完美者	注重细节
凝聚者	润滑调停
技术专家	技术支持

（一）创新者

创新者首先提出观点，他们倾向于"出点子"。创新者在团队中总是最引人注目的，因为创新者总是在想点子、出点子，人们也总是关注着有新点子的人，认为他们的大脑灵活，能力超群。很多时候创新者想出的大多数点子都是好点子，尽管有些点子可能会显得偏激，但团队总能从他的点子里面获得智慧的选择。如果没有创新者，团队的思维就会受到局限性，点子就很匮乏。

（二）信息者

信息者及时提供支持，比如："没错，某某人或某某企业是因为这样做而获得成功的。"信息者收集关于人、任务和主意的所有信息，他们既能够接受新观点，也能够与人进行有效的交流和沟通，他们这样做都是为了团队即将要达成的目标。基于信息者的角色职能，信息者也是整个团队与外界沟通的重要桥梁，在有的团队中，甚至还是唯一的桥梁。没有信息者的团队会比较封闭，容易出现对外界资讯不了解的现象。

（三）实干者

实干者开始运筹计划，比如：如何具体落实？实干者是当之无愧的执行者。实干者认为一件事情需要先去计划，然后严格按照计划去操作，而实干者的眼睛则是一直盯着目标，为完成目标采取有利的行动。正是因为有实干者的存在，任务才有完成的可能。因为实干者的计划性很强，没有实干者的团队容易缺乏系统性的思路。

（四）推进者

推进者一般都是急性子，比如："那还等什么？开始干吧！"推进者似乎天生是骑墙派，因为他总是介于任务和主意之间，一方面他致力于高效推进工作，另外一方面他又能够接受外来的任何新的观点。团队中正由于有推进者的存在，才能使任务不断向着目标前进。推进者在完成任务的过程中，总能够和创新者一起找出更好而且更快完成任务的方法，因此，推进者和创新者一直是好朋友。推进者是确保整个团队快速行动的最有效成员，缺乏推进者将很容易影响效率。

（五）协调者

协调者一般在想：谁来做这件事更合适呢？协调者的骑墙表现在其总是介于任务和人之间，他不仅关注人还要关注事，他们需要协调不同的人做不同的事。协调者往往是团队中的领头羊，但并不是所有协调者的角色，都会站在团队领头羊的位置。为什么要称为"协调者的角色"而不是"协调者"，这是因为很多时候在团队中，并不是某个人居于领导地位，而是某一个角色居于领导地位，而人同时可以扮演好几种角色，这个后面会再进行介绍。没有协调者的团队领导力会削弱很多，因为协调者除了具有权力性影响以外，更具有一种个性的感召力。如果协调者没有成为"官方领导人"的话，往往也会成为"民间领导人"，团队领导人可以利用协调者帮助自己影响在团队中的其他成员，很多时候，民间的力量比起行政指令来更加有效。

（六）监督者

监督者这时就开始泼冷水："我要慎重地提醒你们，这样做可能会遇到这样那样的障碍，目前我们的条件还不成熟。"监督者是一个吹毛求疵的人，他更关注各个环节上出现的"微瑕"，并且经常给完成任务的其他人泼冷水，有监督者角色性格的人在团队中，往往会成为不受欢迎的人，但如果没有他们，团队就会盲目乐观，整个团队的前途就会令人担忧。没有监督者的团队容易出现大起大落，战略正确就大起，战略错误则大落。

（七）完美者

完美者很注重任何细节，在完美者看来，只要高标准地关注每个过程，有可能就会成功；完美者，顾名思义，他更贴近任务，更强调工作标准。如果由完美者制定标准，很可能等到世界末日的那天，也看不到由他制定的标准，因为他总想做到最完美。但如果没有完美者，那么这个团队任务完成的质量，就非常值得考虑一番了。没有完美者的团队，线条会显得比较粗，因为完美者更注重的是品质，力求做到完美。

（八）凝聚者

团队经常会陷入争论之中，而且很有可能会演变成激烈的冲突，不过这没关系，还有一个凝聚者，会站出来润滑调停；凝聚者的角色在平时看不出来，或者平时很有可能就隐藏在某一个成员的身上，一旦团队内部的和谐被破坏，相对平衡就会被打破，具有破坏性的冲突和矛盾出现的时候，凝聚者就站了出来，在这个时候，人们才意识到"润滑剂"在团队之中是多么的重要。在一个没有凝聚者的团队中，人际关系会比较紧张，团队内部信任的成本上升，内耗也可能加剧，从而伤害团队感情，严重的甚至会毁灭了整个团队。

（九）技术专家

团队中一直有一个人，自始至终都默不做声，他就是技术专家，技术专家对人际关系这方面不感兴趣，他只专注做好自己感兴趣的每一个技术方面细节。所以说技术专家总是默不做声，一心一意地埋头工作，最终会因为他们的专业素养和技术优势而获得团队的尊重。没有技术者的团队会容易失去专业技术优势。

这就是一个完整的团队必不可少的 9 种角色，而且这 9 个角色在团队中需要相对均衡，并且各有分工，这样才能使各个角色对团队的贡献最大化。

二、团队成员的搭配

（一）角色搭配不平衡的影响

高绩效团队强调的是角色搭配的均衡性，即"阴阳平衡"，而且每个角色的分值要大致相当，任何一个角色过多，都会给整个团队带来负面的影响。

1. 过多的实干者会造成"计划有余，变化不足"的恶果，实干者通常都是喜欢低头拉车，不喜欢抬头看路。

2. 两个以上的创新者在一起时，肯定会打架，因为他们各有各的主意。

3. 过多的凝聚者虽然会使团队更加和谐，人际关系是你好我好大家好，但是，谁来做事呢？

4. 完美者多了也出问题，太多的人追求细节，吹毛求疵，谁还敢做事？

5. 如果推进者过多，有了速度，丢了品质。

伟大的团队就像西游记的团队，搭配是如此的巧妙：

唐僧：得道高僧，取经度天下苍生，注重细节，连猴子杀了几个毛贼也不放过，自己连蚊子也舍不得拍死，永远一张俊美的脸，连妖精看了都喜欢，永远追求完美——完美者；虽然唐僧弱不禁风，但他却能把 3 个个性不同的徒弟撮合在一起，完成共同的甚至 3 个徒弟都不感兴趣的目标，可见唐僧是个协调的高手——协调者。

孙悟空：一个跟头十万八千里——推进者；有七十二般变化——创新者；打不过妖怪就去搬救兵，广交天下朋友——信息者。

猪八戒：经常爱挑猴子的毛病——监督者，如果没有老猪这个角色，猴子肯定会变得骄傲的。

沙僧：与人无争，师傅，大师兄、二师兄的话全听——凝聚者；永远挑着担子——实干者。

想要组建高绩效的团队，希望团队的领导者能够多多从观世音身上学学，因为是观世音把这几个人才从各个地方招聘进来，再组合在一起的。观世音可谓是知人善任。试想，如果唐僧带着3个孙悟空或者3个沙僧或者3个猪八戒去取经，那又会是什么结果？那么，再回头来看看自己现在所处的团队，是否又发现了什么呢？

（二）团队角色分工的方法

精准的角色定位，是团队建设的重要砝码。要想共同创造出优良绩效，首先要明确工作的流程和基本的工具，对每个个体做出准确的定位。而最终导致绩效不佳的原因，在很大程度上是由于成员，对自身在组织中的定位缺乏认识，以至于定位不准、不对、不足，最终没能发挥应有的作用，没能尽到应尽的职责，反而起到了不够积极的作用。所以现实工作中角色的定位，一定要让团队中的成员更为清醒地认识自己，这样不仅有利于发展、锻炼、培养自己的所长，充分提高团队的综合实力。

俗话说："尺有所短，寸有所长。"如果全部都是将军，谁来打仗？反过来，如果全部都是士兵，谁来指挥？所以，要进行角色定位，认定"我是谁？""我"充当和扮演一个什么样的角色？"我"要做什么？要怎样做才能做好？在其职、做其事、尽其责、团队中要真正做到每位成员分工明确、职责清晰、资源共享、没有壁垒，从而使团队实现高效。团队角色分工有如下经验可借鉴：

1. 团队中的角色安排要清晰。在团队中，成员一旦出现角色超载、角色冲突、角色模糊、角色缺位、角色错位等现象，会使成员之间角色不清、互相推诿，最终将会降低团队效率。只有清晰的角色定位和分工，才能迈向高效。

2. 明确团队成员职责。团队效率是与团队成员的职责状况直接相关的，要使团队有效率，条件之一是团队成员明白并接受各自的职责，职责混乱、职责不明，最终必将降低团队效率。所以，任何团队要想达到高效，都必须做到职责权限和工作范围明确。

3. 角色职责安排以人为本。团队成员角色职责制定一定要坚持以人为本的原则，就是要关注成员具备的素质和能力，根据每个成员的特点、能力和水平，把他们放到最适合他们的角色岗位上，提供一个施展才华的平台，最终使团队角色职责安排有利于团队成员发挥其专长并有利于其个人的成长。给成员安排有利于其成长发展的角色职责，为成员的专长尽力提供舞台，不仅能极大地提高团队成员的主动性和积极性，而且有利于团队产生出最高的效益。

4. "世间万物各有功用"，人亦如此。团队中的每一位成员都极为重要，"一个都不能少"。因此，在制定团队角色的职责时，要考虑到每一位团队成员都同等重要，才不至于在进行角色职责制定时，产生只强调这个成员而忽视那个成员的情况，才能全面充分地调动和发挥团队全体成员的才能、特长，进而成就高效的团队。

5. 角色职责制定要立足现实，确保每个团队成员理解到这个团队对他们的期望值。立足现实，清楚期望值，就是对团队成员要有一个全方位的认知，要分析团队成员各自的性格特征、体力、环境和能力等具体条件，要了解并把握好团队成员们的期望值，根据这些成员的认识去安排他们的角色职责，从而使他们的角色安排适当，充分调动积极性，为提高团队效率贡献力量。

6. 团队在设定角色职责时，要将团队的表现作为最高的表现，而不是强调个人英雄主义。

7. 要进行上下级职务双向互动描述。对上级而言，更能以高屋建瓴之势俯瞰下属的职责，观察到是否均衡覆盖本团队的所有作业和流程，统筹安排，组织分工。优化的岗位设置和组织结构既可以防止人浮于事，又能保证分工合理。

8. 沟通的方式多样、灵活。口头沟通使人有亲切感，但正式或严肃的沟通是以书面形式来进行的。要通过书面的形式让员工了解自己当期授权的范围，自己的责任和权利，杜绝口头授权容易产生信息失真这样的弊端。

9. 角色工具是角色定位的重要手段和重要依据。角色定位的工具分为团队角色分析工具和团队成员主观因素测试工具。同时，在团队角色分类前，利用角色测试表作必要的测试，有利于角色分工的顺利进行。

10. 分清主次，抓住重点。面对角色定位的烦琐工具和复杂过程，要抓住角色定位流程的核心点。抓住关键，能够有效地、迅速地把握过程，实现准确合理的定位。

三、团队打造的 5 个阶段

如同每个人的人生之路各自不同，每个团队都会以不同的方式经历如表 5.2 所示 5 个发展阶段。

表 5.2 团队发展的 5 个阶段

第一阶段	团队的组建期
第二阶段	团队的激荡期
第三阶段	团队的规范期
第四阶段	团队的执行期
第五阶段	团队的休整期

（一）团队的组建期

在一个组织中组建团队一般有两种可能：一是建立以团队为基础的组织，即以团队为整个组织的运行基础；二是在组织中完成某些任务时或在有限的范围内采用团队的形式。这一阶段的特点是，团队的结构、目的、领导都不确定，团队成员各自探索群体可以接受的行为规范。当团队每一个成员开始把自己看作是团队的一员时，这个阶段就真正结束了。

在这个阶段，主要应完成以下两方面的工作。

1. 形成团队的内部结构框架

团队的内部结构框架主要包括团队的任务、角色、目标、规范、领导、规模等。在其形成过程中，必须要明白下列问题。

是否该组建这样的团队？

团队的任务是什么？

团队中应包括什么样的成员？

成员的角色分配如何？

团队的规模要多大？

团队生存需要什么样的行为准则？

2. 建立团队与外界的初步联系

团队与外界的联系主要包括建立起组织与团队的联系；确立团队的权限；建立对团队绩效的考评、有对团队的行为进行激励与约束的制度体系建设；建立团队与组织外部的联系与协调的关系，如建立与企业协作者、企业顾客的联系，努力与社会制度和文化取得协调等。

在团队组建之初，团队成员比较关注所要做的工作程序和工作的目标。在人际关系的发展方面表现为：成员之间相互交往和相互了解，彼此表现出在一起的爱好和新鲜感受。

所有团队成员需要明白的是人们对自己的期望如何？自己如何才能融入团队？自己该做什么？有什么规矩？在行为方面则可能表现为：在没有完全了解情势之前，不会轻易去投入其中；承受着可能的对个人期望的模糊以及不确定状况；保持矜持和礼貌，至少一开始不会直接表现出敌视态度等。

（二）团队的激荡期

团队经过组建阶段后，隐藏的问题就开始逐渐暴露，团队内部冲突也不断加剧，虽然说团队成员接受了这个团队的存在，但对与这个团队加给他们的约束，仍然会予以抵制，而且个体之间还很有可能存在争执，互不帮助。在这一阶段，热情往往让位于愤怒和挫折。抗拒、妒忌、较劲是常有的现象，那些团队组建之初就确立的基本原则，可能像暴风中的大树一样被打倒。

这个阶段之所以重要，假如团队成员可以安全通过，出现在面前的就不再是支离破碎的部分，而将是团队本身了。

激荡期主要包括以下 3 个方面的激荡。

1. 成员与成员之间的激荡

团队进入激荡期后，成员之间由于立场、方法、行为、观念等方面的差异必然会产生各种冲突，什么工作行为、工作指导、任务目标等统统忘却于脑后。此时，人际关系陷入非常紧张局面，甚至出现强烈情绪、敌视及向领导者挑战的情况。其结果是，一些人可能会暂时回避，一些人开始考虑退出。

2. 成员与环境之间的激荡

成员与组织技术系统之间的激荡——团队成员在新的环境中可能对团队采用的新的制作技术或信息技术系统不熟悉，从而导致经常出差错。这时最紧迫的是进行技能培训，使成员迅速把握团队采用的技术。

成员与组织制度系统之间的激荡——团队建设中，组织团队会在其内部建立起与团队运作相适应的制度体系，如人事制度、奖惩制度、考评制度等。但是，由于这些制度是在组织范围内制定并实施的，相对于小范围的团队来说，就未必有效了，也就是说，其针对性较差。所以制定适应团队发展的行为规范是非常需要的。

团队成员与组织其他部门之间的关系磨合——团队在成长过程中，与组织其他部门要发生各种的关系，但同时也会产生各种的矛盾冲突，需要进行良好的沟通和协调。最后，团队与社会制度及文化之间的关系也需要协调。

3. 新旧观念与行为之间的激荡

团队在激荡期会产生新旧观念以及行为之间的激荡，如果在传统组织中进行团队建设，则将不得不面临着一系列行为方式的激荡与改变，在这一过程中，团队建设可能会碰到很多阻碍。比如：成员可能会因为害怕责任、害怕改变、害怕未知等而拒绝新的团队行为方式，领导也可能会因为权力变小而拒绝配合等。这时需要运用一系列手段来促进整个团队的成长。

（三）团队的规范期

经过了一段时间的激荡，团队逐渐走向规范化。而在这个阶段中，团队内部成员之间又开始形成亲密的关系，团队表现出一定凝聚力。这时会产生强烈的友谊关系和团队身份感，彼此之间保持积极态度，表现出相互之间的关心、理解和友爱，并再次把注意力转移到工作目标和任务上来，大家关心的问题是团队的发展和彼此的合作。团队成员对新的制度、技术也逐步熟悉和适应，并在新旧制度之间寻求某一种平衡，团队与环境的关系也逐渐被理顺。在新旧观念交锋中，新型的观念逐步占据上风，并逐渐为团队成员普遍所接受。总而言之，团队会逐渐克服团队建设中碰到的各种阻力，新的行为规范得到确立并为大家所接受。

在这一阶段中，团队面临的主要危险，是团队的成员因为害怕碰到更多的冲突，而不愿提出自己的好建议。这时的工作重点就是通过提高团队成员的权威和责任心，来帮助他们摒弃沉默，给团队成员带来新的挑战并显示出彼此之间的信任。当团队结构真正稳定下来，团队对于什么是正确的行为基本达成共识的时候，这个阶段就这样结束了。

（四）团队的执行期

养兵千日，用兵一时。在这个阶段，团队结构就已经开始充分发挥作用，并已被团队成员所接受。团队成员的注意力已经从试图相互理解和熟悉转移到充满自信地去完成手头的任务。

至此，团队成员已经掌握了如何建设性地提出不同意见，并且能经受住一定程度的风险冲击，并且能用他们的全部能量去面对各种未知的挑战。大家彼此尊重、高度互信，也呈现出接收团队自我创新和外部新方法的学习状态。整个团队已熟练把握如何处理内部冲突的技巧，也学会了团队会议和团队决策的各类方法，并能通过团队追求个体的成功。在执行任务过程中，加深了团队成员间的了解，增进彼此的友谊，除了高度的相互信任外，还可以使自我退后，让团队显示巨大的能量。

（五）团队的休整期

在休整期，对团队而言，有以下 3 种可能的结局。

1. 团队解散

为完成某项特定任务而组建的团队，伴随着任务的完成，团队也会因任务的完成而解散。此时，高绩效不是首要任务，应该把注意力放到了团队的收尾工作。

这个阶段，团队里面各自成员的反应差异很大，有的很乐观，沉浸在团队的成就之中，而有的却很悲观，在惋惜共同的工作团队中建立起的友谊，不能再像以前那样继续进行下去了。

2. 团队休整

另外一些团队，如大公司的执行委员会在完成一个阶段性工作任务之后，就会开始团队的休整并预备进入下一个工作周期，此期间团队成员可能会有更替，即可能有新的成员加入进来，也很可能有老成员流出。

3. 团队整顿

对于一个表现差强人意的团队，进入休整期后可能会被勒令进行整顿，整顿的主要内容就是优化团队规范。在这里，美国组织行为学家皮尔尼克提出的规范分析法很是值得借鉴。首先，明确团队初期已经形成的规范，尤其是那些起到各种消极作用的规范，如个别负责任而非联合负责任、彼此攻击而非互相支持、个人领导而非共同领导等；其次，制定规范剖面图得出规范差距曲线；再次，从各方面听取对这些规范进行改革的意见，经过非常充分的民主讨论，制定一套系统的改革方案，包括责任、信息交流、奖励、反馈和招收新员工等；最后，对改革措施实现跟踪评价，并做必要调整。

第三节　团队与执行力

团队是一群不同背景、经验及专业的人，为达一个共同目标而组合到一起的。每个人都应承担起一定的责任，就好比一个机床的各个齿轮，只有在每个齿轮都运转起来的时候，整个机床才能良性地运转。因此在团队打造的过程中，团队成员执行力的高低将决定整个团队执行力的高低，而团队执行力的高低也必然会影响整个团队协作的效率。所以，团队合作重要基础是执行力，而执行力是跨部门团队得以良性运作并持续发展的推动力，同时更是团队能够走向成功的重要保障。在本节中，重点介绍执行力的相关知识，以帮助实现更好的团队打造与团队协作。

一、执行与执行力

（一）执行的含义

"为什么伟大的理想不能如愿转变为现实？为什么经过科学论证的目标不能如愿变成具体结果？为什么无懈可击的方案和设计不能变成实际的效益？为什么聪明而豪华的人力资源不能形成有效的合力？为什么激励约束不能变成员工的真正工作动力？为什么完善的管理制度不能变成产生效率的保证？"

对这些问题可能大家都有自己不同的答案，但这些问题都有一个共同之处：执行不力。那么什么是执行呢？

观点一：执行就是把事情做完。

观点二：执行是有关于一个公司的经营，它与规划或构想是相对的，并且执行是去实践组织的目标。

观点三：执行应该成为一家公司的战略和目标的重要组成部分，它是目标和结果之间衔接的重要环节。

从这些观点里面，可以看到，尽管每个人对执行都有自己不同的理解，但有一点是共通的，即执行是实现目标的必要过程。

有的人可能会说，执行都是讲企业的，"我"又不是企业的领导，执行与"我"没有什么关系。但是，想一想，当你进入职场，你的领导、你的上级安排工作任务给你，你要不要去做，想不想做好呢？因此，大家也可以这样来理解执行：

执行就是按时保质保量地完成既定目标，是实现既定目标的具体过程。

德国人曾经做过一个实验：在一条繁华街道的两个电话亭门上，一个贴上女用电话亭，另一个贴上男用电话亭。贴好后发现，女士们在女用电话亭后面排队，即使那时男用电话亭是空闲的，反之亦是如此。

在实验结束后，询问被实验者：你为何宁可在女电话亭排队，也不去男电话亭呢？她们回答道：是否应分别设立女用电话亭和男用电话亭是政府管辖部门的职责，不是我们的职责。但若是他们认为有必要，而分别设立了女用、男用电话亭，我们就必须得遵守。假如他们觉得没必要了，要将其合二为一，那我们也就合二为一了。

从上面的实验可以看到，制度一旦制定了，就必须严格遵守，哪怕是错的也需要遵守，这就是典范的执行。

电视剧《士兵突击》里面有一句经典的台词，完美地诠释了什么是执行："想到与得到之间还存在两个字：做到"。在这一句话中，"想到"就是期望达成的目标，"得到"就是完成既定目标，而"做到"便是中间的执行以及执行过程。

（二）执行力的含义

1. 执行力含义

执行力与执行密不可分，所谓执行力就是完成执行过程的能力和手段（贯彻战略意图，完成预期目标操作的能力）。

希望集团总裁刘永行先生访问韩国时，韩方安排他到一家面粉企业参观。而就是这次普普通通的参观，深深地刺激了他，回国后连续几晚刘永行都难以入眠。

原来，刘永行在参观这家面粉厂的过程中发现，该厂每天处理小麦的数量能达到 1500 吨，员工却只有 66 名。一个只有几十名雇员的小厂，却有着如此高的工作效率，着实令刘永行惊叹不已。在中国，相同规模的企业一般日生产能力只有 200 吨。这两家工厂的效率为何有这么大的差距呢？

是韩国人要比中国人聪明吗？工作效率的高低与智商应该是没有什么太明显的关系。实际上，不只是面粉厂，在很多方面也能发现很多类似的情况。目前中国正与世界接轨，中国企业与国外企业在技术、营销、规模方面越来越靠近，在流程设计、生产管理方面也并没有比许多国际大公司逊色，但是彼此之间仍存在着较大的工作效率差距，原因在什么地方呢？

因极大的好奇心，刘永行特意请教了这位厂长："为什么同样的管理，同样的设备，设立在中国的工厂却得雇佣那么多的人呢？"

那位厂长含蓄地回答道："或许是中国人做事没能做到位吧。"而正是因为这么轻描淡写的一句话，却让刘永行回国后彻夜难眠。他明白，当着一大群中国企业家的面，那位厂长说话已经非常客气了。就在这句平淡的话背后，一定有着许许多多的难言之隐，一定有许多不为人知的管理问题。

从上面的故事可以看出，中国部分工厂的效率之所以比韩国的低，并不是智力方面的原因，主要还是由于这些工厂的员工执行力不强，不能有效地完成既定目标。

2. 执行力四大核心要素

执行力包括四大核心要素：心态、工具、角色和流程。

（1）心态

心态要素是执行力的第一个要素，在执行的过程中，心态要素是十分重要的。假如一个人没有健康的心态，那么当他在进入社会开始工作时，就算用尽各种办法催其奋进，也不会达到什么效果。影响执行力的内在要素是心态。

执行力心态有三个层次：信念、激情和态度，三者不断加强，层层深入。

（2）工具

执行的关键是适宜的工具，所以执行力的第二要素是工具。

企业想要取得成功，不仅要有发展的信念，而且还需找到合适的工具。正所谓"工欲善其事，必先利其器"，没有一个合适的工具，光有一腔热血也是难以成就事业的。

一个优秀的执行者一定具备这样的一种要素：随时随地能找到合适的工具，只有这样才能越战越勇，不断获得生机。

（3）角色

角色和岗位是两个不同的概念，它们有着不同的范围。如果说角色是一个区域，那么岗位就是一个点。比如，对于一个部门经理来说，他的岗位职责便是工作说明书中一个可以明确的从一至十的"点"，而部门经理的角色需要拥有的能力是工作说明书中没有注明内容的"其他"。而所谓其他，便是对岗位能力职责进一步的延伸，只要是与该岗位相关联的工作，都应是其该扮演的执行角色。

企业应该帮助员工做好他们的角色认知，正确的角色认知能够激发员工工作的无限热情，并且能为企业带来非常强劲的执行力。

（4）流程

实际上，流程是一个企业真正的核心内容。所谓流程，就是怎样为顾客提供优质服务的一个程序，是先做什么，后做什么。内部的流程是外部流程的一个反映，而整个组织结构的建立是为了流程能更加的畅通。因此，从一个企业执行的效益来说，是流程决定结构，而不是结构决定流程。具体来说，就是企业怎样为顾客提供服务决定了企业应存在哪一些部门，也就是说企业怎样为顾客提供服务的流程决定了企业应拥有怎样的结构。

要想拥有强劲的执行力，就一定要具备工具、心态、角色和流程四大要素。只有这四者相辅相成，才能不断地推动执行力提升。

> **拓展阅读**
>
> ### 《执行力》简介
>
> 大卫·伯恩和保罗·托马斯在《执行力》一书中写道："满街的咖啡店，唯有星巴克一枝独秀；同是做 PC，唯有戴尔独占鳌头；都是做超市，唯有沃尔玛雄居零售业榜首，而造成这些不同的原因，则是各个企业的执行力的差异，那些在激烈竞争中能够最终胜出的企业无疑都具有很强的执行力。"
>
> 在现实和企业的策略之间，有着一道难以察觉的鸿沟，因此让企业的目标难以达成。现在，不但有人注意到了这道鸿沟，还提出填满差距、跨越鸿沟的方法，让企业能够切实地达到目标，持续攀越其成长的高峰。
>
> 大卫·伯恩和保罗·托马斯就是注意到了这道鸿沟的人（大卫·伯恩：杜克大学商学院教授、剑桥大学博士、资深咨询顾问；保罗·托马斯：米勒咨询公司总裁、哈佛商学院管理学教授），在全球经济不景气的时候，他们出版了《执行力》一书，详细地阐述了一套执行的方法与纪律，将每家公司都要处理的营运、人员、策略等三大核心流程结合起来，让公司群策群力，即使是万众也能够一心。
>
> 《商业周刊》评论：《执行力》是继《执行》之后，在讲解组织如何达成目标方面的又一力作。
>
> 《今日美国》评论：《执行力》一书中大量的生动而详实的案例为那些想要构建执行力组织的企业提供了一个非常好的实践模板。

二、个人执行力提升的方法

要想提升自己的执行能力，需要从多个方面入手，在《没有任何借口》一书中提到了如何提升执行力的"四十八字真经"。

（一）认真第一，聪明第二

电视剧《士兵突击》里面有两个主要人物：许三多和成才。两个人对比鲜明突出，成才很聪明，学任何东西都很快，而许三多则正好相反，用好听一点的话讲，叫作憨厚，说得不好听则叫笨。然而两人同时去参加 A 大队选拔，最终许三多选上了，成才落选了，究其原因不是许三多比成才厉害很多，实际上就士兵的相应技能来讲，成才要比许三多厉害一些，主要原因还在于成才爱耍小聪明，他所做的一切都是围绕自己，基本不会关心别人，而许三多则是非常认真地执行上级的命令。

在两人参加选拔的过程中，有一个场景令人难忘：许三多、成才和伍六一三人为躲避追捕，藏进了一家农家小院之中。三人饥肠辘辘但又舍不得吃配给军粮，成才发现小院的厨房里还有主人家剩下的馒头，就拿过来吃并劝许三多和伍六一一起吃，许三多不吃，成才骂他，说他傻，现在吃了别人也不知道，但许三多还是坚持原则，严格按选拔要求执行，最终不仅自己没吃，也感动了成才，使他放弃了自己的错误行为。

执行只与勤奋有关，与用心有关，与责任有关，而与聪明无关，要有效提升执行力，需要在内心深处建立一个信念：世界上的事只有踏踏实实、认认真真地做，才有可能换来成功。

（二）结果提前，自我退后

结果提前，自我退后的意思即把要做的事的目标放在中心位置，放在大脑的"前面"，把"自我"安排在后面。因为在达成目标中，始终会遇到一些问题，那时会有些情绪起落，这种情绪起落便是一种自我，要学会控制这种自我，也就是把这种自我"退后"。

自我退后，结果提前的原则也在市场竞争中被广泛应用，如市场竞争中经常提到的"以人为本"，指的是以别人（消费者）为本，而不是以自己为本。想要获得客户价值，就要"自我退后，结果提前"，或者说"必须以结果为中心，抛弃以自我为中心"。

在《请给我结果》一书中，作者举了摩托罗拉和诺基亚两家公司的例子来说明"结果提前，自我退后"这一原则。

摩托罗拉是一家优秀的公司，但是在持续多年的成功之后，公司文化中以技术为中心的工程师导向开始抬头，为此摩托罗拉付出了沉重代价。

1991 年，摩托罗拉公司正式决定建立由 77 颗低轨道卫星组成的移动通信网络，并以元素周期表排第 77 位的金属"铱"命名。1997 年铱星系统正式投入商业运营，通过使用卫星手持电话机，透过卫星便可在地球上的任何地方接收和拨出电话信号。

铱星移动通信系统为用户提供的主要业务是：数据传输、寻呼和移动电话（手机）。从技术的角度来看，铱星移动通信系统在技术上突破了很多的障碍，系统基本结构与规程都已初步建成，系统研究发展各个方面也都取得了非常重要的进展。期间全球有共计几十家公司参与铱星计划的实施，可以这样说，铱星计划从初期确立、运筹以及实施都是很成功的。

整个铱星系统耗资高达 50 多亿美元，光是每年系统的维护费就达到几亿美元。当摩托罗拉公司费尽千辛万苦，好不容易等到 1998 年 11 月 1 日正式将铱星系统投入使用时，命运却与它开了一个大玩笑，此时 GSM 手机已占领了整个市场。由于原先定位的客户早已被 GSM 系统吸引过去，铱星系统便无法形成稳定的客户群，从而导致了铱星公司的巨大亏损，甚至连借款利息都偿还不起，摩托罗拉公司不得不将曾辉煌一度的铱星公司申请破产保护，在回天乏术的情况下，只能宣布终止铱星服务。

2000 年 3 月 18 日，铱星背负 40 多亿美元债务正式破产。

就在摩托罗拉大举进攻高科技铱星系统的时候，诺基亚却在手机的个性化应用中下功夫，一举推出内置天线的手机。虽说手机天线的内置，称不上是什么大发明，但诺基亚凭借着这一创新，一下便将摩托罗拉扯下了手机市场份额第一的位置。

除了以上的例子，现实生活中还有很多类似的例子，比如提到苹果公司，大家首先想到的就是他们生产的产品，iPad 系列、iPhone 系列、苹果电脑等，为什么大家都喜欢使用苹果的产品呢？有人说是因为质量好，有人说是因为其外观漂亮，说法不一，但有一点是一样的，即苹果的产品在设计上是充分考虑了消费者的需要的。据说乔布斯还活着时，其带领团队开发新的产品时，都会从自己是一个普通消费者的角度去思考、去研发。

结果提前，自我退后这一原则在企业中也是广泛应用的，很多企业都会将结果作为考评员工的最重要甚至是唯一的标准。例如百事可乐公司，它推崇一种持久深入的"执行力"文化，强调公司员工"主动执行"公司分配的任务，并且百分百地完成它。那些业绩不佳的员工将会被淘汰，而那些业绩优秀的员工总是能得到公司的嘉奖。正因为这种以"结果论成败"的企业文化才塑造了一支有着坚强战斗力的员工队伍，在不停的竞争中，百事可乐渐渐地成为了可口可乐唯一的对手。

对于个人来说，要想有效提升执行力，贯彻"结果提前，自我退后"的原则是非常重要的。在执行的过程中，往往会遇到很多困难和问题，如果不能时刻将"结果"放在脑中，时刻记住它，就可能会只关注到面对的困难和问题了，越关注越觉得没办法完成，最终为自己找一个"我已尽力了，但确实很困难"的借口而已。

（三）锁定目标，专注重复

锁定目标，专注重复的意思是事情一遍一遍地做，才能做得更好。之所以能做得更好，并不是因为比别人聪明，而是因为比别人更加用功，比别人更加专注一点。

海尔的张瑞敏说过一句话：什么是不简单？能够把简单的事情千百遍地做对，就是不简单；什么是不容易，把大家公认的非常容易的事情认真地做好，就是不容易。

孔子是我国历史上最著名的圣人，他能够取得伟大的成就是与他的执着、专注精神分不开的，"三月不知肉味"的典故很好地印证了这一点。

周敬王的大夫苌弘在自家的厅堂里接待客人，而这位来客不是别人，是鲁国大夫孔子。孔子精通诗、书、礼、易，也比较擅长音乐，但没达到精通的程度。他听闻大夫苌弘知天文、识气象、通历法、尤其精通音律，于是借着代表鲁君朝觐天子之机，专门来苌弘家拜访。

寒暄后，二人面对面席地而坐，孔子双手抱拳欠身一拱，谦恭地说道："苌大夫博学多才，孔丘孤陋愚顿，须请教者甚多，然不便过多打扰，今天只就一事，请先生指点迷津。"苌弘略一摆手，笑道："孔大夫声名远播，只是相见恨晚，今既光临蔽舍，正好向先生求教。若有疑难不决之处，咱们共同研讨吧。"孔子说："丘，喜爱音乐，却半通不通。韶乐和武乐都很高雅，都流行于诸侯国的宫廷之间，二者的区别在哪里呢？"苌弘缓缓地说："据弘愚见，韶乐，乃虞舜太平和谐之乐，曲调优雅宏盛；武乐，乃武王伐纣一统天下之乐，音韵壮阔豪放。就音乐形式来看，二者虽风格不同，都是同样美好的。"孔子进一步问："那么，二者在内容上有什么差别吗？"苌弘回答说："从内容上看，韶乐侧重于安泰祥和，礼仪教化；武乐侧重于大乱大治，述功正名，这便是二者内容上的根本区别。"孔子恍然大悟地说："如此看来，武乐，尽美而不尽善；韶乐则尽善尽美啊！"苌弘称赞道："孔大夫的结论也是尽善尽美啊！"孔子再三拜谢，辞行回国去了。

第二年孔子出使齐国，齐国是武乐和韶乐的正统流传之地。恰逢齐王举行盛大的宗庙祭祀，孔子亲临大典，醍畅淋漓地聆听了三天韶乐和武乐的演奏，进一步印证了苌弘的见解。而孔子对韶乐情有独钟，终日弹琴演唱，如痴如醉，常常忘形地手舞足蹈。一连三个月，睡梦中也反复吟唱，吃饭时也在揣摩韶乐的音韵，以至于连他一贯喜欢的红烧肉的味道也品尝不出来了。

意大利文艺复兴三杰之一，达·芬奇最开始学习绘画的时候，他的老师弗罗基奥让他对着桌上的鸡蛋画鸡蛋，老师严肃地告诉他："要学好绘画就得先学好画蛋，因为这是熟练笔法和手法的基本功。而要画好蛋，就需要认真观察它，学会从不同角度来画它。"法国优秀的批判现实主义的作家莫泊桑刚开始学写小说时，他的老师对他说："你别跟我学什么技巧，你自己到大街上去坐着，然后看着驾马车的车夫，专门盯住一位。倘若你能把这个马车夫描述得与其他马车夫不同的话，那你的写作就可以过关了。"

达·芬奇成为世界卓越的画家、莫泊桑成为一代文豪这些奇迹在常人看来非常了不起。可创造这个奇迹的原因却十分的简单,那就是在锁定目标之后,专注地一遍又一遍地重复再重复。

（四）决心第一,成败第二

在执行前,执行的决心有多大往往能决定最后的成本,大家可能都有这样一种体会:如果不想做某一件事情,一定能为此找出成百上千的理由去拒绝它,这个时候只有一件事可以发生作用,就是想不想做。

决心第一、成败第二,就是说一旦决定做某件事情,就不要没完没了地讨论,别把时间浪费在考虑能不能成功上,而是要去坚决执行,就算失败也要执行。执行的关键是建立必胜的决心和信念。

乔·吉拉德是世界上最伟大的推销员,他在谈到自己的成功经验时,曾说道:"建立你的决心!不能再有'以后再做'的事发生,因为根本没有明天再做这回事。今天不是决定你明天做什么,而是决定你明天成为什么。不要错过今天,将一星期前、一个月前、一年前的害怕、懦怯、毁灭信心的思想从你心中除去,今天是你充满信心,永远摒弃害怕的日子,你今天才会充满信心地行动!这就是支撑我每天走向成功的秘密。"

因此,既然决定了要这么做,那就不要去想这个事情是否合理,是不是能够成功等等,而是要建立必胜的信念和决心,这就是执行前的决心原理。

（五）速度第一,完美第二

速度第一,完美第二的意思就是说一旦开始执行,速度是放在第一位的,而完美是第二位的。商场上斗智斗勇,战场上兵刃相见,谁先出手,谁就可能决定胜负。

自从中国改革开放以后,中国的经济发展速度突飞猛进,但改革开放的过程中是否出现过问题呢?答案是肯定的,在改革开放的过程中出现许多预期之中或是超出预期的问题,如:国企改制、国企员工下岗、竞争加剧等等,没有人会说改革开放是完美的。假如为了追求完美,在执行之前就不断地去预测可能会出现什么问题、针对问题进行讨论以及找解决的方法,或许到今天中国都还没开始改革开放。

惠普,世界知名的资讯科技公司之一,1998年6月,惠普公司公布了一个相当令人吃惊的消息:当年增长率只有3%,而在前两年还达到了30%。同时公司还宣布说,2000多名中高级经理暂时减薪5%。

到底是什么原因导致了这一结果呢?有人分析,认为是PC行业的价格战与亚洲金融危机的原因导致的,但华尔街分析师却并不这么认为,他们质疑为何在同样的情况下,IBM、戴尔等公司业绩却没有下滑得如此严重,为何惠普的适应力比其他竞争者迟缓呢?

当时惠普新上任的CEO卡莉对这件事的回答是:惠普的问题出在惠普自己的身上。在过去的60年历史中,惠普是通过强调尊重员工、强调品质卓越获得成功的,但是在信息经济时代,惠普却因过分追求员工共识与品质,牺牲了行动与决策的速度,在网络经济中失去了先机,以至于显得处处被动。

为此,卡莉在惠普提出了著名的速度逻辑:先开枪,后瞄准!过去我们的新产品是要在各方面都达到了95分以上才推出,而现在我们应当改变这种思维方式,产品做到80分就该推出,然后再求慢慢改进。

对于速度逻辑,卡莉做了一个形象的比喻:你滑水冲浪,需要保持一个速度才能够站起来。在这个过程中,尽管我们很难精确地抓住行经路线,但是我们不能为了抓住路线而将我们的速度放慢。网络的时代,要抓住速度才能进入竞争的门槛!

事实上,卡莉进入惠普之后,她发现惠普真的非常优秀,人才济济、品质出众、技术卓越。

但惠普的业绩为何不好呢？原来问题出在市场上，原因是有太多的人在追求瞄准的精度，导致惠普的行动总比市场慢好几拍。

但是每个人对这件事情都有各自的理由：如果没瞄准好，怎么可以随便开枪？"什么才叫瞄准好？"卡莉反问道。我们可以把高科技公司之间地竞争比作滑水一样，如果你想站得稳，你就必须要足够的速度！比如微软，它有哪一个产品是完美的？但是微软的速度却是最快的；比如英特尔，英特尔的产品也未必是完美的，但是它创造了著名的摩尔定律：每 18 个月，英特尔让 CPU 的运算速度以几何级数倍增一次！

在现实生活中，人们最关注的是 0 和 1，而忽略了 0.1，请记住 0.1 大于 0，过分追求 1 的结果往往是 0，速度比完美更重要。

因此在执行时，大家应懂得放弃一些完美的理想化的东西，让自己赶快行动起来，这样就能获得速度，赢得争取胜利的时间。

（六）结果第一，理由第二

结果第一，理由第二即在执行之后假如没有结果，那么，所有的理由都不存在任何的价值，因为执行的目的所要的就是结果。"结果"意识是当今社会一种很重要的处事态度。

大家都知道学习外语是很困难的一件事情，记忆单词、背诵句型，都是比较枯燥的脑力活动，中国很多人从小学或者初中开始就学习英语，但学习了十几年仍然没有学会，原因有很多，如只是为应付考试学习、没有用心、没有学习语言的氛围等等。那么大家知道要掌握一门他国语言最短需要多长时间吗？二战时期美国士兵创造了用一个月时间掌握德语这一令人惊讶的记录。

第二次世界大战期间，有一队美国士兵将要被派遣到德国做间谍，领队的长官告诉他们，送他们去的飞机只能够在俄国和德国的边境附近把他们空降下去，因为那时欧洲第二战场还未开辟，盟军部队还不可以接近德国领土。但这些士兵在出发前一个月都还不会说德语，于是他们的长官严肃地告诉他们："这一个月里你们一定要学会德语，一个月之后出发，无论你们到时候学没学会，都得去。"结果士兵们在一个月里日夜苦学，一个月过后几乎每个人都能说一口地道的德语，甚至连语调和口音都非常像德国人。

他们为什么能这么快速地学会德语？原因在于士兵们知道，如果他们的德语学得不像，当他们跳下飞机之后，德国人就会马上把他们抓起来，结果是他们都会没命。

现代社会是一个非常注重结果的社会：企业要靠结果生存，无论什么原因或理由没有使客户满意，最终的结果都是客户流失；个人要靠结果发展，无论什么理由，没有做好就是没有做好，结果是不会改变的，如果一味地为自己的执行不力找理由，最终收获的也只是一堆理由。

无论你是谁，如果你想进入到一家自己期望进入的公司，你在面试时，都会绞尽脑汁，使尽浑身解数去给面试官留下一个好的印象，让面试官相信，你一定能胜任这个工作，能给公司带来一个好的结果。只有这样，你期望的公司才会录用你，才会给你好的报酬，你才有机会生存下来。

而如果你想要更进一步发展，你是不是就要像面试时所表现的那样，工作表现要优秀出众，甚至超出公司对你的期望？

有的人在面试的时候竭尽全力，经过重重困难，最终进入了公司。但当他成为正式员工后，却开始表现不佳，他们在实际工作中并不像面试时表现出充满激情和有一个积极进取的态度，而是表现出了一种得过且过地混日子状态。

试问，如果碰到这样的人，你如果是公司的老板，会不会后悔录用了他？是不是压根就不会考虑对他进行加薪或者升职，甚至是考虑直接辞掉他呢？

所以，一个人想要在职场中有所发展，就必须不断提升自己的执行力，始终将达成执行预期的结果作为自己的终极目标。上级给下级下达的指令，即使不是自己所期望的那样，也要尽全力做到最好，不能为自己找任何的理由和借口。请记住，在职场中，每个人始终要靠结果生存。

三、团队执行力提升的方法

（一）以身作则

执行是一个从上而下的任务传递和完成的过程，也是执行能力的一个学习、模仿和传递过程。在这个过程中组织管理者应当以身作则，不断强化执行管理。预期的目标能够按时保质完成的关键，它的主要因素是执行力。大家可以想象一下：总经理执行力 100 分，副总经理 92分，部门经理 85 分，部门主管 64 分，基层员工 48 分。如果员工执行力不好，管理者应仔细研究执行在那个环节开始出现偏差了。作为团队的管理者，应该以身作则，不仅要自己拥有好的执行习惯，也要研究整个任务传递过程中每个环节执行情况，及时关注执行力差的人，及早修正已知的错误行为，是保证任务执行的关键所在。管理者在组织中是领头的大燕，团队的习惯、作风、工作的方向都是和团队领导的工作作风密切关联的。

2000 年，全球汽车市场一片萧条时，日产尼桑公司也陷入了艰难的境地。危机时刻，公司的高层空降了法国有"营救大师"之称的卡洛斯·戈恩来到日产。经过一段时间的调研，卡洛斯·戈恩发现日本主管有一个毛病，官一大了就开始学习打高尔夫。如果要去改掉他们的这个毛病，你会怎么去做呢？是在组织内发布制度，严禁主管及以上人员打高尔夫，还是降低他们的薪酬，使他们没有足够的金钱去打高尔夫呢？

卡洛斯·戈恩是这样做的：有一个休息日，卡洛斯·戈恩到公司加班，一个日本主管对他说打高尔夫去啊，他回答那个日本主管说：今天是一个打球的好天气，祝你打高尔夫打得愉快。卡洛斯·戈恩就开始朝工厂的方向走去，日本主管对他说了一句话：不和我一起打球吗？他只回答了一句话，公司的发展状况不好，我打不下去。结果呢，听说卡洛斯·戈恩到公司不到一个月，公司的主管就统统不打高尔夫了。正是卡洛斯·戈恩在组织管理中不断以身作则，仅用了一年多的时间，他就能使连续亏本的日产开始赢利了，一年半的时间创造了 27 亿美元的盈利。

团队是否能成功，领导者是关键。如果方向错了，就算再好的水手也不能到达彼岸。身教重于言传，行胜于言，上级要求下级做到的事情，领导者也必须先做到，打造拥有高效执行的团队，应该从挑选执行高效的领导开始。对领导者来说，执行力并不是某项单一素质的凸显，而是多种素质的结合与表现，它的体现是一种深谋远虑、总揽全局的业务洞察力；是一种不拘一格的突破性思维方式；是一种"设定目标，坚定不移"的态度；是一种雷厉风行，快速行动的管理风格；是一种勇挑重担、敢于承担风险的工作作风。

（二）明确目标

拥有一个明确的目标是执行力的核心，从组织来，是否具有明确可行的目标对于执行力的影响是极其巨大的，很多时候员工不是不想去执行，而是他们不知道执行什么。只要有了明确的目标，执行力才有前进的方向，当目标明确后，不同的部门、不同的员工在工作中就能形成一股合力，从而更有效地发挥团队的力量，聚合各方面的技能与知识，也能更好地促进目标的完成。

要制定出合适的目标关键在于：一要准确定位；二要具体明确，同时进行量化；三要合理地分解；四要有效地转化；五要强化规范；六要动态跟进。只有抓住这关键几点，才能有效地提高执行力。

（三）制度高效

制度在组织中无疑是非常重要的，能否建立简洁高效的制度将直接影响组织员工的执行力。大家先看看《七个人分粥》的故事吧（图5.3）。

图5.3 7个人分粥

7个人住在一起，一起分一大桶粥。由于他们生产力的落后，每天的粥都不够他们喝。那怎么才能让每个人都喝上粥，让其维持生存呢。于是7个人开始琢磨如何分粥。大家发挥各自的聪明才智，商讨分粥的办法。

1. 指定一个人负责分粥事宜，成为专业分粥人士。但是其余6人很快发现，这个人让自己分较多的粥，于是又换了一个人来分粥，但结果仍然一样。不论换谁来主持分粥，结果依然是主持分粥的人碗里的粥最好、最多。最后，人们得出一个结论，权力导致了腐败，绝对的权力会造成导致绝对的腐败。

2. 指定一个分粥人士和一名监督人士。起初这种方式还比较公平，但到了后来人们慢慢发现，监督人士与分粥人士从相互的权力制约走向"权力合作"，监督的人和分粥的人分的粥最多。此制度也宣告失败。

3. 既然大家谁也信不过谁，干脆大家轮流主持分粥，每人一天。这样的制度看似公平合理，但是就等于承认了每个人都有为自己多分粥的权力，同时给予了每个人为自己多分粥的机会。平等是平等了，但是这样会让每人在一周中只有一天吃得饱且有剩余，其余6天都要忍饥挨饿。伴随着时间的流逝，这种制度因资源浪费而宣告失败了。

4. 大家民主选举一个信得过的人来分粥。这样一位品德上乘的人一开始能公平分粥，但是时间一长了，他就会有意识地为自己和溜须拍马的人多分一点。大家开始认识到，腐败和社会风气的变坏了，也因此寻找新的制度。

5. 民主选举一个分粥委员会和一个监督委员会，形成民主监督与制约机制。可以说，这种制度基本上做到了公平。但是因为监督委员会经常提出议案，当分粥委员会据理力争过后，等分完粥时，粥早凉透了。人们认识到，还要寻找更好的办法。

6. 每个人轮流分粥，但分粥的那个人要最后一个领粥。让人惊奇的是，在这种制度下，7

只碗里的粥每次都是一样多的，就像是用仪器量过一样的。很明显地，原因在于，每个主持分粥的人都认识到，如果 7 只碗里的粥有不相同的，他肯定会拿到最少的那碗。

在组织中，制度首先要正确，但也不能只正确，而不管其他的了。太繁琐的制度，无论其多么正确，愿意执行的人肯定是不多的，从而得出简洁并高效的制度流程是提高执行力的保障。

管理就是简单化。科技发展的结果就是使人们的工作和生活更加便捷高效。电话的发明提高了通信速度，汽车的发明提高了运输速度，计算机的发明提高了运算速度。管理的进步，就是要体现在提高执行力的速度上。简洁高效的制度既能够提高工作效率，又能节约成本。比如说，很多公司规定，市话不超过 5 分钟、长话不超过 3 分钟、信息通报不超过 70 个字（一条短信息的字数），工作沟通邮件不超过 100 字，日常文件不超过一页纸。早会不得超过 20 分钟、周例会不得超过 1 小时，月例会不得超过 2 小时，季度或半年度会议不得超过 4 小时，年度会议不得超过 8 小时，联想集团还规定，无论任何原因，会议迟到者，都必须站立 1 分钟，甚至连董事会主席也不例外。许多外资企业规定，所有报告必须用照片、数字和图表，文字内容不得超过三分之一，内部审批不得超过三个环节、公司管理不能超过 4 个层次、办公室工作时间不得过 5 天等。很多企业还规定各类事项的审批、答复和反馈的时间，并且规定超过审批时限未审批的文件视为同意。组织要从根本上去提高执行力，首先应该优化组织的结构，精简制度的流程，否则，流程就会阻碍公司的执行高效。

（四）科学奖惩

如何建立合理有效的激励制度，是企业管理的一个重要问题。松下公司对员工提供的物质条件，在日本算不上最好的，但是公司却可以得到一大批优秀人才。使公司上下充满了活力，并且每个员工都表现出强烈的责任心和事业心。松下公司正是以一套有效的激励机制为杠杆，借助高水平的管理手段，为员工创造一个良好的工作环境，可以充分开发每个员工的潜能，鼓励员工为公司创造出更多的价值，同时也实现了员工自我满足。

科学奖惩是提高执行力度的源泉。如果有了科学的奖惩，组织的执行力就像是永不停息的发动机。激励就是动力，员工就会由螺丝钉变为发动机。有了好的激励制度，马不扬鞭自奋蹄，员工会自发地提高执行力。如顺丰公司在推出新业务的时候，都会针对新业务涉及的相关岗位制定激励制度，通过这种方法，提高员工推动新业务的执行力。

执行力=执行能力+执行态度+执行动机+有效控制+有效促进。这里所讲的执行动机、有效控制和有效促进都指的是激励机制。员工不会去做你需要的事，只会努力去做你检查和奖励的事，员工的执行力是检查出来的。但如果只有检查，没有科学的奖惩，所有的检查也会变得空洞无力。现代企业推进的责任中心、利润中心、目标导向的绩效管理、季度增长提成、股票期权制度、红白票制度、年度利润分享等就是短、中、长期相结合的科学的激励机制。

（五）培养文化

组织执行文化是指在组织中把"执行"作为所有行为的最高准则以及终极目标的文化，所有有利于执行的因素，都予以充分而科学的利用，所有不利于执行的因素就会立即被排除。以一种强大的监督措施和完善的奖惩制度，促使每位员工能够全心全意投入工作，改变自己的行为，最终使团队形成注重现实、监督有力、目标明确、简洁高效、严肃、紧张、团结、活泼的执行文化。

泰康是家股份制寿险公司，其郑州分公司在 2003 年发展迅速，当年实现保费总收入 12 亿元，收入同比增长 136%，个人营销新契约标准保费突破 2 亿元。在争先恐后的扩张热潮中，泰康筹建的十几家分公司成功率相当高，成为省内保险业一支生力军。

泰康的迅猛发展，固然是与保险业高成长性、公司战略、区域特点等因素有关，但仔细观察就不难发现，一个企业优秀的执行文化也是功不可没的。

保险，特别是寿险，经营的对象是人，而且因为保险是看不见、摸不着，只有当他人出险时才能有切身感受。所以，保险账单能否销售出去，全要靠人。整个公司的各项目标能否实现，说到底，取决于上万人的营销团队能否全都执行到位。

泰康郑州分公司总经理的王小平说，执行力文化在某种程度上就是绩效文化，可以用一个统一的绩效考核指标来衡量结果，但是，还要关注整个过程。公司的人员要相对保持稳定，不能动不动就换人，否则大家的人心凝聚不起来，容易有短期的考虑。如果不能从公司得到任何保障，为何要去对公司负责？如果人员到位了，接下来就是如何去打造团队优秀的执行力了。王小平经常会去各处走动，帮助并去指导下属解决问题，而且一定去"两头"，即最好的和最差的营销服务部，需要与大家一起总结经验教训。他说："小事不解决，就是大问题，所以关注问题、解决问题，对保证团队执行力很重要，而不单单看结果。企业文化、奖惩的杠杆、行之有效的制度和对员工思想的准确把握，是打造团队执行力的几大法宝。"

泰康曾有一个支公司业绩一直上不去，后来发现是经理的工作思路、用人都有一定的问题，并且在工作中处理某些具体问题也欠缺公正，团队的执行力当然会很低。在更换经理后，业绩攀升得很快。王小平认为，"要想增强员工的执行力，必须有统一的标准，不能由领导说了算，发挥员工创造参与的积极性、自主性，同时还要设计合理的工作流程。"

"海尔"是一个由濒临倒闭的小厂发展成为称雄国内外市场的企业集团，今天的海尔为什么这么强大，知名度这么响呢，为什么会做得这么好呢？其实这也与他们组织强大的"执行文化"有关的。在海尔公司可以看到这样一个标牌："日事日毕，日清日高。"所有海尔人都以此作为自己的工作目标，无论什么工作都在规定的时间内认真完成，"海尔"也正是通过这样的方式，使员工养成良好的工作习惯，员工的执行力也伴随着"海尔"的不断发展而提升。

（六）不断学习

在这个知识经济时代，对新观念、新知识的学习能力，能够影响一个公司的执行力，建立起一个学习型组织，将更加有助于提升组织员工执行力。

在"中国 IT 行业十佳雇主"评选活动中，华为、金蝶（国际）软件集团、联想等著名 IT 企业入围十佳名单，在其主办单位所进行的网络调查中，金蝶软件更是以 44.99%的得票率率先高居榜首，成为了"最佳雇主"。这无疑是对一个企业内部管理，尤其是对人力资源管理工作的一种最高赞赏，因为"人才"是知识经济时代软件企业里面最具核心的竞争力之一。只是，成长才不过 10 年的金蝶，为什么却可以高居"中国 IT 行业十佳雇主"之榜首？金蝶软件成功的秘诀就在于持续创新，通过建立学习型组织帮助重塑"自我"。

《执行力》一书曾提出现代企业成功的要素有三个：战略、人、运营。在这个知识经济时代，人才无疑是第一竞争力。而金蝶公司学习型组织的建立，就体现了对人才的重视和尊重。学习型的组织是通过培养整个企业的学习气氛，充分发挥员工的创造性思维能力，建立起来的一种有机的、能持续创新、横向网络式的、高度柔性、符合人性发展的组织。

具体为：将个人的愿景，整合为企业的共同愿景，将所有的员工凝聚在同一面旗帜下，形成企业里面一股强大的生命力；同时，公司将通过整合个人学习，从而形成企业前进的动力。在这一过程中，公司要创造一个良好的学习环境，使员工能够终身学习。因为，只有学习才能持续创新、提高素质。加强对员工的培训，建立学习型组织，是金蝶产品、理念不断出新，与合作伙伴、用户共同成长的动力源泉。

2002 年年底，金蝶启动了"TOP100 计划"。依据"二八原则"，将全员总数的 20%左右的比例列入关键员工关注计划和接班人计划，将 80%的资源完全投入到他们身上，对他们进行一个重点的培养，把他们纳入进人才贮备池，作为今后任职、提拔的主要人选来源。主管人事的副总裁罗明星，在解释"TOP100"计划时说："这是金蝶对员工进行个性化培养的一种措施。我们要让有价值的员工得到更多关注，给他更好的培训，为他量身定做职业发展计划，管理层会定期和他交流，他的名字、他的背景、能力特长、思想动态将随时被公司管理层掌握，他感受到的是一种被聚集式的关注。这些关注让他感受到公司的期待，他会成长得更快，发展得更好。"而且每年，金蝶都会从销售额中提取 3%~5%出来，用于员工培训，而这种培训紧密围绕当年公司长期战略所需要提升的组织能力展开，一般每年都是在着重提升几项能力上。在 2003 年，金蝶重点提升的就是管理人员素质能力以及渠道销售能力、产品经理的产品管理能力等。除此之外，对于所有管理者的绩效考核纬度里面都具有能力纬度的要求，要求其主动提升自身能力和下属团队的能力。并不定期委派技术骨干出国进行相关的培训，并委派一定数量的管理人员，去参加 EMBA 培训；特设"总裁学堂"，邀请社会知名人士、企业家为员工授课，广博见识，开拓视野。真正建立起一个完全开放自由的学习型组织。而这样去做，又恰恰是从事创造性工作的金蝶员工深层次的精神需要。

正是通过构建学习型组织，不断提升员工的综合能力，不断让员工的归属感增强，才会让金蝶软件获得"中国 IT 行业十佳雇主"的称号，金蝶公司也才能健康持续发展。

第四节　高效团队协作

团队的整体执行力决定着团队成员的命运，而是否能够实现高效的团队协作也在很大程度上决定着一个企业的命运。因此在团队开展工作的过程中，一定要重视对高效团队协作能力的培养。

一、高效团队的特征

1. 明确的共同目标

目标清晰了，方向才会明确，才能有效地激励团队成员，将个人目标升华至群体目标里面中去。1984 年 9 月，中国的蓝星集团刚刚起步，到今天，它已经占领了全国工业清洗市场 90%以上的份额，还进入了美国、日本等国际市场。在蓝星集团创建之初，蓝星集团创始人任建新报着促进我国的工业文明生产、节能降耗、保护环境的目标，以"行业报国"的理念，团结一心，勇于拼搏，敢于承担失败，通过不断培育、扩大清洗市场，它的生产经营规模逐步扩大，蓝星集团最终成为中国最成功的化工企业之一。

2. 相关的工作技能

高效的团队是由一群高效率的成员组成的。他们具备实现理想目标所必须的技术和能力，而且成员与成员之间必须具有良好的合作品质。蓝星集团创建之初，一项技术、七个半人、一间工棚、一万元借款、一辆"大篷车"的创业环境，没有足够的资金投入，没有成功的经验借鉴，一切都要靠自己的双手，一切靠大家的奋斗，一切靠大家的合作，"没有办法，大家想办法""不能干的大家想办法去干"，所以才在一次次困难面前，一幕幕的成功喜乐当中，铸就了蓝星人良好的合作氛围。

3. 坚定的相互信任

团队成员相互信任是高绩效团队的显著特征。也就是说，每个成员对其他人的品行和能力都确信不疑。在日常的人际关系中大家都能体会到，人与人之间的信任是很脆弱的，它需要花大量的时间去培养，但又很容易被破坏。而且，只有信任他人，才能换来他人的信任。所以，维持团队成员的相互信任，必须引起管理层足够的重视。

4. 高效的沟通交流

毫无疑问这是高绩效团队必不可少的特点。团队成员通过畅通的渠道去交流信息，相互沟通，消除彼此的误解，大家都能迅速而准确地了解彼此的情感和想法，都能努力工作。同时，对于高绩效团队来说其成员角色具有灵活多变性，总在不断地调整，这就需要团队成员具备较好的谈判技能。由于团队中的关系和问题时常变换，成员必须面对并且应付这种情况。

5. 有力的领导保障

强有力的领导者能够让团队跟随自己共同渡过最艰难的时期，他能为团队指明前途所在，向成员说明变革的可能性，鼓舞整个团队成员的自信心，帮助他们充分了解自己的潜力。举个例子：1984 年，海尔集团由一个亏损 147 万元的小厂起家，海尔集团首席执行官张瑞敏"做大事，不做大官"的人格影响力无疑成了企业发展的灵魂。可见优秀的领导者不一定非得指使和控制团队成员。高绩效团队的领导者往往担任的是教练以及后盾的角色，他们对团队提供支持和指导，但并不是试图去控制它。

6. 良好的内外环境

成为高绩效团队的最后一个必要条件就是它的环境支持。从内部条件来看，团队应该要拥有一个合理的基础结构，这包括：适当的培训和一套易于理解的用以评估员工总体绩效的测量系统，以及一个起到支持作用的人力资源系统。从外部条件来看，管理层应给团队提供各种完成工作所必需的资源。

二、高效团队协作的方法

无论建立什么样的组织或团队，都必须以充分发挥组织的作用为目的去工作。作为一个团队，重要的是必须围绕高绩效来执行。

1. 制定共享的团队目标

这个目标是团队存在的理由，是整个团队运作的核心动力，关系到团队里面全体成员的利益，能很好地激励起大家的斗志，是协调团队高效行动的关键。所以要建立高绩效的团队，首要的任务就是确立团队目标，让目标引航。

在制定团队目标时，一是要充分了解由什么样的人来确定团队的目标。一般情况下，确定团队目标要由团队的领导者以及团队的核心成员参加。二是团队的目标必须与团队的愿景相互连接，两者的方向是相一致的。愿景是勾勒出团队未来的一幅蓝图，具有挑战性，会鼓舞团队成员勇往直前的斗志。三是必须发展一套目标运行的程序。目标确定后但不一定是准确的，还要根据工作中遇到的实际问题随时修正和纠正，向正确的方向去引导。四是必须将目标进行有效分解。目标是来源于愿景，愿景又来源于整个组织的大目标，而个人的目标又是来自于团队的目标，它对团队的目标起着支持作用。五是必须把目标有效地传达给所有的相关人员以及团队成员。

一般情况下，要遵循以下准则制定目标。一是目标要明确。拥有明确的目标几乎是所有成功团队的一致特点，有很多团队不成功的最主要原因往往是目标模棱两可，又或者是没有将目标有效地传达给相关的成员。比如"增强客户的意识"这句话描述的就不明确，因为增强客户意识有很多较具体做法。比如减少客户投诉，从原来的 3%降低到 1%；习惯使用规范礼貌的用语；采用规范的服务流程等方式。二是相对比较容易衡量。如果对于制定的目标没有办法去衡量，就无法判断该目标是否已经达成。比如对化工操作工顶岗培训考试的标准，由原来的 80 分提高到 90 分，低于 90 分的就必须补考，补考仍不合格的就分流到其他岗位。但并不是所有的目标都是可以衡量的，有时也会有例外产生，比如大方向性质的目标就非常难以衡量。三是要让人们容易接受。目标是要被下属接受并执行下去的。如果领导者利用一些权力性的影响力，或者行政手段去一厢情愿地把自己的目标强压给下属，下属最典型的反应就是行为和心理上的抗拒。一旦这个目标已经到了无法实现的时候，下属就会有理由去推卸责任。现在的员工学历、素质、知识层次都远远超过从前，对于目标的制定，要采取自下而上、自上而下共同结合的方式，吸收下属来参与这个目标的制定，员工完成目标的积极性就要比强制性可能要高得多。

2. 培育优秀的团队精神

团队精神是一个高绩效团队的灵魂，是团队成员为了实现目标和团队利益而互相协作、尽心尽力的意愿和作风。团队精神包含 3 个层面的内容。

（1）团队的凝聚力

团队的凝聚力是针对团队和所有成员之间的关系而言的。团队精神表现为团队成员强烈的归属感以及一体性，每个团队成员都能深刻感受到自己是团队中的一分子，把个人工作和团队目标紧密联系在一起，会对团队很忠诚，并且对团队的成功感到自豪，同时也会对团队的困境感到忧虑。所以在团队发展过程中，要不断增强全体员工之间的凝聚力，要不断增强团队的凝聚力。一是要求团队的领导要采取一个很民主的方式，让团队的每一个成员都敢于表达自己的意见，使他们积极参与组织的决策。二是建立一个良好的信息沟通渠道，让员工有地方、有机会、有时间向领导反映问题，化解矛盾，互通信息。三是建立健全激励及奖励机制，个人奖励和集体奖励具有不同的作用，集体奖励可以增强整个团队的凝聚力，会使成员意识到个人的荣誉和利益与所在团队不可分割；个人奖励同时可能会增强团队成员之间的竞争力，但这种奖励方式也可能会导致个人顾个人，在团队内部之中形成一种压力，导致协作、凝聚力可能会弱化。

（2）团队的合作意识

团队的合作意识是指团队和成员表现为协作和共为一体的特点。团队成员间相互依存、互相敬重、同舟共济、彼此宽容和尊重个性的差异；彼此间产生一种信任的关系，遵守承诺、待人真诚；相互帮助、共同提高；共担责任、共享利益和成就。

众所周知，良好的合作氛围是高绩效团队的基础，没有合作就很难取得优秀的业绩。所以，在工作之中，应该努力培养起团队成员的合作意识。一是要在团队内部积极营造一个融洽的合作气氛。任何一个团队的精髓就是在于"合作"二字。团队合作受到团队所属环境和团队目标的影响，只有团队成员都具有与他人合作的意愿及与实现目标相关的知识技能的基础上，团队合作才有可能获得成功。二是团队领导人首先要带头鼓励团队之间合作而不是竞争。美国原总统肯尼迪曾说："前进的最佳方式是与别人一道前进"。三是制定合作的规范及合理的规章制度。在任何一个团队中，如果出现能者多劳却不能多得，就会使成员之间产生一种不公平感，在这种情况下也很难开展后续的合作。如果要想有效推动合作，管理者必须制定一个被大家普遍所认同的合作规范，采取一个公平的管理原则。四是强调大家共同的长远利益，管理者要使团队成员拥有一个共同的愿景，使大家相信团队目标是可以实现，只有这样团队成员才不会计较眼前的一些得失，主动去开展合作。

（3）团队的士气

团队的士气是团队精神里面的一个重要方面。法兰西帝国第一缔造者拿破仑曾说过："一支军队的实力四分之三靠的是士气"，将这句话的含义延伸到现代的企业管理之中，为团队目标而奋斗的精神状态对团队的业绩是非常重要的。所以，在任何一个企业的管理中，要始终关注整个团队成员士气的高低，才能提高工作效率。一是要采取措施让团队中成员的行为与团队的目标一致。如果团队成员赞同且拥护团队目标，并认为自己的要求和愿望在目标中都能有所体现，那么士气就会高涨。二是要合理分配利益。每位成员的工作都与利益紧密相关——无论是精神的还是物质的，只有在合理、公平、同工同酬以及论功行赏的情形下人们的积极性才会提高，士气才会高昂。三是要充分发挥每一个成员的特长，让成员对团队的工作产生兴趣，对工作热爱并且充满兴趣，士气就高，因此，团队的管理者应该根据成员的能力、智力、兴趣、才能以及技术特长来安排工作，把合适的人员安排在合适的位置上。四是实行民主管理。团队内部的管理方式，特别是团队管理层的领导方式对成员的积极性影响很大。

3. 营造和谐的团队关系

良好的人际关系是团队运作的润滑剂。有人说："管理者事业的成功，15%由专业技术决定，85%要与个人人际关系和处理技巧相关联。"人际关系的主要特点就是在于，它具有明显的情绪体验色彩，是以自己的感情为基础建立起来的。工作中，生活中，都会有这样的感觉，不同的人际关系带给人们的情感体验是不一样的，亲密的关系会使人愉悦，而对抗的关系则会让人烦躁。

所以为了较好地改善人际关系，一是要理出与他人关系相对紧张的成员名单。二是还要具体分析与谁的关系最为紧张。三是从利人利己的观念出发，找出存在的障碍。四是对于个人就可以解决的问题，要在自己的范围内设法解决掉，假如不能解决的，则可以借助组织的力量，找准时机，寻求解决方式。

4. 创造良好的团队沟通

团队在实际工作中，很多管理学家都认为阻碍团队工作顺利开展的最大障碍就是缺乏有效的沟通。为什么会产生如此惊人的结论？据一份调查结果显示：团队管理者工作时间的20%～50%是在进行各种语言上的沟通，如果把文字沟通，包括各种报告、汇报、总结等加进去，会达到64%。就是说普通的团队成员每小时也有16min～46min是在进行沟通。

对于团队来说，沟通是一个永远的工作。沟通之所以重要，是因为沟通无所不在，沟通的内容也包罗万象，如开会、会谈、谈判甚至指挥工作、对下属进行考核等都是在进行沟通。管理者往往把很多的时间都是用在沟通上，由于各种事务和工作都需要沟通，才能制定最终解决的方案。如果缺乏沟通这个桥梁，团队的任何建设都将显得毫无意义。

5. 进行有效的团队激励

激励就是通过一定的手段使团队成员的愿望和需要得到满足，借以调动大家工作的积极性，使其主动而自发地把个人的潜能发挥出来，奉献给团队，从而确保团队实现一个既定的目标。

在工作中，团队成员并不都是一贯表现出工作主动，任何人都可能由于心境、家庭、心绪、工作不顺利从而出现懈怠。比如需要付出额外努力的时候表现出不合作，不愿去自愿地做额外的工作；迟到、早退而不做一个合理的解释，也不能按时完成手上的工作，不能按照所要求的标准去做；工作出现问题时总是去埋怨别人等，所有的这些都将预示着某个团队成员在工作意愿或士气方面出现了一些问题。而唯一的办法就是对他们进行合理的激励，再次激发出工作愿望，给他增加工作动力。

6. 给予充分的团队信任

信任建立起来很难，但很容易失去。这在一定程度上是因为人们经常会以一种怀疑的心理定势开始交往。管理者想要赢得成员信任，就必须显示出诚意和全力支持成员来培养信任。即便再多的承诺，仍会有少数人怀疑。因此，作为团队的管理者，要先假定自己值得信赖，并从被信任开始做起，守诺、诚实、并公正待人，信任往往都会随之而来。

三、高效团队案例的解读

"胜则举杯相庆，败则拼死相救！"这是华为集团团队协作的最真实写照。与华为市场部打过交道的人大都知道，他们的营销能力很难去超越。刚开始，人们以为这是因为华为人的素质相当高，可是当对手换了一批素质同样很高的人，发现还是很难战胜他们。最后大家终于明白，与他们过招的远不止是前沿阵地上的几名所谓的华为的"冲锋队员"，在这些人的背后是一个相当强大的后援团队。这个团队中的成员有的负责技术方案相关的设计，有的负责外围关系拓展，有的甚至已经成功打入了竞争对手内部，一旦"前方"有需要，马上就会有人来增援。华为通过这种看似不很高明的战术体系，将其他国家"苦心"圈好的"中国市场领地"搅得七零八落，并采用了蚕食策略，从一个区域城市、一个产品入手，逐渐从他国经营者的手中夺回更多的中国市场。1998 年前后，这种团队协作的文化被明确为所谓的"狼性"文化，华为总裁任正非简洁明了地总结了群狼的特性：敏锐的嗅觉、不屈不挠、奋不顾身的进攻、再加上群体奋斗（图 5.4）。

图 5.4　华为大厦

敏锐的嗅觉集中体现在华为对市场走向和客户需求的高度敏感。当年，华为 201 校园卡、智能网、接入服务器等相关产品能够快速推出并迅速占据国内市场的主导地位，就得益于这个标志性的特性。在国际市场开拓的过程中，华为经历了"屡战屡败、屡败屡战，败多胜少，逐渐有胜"的"八年抗战"，就体现出了狼性文化中奋不顾身、不屈不挠的精神。在东欧，给客户安装完产品之后，西门子的工程师都住进了五星级酒店进行休息，而华为的工程师则卷着铺盖住在现场，所有机器一旦出现问题，他们会第一时间出现解决——华为就是靠着这种"小米加步枪"团结一心的精神让竞争对手产生了恐惧感的。许多公司千方百计地想猎取华为的优秀人才为己用，但猎头公司一致的看法是：挖到华为几个员工并不难，但想要猎取华为的一个团队，几乎是不可能！作为竞争对手之一的电信巨子思科深深感受到来自华为的巨大威胁，这些威胁来自华为超高技术性能的产品以及服务，而在这一切背后，是华为不容忽视的严密的团队协作。

华为合作项目组也非常注重团队建设，在非常有限的项目经费中省出一部分专门用在团队建设，定期举办一些娱乐活动，活跃团队氛围。如户外拓展运动，南鹏岛海上旅游等都给整个项目组的成员留下了深刻的回忆，活跃了整个团队的氛围，增进了项目组成员之间的感情，加深了项目成员对项目组的归属感和认同感。另外，×××项目组共有近 40 名组员，每月总会有几个人过生日，所以项目组每个月都会过一次集体的生日，大家一起为寿星们庆祝他们的生日，吃生日蛋糕，每个人都能够感受到集体的温馨和问候。项目组鼓励大家参加一些对工作有益的相关认证考试，对于通过考试拿到认证资格证书者，项目组在民主生活会时会现场对其进行相关奖励，每个组员都感受到努力所带来的直接有效的激励。华为合作项目有一个非常好的传统，这来源于华为的内部企业文化，在为运营商现场服务的项目组中坚持得也相当地好，这就是每月一次的民主生活会。民主生活会，既可以说成是一个茶话交流会，因为开会现场会买来很多水果零食之类的东西；也可以说是一个正式的工作会，因为在这个民主生活会上项目经理必定会对整个项目当月的工作情况进行回顾和总结，并部署和安排下一个月的工作计划及其目标。民主生活会的最后一项议题——批评和自我批评，也是很重要的。项目经理会要求各小组写出 3 条自身需要改进的方面和 2 条其他小组或项目经理需要改进的地方，并由其进行理由阐述。这样，每个小组既能检讨自身工作中的不足，又能帮助其他小组发现自身的一些问题，使得自己和兄弟小组一起成长和提高；同时，通过这种自我批评与坦诚布公的批评方式，也增进了各小组之间的兄弟情谊，消除了误会，可提升今后合作配合的效率。华为合作项目中也带来了华为公司内部的一些人性化风格的管理，比如定期的例行沟通。项目经理会定期抽时间与各位组员在一起回顾其前一段时间的总体工作情况，并肯定其所做出的成绩和努力；另外，更重要地需要详细指出对方在某些方面的不足之处，并帮助他明确改进的方法和方式，对他提出殷切的期望。

同时，例行沟通的过程中也会问及组员感觉自身存在什么样的疑虑和困难，需要项目组领导帮助解决的，或者对项目组制度方面存在什么样的意见和想法。一般通过这样的例行沟通之后，项目经理基本上能够较清楚地掌握每位组员的思想动态，也可以对其有针对性地进行教育和帮助，使其提高对组织的认同感，提高人员的凝聚力和稳定性。

正是因为有着这样一批优秀的团队，华为才能在现在如此激烈的市场竞争中脱颖而出。华为的崛起，离不开其超高的技术性能的产品，离不开其自身优质的服务，离不开其团队中的精英人才，但正如上面的案例中所言，在服务、产品、人才的背后，"是华为不容忽视的紧密的团队协作"。正是这种协作精神，才能使华为的众多精英人才汇聚成一个真正且高效的精英团队，在华为所设定的大目标以及大方向下互相扶持、协同作战、共同进步。总结华为团队建设成功的经验，大概有以下 7 点。

1. 卓越的团队构成

华为有一支素质相当高的员工队伍，团队中每一位成员都有其擅长之处，在关键时候总有人能够站出来解决当前问题。团队成员素质的异质性保证了团队总体的智力支持。

2. 广为认同的团队文化

高绩效团队的核心价值观是以人为中心，把人的全面发展和团队整体的目标有机结合起来，发挥团队各位成员积极性的同时实现团队的整体目标。华为非常尊重作为行为主体的人，重视发挥团队中每个人的能动性和积极性，始终贯彻把提高人的素质和实现团队目标的统一作为团队的重中之重来抓；强化团队员工的主人翁意识，培育统一的企业价值观和道德意识观，树立"团体兴亡，人人有责"的观念；团队领导相当重视团队整体物质环境和精神环境的综合管理，创造出好的文化氛围，培养员工的集体协作意识。团队内要促进良性竞争，共同学习和发展的文化氛围，同时要学会及时沟通，集思广益，分享团队成功的知识和经验。

3. 严密的团队合作

华为的团队从来都不会孤军奋战，竞争对手或许能看到在外"冲锋陷阵"的队员，却很难看到华为极其强大的后援团队。团队的重要特点在于协作，只有严密的协作才能使团队的力量远远大于团队中每个成员力量的简单总和。华为严密协作的团队文化，正是让竞争对手最为惧怕的关键之一。

4. 不屈不挠的团队精神

华为的团队精神，简单地说就是大局观、服务精神和协作精神的集中体现。团队精神的基础是尊重个人的成就和兴趣，核心是协同合作，最高境界是所有成员的向心力、凝聚力，反映的是整体利益和个人利益的统一，进而保证团队的有效运转。狼是一种群居动物，具有不屈不挠的奋斗精神，这也正是华为团队的最真实写照。

5. 人性化的管理理念

提到华为，也许在众人眼里，是其军事化的管理风格，留下许多"不人性"的印象。但是，华为的团队管理却较为人性。华为鼓励员工成长，注重与员工的沟通，举行例会，举办生日聚会，外出旅游等。通过人性化的管理，使团队成员具有凝聚力和向心力，更好地为团队服务。

6. 明确的发展目标

"狼性"文化一个很关键的地方在其敏锐的嗅觉。华为总是能够把握瞬息万变的市场环境，迅速做出预测并制定发展目标。明确的发展目标是企业前进的方向，是团队奋斗的指南针。华为目标管理的主旨在于使团队的目标与个人的目标相结合，而且借着目标的达成以满足个人的兴趣与需要。

7. 其他支持性活动

如领导的支持和重视，强而有力的竞争性薪酬，充分信任的氛围等等。总之，华为团队建设的成功之处有许多值得学习和借鉴的地方。但每个企业都有其自身的相关特点，只有适合自己的才是最好的，企业应该根据自己的风格，建立起相应的团队，以迎接激烈的竞争。

本 章 小 结

1. 每个团队在建设的过程中通常都会经历组建期、激荡期、规范期、执行期、休整期 5 个阶段。

2. 一个团队必不可少的 9 种角色为创新者、信息者、实干者、推进者、协调者、监督者、完美者、凝聚者、技术专家。

3. 团队建设时，团队中的角色安排要清晰，避免角色超载、冲突、错位、缺位等现象。

4. 执行力是团队合作的重要基础，是跨部门团队得以良性运作、持续发展的推动力，同时更是团队能够走向成功的重要保障。

课 后 练 习

1. 请思考团队与群体的区别并举例说明。

2. 简述团队成员角色分工的方法，并思考自己在所处团队中的角色以及团队角色分工是否合理。

3. 结合自身的实际情况，谈谈如何提升自己及所在团队的执行力。

4. 简述打造高效团队的方法并写下提高自己所处团队绩效的建议。

第六章 自 我 管 理

在职场中，每个人都在进行自我管理，而每个人进行自我管理能力的差距往往就决定了在职业生涯中的成就。因此要想拥有一个成功的职业生涯，就必须不断培养自己的自我管理能力。本章将从时间管理、压力管理和情绪管理 3 个方面来介绍如何进行有效的自我管理。

第一节 时 间 管 理

一、时间管理的含义

（一）时间的特性

要想能够真正地了解时间并且管理"时间"，就有必要对时间的本质有深刻的认识。首先来一起了解时间的 4 项独特性：

（1）供给毫无弹性：时间是公平的，它对待每个人都是一样，每天都是 24 小时，不会因为身份地位不同而发生变化，所以时间无法开源。

（2）无法蓄积：时间不像人力、财力、物力和技术那样能够积蓄储藏。不论愿不愿意，每个人都必须消费时间，所以时间无法节流。

（3）无法取代：任何一项活动都有赖于时间的堆砌，时间是开展任何活动的基本前提，没有时间就没有一切。因此，时间是无法取代的。

（4）无法失而复得：时间无法像失物一样能够失而复得。它一旦过去，则会永远丧失。挥霍了金钱，尚可赚回，但倘若浪费了时间，任何人都无力挽回。

（二）时间管理的含义

时间管理就是用技巧、技术和工具帮助人们完成工作，实现目标。时间管理学者杰克·弗纳对时间管理的定义是：有效地应用时间这种资源，以便人们有效地达成个人重要目标。

时间管理并不是要把所有事情做完，而是探究如何有效合理地运用时间，以创造更大的价值。时间管理可以帮助人们分清哪些事情应该做、哪些事情可以不做；时间管理不是完全的掌控，而是降低变动性。时间管理最重要的功能是透过事先的规划，作为一种提醒与指引。

（三）时间管理的必要性

"一寸光阴一寸金，寸金难买寸光阴。"中国人是世界上最早认识时间管理的重要性的。孔子曾经站在河边对着湍急的江水喟然长叹："逝者如斯夫，不舍昼夜。"当他发现他的一位弟子时间管理不善，用白天的时间睡觉，就给了那位弟子全方位的否定。

"时间是免费的，但它却是无价的。你不能拥有时间，但是你可以使用时间。你不能留住时间，但你可以消耗时间。一旦你失去了它，就再也找不回来了。"——哈维·麦凯

"时间远比金钱更贵重。你可以赚到更多钱，但你却赚不到更多时间。"——吉姆·朗

当今社会是一个讲求速度和效率的社会，要求人们用最短的时间完成最多的事情。要很好地完成工作就必须善于利用自己的工作时间。工作是无限的，时间却是有限的，时间是最宝贵的财富。没有时间，计划再好，目标再高，能力再强，也是空的。时间是如此宝贵，但它又是最有伸缩性的，它可以一瞬即逝，也可以发挥最大的效能，时间就是潜在的资本。

一个人、一个团队能否在事业生涯中取得成功，秘诀就在于时间管理。在国外，很早就出现了时间管理学，管好自己，就是最高的管理。美国托马斯·爱迪生曾经说过：世界上最重要的东西是"时间"。美国著名的管理大师杜拉克说道："不能管理时间，便什么也不能管理""时间是世界上最短缺的资源，除非严加管理，否则就会一事无成"。

每个人都希望梦想成真，成功却似乎远在天边、遥不可及，懒惰、倦怠和不自信让人们怀疑自己的能力，进而放弃了努力。其实，大家不必想以后的事情，活在当下，只要想着今天、想着现在如何把事情做好，未来的成功就会变成生活过程中的一种副产品。"一切的节约都是时间的节约"，马克思这一经典之语，值得每个人用一生去体会。

拓展阅读

你需要进行时间管理吗？

请问，如果每天都有 86400 元进入你的银行户头，而你必须当天用光，你会如何运用这笔钱？

天下真有这样的好事吗？

是的，你真的有这样一个户头，那就是"时间"。每天每一个人都会有新的 86400 元进账。那么面对这样一笔财富，你打算怎样利用它们呢？

首先，大家一起来做一个关于时间管理的测试。

下面的每个问题，请你根据自己的实际情况，如实地给自己评分。计分方式为：选择"从不"为 0 分，选择"有时"记 1 分，选择"经常"记 2 分，选择"总是"记 3 分。

"我"在每个工作日之前，都能为计划中的工作做些准备。

凡是可交派下属（别人）去做的，"我"都交派下去。

"我"利用工作进度表来书面规定工作任务与目标。

"我"尽量一次性处理完毕每份文件。

"我"每天列出一个应办事项清单，按重要顺序来排列，依次办理这些事情。

"我"尽量回避干扰电话、不速之客的来访，以及突然的约会。

"我"试着按照生理节奏变动规律曲线来安排"我"的工作。

"我"的日程表留有回旋余地，以便应对突发事件。

当其他人想占用"我"的时间，而"我"又必须处理更重要的事情时，"我"会说"不"。

结论：

0～12 分：你自己没有时间规划，总是让别人牵着鼻子走，你急需采取恰当的方法对你的时间进行管理。

13～17 分：你试图掌握自己的时间，却不能持之以恒，你需要加强时间管理。

18~22分：你的时间管理状况良好。

23~27分：你是值得学习的时间管理典范。

（四）时间管理的误区

时间管理中常见的误区如下。

1. 工作缺乏计划

尽管计划的拟定能给人们带来诸多的好处，但仍有不少人从来不做或是不重视做计划，原因不外乎如下4条。

不做计划也能获得实效；

不了解做计划的好处；

计划与事实之间极难趋于一致，故对计划丧失信心；

不知如何做计划。

应届毕业生作为一个新进入社会的人，要步上职业化的道路，成为一个强调实效性的职场人士，就不应该把以上原因当作工作不力的借口。固然有些事情是易行而难料的，但若过分地强调这一点，则有可能养成一种"做了再说"或"船到桥头自然直"的侥幸心理。试问：房子燃烧的紧要关头，消防队员是否应立刻拿起水龙头或灭火筒进行灭火，还是应花费少许时间判别风向、寻找火源、分派工作，然后再进行抢救？不做计划的人只是消极地应付工作，他将处于受支配的地位；做计划的则是有意识地支配工作，处于主动的地位，最终能够提高工作效率。

由于目标中拟定假设的客观环境发生变动，计划与事实往往难以趋于一致，所以每个人必须定期审察自己的目标与计划，做出必要的修正，寻找最佳途径。但如果是处于无计划的引导，则一切行动将杂乱无章，最终走进死胡同。

由于工作缺乏计划，将导致目标不明确；没有进行工作归类的习惯；缺乏做事轻重缓急的顺序；没有时间分配的原则。

2. 时间控制不够

多数人通常在时间控制方面容易陷入下面的陷阱。

习惯拖延时间；

不擅处理不速之客的打扰；

不擅处理无端电话的打扰；

不擅拒绝他人的请求。

3. 整理整顿不足

办公桌的杂乱无章与办公桌的大小无关，因为杂乱是人为造成的，"杂乱的办公桌显示杂乱的心思"。让一个缺乏条理的人使用一个小型的办公桌，这个办公桌会变得杂乱无章，即使给他换一个大型的办公桌，不出几日，这个办公桌又会同样乱成一团。套用"帕金森定律"——"工作将被扩展，以便填满可供完成工作的时间"，也可以导出"文件堆积定律"——"文件的堆积将被扩展，以便填满可供堆积的空间。"

当上司索取一份资料时，是否能在第一时间从容不迫地递给他？当需要一份信息时，是否会满文件夹翻个底朝天？

4. 进取意识不强

人们常说："人最大的敌人就是自己"。有些人之所以能够随意浪费时间而毫无悔意，最根本的原因就是他个人没有明确的目标，缺乏进取意识，缺乏对工作和生活的责任感和认真态度。

主要表现在以下 4 个方面。

个人的消极态度；

做事拖拉，找借口不干工作；

唏嘘不已，做白日梦；

工作中闲聊。

如果一直处于迟钝的时间感觉中，换句话说，当觉得时间可有可无，不愿面对工作中的具体事务，沉溺于"天上随时掉下大馅饼"的美梦，那就需要好好反省自己了，因为这样的人随时在丧失宝贵的机会，随时可能被社会所淘汰！

二、时间管理的理论与原则

（一）四代时间管理理论

有关时间管理的研究已有相当长历史，具体而言，时间管理理论的发展经历了 4 个不同的阶段：

第一代时间管理理论着重利用便条与备忘录，随时提醒自己应该做什么事情，便于人们在忙碌中合理调配时间与精力。

第二代时间管理理论强调行事历与日程表，反映出时间管理已注意到对未来规划的重要性。

第三代是当下比较流行、讲求处理事情优先顺序的观念。也就是依据轻重缓急设定短、中、长期目标，再逐日制订实现目标的计划，将有限的时间、精力加以分配，争取最高的效率。

这种做法有其可取的地方。但也有研究者发现，如果过分强调效率，把时间卡得死死的，有可能会产生反效果，使人失去增进感情、满足个人需要以及享受意外之喜的机会。于是许多人放弃这种过于死板拘束的时间管理法，回复到前两代的做法，以维护较好的生活品质。

现在，又出现了第四代时间管理理论。与前三代时间管理理论截然不同之处在于，它根本否定"时间管理"这个名词，主张关键不在于时间管理，而在于个人管理。与其着重于时间与事务的安排，不如把重心放在维持产出与产能的平衡上。

（二）时间管理矩阵（四象限法）

时间管理中，运用得较为普及的管理方法恐怕就是时间管理矩阵了，接下来，大家一起来了解时间管理矩阵的具体内容。

一个人要在同一时间处理两件及以上的任务是件极为困难的事情，一直保持高效更是难上加难，因此管理者应把时间花在重要的、有价值的且必须做的任务上，而不是花在那些并非必须要做的事情上。

著名时间管理学家科维提出了一个时间管理的理论，将工作按照重要和紧急两个不同的维度进行划分，基本上可以将所有工作分为 4 个"象限"：既紧急又重要、重要但不紧急、紧急但不重要、既不紧急也不重要，如图 6-1 所示。

第一象限是重要又紧急的事。诸如应付难缠的客户、准时完成工作、亲人住院开刀等。这是考验个人的经验和判断力的时刻，需要及时解决；若耽搁了，往往造成重大损失。但也不能忘记，很多重要不紧急的事都是因为不断拖延或事前准备不足，而变成重要紧急的事情了。

第二象限是重要但不紧急的事。主要是与生活品质有关，包括长期的规划、问题的发掘与预防、参加培训、向上级提出问题处理的建议等等。荒废这个领域将使第一象限日益扩大，过后陷入更大的压力，在危机中疲于应付。反之，多投入一些时间在这个领域有利于提高实践能力，缩小第一象限的范围。做好事先的规划、准备与预防措施，无形中会减少很多紧急重要事件的出现。这个领域的事情不会需要立即处理，所以必须计划有序地去做，这是发挥个人领导力的领域。

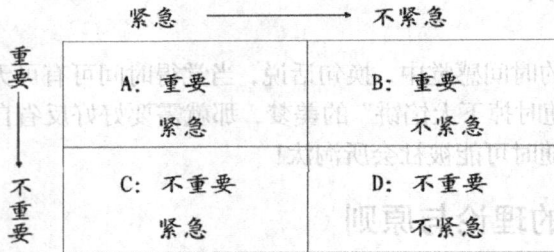

图 6.1　时间管理矩阵

第三象限是紧急但不重要的事。很多人认为此象限的事情应优先于重要不紧急的事情。其实这种观点是不太正确的。此象限事情表面看似第一象限，因为迫切的呼声会让人产生"这件事很重要"的错觉——实际上就算重要也是对别人而言。电话、会议、突来访客都属于这一类。花很多时间处理这一象限事情，自以为是在做紧急又重要的事情，其实不过是在满足别人的期望与标准。

第四象限属于不紧急也不重要的事。这些事情没有任何价值可言，所以根本不值得花半点时间在这个象限。但人与机器不同，人们往往在一、三象限来回奔走，忙得焦头烂额，不得不到第四象限去疗养一番再出发。这部分范围倒不见得都是休闲娱乐活动，因为真正有创造意义的休闲娱乐活动是很有价值的。然而像阅读无聊的言情小说、毫无实质内容的电视节目、办公室聊天等，这样的休整不但不能很好地调整自己，反而是对身心的毁损，刚开始时也许有滋有味，到后来就会发现其实是很空虚的。

人们通常会把紧急的事情放在第一位，这是不太恰当的。时间管理理论的一个重要观念就是应有重点地将主要的精力和时间集中地用于那些能够体现自身价值的重要不紧急的事情，这样可以做到未雨绸缪，防患于未然。

在最初，可能会重视事情的重要程度，做的都是"重要且紧急"的事情，但应避免习惯于"紧急"状态，否则，会不由自主地喜欢上"到处救火"的感觉，把自己当成"救火队员"，长此以往，会对自己的身心健康带来巨大的隐患。

正确的做法是将大部分时间花在"重要而不紧急"的事情上，这样既可以避免掉进"嗜急成瘾"的陷阱中，更可以避免在事情变得紧急后才疲于应付。对于高校来说，"重要不紧急"的事就是教学。确定了教学任务，就明确了围绕教学所需的人、财、物以及包括学术活动在内的各种活动，高校各个管理层的时间管理都应围绕这一任务展开。

（三）时间管理的原则

1. 要事第一原则

什么是要事第一原则呢？简单来说，就是将最重要的事情放在第一位优先处理。大家一起看看下面的故事：

在一次时间管理的课程上，老师在桌子上放了一个装水的罐子。然后又从桌子下面拿出一些正好可以从罐口放进罐子里的"鹅卵石"。当老师将石块放进罐子后问他的学生道："你们说这罐子是不是已经装满了？"

"是,"所有的学生异口同声地回答说。

"真的吗?"老师笑着问。然后再从桌底下拿出一袋碎石子,接着把碎石子从罐口倒下去,摇一摇,再加一些,再问学生:"你们说,这罐子现在是不是满的?"这回他的学生不敢回答得太快。最后班上有位学生怯生生地细声回答道:"也许没满。"

"很好!"老师说完后,又从桌下拿出一袋沙子,慢慢地倒进罐子里。倒完后,再问班上的学生:"现在你们再告诉我,这个罐子是满的呢还是没满?"

"没有满,"全班同学这下学乖了,大家很有信心地回答说。"好极了!"老师再一次称赞这些"孺子可教"的学生们。称赞完了后,老师从桌底下拿出一大瓶水,把水倒在看起来已经被鹅卵石、小碎石、沙子填满了的罐子。当这些事都做完之后,老师问学生:"你们从上面这些事情得到什么重要的感悟?"

班上一阵沉默,过了一会一位自认为聪明的学生回答说:"无论我们的工作多忙,行程排得多满,如果再逼一下的话,还是可以多做些事的。"这位学生回答完后心中很得意地想:"这门课到底讲的是时间管理啊!"

老师听到这样的回答后,点了点头,微笑道:"答案不错,但这并不是我要告诉你们的重要信息。"说到这里,老师故意顿住,用眼睛向全班同学扫了一遍说:"我想告诉各位最重要的信息是,如果你不先将大的鹅卵石放进罐子里去,你也许以后永远没机会把它们再放进去了。"

对于工作中林林总总的事件可以按重要性和紧急性的不同组合确定处理的先后顺序。做到鹅卵石、碎石子、沙子、水都能放到罐子里去:要事第一。

对于人生旅途中出现的各种事件也应如此处理。也就是平常所说的处在哪一年龄段就应该完成哪一年龄段应完成的事,如学生阶段就应该认真学习,不断提升自己的能力,否则,时过境迁,到了下一年龄段就很难有机会补救。

2. 帕累托原则(二八法则)

帕累托原则又称作重要的少数、微不足道的多数,或 80 对 20 定律、犹太法则等,是 19 世纪末和 20 世纪初由意大利经济学家及社会学家帕累托提出的,最初是用于经济领域中的决策。其核心内容是生活中 80%的结果几乎源于 20%的活动。比如,是那 20%的客户带来了 80%的业绩,可能创造了 80%的利润,世界上 80%的财富是被 20%的人掌握着,世界上 80%的人只分享了 20%的财富。因此,要把注意力放在 20%的关键事情上。随后二八法则慢慢延伸到人们生活中的各个方面,包括时间管理领域。

穆尔于 1939 年大学毕业后,在哥利登油漆公司找到业务员的工作。当时的月薪是 160 美元,但满怀雄心壮志的他给自己拟定了一个月薪 1000 美元的目标。当穆尔逐渐对工作感到得心应手后,他立即拿出客户资料以及销售图表,以确认大部分的业绩来自哪些客户。他发现,80%的业绩都来自于 20%的客户中,同时,不管客户的购买量大小,他花在每个客户身上的时间都是一样的。于是,穆尔的下一步就是将其中购买量最小的 36 个客户退回公司,然后全力服务其余 20%的客户。

结果如何?第一年,他就实现了月薪 1000 美元的目标,第二年便轻易地超越了这个目标,而后成为美国西海岸数一数二的油漆制造商。最后还当了凯利穆尔油漆公司(Kelly-Moore Paint Company)的董事长。

在时间管理中,二八法则告诉人们,20%的工作会占据整个工作 80%的价值,因此应该集中 80%的主要时间与精力去做那些最有价值的 20%的工作，剩下 20%的时间与精力去做那些不太有价值的 80%的事情。

3. 麦肯锡 30 秒电梯理论

麦肯锡公司曾经得到过一次沉痛的教训：该公司曾经为一家重要的大客户做咨询。咨询结束的时候，麦肯锡的项目负责人在电梯间里遇见了对方的董事长，该董事长问麦肯锡的项目负责人："你能不能说一下现在的结果呢？"由于该项目负责人没有准备，而且即使有准备，也无法在电梯从 30 层到 1 层的 30 秒钟内把结果说清楚。最终，麦肯锡失去了这一位重要客户。从此，麦肯锡要求公司员工凡事要在最短的时间内把结果表达清楚，凡事要直奔主题、直奔结果。麦肯锡认为，一般情况下人们最多记得住一二三，记不住四五六，所以凡事要归纳在 3 条以内。这就是如今在商界流传甚广的 "30 秒钟电梯理论" 或称 "电梯演讲"。

4. 4D 原则

Do it now（亲自做）：不能丢掉不管、不能拖一拖再办、不能授权的事，按照优先顺序自己亲自去完成。

Delegate it（授权）：学会授权，将能派出去的事尽量派给他人干，这样可以节约时间干最重要的工作。

Do it later（稍后再办）：把一些偏离目标的情绪活动，次要的工作、信息资料不全的工作，暂时挂在一边，待有空时再去处理。

Don't do it（丢掉不管）：把一些与目标无关的事，无效益的事，应差的事丢掉不管。

5. 帕金森法则

帕金森法则认为，工作在最终期限到来前是不可能被完成的。这一法则实际上是依赖人与生俱来的惰性和对最后期限的潜意识发挥作用。人们会下意识地根据完成时限的远近把工作分为三六九等，完成时限越近，人们对某项工作的关注度越高、投入的精力越大。迫近最后期限的工作，会促使人们挖掘自身的潜能，调动一切资源保证任务按期完成；而那些完成时限较远或可以被无限期推迟的工作往往被束之高阁。

6. 自控法则

自控法则其实包含三层含义。

（1）对于能自己掌控的事情，不用再花过多的时间和精力去掌控它，它会自行朝着既定的目标前进。

（2）对于无法掌控的事情，不必为其多费心思，时间会给出一切问题的答案。

（3）对于能够而且应该掌控的事情，用心去掌控它。

三、时间管理的方法

1. 设立明确的目标

时间管理的目的是让最短时间内实现更多想要实现的目标。把今年要实现的 5～10 个目标写出来，找出一个核心目标，并依次排列重要性，然后依照目标设定详细的计划，并依照计划进行。设立目标需遵循在第二章中介绍过的 SMART 原则，也就是 Specific（具体的）、Measurable（可衡量的）、Achievable（可达到的）、Relevant（相关的）、Time-based（基于时间的）。

2. 学会列清单

把自己接下来要做的每一件事情都写下来，越详细越好，列一张总清单，这样做能随时都明确自己需要处理的事情，在列好清单的基础上进行目标切割。

将年度目标细化为季度目标，列出清单，明确每一季度要做哪些事情。

将季度目标细化为月度目标，并在每月初重新审核一遍，遇到有突发事件而更改目标的情形时及时调整过来。

每个星期天，把下周的工作计划制定出来。

每天晚上把第二天要做的重要事情罗列出来。

3. 做好"时间日志"

花了多少时间在哪些事情上，把它详细地记录下来，每天从刷牙开始，洗澡、穿衣花的时间，早上搭车的时间，平常上门拜访客户的时间，把每天花的时间一一记录下来，会发现做了哪些事，又浪费了哪些时间。当找到浪费时间的根源时，才有办法去改变。

4. 制订有效的计划

绝大多数难题都是由未经认真思考的行动引起的。在制订有效的计划中每花费 1 小时，在实施计划中就可能节省 3 ~ 4 小时，并会得到更好的结果。如果没有认真制订计划，那么实际上正计划着失败。

关于计划，有日计划、周计划、月计划、季度计划、年度计划。时间管理的重点是待办单、日计划、周计划、月计划。

待办单：将每日要做的工作事先列出一份清单，排出优先次序，确认完成时间，以突出工作重点。要避免遗忘就要避免半途而废，尽可能做到今日事今日毕，做一件了一件。

待办单主要包括的内容：非日常工作、特殊事项、行动计划中的工作、昨日未完成的事项等。

待办单的使用注意：每天在固定时间制定待办单（最好是一上班就做）、只制定一张待办单、完成一项工作划掉一项、待办单要为应付紧急情况留出时间，每天坚持。

每年年末做出下一年度工作规划；每季季末做出下季末工作规划；每月月末做出下月工作计划；每周周末做出下周工作计划。

5. 按计划进行实施

有了计划，就必须有行动，没有行动，计划永远只是计划。

一只新组装好的小钟被放在了两只旧钟当中。两只旧钟"滴答""滴答"一分一秒地走着。其中一只旧钟对小钟说："来吧，你也该工作了。可是我有点担心，你要走完 3200 万次，恐怕会吃不消了。""天哪！3200 万次。"小钟吃惊不已，"要我做这么艰巨的事？办不到，办不到。"另一只旧钟说："别听它胡说八道。不用害怕，你只要每秒滴答摆一下就行了。""天下哪有这样简单的事情。"小钟将信将疑，"如果这样，我就试试吧。"小钟很轻松地每秒钟"滴答"摆一下，不知不觉中，一年过去了，它摆了 3200 万次。

请大家记住：

切实实行计划和创意，以便发挥它的价值，不管主意有多好，除非真正落实到位，否则永远无法达成目标。

实行计划时心理要平静，要预先估计困难、做好准备并根据实际情况及时调整。

美国成功学家格林在演讲时，经常对观众开玩笑地说，美国最大的快递公司——联邦快递，其实是他发明的。他没说假话、大话，他的确有过这个主意。但是相信世界上至少还有一万个和他一样的创业家，也想到过同样的主意。20 世纪 60 年代格林刚刚起步时，在全美为公司间的合作提供协助工作，他每天都生活在赶截止日期、并在限时内将文件从美国的一端送到另外一端的工作节奏中。当时格林曾经想，如果有人能够开办一个能够将重要文件在 24 小时之内送到任何目的地的服务该有多好！这想法在他脑海中驻留了好几年……一直到有一个名叫弗列德·史密斯的家伙真的把这主意转换为实际行动。

这个故事给人们的教训是：成功地将一个好主意付诸实践，远比在家空想出一千个好主意要有价值得多。

6. 安排"不被干扰"时间

假如每天能有一到两个小时完全不受任何人干扰地思去考一些事情，或是做一些自认为最重要的事情，这一两个小时可能抵过一天的工作效率，甚至可能比3天的工作效率还要高。

7. 考虑不确定性

在时间管理的过程中，还需应付一些出乎预料之外的不确定性事件，因为计划永远没有变化快，所以需为意外事件预留时间。有3种预防此类事件发生的方法：第一是为每件计划都留有多余的预备时间。第二是努力使自己在不留余地，又饱受干扰的情况下，完成预计的工作。这并非是不可能的事，事实上，工作快的人通常比慢吞吞的人做事精确些。第三是另准备一套应变计划，迫使自己在规定时间内完成工作。

当然，考虑到突发事情的不确定性，在不忙的时候，应该把一般的必然要做的工作先尽快解决。

第二节 压力管理

近几年，随着经济的发展与竞争的不断加剧，人们也越来越多地提到"压力"这个词语，压力无处不在，压力会对自己工作、生活产生一定的影响，这需要通过一定的方法与技巧进行压力管理，以使工作更加有效、愉悦，使生活更加幸福、美好。

一、压力与压力管理

（一）压力的含义

压力是一种刺激，是一种足以引起紧张、心理感受的威胁。

压力是一种历程，是个人与环境之间沟通、调适的互动过程。

压力表现为缺乏人际支持、想法不切实际、身体紧张、情绪压抑、忽略自己的需要和感官刺激过度。

压力的大小，与压力源的大小成正比，与个人身心承受压力的强弱程度成反比。

综上所述，可以认为，压力既是一种刺激或消极的感受，也是一种人与环境的互动历程。人无压力轻飘飘，而压力过大则可能使人崩溃。压力的大小，既取决于压力源的大小，也取决于个人身心承受压力的强弱程度。

在每个人的日常工作和生活中，压力可说无所不在。学生考试前，因为无法预知会遇到何种形式的考题，即使准备再充分还是多少会感受到压力；马上就要毕业，别人已经找到工作而自己还没有找到工作，会感受到压力；刚换一个新的工作，对新的环境与工作内容不熟悉会感受到压力；当着众多陌生人进行公众演讲，因为无法预知会出现何种情况，同样也会感受到压力。另一方面，业绩目标无法达成、担心实力不如对手、家人有问题无法解决、经济状况不佳等等，免不了也会产生压力。无论是哪一种情况下产生的压力，其实都有一个相同的特质，就是当一个人碰到一件事而感觉到"我不行""我不了解"或是"我不确定"等时，就会感受到压力。

压力可以视为一种侦测器,用以测试一个人的工作能力与抗压能力。同样一件事情,对不同的人产生的压力也是大小不同的,能力较强者,感受到的压力便较弱;能力较弱者,可能会觉得压力已经超过了自己的承受能力。一个人能够负荷的压力强度,也反映出他的能力高低或对事物的熟悉程度。压力的存在,代表想要达到的标准高于实际情况,而压力的消除,则代表能力较先前有所提升。在任何一家企业,抗压能力强的员工往往比抗压能力弱的员工能够得到更多发展与提升的机会。

从另一方面来说,一个人如果感受不到任何压力,这种情况不但并不可喜,反而要特别小心。因为这表示在能力提升与个人成长上,少了一股相当重要的动力来源,这样的环境虽然安逸,但是却无助于成长。例如当前很多大学生在大学阶段无所事事、得过且过,最主要原因就是他们没有任何压力。就此而言,压力的存在有其正面意义,每个人都需要一定的压力,只要把握好一个合适的度,人就不应该害怕和排斥压力。

(二)压力的来源

压力的起因或来源大体分为工作压力、生活压力、社会压力三方面。

1. 工作压力

工作压力是指在工作中产生的压力。它的起源可能有多种情况:如工作环境、工作任务的数量与难易程度、工作完成的时限,工作的时间长短、员工人际关系的影响,这些都可能是引发员工工作压力的诱因。

2. 生活压力

每一个员工都有自己的个人家庭生活,家庭生活是否美满和谐对员工具有很大影响,房子、车子、票子、对象、孩子这些都可能是员工会面临的家庭与生活压力。

3. 社会压力

社会压力包括社会宏观环境(如经济下滑、行业不景气、就业竞争等)和员工身边微观环境的影响。如IT业职场要求从业人员及时掌握最新专业知识,优胜劣汰,专业人员淘汰率高,此时就会对IT从业人员造成很大的社会压力。员工所处社会阶层、地位高低、收入状况同样对其构成社会压力。如当员工自身收入状况与其他社会阶层相比,或者与其他同行业从业人员相比较低时,对他可能会产生极大压力。

(三)压力的管理

压力管理(Stress management)就是个体用有效的方法应对在压力情况下的生理、心理唤起;压力管理,即是适应压力的过程,而管理则是控制之意。换言之,一个人不仅要做压力的主人,要操纵压力,还应将压力作为新的资源与支持系统,将精神放在疏解压力上,更进一步的计划是如何将压力从负面转为正面,从而使工作生活更加和谐、更有效能。

压力是当人们去适应由周围环境引起的刺激时,人们的身体或精神上的生理反应,它可能对人们心理和生理健康状况产生积极或消极的影响。适度的压力有助不断推动组织、个人持续发展,而压力过度则会带来一些负面的影响,如危害健康、耗费精力、降低生产力、破坏人际关系等。当压力过度时就应当及时地进行压力管理,否则还容易影响员工的健康,导致经济出现损失等后果。因员工压力过大造成的员工经常性的旷工、心不在焉、创造力下降而导致的企业生产力损失,仅在美国每年就超过1500亿美元。为了预防和减少压力对员工个人和组织造成的消极影响,发挥其积极效应,许多企业管理者已开始关注员工的压力管理问题。企业实施适当的压力管理能有效地减轻员工过重的心理压力,保持适度的、最佳的压力,从而使员工提高工作效率，进而提高整个组织的绩效、增加利润。

二、压力来源与压力评估

适度的压力能够变成一种有效的动力推动人们不断提升自己的能力，可帮助人们有效地工作；而过度的压力则可能会扭曲人们对问题的理解，甚至会对身心健康带来极大的危害。

那么，怎样才能知道一个人感受到的压力是否适度？怎样才能知道自己在工作中是不是一个问题型焦虑者？简言之，如果焦虑或压力影响了工作效率，说明确实存在问题。问题型焦虑者会夸大自己的恐惧，把过多的时间花在毫无用处的思考上，他们无法做出决策，也不能很快地创造成果。

如果怀疑或知道自己已经有了压力问题，就应该通过考察工作环境及自身对工作环境的反应，以评估这个问题的严重程度。

（一）工作压力的主要来源

造成工作压力最常见的原因包括：工作上的变化，触发消极压力循环的突发性事件；不健康的工作环境，办公室中现有的问题、潜在的问题和系统性问题；个人反应，对工作中正常或异常情况的焦虑反应。一般而言，人们所具有的消极压力和不良焦虑可能与多个压力源有关。下面列出了许多人都曾经历过的较为普遍的压力情形：

1. 工作上的变化

（1）工作负荷的变化

如果公司只减少员工的人数却不降低总的产量，这就意味着员工要承担额外的任务，他们必须提高生产力才能弥补人员减少所带来的损失。公司在进行扩张时也会让员工承担日常工作之外的其他职责。不管是哪种情况，额外的工作都可能会造成员工的不满和焦虑。

（2）薪酬的变化

如果员工的薪酬福利降低了，很可能会导致员工产生焦虑，他们的生活质量有可能会因此受到影响，这也会使他们感受到更大的生活压力。

（3）工作、任务或团队的变化

适应新的工作环境永远都是一个充满压力的阶段。员工不仅要学习新的技能和流程，还要发展新的办公室关系或团队关系。所有这些都要耗费额外的精力和注意力，这可能会转化为不良压力，使人无法在工作上做到最好。

2. 不健康的工作环境

（1）超负荷工作

当公司因裁员或未及时招到合适的人员时，管理者常常希望现有的员工能承担更多的工作内容，以弥补时间和劳动力的不足。结果往往会导致员工超负荷工作，使本身压力较大的团队更加紧张。

（2）工作狂式的办公室文化

在一些工作强度很大、压力很高的组织中，其企业文化要求员工长时间工作与加班，甚至连周末也无法休息。先不论这种加班是否真的有必要，这种文化必然带来的结果就是激烈的竞争和疲惫不堪的员工。

（3）难以相处的上级

管理者的领导风格是不同的，一些时候下属并不一定能够接受和适应管理者的管理风格。

例如，一些主管认为向团队施加压力可以提高生产力，而事实往往事与愿违，他们的做法会给员工造成一种普遍的恐惧和焦虑感，从而破坏生产力。与难以相处的上级之间的冲突矛盾是造成公司人员流失的一个重要原因。

3．个人的消极反应

（1）害怕失败

如果工作在充满着竞争和批评的氛围之中，就会缺少团队精神，进而导致消极思维，此时人们会将外部的批评信息转变为内心的自我怀疑，并加剧对失败的恐惧。

（2）自卑

自卑与对失败的恐惧有紧密的联系，如果消极的思维模式占了上风，排斥或歪曲了积极的信息，便会产生自卑，结果将导致产生一种认为自己能力不够的消极心态。

（3）缺乏信任

如果管理层宣扬的是一套积极的价值观（如忠诚与奉献、诚信与正直），而其行为方式却与这些价值观相反（例如进行重组或裁员），那么将使整个工作环境笼罩上一种虚伪做作、冷嘲热讽的气氛。

（4）丧失群体感

由于现代办公室的隔间化，许多人都感到在工作上很少与他人联系，他们往往认为自己被忽视或被遗忘在自己的小隔间里。这种孤立感不仅对自由职业者来说是个问题，同样对那些通过计算机网络进行办公而非让员工聚在一个大空间内办公的组织来说，也是个越来越值得关注的问题。

（5）工作倦怠

工作倦怠是一种独特的压力。它是工作狂文化与不良压力相结合而导致的严重后果。当人感到陷入工作中却看不到未来时，就可能会感觉到倦怠。此时会无法处理日常的事务，感到疲倦、紧张、烦躁；坦率地说，对什么都满不在乎！

（二）压力的自我评估

压力过度的部分征兆很容易辨认，但也有很多征兆却并不容易发现。如果具备一种发现这些征兆的能力，就能判断自己到底是个正常的焦虑者还是个问题型焦虑者。压力主要会在以下几个方面产生负面影响：情绪、行为和精神。

1．情绪

压力大的一些情绪征兆包括：烦躁和缺乏耐心、沮丧、害怕、自卑、嫉妒，以及对工作失去兴趣。

如果感到似乎无力控制自己的处境，并且在目前的状态下感觉自己很脆弱，那么可能正在经历"基本焦虑等式"所特有的一些症状。

2．行为

压力大的一些行为征兆包括：饮食习惯的改变（吃得过多或过少）；饮酒更多；走来走去，静不下来；吸烟增多；咬牙和/或咬指甲；开车猛。

虽然咬指甲和咬牙好像并不是特别危险的习惯，但它们却能反映出内心的躁动；而其他一些症状则可能更令人不安，甚至会给周围的其他人带来危险。

3．精神

压力大的一些精神征兆包括：健忘倾向；胡思乱想或大脑一片空白；优柔寡断；抵制变化；缺少幽默感；工作效率降低。

这些精神征兆说明思想负担太重，头脑已经无法正常运转，更不要说达到最佳状态了。这就是不良焦虑所带来的结果，它会使人无力做自己想做的事，无法成为自己想要成为的那类型人。

📚 **拓展阅读**

你的职业压力有多大?

1. 你的上司喜欢为难你?　　　　　　　　　　A. 经常　　B. 偶尔　　C. 从没有

2. 你讨厌办公室里有人抽烟吗?　　　　　　　A. 经常　　B. 偶尔　　C. 从没有

3. 你是否会对同事发火?　　　　　　　　　　A. 经常　　B. 偶尔　　C. 从没有

4. 你是否有辞职的念头?　　　　　　　　　　A. 经常　　B. 偶尔　　C. 从没有

5. 你是否期待一些令你兴奋的事情发生?　　　A. 经常　　B. 偶尔　　C. 从没有

6. 你是否担心不小心将杯子掉在地上?　　　　A. 经常　　B. 偶尔　　C. 从没有

7. 你是否讨厌别人把音乐开到很大声?　　　　A. 经常　　B. 偶尔　　C. 从没有

8. 你是否常把钥匙或钱包忘在办公室?　　　　A. 经常　　B. 偶尔　　C. 从没有

9. 你下班回家后是否只想睡觉?　　　　　　　A. 经常　　B. 偶尔　　C. 从没有

10. 你周末是否想约朋友喝茶聊天?　　　　　　A. 经常　　B. 偶尔　　C. 从没有

计分标准

选 A 得 5 分; 选 B 得 3 分; 选 C 得 1 分。

结果评析

1. 得分在 10～18 分之间，说明你的工作应该很愉快，目前没有什么压力。

2. 得分在 19～30 分之间，说明你的工作有了压力，但只要调整得当，压力就会慢慢消除，你很快会恢复到正常。

3. 得分在 31～40 分之间，说明你的工作压力较大，也许你从来没有感觉到工作的乐趣。你可能有非常强的离职念头，此时不妨请假休息一段时间吧!

4. 得分在 41～50 分之间，说明你已经开始仇恨这份工作了，包括 5 你共事的同事和领导。或许自己已经感觉到身体不适了，比如头晕、想呕吐等。此时你需要为自己好好解解压了。

三、压力管理的方法

（一）个人进行有效压力管理的方法

1. 四步法

四步法是可用来打破消极压力循环的一种方法，它提供了一种应对压力的机制。

（1）停止

一旦感到有压力过度的苗头，就立刻对自己说"停!"。例如，正当自己要写完报告时，电脑突然崩溃，心头顿会涌起一股潮水般的焦虑感，满脑子都是失败的提示:"演讲会失败，我要完了，我会被解雇!"此时可以阻断这些信息，不让自己"听到"。对自己说"停"，然后再将这个字重复两遍："停""停"。

（2）深呼吸

第二步是深呼吸。当觉得压力过大时，深呼吸一下，让空气充满自己的胸腔。屏住呼吸 8 秒，然后缓慢地呼气。就像说"停"能够阻断头脑中的消极想法一样，深呼吸可以克服屏吸的压力倾向。专注地呼吸可以帮助当事人转换一种方式应对压力。

（3）反思

通过打破压力模式并借助深呼吸为自己提供能量，就可以去关注真正的问题了，即压力的起因。通过反思自己对压力的反应，可以着手区分不同层次的想法，将理性的压力反应与不理性的压力反应区分开来。这样就可以更加平静和实事求是地看待实际情况，并将其与受到焦虑影响的歪曲理解区分开来。

（4）选择

最后，既然已经将注意力放在实际问题上，就可以找到真正的解决方案。例如，在重新启动电脑后，可能会发现几乎没有丢失什么东西，或者即使丢失了一些资料，仍然可以通过传统的口头方式将信息传达给受众。这样，通过确定选择方案，使自己有能力更好地解决问题，从而将一个似乎是灾难性的问题变得可以控制和管理。

2. 适当宣泄

以宣泄来减轻压力。例如，自己整个星期都过得很糟，所有的事情好像都出了问题：汽车坏了、助手辞职、计算机染上病毒、预算计划被否定。感到自己快要崩溃了，并开始怀疑还有什么新的灾难会降临。要处理这么多的现实问题，此时压力可能会陡然上升，并会干扰自己理性地解决问题。这时候，不仅仅需要安慰，还需要适当地宣泄。

宣泄可以使自己暂时放下问题，从而带来一定的放松。只需要大声地把这些问题逐一说出来，就能减轻这些问题对焦虑不安的大脑造成的困扰。宣泄对压力中的自己会很有帮助。

但是一定要选择合适的宣泄对象。需要能够倾听并且具有同理心的人，而不是把问题搁置一边不当回事的人，也不是那些想要替人解决所有问题的人。宣泄的目的是使大脑得到放松，将心理空间让给真正的问题，恢复精力，从而在需要的时候能够处理这些问题。

3. 自我暗示

与自己的内心交流可能是应对压力的最有效的策略之一。随着自己慢慢长大，对周围世界的了解也慢慢增加，就自然而然地形成许多想法，这些想法可以帮助理清自己的感觉和体验。如果这些自然产生的想法是健康而有建设性的，就会以积极的态度对待生活。但是，长期焦虑的人经常会受到消极下意识想法的影响，从而产生焦虑和压力。

消极的自我暗示，即对自己说的话，会直接形成压力。自我暗示与内心的假设和信念相关，它一般是自动产生的、熟悉的和无意识的。

人的身体无法区分实际的体验和想象中的事情。当设想一个糟糕的结果时，比如被解雇，身体就会做出相应的反应，如同这件事真地发生了一样。在危险情况下产生的各种生理反应，在假想的危险情形中也会出现。

人们经常自我暗示，而如果对自己所说的都是一些消极的话，如批评自己（"我怎么会做这么愚蠢的事情！"）或责骂自己（"我是个白痴！"），自己就会开始相信这些话。

多数人很少停下来仔细思考自我暗示的内容。例如，对那些批评，从来都不反驳，从来都不给予理解和谅解。换句话说，多数人从来不对自己的假设进行检验。正因为自己从不反驳消极的想法，如"我知道自己不会得到提升"，那么这些想法往往就会慢慢地应验。

（1）倾听自我暗示

识别无意识的想法。想想今天刚到办公室时对自己说的话，那些话是积极的还是消极的？对这些话是否有一种很熟悉的感觉？例如，是不是看见办公桌就会想"我今天不能将所有事情都做完吗？"这个说法对吗，这是不是在歪曲或夸大实际情况？

（2）选择积极的自我暗示

改造看待事物的方式。改造是一种把消极的自我暗示转变为积极的肯定的方式。这种方式把事件或经历放置到另外一个不同的背景中，使自己可以从新的角度去认识它。考虑一下某种情境下最糟糕的情景。例如，如果公司合并后被解雇了，会怎么办？将会发生什么事情？这一事件中将会出现什么样的新机会？换句话说，要尽可能从更多的角度来看待某一情况。从中可以学到些什么？正所谓塞翁失马、焉知非福，看上去是灾难的情况有可能会带来令人振奋的新机遇，看上去可怕的错误也可能是一次极好的学习机会。

（3）肯定自己

给自己安慰和支持。积极而具有建设性的自我暗示是需要练习的，起初可能会觉得不习惯。但是要坚持下去，要告诉自己很棒、能行以及会成功。在适当的时候相信自己。积极的方式将会得到增强，因为它们实际上也更合乎情理。

4. 锻炼身体

常常有这样的情况：无论多么努力地进行评估、计划和补救，无论怎样设法与他人以及自己的感觉进行联系，可能还是会受到那些现实存在的、需要关注的问题的重压。或者，无论多么地善于思考、分析和与外界进行联系，仍然会感受到焦虑和巨大的压力。不管压力的来源是什么，锻炼身体都是应对压力的一种重要方法。身体状态的改变有助于精神状态的改变。

压力毕竟对身体有直接的影响。短期的压力会赋予一定的精力及面对危险情况时所需要的警觉和清醒。但长期的压力会给身体带来有害的紧张。长期压力会使胆固醇水平升高；导致动脉收缩，减少流向心脏的血流量；使消化过程紊乱，导致胃酸增多、便秘、腹泻、溃疡甚至肠癌；引发周期性偏头痛、哮喘或其他过敏反应。

即使无法消除导致压力的事件，也可以减少压力给身体带来的负面影响。可以通过锻炼身体、食用健康的食品、充分休息和放松并进行深呼吸等方法来达到这一目的。

消除焦虑减轻压力最简单、最经济、最自然的方法就是锻炼身体。锻炼身体对大脑有好处，因为它能够减轻压力；减少攻击性；减轻挫折感；增强幸福感；改善睡眠；有助于注意力集中。

焦虑、压力往往会使身体陷入僵硬的状态。而锻炼则有助于打破这种僵硬。那么，从简单的活动开始吧。摇一摇，摆一摆，站起来伸展一下，或者最好是散散步或爬爬楼梯。即便是这些很简单的身体活动也有助于清除头脑中的焦虑。

更好的做法是养成有规律的锻炼习惯，如果可能的话，一周3～4次。挑选喜欢的运动项目，比如散步、跑步、骑自行车、滑旱冰、徒步旅行、游泳、划船、打网球或篮球等。

5. 健康饮食

保证饮食健康是应付压力的另一种方法。如果在压力较大的日子里食用乱七八糟的食品，食物就会成为应对压力的一种消极反应。但如果饮食很健康而且很多样化，身体就能够更好地承受每天都要面对的正常或较大的压力。

以下是培养健康饮食习惯的一些方法。

保持健康的体重：不良压力可能会使人吃得过少或过多，这会影响人的体重。不管是哪种情况，身体都不能储存正常发挥功能所需要的最佳能量。首先，先确定最健康的体重是多少，这需要考虑到体重会因身高、性别和年龄的不同而不同。然后，如果的确需要调整体重，就选择一个缓慢、稳定的减肥或增肥的饮食计划。

饮食多样化：饮食多样化不仅可以增加生活情趣，而且会给身体带来所需的各种营养。

食用足够的蔬菜、水果和谷物。

降低饮食中脂肪和胆固醇的含量。尽量不要食用油炸食品，而应多吃蒸、煮、烤的食物。要限制动物制品的摄取量，比如蛋黄。

糖、盐和钠的摄入量要适度。

酒精和咖啡因的摄入量要适度。

6. 充足睡眠

压力可以造成失眠，而睡眠不足又会加剧压力的程度。这会使人更加紧张、烦躁和焦虑。睡眠的量因人而异，而身体会反馈适合于自己的睡眠量。如果睡眠过多或过少，早晨起床后要注意自己的感觉应努力保持适合于自己需要的睡眠量。如果存在睡眠问题，可以试试下面这些改善睡眠的活动：

减少咖啡及其他含咖啡因的饮品和酒精的摄入量。这些物质会影响人的睡眠。

定期锻炼。

睡觉前及早计划好第二天的活动。

睡觉前为第二天早上的例行事务做好准备。

尽量减少睡眠环境的噪音和光线。

培养一种习惯性的入睡程序。

运用放松的技巧来帮助自己入睡。

如果无法入睡，起来做某种让自己镇定的事情，直到感到昏昏欲睡。

7. 享受幽默

笑可以将因紧张而紧绷、僵硬的面孔转化为放松、生动的表情。幽默也是一种方法，可以将消极的自我暗示改造为更积极、更有趣的东西。

从工作的紧张和焦虑中退一步，寻找事物有趣的一面。

在日常情境中寻找幽默。留心那些巧合、讽刺和矛盾。

把工作想象为做游戏。许多日常任务都可以被看作游戏的步骤。

收集卡通画来装饰工作场所。

把某件事情夸张到荒唐的程度。跳出通常的界限，时不时说点出乎意料的话。

记下自我暗示中典型的消极语句，改变措辞把它们变为好笑的话。例如，把"这件事总让我遇上"变为"只有60%的时候是我主动的！"

注意：不要错把幽默当作嘲弄。嘲笑某人或捉弄某人与其说是好笑，还不如说是伤人。真正的幽默要以尊重为基础，而且是让每个人都很开心。

8. 合理休息

人的身体和大脑都需要有休息时间，停下手里的工作和活动休息一会儿。注意自己压力程度和精神状态。如果感到紧张程度上升、精力下降，就应当休息一下。工作模式中能够降低压力的方法包括：听音乐、散步、与朋友聊天、爬楼梯等。

这些都是短暂的日常休息。还要利用双休日或通过短期出游来安排较长时间的休息。骑车去乡间；赖在床上享用早餐；远足；钓鱼；或者读一本好书。在较长的时间内完全改变一下生活节奏可帮助自己从崭新的角度来看待自己的工作，焦虑也会减少，精力会更充沛。

所有这些活动都有助于减轻压力、恢复精力。片刻的闲暇、放松和愉悦能够降低焦虑和压力。

（二）组织进行有效压力管理的方法

一个组织的领导者应充分关注、调查、分析员工体会到的压力源及其类型，从组织层面上拟定并实施各种压力减轻计划，有效管理，从而减轻员工压力。

1. 改善工作环境

组织的领导者应采取各种方法，减轻或消除恶劣工作环境给员工带来的压力。

一方面，领导者或管理者要力求创造令人舒适的工作环境并严格控制打扰。如关注噪声、光线、舒适、整洁、装饰等，给员工提供一个爽心悦目的工作空间，有利于达到员工与工作环境相适应，提高员工的安全感和舒适感，减轻压力。

另一方面要确保员工拥有做好工作的配套工具、设备。如及时更新陈旧的电脑、复印机、传真机等。

2. 鼓励自我解压

从企业文化氛围上鼓励并帮助员工提高心理保健能力，学会缓解压力、自我放松。

向员工提供压力管理的信息、知识。企业可为员工订购有关保持心理健康与卫生的期刊、杂志，让员工免费阅读，也可以组织相应的培训学习，这也能体现企业对员工成长与健康的真正关心，使员工感受到企业的关怀与尊重，从而也会成为一种有效的激励手段，激发员工提高绩效进而提高整个组织的绩效。

有条件的企业还可开设有关压力管理的课程或定期邀请专家作讲座、报告。可告知员工诸如重压下的后果、代价（如疾病、工作中死亡、事故受伤、医疗费、生产率下降而造成潜在收入损失等）；压力的早期预警信号（生理症状、情绪症状、行为症状、精神症状）；压力的自我调适方法（如健康食谱、有规律锻炼身体、学着放松和睡个好觉、发展个人兴趣爱好等）……让员工筑起"心理免疫"的堤坝，增强心理"抗震"能力。

3. 提供保健项目

向员工提供保健或健康项目，鼓励员工养成良好的、健康的生活方式。如有些企业建立了专门的保健室，向员工提供各种锻炼、放松设备，让员工免费使用，有的还聘请专职的健康指导员去监督锻炼计划和活动，一些著名公司还为有健身习惯的人发放奖金从而鼓励健身。通过健身、运动，不仅保障了员工的生理健康（这是心理健康的基础），而且还可使员工的压力很大程度上得到释放和宣泄。

企业还可聘请专业人士为心理咨询员，免费向承受过大压力的员工提供心理咨询，使员工达成一种共识："身体不适，找内外科医生，心理不适，找心理医生"。心理咨询在为员工提供精神支持与心理辅导、帮助其提高社会适应能力、缓解心理压力、保持心理健康方面确是一种十分有效的科学方法。

4. 加强过程管理

（1）人力资源招聘中

注意识别人力资源的特点，选拔与工作要求（个性要求、能力要求等各方面）相符合的人力资源，力求避免上岗后因无法胜任工作而产生巨大心理压力现象。

（2）人力资源配置中

力求人与事的最佳配置，并清楚地定义在该岗位上员工的角色、职责、任务。可减轻因角色模糊、角色冲突等引起的心理压力。

（3）人力资源培训中

①可培训员工提高处理工作的技能（如撰写公文或报告、工作陈述、新技能等），使之工作起来更得心应手，减少压力；

②可进行员工时间管理培训（按各项任务的紧急性、重要性区分优先次序、计划好时间），消除时间压力源；

③可培训员工的沟通技巧等，消除人际关系压力源，等等。

（4）职业生涯规划中

帮助员工改善思维，抛弃不切实际、期望值太高的目标，而建立现实客观的 SMART 式的发展目标。

（5）人力资源沟通中

①领导者或管理者应向员工提供组织有关信息，及时反馈绩效评估的结果，并让员工参与和他们息息相关的一些决策等，使员工知道企业里正在发生什么事情，他们的工作完成得如何等，从而增加其控制感，减轻由于不可控、不确定性带来的压力。

②各级主管应与下属积极沟通，真正关心下属的生活，全方位了解下属在生活中遇到的困难并给予尽可能的安慰、帮助，减轻各种生活压力源给员工带来的种种不利影响和压力，并缩短与下属的心理距离。

5. 完善保障制度

完善员工保障制度，向其提供社会保险及多种形式的商业保险，增强员工的安全感和较为稳定的就业心理，减轻其压力。

向员工提供有竞争力的薪酬，并保持企业内部晋升渠道的畅通等，有利于帮助减轻或消除社会压力源给员工带来的压力。

第三节　情绪管理

一、认识情绪

1. 情绪的含义

俗话说："人有七情六欲"，七情指的是人类普遍具有的 7 种情感——喜、怒、哀、惧、爱、恶、欲，七情是人类最基本的情感体现，也是最常见的情绪表现（图 6.2）。

那么什么是"情绪"呢？关于这一词语的含义，心理学家还有哲学家已经辩论了 100 多年，涌现出不同的流派和不同的理论，目前至少有 20 种以上对情绪的不同定义，例如：

情绪是指伴随着认知和意识过程产生的对外界事物态度的体验，是人脑对客观外界事物与主体需求之间关系的反应，是以个体需要为中介的一种心理活动。

情绪是个体与环境意义之间关系的心理现象。

图 6.2　认识情绪

情绪是对趋向知觉为有益的、离开知觉为有害的东西的一种体验倾向。这种体验倾向为一种相应的接近或退避的生理变化模式所伴随。

情绪是来自正在进行着的环境中好的或不好的信息的生理心理反应的组织，它依赖于短时的或持续的评价。

情绪是对一系列主观认知经验的通称，是多种感觉、思想和行为综合产生的心理和生理状态。

虽然不同学派不同学者对"情绪"的理解各有不同，但他们都承认"情绪"由三种成分组成：情绪涉及身体的变化，这些变化是情绪的表达形式；情绪涉及有意识的体验；情绪包含了认知的成分，涉及对外界事物的评价。

2. 情绪的产生

每个人在不同的时间会有不同的情绪，那么情绪又是如何产生的呢？

在对"情绪"一词的理解中，情绪总是与人的欲望、需要密切联系在一起。情绪是人对客观事物能否满足自己需要的一种主观体验，以及所产生的身心激动状态。它的产生主要取决于以下因素：

（1）身体的内外刺激

引发情绪的刺激大多来自外界，如晴朗的天气、优美的音乐、好看的电影等会让人产生愉快的情绪，阴沉的天气、吵杂的声音、紧张的氛围则令人烦躁和压抑。又如拖欠的债务、朋友的离去、恋人的争吵会令人感到焦虑和沮丧；而工作的完成、职务的升迁、好友的相聚则会令人愉快和轻松。

有的时候，情绪会由内在的刺激引起。例如：多愁善感容易使人情绪压抑；有人饿了的时候容易发火；有人紧张的时候容易脾气暴躁，睡眠不足的人则情绪消沉等，以上是内在的生理方面的刺激。

还有内在的心理方面刺激也会引发情绪，例如想象自己将实现某个梦想而产生兴奋、快乐的情绪；又如回忆一段痛苦的恋情，勾起悲伤烦恼的情绪。有时候，人们会觉得情绪来得莫名其妙，其实只不过是引起情绪的刺激不那么明显、具体，比较模糊、隐蔽，或者当事人没有自觉地意识到罢了。如果仔细地寻找，每一种情绪的产生都存在或隐或显、或直接或间接的刺激原因。

（2）主观的认识活动

情绪总是与人的欲望、需要紧密联系在一起。心理学的研究证实了情绪产生的基础是需要，人有各种各样的需要，马斯洛的需求层次理论指出一个人从低到高会有生理的需要、安全的需要、情感和归属的需要、尊重的需要和自我实现的需要。不同的内外刺激，对个人的需要能否满足、满足的程度不同，会导致一个人对不同刺激物产生不同评价，进而引起不同的情绪体验。如"萝卜白菜，各有所爱"，就说明人们从自己的需要出发，对不同事物产生了不同的情绪体验。

另一方面，同一刺激物对于怀有不同需要的人来说，也会引发不同的情绪。例如一部好看的喜剧，对一对休闲在家、正处于热恋期的恋人来说也许是令人愉快的调节剂，然而对一个正处于失恋悲伤期的人来说却成了不堪忍受的讽刺。由此可见，情绪的产生不仅要有刺激的存在，还必须以个人的需要为依据，通过理智即认识活动，对刺激物加以解释、评价，确认自己对它采取何种态度，并且体验到这种态度，至此，某种性质的情绪才产生了。正因为情绪的产生很大程度上取决于个人的需要以及认识活动，所以它具有很强的主观性，是纯属个人的主观体验。

（3）个人的生理状态

情绪的产生也与个人的生理状态有关。通常情况下，当情绪产生的时候，会伴有内脏、内分泌、神经系统及外部表情、动作的变化。但是，在情绪尚未发生之际，个人当时已具备的生理状态也会影响情绪发生的激素水平、高级神经系统活动类型以及遗传特点等。例如：一个人喝了适量的酒之后，会心跳加快，血管扩张，全身发热，神经兴奋。这个时候，如果给他赞扬或者挑衅，会更容易令他高兴起来或者愤怒起来。又如，有人因为疾病或天生的原因，身体里的某些激素含量偏低或偏高，也会影响他对同一刺激产生不同于常人的情绪反应。

3. 情绪的分类

（1）按照情绪发生的速度、强度和持续时间对情绪的划分，可将情绪分为心境、激情和应激 3 种。

心境：一种微弱、弥散和持久的情绪，即平时所说的心情。心境的好坏，常常是由某个具体而直接的原因造成的，它所带来的愉快或不愉快感受会保持一个较长的时间，并且会把这种情绪带入工作、学习和生活中，进而影响人的感知、思维和记忆。愉快的心境让人精神抖擞、感知敏锐、思维活跃、待人宽容；而不愉快的心境让人萎靡不振，感知降低和思维麻木，多疑，看到的、听到的全都是不如意、不顺心的事物。

激情：一种猛烈、迅疾和短暂的情绪，类似于平时所说的激动。激情是由某个事件或原因引起的当场发作的情绪，情绪表现猛烈，但持续的时间不长，并且牵涉的面不广。激情通过激烈的言语爆发出来，是一种心理能量的宣泄，从一个较长的时段来看，对人身心健康的平衡有益，但过激的情绪也会使当时的失衡产生可能的危险，特别是当激情表现为惊恐、狂怒而又爆发不出来的时候，全身发抖、手脚冰凉、小便失禁、浑身瘫软，那就得赶快送医院了。

应激：是机体在各种内外环境因素及社会、心理因素刺激时所出现的全身性非特异性适应反应，又称为应激反应，这些刺激因素称为应激原。应激是在出乎意料的紧迫与危险情况下引起的高速而高度紧张的情绪状态。应激的最直接表现即精神紧张，指各种过强的不良刺激，以及对他们的生理、心理反应的总和。应激反应指所有对生物系统导致损耗的非特异性生理、心理反应的总和。

（2）按照情绪对人的作用和影响来划分，一般可将情绪分为积极情绪和消极情绪两类。

积极情绪：即正性情绪或具有正效价的情绪，是指个体由于体内外刺激、事件满足个体需要而产生的伴有愉悦感受的情绪。积极情绪能够激活一般的行动倾向，对于认知具有启动和扩展效应，能够建设个体的资源，撤销消极情绪产生的激活水平，能够促进组织绩效。积极情绪是心理健康的重要组成部分，同时对身体健康具有促进作用。

消极情绪：是指在某种具体行为中，由外因或内因影响而产生的不利于继续完成工作或者正常思考的情感。消极情绪包括：忧愁、悲伤、愤怒、紧张、焦虑、痛苦、恐惧、憎恨等。消极情绪的产生是因人、因时、因事而异的，产生的原因可能有：对"应激源"产生的反应；在工作、学习或生活中遭受了挫折；受到了他人的挖苦或讽刺；莫名其妙的情绪低落等。

加利福尼亚大学的诺曼教授，40 多岁时患上了胶原病，医生说，这种病康复的可能性是五百分之一。他按照医生的吩咐，经常看滑稽有趣的文娱体育节目以保持良好的情绪，有的节目使他捧腹大笑，有的节目使他从心底发出微笑。他除了看有趣的节目，平时还有意识地和家人开开玩笑。一年后医生对他进行血沉检查，发现指标开始好转了。两年以后，他身上的胶原病竟然自然消失了。为此，他撰写了一本《五百分之一的奇迹》，书中提出："……如果消极情绪能引起肉体的消极化学反应的话，那么，积极向上的情绪就可以引起积极的化学反应……爱、希望、信仰、笑、信赖、对生的渴望等，也具有医疗价值"（图 6.3）。

图 6.3 积极情绪与消极情绪

二、情绪的影响

1. 情绪影响需要、动机

需要是有机体感到某种缺乏而力求获得满足的心理倾向，它是有机体自身和外部生活条件的要求在头脑中的反映；动机是推动人从事某种活动，并朝一个方向前进的内部动力，是为实现一定目的而行动的原因。人的一切行动来自需要，而情绪对需要有放大作用，只有情绪和需要两者合并时，才有真正的动机功能。

例如学生在学习时，情绪与学习效果密切相关，心情好时，不论学什么都能很快掌握，学习效果非常好；心情不好时，什么书都看不进去，学习效果自然而然就差了。

2. 情绪影响自身行为的发生

情绪影响知觉：人心情愉快，对不易引起注意的也会引起注意，反之，对感兴趣的事也难以提起任何兴趣；情绪对于学习和记忆有重要影响，情绪好记忆力也好，解决问题效率高；而心情不好时，思维阻塞，创造力低。在愉快气氛中上课的学生，大多数能记住较多的东西，很长时间都不会忘掉；如果不快乐，就难以记住学过的东西。

人的情绪有增力和减力的功能。人的全部活动和行为都要受到情绪状态的影响，对人的机体、潜能有唤醒和调动功能，可以产生意想不到的推动力。

情绪对行为影响的表现在：积极的情绪和情感对活动起着协调和促进的作用；消极的情绪和情感对活动起着瓦解和破坏作用。人开心的时候，体内就会发生奇妙的变化，从而获得新的动力和力量。快乐的人工作效率更高，这是快乐因子的作用，快乐因子即大脑制造出来的内啡肽能使人产生一种快感，一种满足和轻松的享受。

研究显示，那些观看了喜剧电影，获得更高幸福水平的人，之后的生产效率明显高于其他人，无论男人和女人。其中，更高幸福感的人，生产效率要高出20%，幸福感低的人，生产效率要低10%。

3. 情绪影响智力的发挥

情绪中枢对脑部功能有很大的影响，甚至可以左右人的思考力。学生的情绪与智力活动呈正相关，精神愉快，情绪乐观的人，智力发挥处于最佳状态；情绪低落，心情忧郁，对于思维过程会产生破坏作用，使直觉范围变得狭窄，思维活动呆板，影响正常水平的发挥。

当前中国教育之所以在不断变革，最主要原因在于应试教育破坏了学生的学习心态，学生一直处于被动和被压抑的状态，学生的情绪不可能处于积极愉悦的一面，也难以调动学生学习的积极性和主动性。只有让学生快乐、自主地学习，才能充分发挥每个学生的全部智力因素，才能真正让学生在学习中有所收获。

4. 情绪影响人际关系

健康积极的情绪是维持人际关系的纽带，而冷漠、敌对、抑郁、自卑、暴躁等不良情绪，则会影响人际交往，妨碍团结和友谊。

消极的情绪使人处于烦心之中，看什么事情都不爽，容易激怒，发火，甚至攻击他人，影响人际关系。情绪影响认知，如知觉定势，心情好，看什么都好，以前难看的人也觉得好看了；情绪压抑，容易产生攻击行为。因为自己怎样对待他人，他人就会怎样对待自己。

5. 情绪影响人的性格

性格是较稳定的因素，但是也会受人情绪的影响。有人感情冲动，忽高忽低，易喜易怒。在强烈的情绪下，人可以变成另外一个人，像替身一样，就如人们常说的一句话"冲动是魔鬼"。

人在冲动的情绪下往往会做出很多平时意想不到的事情，等到冷静下来之后又会后悔不已。不良情绪的不断积累，遇到诱因会释放出来，进而做出一些不理智的事情来，甚至会给社会带来极大危害；长期的情绪可以积累成较稳定的东西，进而形成性格。

6. 情绪影响人的健康

良好的情绪满足是维持人的生理机制正常运行的前提，不良的情绪危害健康，甚至导致精神疾病。

有一则小故事是这样的：

一天早晨，有一位智者看到死神向一座城市走去，于是上前问道："你要去做什么？"死神回答说："我要到前方那个城市里去带走 100 个人。"

那个智者说："这太可怕了！"

死神说："但这就是我的工作，我必须这么做。"

这个智者告别死神，并抢在它前面跑到那座城市里，提醒所遇到的每一个人：请大家小心，死神即将来带走 100 个人。

第二天早上，智者在城外又遇到了死神，带着不满的口气问道："昨天你告诉我你要从这儿带走 100 个人，可是为什么有 1000 个人死了？"

死神看了看智者，平静地回答说："我从来不超量工作，而且也确实准备按昨天告诉你的那样做了，只带走 100 个人。是恐惧和焦虑带走了其他那些人。"

恐惧和焦虑可以起到和死神一样的作用，这就是情绪效应。在现实生活中，个人情绪的好坏不仅影响着自己的工作、生活，也影响着自己的健康，长期处于不良情绪状态下的人，生病的几率比处于积极情绪下的人要多很多。

三、情绪管理的方法

情绪管理是指通过研究个体和群体对自身情绪和他人情绪的认识、协调、引导、互动和控制，充分挖掘和培植个体和群体的情绪智商、培养驾驭情绪的能力，从而确保个体和群体保持良好的情绪状态，并由此产生良好的管理效果。

用通俗的语言来说，情绪管理就是用正确的方式探索自己的情绪，然后调整自己的情绪，理解自己的情绪，放松自己的情绪。例如，当个人明显感觉到自己处于消极情绪，如愤怒、沮丧等时，同时他也知道这种情绪会对自己的工作、生活带来不良影响，此时他就应该采取合适的方式进行情绪管理，将自己的情绪调整至积极的状态。所以，情绪管理不是要去除或压制情绪，而是在觉察情绪后，调整情绪的表达方式（图 6.4）。

情绪管理常用的方法主要有心理暗示法、注意力转移法、适度宣泄法、自我安慰法、交往调节法和情绪升华法。

图 6.4 掌控自己的情绪

1. 心理暗示法

心理暗示法就是自我暗示，是个人通过语言、形象、想象等方式，对自身施加影响的心理过程。心理暗示最早是由法国医师库埃于 1920 年提出，他的名言是"我每天在各方面都变得越来越好"。心理暗示分消极心理暗示与积极心理暗示。积极心理暗示，如每天起床对着镜子说声"我真棒"，坚持下去，在不知不觉之中会对自己的意志、心理以至生理状态产生良好的影响。积极的心理暗示令人们保持好的心情、乐观的情绪、让人更有自信心，从而调动人的内在因素，发挥主观能动性。心理学上所讲的"皮格马利翁效应"也称期望效应，讲的就是积极的心理暗示。而消极的心理暗示会强化人们个性中的弱点，唤醒人们潜藏在心灵深处的自卑、怯懦、嫉妒等，从而影响情绪（图6.5）。

图6.5 心理暗示

2. 注意力转移法

注意力转移法，就是把注意力从引起不良情绪反应的刺激情境，转移到其他事物上去的自我调节方法。当出现情绪不佳的情况时，要把注意力转移到使自己感兴趣的事上去，例如心情不好时出去散散步、跑跑步或是旅游或是听听轻松的音乐等，有助于使情绪平静下来，在活动中寻找到新的快乐。这种方法，一方面中止了不良刺激源的作用，防止不良情绪的泛化、蔓延；另一方面，通过参与新的活动特别是自己感兴趣的活动而达到增进积极的情绪体验的目的。

3. 适度宣泄法

过分压抑情绪只会使情绪困扰加重，而适度宣泄则可以把不良情绪释放出来，从而使紧张情绪得以缓解、轻松。因此，遇有不良情绪时，最简单的办法就是"宣泄"。宣泄一般是在背地里或在知心朋友中进行的。采取的形式或是用过激的言辞抨击、谩骂、抱怨恼怒的对象；或是尽情地向至亲好友倾诉自己认为的不平和委屈等，一旦发泄完毕，心情也就随之平静下来；或是通过体育运动、劳动等方式来尽情发泄；或是到空旷的山林原野，拟定一个假目标大声叫骂，发泄胸中怨气。必须指出，在采取宣泄法来调节自己的不良情绪时，必须增强自制力，不要随便发泄不满或者不愉快的情绪，要采取正确的方式，选择适当的场合和对象，以免引起意想不到的不良后果。

案例：一天，美国前陆军部长斯坦顿到总统林肯那里，气呼呼地说，一位少将用侮辱的话指责他偏袒一些人。林肯建议斯坦顿写一封内容尖刻的信回敬那家伙。斯坦顿立刻写了一封措辞强烈的信，然后拿给总统看。

林肯高声叫好："对了，对了，要的就是这样，好好训他一顿，真写绝了，斯坦顿。"

但是，当斯坦顿把信叠好装进信封里时，林肯却叫住他，问道："你干什么？"

斯坦顿有些摸不着头脑了，说："寄出去呀。"

林肯大声说："不要胡闹了！这封信不能发，快把它扔到炉子里去。凡是生气时写的信，我都是这么处理的。写这封信的时候你已经解了气，现在感觉好多了吧？那么，就请你把它烧掉，再写第二封信吧。"

4. 自我安慰法

当一个人遇有不幸或挫折时，为了避免精神上的痛苦或不安，可以找出一种合乎内心需要的理由来说明或辩解。如为失败找一个冠冕堂皇的理由用以安慰自己，或寻找理由强调自己所有的东西都是好的，以此冲淡内心的不安与痛苦。这种方法，对于帮助人们在大的挫折面前接受现实，保护自己，避免精神崩溃是很有益处的。因此，当人们遇到情绪问题时，经常用"胜败乃兵家常事""塞翁失马，焉知非福""坏事变好事"等词语来进行自我安慰，可以摆脱烦恼、缓解矛盾冲突、消除焦虑、抑郁和失望，达到自我激励、总结经验、吸取教训之目的，有助于保持情绪的安宁和稳定。

5. 交往调节法

某些不良情绪常常是由于人际关系矛盾或人际交往障碍引起的。当人们遇到不顺心、不如意的事，有了烦恼时，能主动地找知心好友聊天谈心，比一个人独处胡思乱想、自怨自艾要好得多。因此，在情绪不稳定的时候，找人谈一谈，具有缓和、抚慰、稳定情绪的作用。另一方面，人际交往还有助于交流思想、沟通情感，增强自己战胜不良情绪的信心和勇气，能更理智地去对待不良情绪（图6.6）。

图 6.6　交往调节

6. 情绪升华法

情绪升华是改变不为社会所接受的动机和欲望，而使之符合社会规范和时代要求，是对消极情绪的一种高水平的宣泄，是将消极情感引导到对人、对己、对社会都有利的方向去。如一同学因失恋而痛苦万分，但他没有因此而消沉，而是把注意力转移到学习中，立志做生活的强者，证明自己的能力。

司马迁是中国著名的史学家，他就具有较强的情绪管理能力。在因为大将李陵向匈奴投降事件中，司马迁为李陵辩解惹怒汉武帝，被汉武帝投入监狱，最终获宫刑。宫刑在汉代是个奇耻大辱，污及先人，见笑亲友，要是一般人早就没有面目活下去了，但司马迁却忍辱负重、发愤图强，把自己所有的心血与精力投入到《史记》的创作中，最终完成了中国第一部纪传体通史《史记》，被鲁迅先生誉为"史家之绝唱，无韵之离骚"（图6.7）。

图 6.7　中国著名史学家——司马迁

情绪管理的方法有很多，每个人可以根据自己的实际情况选择合适的方法控制自己的情绪，但不论如何，作为一名合格的职业人，都必须清楚地认识到情绪管理的重要性，绝对不能把不良情绪带入到工作之中，否则会带来极其不利的影响。

本 章 小 结

1. 时间管理就是用技巧、技术和工具帮助人们更有效地运用时间，完成工作，实现目标。时间管理的目的除了要决定该做些什么事情之外，另一个很重要的目的也是决定什么事情不应该做。

2. 时间管理矩阵是时间管理中最重要的工具之一，应正确掌握四象限的分类及相应的处理技巧。

3. 压力无处不在，压力会对自己工作、生活产生一定的影响，这需要通过一定的方法与技巧及时进行压力管理，掌握相应的压力管理方法与技巧，可以使工作更加有效、愉悦，使生活更加幸福、美好。

4. 情绪管理主要有心理暗示法、注意力转移法、适度宣泄法、自我安慰法、交往调节法、情绪升华法6种方法。

课 后 练 习

1. 请简述时间管理矩阵四象限的分类及各自处理技巧？
2. 结合自身的情况，谈谈自己计划如何进行时间管理？
3. 请简述进行压力管理的具体技巧。
4. 请结合自身的情况简述情绪管理6种方法的运用。

第七章 职场心态

职场心态是指人们在面对职场或在职场工作时的心态,它对每个职业人的工作状态与工作成效有着重要的影响。具备良好职业心态,才能取得成功,良好的职业心态已经成为现代职业人士必须具备的技能。本章主要讲述了职场心态中最为重要的工作主动性的培养、细节的把握、方法的寻找、习惯的养成4个方面的内容。

第一节 为自己工作

大千世界中,每一种生物都以自己的生存方式忙碌着:猫捉老鼠,蜘蛛织网,蜜蜂采蜜……上天对每个物种的职责似乎都做了安排,而对于人类来说,工作是我们的重要职责。确切地说,对于任何一个有劳动能力的人来说,劳有所得是天经地义,反之不劳而获是无法赢得尊重的。

我们有大脑,有双手,应该在工作中通过付出自己劳动的方式来得到自己想要的,并且也只有凭劳动获取到自己想要的东西的时候,我们才会心安理得,才能受到他人的尊重。世界上付出最多的人,往往也是收获最多的人。而那些有着双手却不勤劳、有着大脑却不思考,只想索取、不想付出的人,终将会一无所获。自然法则是——没有播种就没有果实,天下不存在免费的午餐。

一、工作的意义

(一)工作带来生活保障

人要生存和生活就必须获得一定的物质基础,没有钱,一切都无从谈起。而通过工作,人们获得了金钱和生活保障,这是一个社会人最为直观、最为基础的自我满足。

很多人都感觉自己为了养活自己、为了生存而工作是一件令人沮丧的事情。但事实上,还有什么比养活自己、比让自己生活得舒服自在更重要的呢?

一个人一天24个小时,除了睡觉、吃饭、上厕所的时间,剩下的大部分时间都在工作。工作是人类的一种方式生存,或者说,工作是生活中所有乐趣的源泉。它让我们不仅获得了物质上的满足,还获得了精神上的满足。当拥有自己的工作,甚至拥有一份令人羡慕的工作时,那么,在任何场合都可以理直气壮地向别人传达关于工作的信息。工作是有意义的,它让工作者在工作的过程中实现了自我价值。

(二)工作带来能力提升

工作,是一个包含了诸多热情、想象、智慧和创造力的词。只有去工作,才能获得更多宝贵的工作经验,使自己获得更多的技能。

在踏入社会前,可能会经常听到这样的告诫:"遇到一位好老板,首先得忠心为他工作;倘若第一份工作就能得到很高的薪水,那算运气好,应更加努力工作来感恩惜福;若是薪水不太理想，就得懂得在工作的过程中磨炼自己的技艺。"一份工作即使不那么理想，但它让我们收获的可能比失去的更多。工作让我们学会技能，并让我们的个人能力得到了提升。

有一次，美国福特公司的一台大型电机发生了故障，专家会诊了几个月也没有得出什么结果，公司便请来了法国电机方面的专家斯坦因门茨。他听了听电机运行的声音，经过研究和计算，用粉笔在电机上画了一条线，说："先打开电机，然后把画了线的线圈减掉16圈。"结果，这台电机很快恢复正常运行。他开价酬金1000美元。老板非常惊讶地说："为什么仅仅是画了一条线而已，竟然要这么高的价钱？"斯坦因门茨坦然地说道："画一条线只值1美元，但知道在哪里画线却值999美元。"老板被他折服了，不仅付给了他相应的报酬，同时还用重金聘用了他。

在哪里画线，为什么画线，这就是工作经验所带来的知识。能仅凭运行的声音就判定出故障原因，这就是在不断的工作中所练就的技能。要掌握知识和技能，最好的方法就是通过工作来学习和积累，而这999美元便是斯坦因门茨凭借着自己的能力所创造出的价值回报。

在任何一家公司中，只有通过工作获取了珍贵的经验与技术，才能为自己将来的发展打下基础，一次次的工作历程是每个人生命中最宝贵的财富。同时，即使自己还只是一名普通员工，那么也不要气馁。只要努力工作，在积累了一定的工作经验后，就能在不知不觉中得到能力的提升，为企业创造价值。

（三）工作带来人脉汇聚

人脉是基于人际关系形成的人际脉络，也就是人际网络、人际关系，体现了人的人缘以及社会关系。大学生从学校刚刚步入社会时，在没有工作之前，是不会有太多人脉的，但是伴随着时间的积累以及工作经验的增多，他们就会在这个领域认识到更多的人。因此可以说，工作是大学生拓展人脉的平台。

1. 人脉就是知识

只有走过路的人，才能告诉你路该怎么走，只有经历过成功或失败的人，才能告诉你，通往成功的道路需要付出怎样的代价。人脉是一面镜子，通过它不仅仅可以了解自己、了解社会、了解人生，还能够从周围人的身上学到很多自己不了解的东西。当进入某个行业时，自己的上司、自己的同事、自己身边的人可能会告诉自己这个行业各个方面的知识与现实情况，这些都将成为自己最真实、最珍贵、最实用的知识。在某种程度来说，拥有人际关系可以等同于拥有丰富的工作经验。

人脉法则中有那么一句话：要是想知道今天到底值多少钱，就得找出身边最要好的3位朋友，而他们收入的平均值，便是应获得的收入。因此可以这么说，有时候生活和工作的质量好坏，并不一定是因为能够做什么，而是因为认识了哪些人。

2. 人脉就是资源

很多时候成功是自己的努力加上别人给予的机会或帮助而获取的，而在这之中人际关系是至关重要的。人脉就是资源，而工作能为我们提供一个获取这种资源的平台。

比尔·盖茨在创立微软公司的时候，只是一个无名小卒，但在他20岁时签到了一份大单。而这份合约是与当时世界第一强的电脑公司IBM签的。那时他还是一名在校大学生，没有过多的人脉资源，他怎么能签到这么大的单？原来，比尔·盖茨之所以能签到这份合约，是因为有一位中介人——他的母亲。比尔·盖茨的母亲是IBM董事会的董事，妈妈介绍自己的儿子认识董事长，这不是顺理成章的事吗？倘若当初比尔·盖茨没能签到IBM这个单，相信他今天可能不会拥有高达几百亿美元的个人资产。随后，比尔·盖茨为了开拓日本市场，结交了一位日本朋友——彦西。他帮比尔·盖茨讲解了很多关于日本市场的特点，并且还帮他在日本找到了第一个个人电脑项目，从此开辟了日本的市场。

比尔·盖茨是一个很聪明的人，他充分地利用了周边的资源，使他们为微软贡献着他们的聪明才智。因此，在公司工作中最大的收获不仅是积累了多少经验，赚了多少钱，更重要的是认识了多少人，结识了多少的朋友，积累了多少的人脉资源。它是终身受用的无形资产和潜在财富。这种人脉资源不仅在公司工作时有用，即使以后离开了这家公司，依然还会是工作、生活中的宝贵财富。

3. 工作形成人脉

若是不进入职场，不走进圈子，不去和更多的人交流、交往，便不会有属于自己的人脉资源。人脉必须建立在职场交往的基础上，工作中会不可避免地与同事进行合作，不可避免地进行各种复杂的人际交往，换言之，工作可以产生人脉。学会充分利用在工作中积累资源和建立人脉关系，往往会使自己有更大的收获。

工作中的同事、上级、合作伙伴，甚至竞争对手都是人脉大树上的一个分支。处理好与他们之间的关系，就会建立起自己的关系网络，培养自己的个人魅力，以此来影响周围的人，结识更优秀的人才。只有这样，才能够在职场中立于不败之地。当然了，开拓人脉的途径并不见得只有工作，开拓人脉的渠道的确比较宽广，但主要还是与工作有关。例如，接洽媒体，和各类客户打交道，参加各种品牌活动等，都是很好的途径。

因此，只有身在职场，积极参加企业组织的各项活动和社会商业活动，才能通过工作这一平台来结交更多的职场朋友，对今后的事业有所帮助。

（四）工作带来经验积累

几乎所有经验都是在工作中不断地积累起来的。工作的时间越长，工作经验也就越多；工作越专业，经验就会越丰富；而经验的积累将帮助你从容面对职场的各种变化。可以这么说，在职场中，工作能带来丰富的工作经验，反过来，丰富的经验也会帮你保住手中的工作。

美国一家公司的总裁曾经说过："如果员工桌子上的一台价值2000美元的台式计算机不见了，公司可能不会对这件事展开调查。但若是一位年薪10万美元、掌握着各种客户关系的经理被竞争对手挖走了，就一定会展开调查。"

假如没有专业技能及经验，在职场就会是可有可无的人，指不定什么时候就会出现别人来顶替你的位置。但是如果你拥有了别人没有的工作经验，你就将增强在企业的不可替代性，在企业中寻求到稳定的发展机会。

芳芳是某著名制药公司的一位高级管理人员，平日里仗着自己名牌大学博士生的学历，非常看不起生产一线的管理人员。一天，经理让芳芳深入车间一个月，从事质量监管的工作，这令芳芳十分苦恼。她从小就娇生惯养，没干过脏活累活，什么事都怕麻烦怕辛苦，于是她对每一道工序的质检都是得过且过。同时，几年的管理生涯将她的生产工艺技术全部丢到了一边，因此，她工作起来很吃力。工人也会反过来"欺负"她，导致她监管的区域经常出现药品质量不合格的情况。芳芳备感压力，每天都显得心事重重。这些情况经理都看在眼里。一个月后，经理将芳芳召回，问及她这一个月的感受，她选择了沉默。经理说："现在你还瞧不起那些比你地位低的员工吗？学历并不能代表工作能力，只有在工作中不断地实践，才能不断地超越自我。"

在家休息了两天后，芳芳主动请缨重回车间。这次她一改从前的工作作风，深入生产一线，工作中一丝不苟，亲自动手去做、去摸索、去总结、去提高。渐渐地，她熟悉了生产环境，掌握了各道生产工序的关键点，遇到问题能够分析，能够带领员工一起现场解决生产上遇到的问题，提高了产品的质量稳定性和生产效率，并在员工当中树立了一定的威信。

一切的经验都是在实践中积累起来的。我们每一个人都要在实践中敢于探索，不断总结过去的经验，清晰思路，明确方法，在实践中让自己不断地变"强"，工作起来就会感到轻松，一切难题也会迎刃而解。

职业经验好比陈年老酒，越陈越香，而客人也会追寻着酒香而来。同样，职业经验越丰富的人，就越如陈年老酒般更受人青睐，也就是说丰富的工作经验会成为纵横职场的镀金名片。而我们要明白的是，酒一定要纯才能够越陈越香，工作中专业一定要精深，职业经验才会更加有价值。

工作的确能带来丰富的工作经验，但是并不是所有的工作经验都能成为职场名片。比如，别人问你是做什么的，你会回答自己是做培训，或做设计，或做记者等。当别人又问你之前是做什么的时候，你就需要明白，别人是在问你的职业经验。在这种时候，如果你回答"我一直在培训界做事，已经有十来年了"，"我一直以来都在做记者"等，那么你的专业度与权威度便会被人们很快地信任。如果你回答"先是做了一年的餐饮，后来做了两年的销售，现在做后勤"，得到这样的回答，你的"客人"将会很失望，或许会淡淡地回一句"这样啊"，更礼貌点的回应会是"没想到你的工作经历这么丰富"。但是要注意的是，这里是说"工作经历"丰富，并不是工作经验丰富。

有这么一个故事：有一只身材修长的兔子，跳远是它最擅长和喜爱的，并且赢得了多场跳远比赛。最终，它在森林国度赢得"跳远王"的美称，兔子为此感到无比的光荣和自豪。一天，森林国王宣布，要举办运动会，于是兔子就报名参加了最拿手的跳远。果不其然，兔子又赢得了比赛的冠军。

后来有一天，一只老狗找到兔子，告诉它："兔子啊，其实以你的体力和资质，不仅跳远能夺冠，只要经过努力练习，你可以得到好多金牌的啊！"

"真的吗？我真的可以吗？"兔子欣喜地大喊道。"没错，只要你拜我为师，好好学习游泳、举重、跳高……这些都不会有问题的！"老狗说。于是，在老狗的怂恿下，兔子开始练习举重，举累了，又开始练跳高，之后，又赶快练游泳……它决定，就算自己拄着拐杖也要往前冲，因为它有着自己远大的志向：在举重、跳远、游泳等比赛中夺魁。第二届运动大会来了，兔子在很多项目中报了名，可让人失望的是，游泳、跳高、举重、马拉松、推铅球……兔子没有一项入围，更令人伤心的是，它最拿手的跳远项目在初赛就被淘汰了。

其实，在职场中也是一样的，很多人并没有一心一意地做一件事，而是今天看这个热门，想做这个，明天看那个很好，又想做那个。但是，因为他始终没有积累在某个特定的行业或者岗位上的经验，最后，他只能沦为"三脚猫"，在任何行业中都不能崭露头角。

二、对待工作的态度

（一）热爱工作的全部

工作会带来各种好处，同时，工作也会给生活带来一些影响。如：少了和家人在一起的时间、不能睡懒觉、需要面对各种复杂的人际关系……但是，我们可以因为这些坏处就不工作了吗？很多公司有这样的员工，工作的时候敷衍了事，从不愿意多做一点，像做一天和尚撞一天钟一样，但在玩乐的时候兴致却高昂得很，得意时春风满面，领工资时争先恐后。他们似乎不知道工作是要付出努力的，他们总想着避开工作中麻烦棘手的事，希望轻轻松松地就拿到工资，享受工作的快乐和益处。而工作中棘手麻烦的事情却想极力避开。

不可否认，人都有拈轻怕重、趋利避害的本性。但工作毕竟不是玩乐，既然选择了这个岗位，选择了这个职业，就必须得接受它的全部，而不仅是享受它带来的快乐和益处。就算是责骂和屈辱，那也属于这个工作的一部分。如果一个清洁工人不能够忍受垃圾的气味，他可能成为一位合格的清洁工吗？如果一个推销员不能够忍受客户的脸色和冷言冷语，他能够创下优秀的销售业绩吗？

每一份工作都有着它的辛劳之处。体力劳动者，会因工作环境不好而感到劳累；在高级办公室里工作着的中层管理者，会因忙于协调各种关系和解决各种矛盾而身心疲惫；位高权重的领导者，背负着企业整体运营和公司内部管理的压力……所以，只想享受工作的快乐和益处的人，是不负责任的人，他们在不停的抱怨中不情不愿地应付着工作。他们必然享受不到工作的快乐，更不可能体会到升职加薪的快乐。

（二）学会为自己工作

"我是在为谁工作？"这是上班的第一天就应该想清楚的问题。正如小时候听到老师经常问的那个问题："你是为了谁学习的？"小的时候，对于那些不爱学习的学生，老师经常会说："你以为你是在为我学习吗？你现在是为你自己在学习。你若是学习好，将来就有出息，会有个好的前途。"许多学生当时可能不以为然，长大后在激烈的社会竞争中，方知当年读书少，逐渐深刻地领悟到老师当年的教诲。可惜，很多人明白得太晚了，以至于发出"少壮不努力，老大徒伤悲"的感叹，后悔不已。然而，当他们走入"社会课堂"上的时候，一些人却在不知不觉当中又回到原来的错误认识上，认为是在"为他人工作""为老板工作"。而老板如同当年的老师，苦口婆心地告诫着他们："工作是为自己做的。"遗憾的是，依旧有人能偷懒就偷懒，能应付就应付。等到他们终于明白"工作是为自己"的时候，恐怕人生已经过了大半辈子了，于是，也只能得过且过，浑浑噩噩地做一个平庸的人了。

当然，很多人从小受到的教育是："好好学习，将来为祖国、为人民努力工作。"的确，我们努力工作，创造佳绩，对身边的人有好处，人们享受到了一些服务；对企业有好处，企业增长了一些业绩；对祖国有好处，在 GDP 的增长中贡献了一点力量。但是，地球无论离了谁都会照样转，如果你不在这个岗位上，总是会有别人来替代你。所以，努力工作最大的受益者不是别人，是自己。因为，你没有失业，你得到了报酬，你提高了能力，你的人生更充实了，你的生活更幸福了。一个人如若没有积极的态度，没有正确的观念，就会不断地犯同样的错误。学习是这样，工作是这样，人生更是这样。所以，人生的各个阶段都应该持有正确的观念，才会引导我们做出正确的行为，才会有正确的结果。当一个学习不好、调皮捣蛋的学生忽然间学习成绩突飞猛进时，人们常常会说："这孩子总算开窍了。"是的，他"开窍了"，他知道了学习是为自己，于是，上课踊跃回答老师的提问，用心听讲，课后认真完成作业。他的积极性空前高涨，学习成绩自然也就会有很大的提高。现在，人生的又一个重要的课堂正摆在你的面前，那就是工作，但愿你能够及早"开窍"，意识到"工作是为自己"。那么，你工作的时候就会更有激情，更有主动性，也会更有成果，当然，你也会拥有美好的未来和幸福的人生。假如你错过了学习阶段，还也许有补救的机会，你可以重新入校学习，可以自学等等。但是，你要是再错过了工作，那你将会错过你的整个人生。相信你不会愿意在遗憾和悔恨中度过自己的一生吧？那么，请务必认识到：工作，是为自己做的。

在日本，有一位留学生应聘了一份工作。老板要求他一个人在厨房里把每个盘子刷 8 遍。老板给他的薪水不算低，这些薪水在付完房租和学费后，还能有些剩余寄回老家孝敬他的父母。

留学生很高兴，他把每一个盘子都认真地刷了 8 遍，老板对他的工作也很满意。有一天，他好像明白了一件事情："这个饭馆不是我的，我给他打工，他又看不见我干活儿，我干吗非要把盘子刷 8 遍？我怎么那么傻？我觉得盘子刷 4 遍也挺干净的啊，干脆减一半的工序，还拿原来的薪水，这不等于拿了 2 倍的薪水吗？相当于白领的收入了。"于是，他便自作聪明地把每一个盘子刷 4 遍，减少一半的工序。由于老板没有发现，继续发给他原来的薪水，留学生更加得意了。有一天，他又想："我干嘛要刷 4 遍盘子？刷 2 遍不也行吗？我们家的盘子刷 2 遍也挺干净的，若是再减一半的工序，还拿原来的薪水，这不就等于 4 倍的收入了吗？"于是，他将刷盘子的次数减为 2 遍。这一次，老板发现了盘子有些不干净，一检查，原来是他偷偷地减了许多工序。于是老板把这个留学生开除了，同时通知了他所有的朋友："这个留学生不能被雇用，因为他不诚实。"这名留学生以为糊弄的是老板，然而，老板离开他饭馆的生意照样兴旺，而他却可能因此找不到工作了。可能你会说："难道饭馆老板真的会通知所有的老板吗？难道所有的老板都能被通知到吗？"好，就算有的老板没能被通知到，老板不知道那位留学生的过去雇用了他。那位留学生最终还是会因为偷懒被开除的，因为他有了"我是给别人打工，能糊弄就糊弄"这样一种观念。要知道，所有的老板都希望自己的员工干得好，再给高薪。哪一位老板会希望员工干得少，还给高薪？又有哪一位老板喜欢偷懒的员工？

现在有很多大学毕业生刚进入职场时，因为报酬不好、环境不好、上司不好、公司不好之类的理由而缺乏工作的热情，总是说一些诸如"我不干了"之类的话，可是他们忘了自己到底是为谁在工作？如果认为每天是在为老板打工，那么就大错特错！抱着这种心态工作，永远不会成长和发展，也将永远没有"出头之日"，更不可能干出一番事业！

生活中，一些人原本拥有丰富的知识、非凡的能力，却因为他们不断地抱怨，所以常常面临如何找到下一份工作这样的难题。这样的人随处可见，因为上面这些错误的观念而自毁前程，错失了人生中宝贵的机会的人不在少数。

小王是一家贸易公司的销售专员。刚进公司的时候，小王充满了干劲，总是积极主动地为公司做很多的事情。但随着他与老板接触时间的增多，他慢慢发现老板太苛刻了，根本不值得他这么勤奋地为公司工作。同时身边的同事也劝他说："工作嘛，又不是为了自己，说得过去就行了，干吗那么拼命呢！"小王认为同事说得非常有道理，便改变了以往的工作态度，时常花费很多精力来逃避工作，不愿花相同的精力来努力完成工作，每天做着"做一天和尚撞一天钟"的事。结果，等到公司年终总结时，小王不仅没能得到梦寐以求的奖励和升迁，还被公司以工作态度不端正为由辞退。

人生离不开工作，工作不仅仅能赚到养家糊口的薪水，同时在工作中遇到的困难还能锻炼我们的意志，新的任务能开阔我们的视野，与同事的合作可以培养我们的人格，与客户的交流还能训练我们的品格。从某种意义上说，工作是为了自己。

大家其实不是在为环境工作，更不是在为上司工作，每个人都是在为了自己而工作，而每一份努力和付出，都必将得到超值的回报。

一个上了年纪的建筑师准备退休了，雇主很感谢他多年的服务，并问他能不能再建最后一栋房子。建筑师虽然嘴上答应了，但他的心思却已经不在干活上了。他常常偷工减料，做事马马虎虎，用劣质的材料随便把房子盖好了。完工后，雇主拍拍建筑师的肩膀，诚恳地说："房子归你了，这是我送给你的礼物。"建筑师当时就傻眼了……种瓜得瓜，种豆得豆；有几分耕耘，就有几分收获。每个人都可能是这个建筑师，要知道，命运的播种者是自己，今天所做的一切，都会深深地影响到自己的命运。从这个建筑师身上我们可以清楚地认识到"我只为别人工作"这种观念对自己利益的损害。

三、为自己工作的方法

(一)学会规矩

在企业里面，规章制度从表面上看是约束员工的行为，其实是保护员工的。这就好比十字路口的红绿灯，表面来看是约束车辆和行人的——"绿灯行、红灯停"，可它实际上是保护人们的。假如城市里所有的路口都没有了红绿灯，那么，傍晚下班后，大家开着车自由行驶，你争我抢，都堵在路口了，恐怕深夜也到不了家，正是由于红绿灯等严格的交通规则，才保证了大家安全出行、一路畅通。如果没有法律法规，可能谁也无法安心地工作和生活。

正是法律、制度、规则最大限度地保护了员工的利益，员工才能愉快地工作、幸福地生活，员工应该从内心喜欢它。并且，任何规章制度，只要员工从心底里接受它，认为它的存在是合理的、必要的，那么，它对员工来说就不会是约束，而是保护。对于那些觉得制度让自己难受、不自在的人，都是因为他从内心里是抵触制度规则的，所以才会感到痛苦、别扭。要知道：尊重领导、关心同事、着装整齐、按时上班……这些道德规范和制度约束将使员工成为更受欢迎的人，最终受益的还是员工自己。

学会规矩，这句话不难理解，但是真的要做到位又很难。中国几千年的文化给了员工很多智慧，有法家的规范行为、有儒家的导引人心、有墨家的兼爱天下、有道家的无为而治。其中法家所表述的内容就告诉员工：规范员工的行为，规范人的行为，社会才会太平。

同时，在没有人看见时，更需要自制、更需要遵守规矩。有一篇题为《无人看到的鞠躬》的文章，让人感触颇多。文章讲的是作者在东京坐小巴的经历。小巴司机是一位穿着整洁制服的娇小的日本女孩，乘客上车后，她就用温柔的声音说："欢迎乘车！"这让乘客备感温馨。路途中，女司机一边开车一边不时地提醒车上的乘客："我们马上就要转弯了，大家请坐好扶好。""马上要到站了，要下车的乘客请提前做好准备。""我们前面有车经过，所以请各位稍等一下。"最令人感动的是她在交接班后，作者发现她静静地在路边朝车行驶的方向深深地鞠躬，很久很久。而且那天还下着小雨，在一条安静的小路旁，一位瘦弱的女孩恭恭敬敬地对着她的乘客离去的方向深深地鞠躬。这一画面深深地定格在了作者的记忆中。

小女孩的行为是从内心深处认识到自己鞠躬是对乘客的尊重，是对自己职业的尊重，她这样做的时候也会有一种幸福的感觉。一个人在他工作中的表现，就是他在人生中的表现。即使没人看见，也一丝不苟地履行职责，这样有操守、有修养、有自律的人正是职场所急需的，他的职业前景也一定会一片光明。相反，那些人前人后表现迥异、偷懒耍滑的自作聪明者是不会赢得好感的，其职业前景也会黯淡无光。

(二)学会忠职

所谓忠职就是"忠于职守"，也就是忠诚地对待自己的职业岗位。有人说："在每个人面前都有三种事情：一是想做的事；二是能做的事；三是应该做的事。每个人想做的事情有许多，能做的事情也不少，但是这些事情往往有些遥远，而如果想实现它们，则需要先从"第三种事情"也就是应该做的事情做起。那么，什么是应该做的事情呢？很简单，你的职责也就是你应该做的事情。在生活中，要完成你的角色任务：做一个好父亲，让你的孩子接受一个最好的教育；当一个好丈夫，让你的妻子享受一个美好的生活；做一个好儿子，孝敬父母，让他们拥有一个幸福的晚年……在工作中，要及时圆满地完成你的工作任务：如果你是一位服务员，请让你的客人享受到宾至如归的优质服务；倘若你是一位清洁工，请把你负责的区域打扫干净……

海尔集团的首席执行官张瑞敏曾经说过一句话："员工的工作是正确地做事，领导的工作是做正确的事。"讲的是：企业主管的主要工作是做出正确的决定，选择市场所需要的产品，并制定好产品的生产标准；而在生产线上的员工则要按照岗位的要求来正确地做事，生产的产品质量要达到标准。若是这个产品符合质量标准，却根本没有市场、没有买主，那是因为企业的主管没有做好市场调研的工作，导致决策失误。这种情况下，员工没有责任，而主管要负责任。但是，如果是生产线上的员工生产出来的产品不合格，那便是员工的责任。了解自己的职责所在，做好自己应该做的事情，这需要一个严谨的工作态度。

我们常常会听到人说"受君之禄，忠君之事"，就是在强调"在其位，负其责"。做好应该做的事情，不仅需要明确自己的职责所在，还需要在履行职责时要全心全意、尽心尽力，这样才能做到问心无愧。所以，如果工作没有完成，要首先问自己这样一个问题："我用心了吗？我尽力了吗？"如果尽心尽力了，没有人会指责你，大家会理解你的。

1968 年的一个漆黑而凉爽的夜晚，墨西哥城，第 19 届奥运会的马拉松比赛的颁奖仪式已经结束，观众纷纷退场回家，组委会已经通知马拉松沿途的服务站开始撤离。此时，组委会却得到了一个让所有人都吃惊的消息：有个选手还在跑！这个选手是坦桑尼亚的艾克瓦里。他在跑出不到 5 公里后因为碰撞而摔倒，肩部脱臼，膝盖受伤，但他并未就此退出，而是一瘸一拐地继续向终点跑去。渐渐地，所有选手都将他远远甩在身后；渐渐地，围拢在街道两侧打气助威的人群已经走完。所有人都觉得马拉松比赛已经结束了，只有艾克瓦里本人坚定地跑着，因为他觉得自己的比赛远未结束。天色渐黑，艾克瓦里仍在继续。由于剧痛，他的速度很慢，他的嘴角痛苦地抽搐着，他的膝盖也不住地流淌鲜血。终于，他吃力地跑进了奥运体育场，而此时，整个体育场几乎空无一人。艾克瓦里的双腿绑着绷带，沾满血污，他努力地绕完体育场一圈，跑到了终点。在体育场的一个角落，一位享誉国际的纪录片制作人格林斯潘远远看着这一切。接着，在好奇心的驱使下，格林斯潘走了过去，问艾克瓦里为什么要这么吃力地跑至终点。这位来自坦桑尼亚的年轻人轻声回答说："我的国家从两万多公里之外送我来这里，不是为了让我在这场比赛中弃跑的，而是派我来完成这场比赛的。"艾克瓦里——这样一位垫底者，获得了比不少奥运会冠军更响亮的名声和更广泛、更深久的影响力，事到如今已过去 40 多年，很多事都时过境迁，但人们还是忘不了他，他的名字被镌刻在奥林匹克名人录里，他曾经被法国《队报》誉为"最美的垫底者"。在他的家乡坦桑尼亚，有一个"艾克瓦里竞技基金会"正开足马力地运作着，为那些家境贫寒但有运动潜力的田径新苗提供资助。忠实地履行你的职责，做好应该做的事情，即使你没有做出什么惊天动地的大事业，你依旧是有资格为自己而感到自豪和骄傲的，也会受到别人的尊敬——因为你做到了尽心尽力。

当年，有一位叫郭为的有志青年来到联想公司，他雄心勃勃地要大干一番。然而，上面安排给他的工作却是拉车门。但是，郭为并没有抱怨说："我有文化、有知识、有理想，我来这里是要干一番大事业的，我要当经理，怎么能让我干这么简单的工作？"相反，他极其认真地对待这份不起眼的工作。他发现拉车门也并没有那么简单，也需要学习：眼神要好——总裁坐这边，你不能把那边车门拉开；还要反应敏捷——不能车停半天，你还没上前，让领导急得自己开门；并且要细致入微——行走时要提醒："您小心，这有个台阶。"别绊着领导；开门时，手要挡着上面，别让领导碰着头。他在这个简单的工作岗位上展现自己的才华，逐渐被提升为公关部的经理、集团办主任、企划部的总经理、财务部总经理、香港联想副总、联想科技总经理，最终成为神州数码总裁。柳传志曾形象地表示联想的几大掌门人都是"先扎鞋垫，后做西服"——先在基层证明了自己的实力之后，才能一步步升到高层。要知道，现在的优秀领导大都是从基层干起的，并且，当年他们都是好员工。所以，你在基层是不是一个优秀的员工，决定着你将来会不会成为一位好领导。

（三）学会专注

所谓"专注"，就是专心致志、全神贯注、集中精力。一个专注的人，能够把自己的时间、精力和智慧凝聚到所要做的事上，从而最大限度地发挥主动性、创造性和积极性，努力实现自己的目标。

一位父亲带着他的三个儿子到草原上猎杀野兔。到达目的地，一切准备妥当，在开始行动前，父亲向他的儿子们提出了这样一个问题："你们看到了什么？"老大回答说："我看到了在草原上奔跑的野兔、一望无际的草原，还有我们手里的猎枪。"父亲摇摇头说："不对！"老二回答说："我看到了爸爸、哥哥、弟弟、野兔、猎枪，以及茫茫无际的草原。"父亲还是摇摇头说："不对！"老三只回答了一句话："我只看到了野兔！"这时父亲才说："你答对了！"

不受其他东西诱惑，眼里只有自己的目标，这对于工作的完成以及人生的发展来说是非常重要的。在非洲一望无际的大草原上，一群兔子在草丛中欢快地嬉戏。突然一头非洲猎豹扑向兔群，兔群像炸开了锅，开始四散奔逃。猎豹紧紧跟随着其中的一只兔子，穷追不舍。在追逐过程中，猎豹超过了一只只在旁惊恐观望的兔子，没有向这些更近的猎物看上一眼。它只是疯狂、全力以赴地追逐那只早就选好的兔子，它们比技巧、比耐力、比速度。终于，猎豹扑倒了它的猎物，并将它死死按在了爪下。在追逐兔子的过程中，猎豹就死盯着那一只猎物，对它紧追不舍。原因在于猎豹如果在途中改变目标，追追这一只兔子，又追追那一只兔子，很快就会容易变得疲惫不堪，让那些动作敏捷的兔子逃脱。那样做的结果是，猎豹很可能会两手空空，一只也抓不到。所以，猎豹不会去追其他的兔子，放弃已经被自己追累了的兔子。目标过多或者漫无目标都会阻碍我们的前进。只有心无旁骛地追求自己设定的目标，才是明智的选择。

歌德说，一个人不能骑两匹马，骑上这匹，就要丢掉那匹。战略是一种选择与放弃的学问，鱼与熊掌不可兼得，决定做这个，就必须放弃那个，否则终将一无所获。聪明人会把凡是分散精力的要求置之度外，专心致志地只去做一门，同时做一门就要把它做好。世界上最可怕的人就是认真的人，只要我们专注了自己的目标，不受任何东西干扰，坚定不移地朝着目标努力，最终一定会有所收获。

第二节 细节决定成败

一、细节的内涵

按照《现代汉语词典》的解释，细节指"细小的环节或情节"。1999 年版的《辞海》中，关于"细节"有两个说法，其一是"文艺作品中细腻地描绘人物性格、事件发现、场境和自然景物的最小组成单位。"其二是"琐碎的事情；无关紧要的行为。"它引用了一个例子，《后汉书·班超传》："为人有志，不修细节。"《辞海》修订版没有就第一个义项列举例句，但我们知道，细节描写是考验一个作家是否具有功底的标尺。换句话说，细节描写是否成功，是衡量作品是否成功的要素，也能考验一个作家是否有功底。中国近现代作家李准曾经说过："搞小说创作，编故事容易，编细节难，因为细节只有深入生活才能发现，是编不出来的。没有许许多多真实的细节，你的作品就难以打动读者。"

在欧洲战场上，国王查理三世准备用尽全力进行最后一战。此时里奇蒙德伯爵带领的军队正迎面扑来，谁在这场战斗获得胜利，将意味着未来由谁统治英国。在战斗进行的当天早上，查理派了一个马夫去准备好自己最喜欢的战马。"快点给它钉掌，"马夫对铁匠说，"国王希望骑着它打头阵。""你得等等，"铁匠回答，"我前几天给国王全军的马都钉了掌，现在我得打点儿铁片来。""我等不及了。"马夫不耐烦地叫道，"国王的敌人正在攻打进来，我们必须在战场上迎击敌兵，有什么你就用什么吧，将就着点。"铁匠又埋头干活，从一根铁条上弄下四个马掌，把它们砸平、整形，固定在马蹄上，然后开始钉钉子。钉了三个掌后，他发现没有钉子来钉第四个掌了。"我需要一两个钉子，"他说，"得需要点儿时间砸出两个。""我告诉过你我等不及了，"马夫急切地说，"我听见军号了，你能不能凑合着钉好马掌？""我能把马掌钉上，但是不能像其他几个那么结实。""能不能挂住？"马夫问。"应该可以，"铁匠回答，"但我没有十足把握。""好吧，就这样，"马夫叫道，"快点，要不然国王会怪罪到咱俩头上的。"两军交战，查理国王冲锋陷阵，鞭策士兵迎击敌人。"冲啊，冲啊！"国王喊着，率领部队冲向敌军。远远地，他看见在战场的另一头，后面的几个士兵正在后退。如果别人看见他们这样，也会跟着后退的，所以查理策马扬鞭冲向那个缺口，召唤士兵调转马头继续战斗。但是他还没走到一半，一只马掌就掉了，战马跌翻在地，当然查理也被掀翻在地上。国王还没有抓住缰绳，惊恐的马就跳起来逃走了。查理环顾四周，看见他的士兵们都开始转身撤退，敌人的军队趁此机会都包围了上来。他在空中挥舞宝剑，"马！"他喊道，"一匹马，我的国家倾覆就因为这一匹马。"他没有马骑了，导致他的军队已经分崩离析，士兵都自顾不暇。不一会儿，查理被敌军俘获，战斗也就结束了。所有的损失仅仅是因为少了一个马掌钉。在我们现实生活中的事件，很多时候就跟多米诺骨牌一样，可能会因为一点轻微的晃动就导致整个系统的崩溃。更有可能只是一件产品不合格，就导致了整个工厂的倒闭，这不是天方夜谭。因此，我们要注意日常生活和工作的每一个细节，才有会使我们的生活和工作保持最完美的状态。

细节是对微小事物的仔细观察与把握，它也是人生旅途中的成功伴侣。早在 500 多年以前，有一位名叫科尔迪的阿拉伯牧羊人在自己养羊的过程中发现，有一只山羊相对其他羊而言要兴奋很多，经常是在那蹦来跳去尽情撒欢。他对此感到非常奇怪，决心去弄明白到底是什么原因，于是便开始留意那只山羊，每天跟踪那只羊并注意它的一举一动。

通过他连续好几天的仔细观察，功夫不负有心人，他发现那只与众不同的山羊特别爱吃山坡一棵树上的红浆果，吃之后就开始兴奋起来。好奇心驱使他按捺不住也吃了那棵树上的一些红浆果，吃完没过多久，就会情不自禁地跳起了欢快的舞蹈，让人有那种神情振奋的感觉。从那天以后，每次到山坡放牧，科尔迪都要去吃一点红浆果。有一次，他在吃红浆果时，恰巧被一位路过的欧洲传教士给看见了，科尔迪便将他的观察和体验慢慢告诉给传教士，传教士听后也去采摘了一些红浆果，他回到住所之后，将红浆果清洗几遍，用水熬出汁液，并耐心地品尝。刚开始尝起来的感觉有点苦，慢慢地回味是神清气爽，浑身都焕发出一种活力。从那以后，他每天都坚持喝一壶红浆果饮料，使得自己充满活力。后来，在传教士的热心宣传下，周围的群众也都开始如法炮制，同时还一起分享着饮用后的振奋。事实上，那种红浆果经慢慢提炼加工，就做成了现在我们很多人都喜欢喝的咖啡。

咖啡的这一大特效在得到证实了之后，传教士开始把它向欧洲商人进行介绍，立刻引起了他们的高度重视和认可。他们将咖啡树移植到本土，大面积地推广种植，并引导人们消费。后来，传教士在自己的布道生涯中也曾多次提到偶然发现咖啡妙用的整个过程，还常常说起这样一段话："一个人能否有所发现的关键，并不在于自己眼睛的大小，而在于是否善于用自己的眼睛观察。对微小事物的仔细观察，是艺术、科学、事业和生命获得成功的伴侣。"

可见，任何事都要从细节做起，否则就谈不上卓越的成就，更谈不上辉煌的人生。

二、细节的重要性

1. 成也细节

在当今社会，如果一个人"不拘小节"，将越来越不受人欢迎，同时也没有办法获得成就大事的机会。只有那些对自己负责、做事情一丝不苟、注重每一个细节的人，才会受到命运的嘉奖，成为命运的宠儿。

某学校招聘教师，要通过面试环节从几名应聘者中选出一位最合适的人选。在面试前期，几位应试者都做了十分精心的准备。上课铃响之后，应聘者分别微笑着走上讲台，师生互相致意之后，开始讲课。为了避免出现差错，每个人都按照标准的讲课流程进行各项工作，导入新课、讲授正文、总结概括、复习巩固……一位应试者为了避免满堂灌，也效仿前几位应试者设计了课堂提问环节。但由于题目设计得不是很科学，学生的反应也不是很好。下课时，这名应试者觉得相比前几位，自己的表现并不好，可能相对而言算是比较差的了，因此觉得自己几乎没有成功的可能。

谁知，第二天，这位认为自己最没有希望的面试者，却出乎意料地接到了录用通知。惊喜的同时，他也很好奇校长为什么选中了他，而不是比他相对而言更加优秀的人。校长微笑着说："事实上，论那堂课的精彩程度，你的表现确实要比其他几位面试者差一些，论精彩程度来选择，他们可能会更合理一些。但唯一不同的是在课堂提问时，你表现出来的一个细节，却足以让其他人相形见绌，因为你叫学生的时候不像其他几位面试者叫他们的学号，而是叫的他们名字，更没有用手去指。如果一位老师不愿意更多地去了解自己的学生，不知道如何尊重自己的学生，那么他又怎么会把自己的学生教育得很好呢？你是唯一一个喊出学生名字的人，因此你也是唯一的入选者。"

这个例子告诉我们，成大事者必须要拘小节。忽视身边的小事，一心想要做大事的人，他的最终成就往往不如做小事的人。相反，越是注意细节，越是"拘小节"，越容易获得最后的成功。

一个相貌一般的女孩，学习经历也很普通，就是一个普通的中专学校毕业生，成绩也很一般。她到一家合资公司去面试，外方的经理看了她的材料后，毫不客气地直接拒绝了她。女孩收回自己的材料，站起来准备转身离开时。突然感觉自己的手被什么东西扎了一下，看了一下扎到的手掌，上面很快渗出了一颗血珠。原来在凳子上面有一颗钉子没弄好，露了在外面。她看了一下周围，看见桌子上有一块镇纸石，便顺手拿过来用力把小钉子压了下去。然后，她对经理微微一笑，说声告辞就转身离开了。在她走后，看清楚了事情的全部经过经理便马上派人在楼下追回了她，最后被公司破格录用了。

这个案例让我们知道决定人生命运的往往是一些日常生活中最容易被忽略的细节，然而这些细节体现的恰恰是一个人的教养、人格和胸襟。即使你已经成了一个大人物，也不能忽视细节的作用。就像著名古希腊哲学家柏拉图所说的一样："对于将军或政治家来说，如果他们只注重大事而忽略小节，他们的结果也不会太好；如果没有小石头，大石头也不会稳稳当当地矗立着。"

老子也曾说过："天下难事，必做于易；天下大事，必做于细。"这也精辟地指出了想成就一番事业，必须从细微之处入手，从简单的事情做起。20 世纪世界最伟大的建筑师之一的密斯·凡·德罗，在用一句话来说明自己成功的原因时，曾说过经典的 5 个字："魔鬼在细节。"他不断地强调，建筑如果对细节的把握不到位，无论你的建筑设计方案多么恢弘大气，都不可能被称为成功的作品。所谓"一树一菩提，一沙一世界"，生活的一切很多都是由细节构成的，如果我们将一切归于有序，决定成功与失败的必将是微若沙砾的细节，细节的竞争相对而言才是最高的竞争层面。当零售业巨子沃尔玛在 2002 年美国乃至世界企业界以 2918 亿美元稳坐第一把交椅时，《财富》杂志记者十分惊叹地写道："一个卖廉价衬衫和鱼竿的摊贩怎么会成为美国最有实力的公司呢？"其实，沃尔玛成功没有任何秘密，仅仅是因为它更加注重细节，沃尔玛曾经以天天平价著称，但今天人们发现其实它的东西也并不便宜多少，实际上它的服务却是一流的。例如他们对于一个小小的微笑，沃尔玛公司规定，每一位员工要对 3 米以内的顾客保持微笑，甚至还做了一个量化的标准："要求对顾客露出 8 颗牙齿。"另外为提高服务水平，沃尔玛规定员工必须认真回答顾客的提问，更是要求员工对于顾客永远不要说"不知道"，无论当时多忙，都要放下手中的工作，亲自带领顾客来到他们要找的商品前面，绝对不允许大致指个方向这种行为的发生。正是注重了这些细节，沃尔玛帝国才能在当今社会巍然屹立。

2. 败也细节

生活的溪流往往是由一些琐屑、无足轻重的事件以及那些过后不留一丝痕迹的细微经验渐渐汇集而成的，正是它们才构成了生活的全部内涵。

三国时期的曹植，众所周知他是天生的文学家，可却不是合格的政治家。他做事就不拘小节像个孩子，只管做，从来不想后果，经常是只顾眼前洒脱就行了。有一年，曹操带兵去攻打东吴，留曹植守卫邺城，后来孙权投降，曹操得胜回邺城，一到家就有人状告曹植，称其"擅开司马门，且奔驰于驰道"。当时就把曹操气坏了。原来"司马门"是魏宫正门，只有曹操本人车驾可以出入；而"驰道"是天子专用车道，极为雄伟，曹操当时比天子还"大牌"，因此也建造了"驰道"。由于曹操不在家，曹植得意忘形，玩疯了，其实，他根本没有篡位的野心！但曹操并不这么想，他认为"我还没死，就要取而代之？"曹植不只因为"擅开司马门，且奔驰于驰道"让曹操反感，还由于之前他对工作极为不认真，酗酒误事，这些都令曹操气愤。有一次曹仁被关羽围攻，曹植奉命援救。本来这是一次好好表现的机会，但曹植却没有好好控制住自己，因酗酒误了大事，从那以后曹操完全对曹植失去了信心。

很多人认为，"行大事不拘小节"，就是说作为一名有志气的人，应当干大业、成大事，而不是拘泥于细微琐碎的小节，"小节无伤大雅，那么何必小题大做"？其实并不是这样。任何事物都需要有从量变到质变的过程，小节问题在日常生活中同样具有潜移默化的作用，平时不拘小节，就有可能造成微恙成大疾，把小问题演化成大问题。"千丈之堤，以蝼蚁之穴溃；百尺之室，以突隙之烟焚"。"不虑于微，始成大患；不防于小，终亏大德。"这些说的就是这个道理。

凡是大事都是由许多小事组成的，能够把这些小事踏踏实实地做好，不一定会取得特别惊人的结果，但如果对待小事马虎潦草，最终必然会影响大事。

就像财务人员平时填写支票或报表，你把每一项都认认真真地写好、填正确，对于大多数人而言并不是什么了不起的大事。但是如果你不小心，填错了一个数字，就可能造成整张报表都要重填。同时如果填完没有核对，把这张错误的报表交给上级、客户或其他机构等，就可能会导致很多难以弥补的损失。

所以，把所有小事认认真真做好是成就一件大事的必要条件，你这样做了，大事虽然不一定会十分成功——因为影响大事成功的还有很多其他因素，但是如果你没有做好小事，或者不做小事，则大事一定不成功。

无论是什么时候，什么地点，只有做事认真仔细，才能把事做得趋近于完美。不论做什么事情，要想获得好的结果，不仅需要聪明才智，更重要的是还要有精细的精神，踏踏实实用心做事的态度，这样才能把每一件事情做好。如果平时做事情马马虎虎，在小事上放松自己，最终大事肯定也无法做成。这正好印证了一句话：成也细节，败也细节。

三、培养注重细节的方法

培养自己平时注重细节的好习惯，提高自身善于把握细节的能力，才能进一步把个人潜在的能力和智慧更加有效地发挥出来，才能避开一些弯路，也会少出纰漏，在走向成功的道路上稳操胜券。培养注重细节的习惯，在当今社会是个人与企业共同发展的必然要求，我们可以从以下6方面着手锻炼慢慢培养。

1. 改变观念

一般不注重细节的人，在日常工作中相对于更为注重细节的人观念上就不相同。比如，对于精打细算的人他们就会冠以"斤斤计较、小家子气"的称谓，另外对于他人善意的提醒会恶言相加，有甚者对关系自己生命安全的问题也常常抱有侥幸心理，这些都是日常生活中主观上没有重视细节的行为体现。只有一个人在思想上对细节足够重视了，才能严格要求自己的行为。因此，在成为一个优秀员工之前，首先要改变自身的一些旧观念，树立细节决定成败的新观念。

2. 保持专注

如果一个人想同时追两只兔子，最后的结果只能是什么都没有。有道是"十年磨一剑"，中国古代的铸剑师为了铸就一把好剑，可以潜心在深山中打造十几年。可见，只有足够专注才能够保证工作效率的最大发挥。但凡做一件事你必须远离那些会使你分散注意力的事情，全身心地集中精力选准主攻目标，专心致志地做好每一件小事，这样才有机会获得最后的成功。

3. 自我控制

每个人都兼具感性与理性这两方面，对大小琐事都完全用理智想问题是不可能的，而且很多行为都是以感情为出发点的，这是我们人性真实的一面。通常会因为别人有意或无意的一句话，便耿耿于怀，甚至动辄勃然大怒、气血攻心，最后根本无法自我控制，造成许多难以弥补的后果，等到情绪过后，才来懊悔当初，这是绝大多数人的通病。因个人某方面致命的弱点或缺陷而最后失败的人不在少数。这样的人，更加需要培养自我控制的能力，控制好浮躁的情绪。要经常规避自己的弱点、自己的不足，既要自我崇尚、有信心，更要自我检查、及时修正，不断地完善自我、提高自我。只有做到自我克制的人，才能不会为外界环境所左右，静下心来的时候才能做好一些细小事情。

4. 从小做起

细节存在于身边的每一件小事之中。比如：所出具的数据、撰写的文章、产品的工艺指标都做到没有差错是细节；对经手的事，从时间、地点的确定，到准备什么、如何应对都有全盘考虑是细节；对每一个工艺指标的变化，每一台设备的维护及运行情况都做到心中有数，这些也是细节；生产中减少跑、冒、滴、漏，实现安全无事故、设备无故障、装置长周期运行是细节；生活中对同事、朋友的一句问候、一声劝勉，累时送上一张椅子，渴时递上一杯水是细节；严格遵守工作时间，上班不要迟到，下班时不早退，不因私事影响工作，良好的工作态度是细节；节约一滴水、一张纸、一度电，养成随手关灯、关门窗的习惯是细节。当养成关注细节的习惯后，你会发现，无论日常生活，还是平时工作，都会更加顺利，效率也会大大提高。

5. "苛刻"自己

养成一个好习惯，前提是从严要求自己。每天做好相应的工作计划，准备好备忘录等等，事无巨细一件一件地完成。正如平常所说的，完成一件小事或许会比计划中的大事更有效。对上级下达的工作任务和要求，要以身作则，争取每一件事情都做到位，做到极致，不能敷衍了事。只有平时在一系列小事琐事上对自己严格要求，才能在日渐积累的工作中让粗心大意的毛病得以改正。

6. 持之以恒

细节也是一种思维与行动意识的高效组合。大家都想做好每件事，但有人最后的结果就是做不好，一件事总会有很多出错的地方。也不是他们不努力，但问题就是发生了，这一切的原因就是没有坚持培养注重细节的习惯，没有做到持之以恒。有些人前期能够做到认真执著，可一段时间过后，就又开始懒散松懈，做事总是有头无尾，经常半途而废，这样就无法真正养成注重细节的好习惯。

培养习惯是需要"曲不离口、拳不离手"，经过"韦编三绝"，最终才能实现"百炼成钢"的一个过程。每一个成功者所具备的一些成功品质，都是由无数个细节习惯的逐渐积累达成的。因此，一旦具备了良好的习惯，就不会为遇到坚持好习惯与纠正坏习惯的矛盾心情所纠结，让你在轻松中胜人一筹。

第三节　方法总比问题多

一个人在工作和生活中，不可能总是一帆风顺的，难免会遭受挫折甚至是失败。比如：你的想法得不到上司的支持，你的工作总是受到公司里其他员工的百般阻挠，或者别人根本就不想听你的建议……有的人心理素质较差，意志力薄弱，经不起一点点的失败，在工作和生活中一遇到挫折，就会对自己渐渐地失去信心，认为自己这也不行，那也不行，一天到晚愁眉苦脸，怨天尤人，根本无法振作精神。哪怕好不容易一件事情出现了转机，也可能会因为一张拉长的苦瓜脸而泡汤。相比之下，优秀的员工在困难来临时，总是努力寻找方法，寻求新的突破，这样的员工在职业生涯中会变得更加卓越，达到比别人更高的高度。

一、面对问题的态度

在这个快节奏的时代，多的是"忙人"。每个人都在急急忙忙地上班、急急忙忙地办事、急急忙忙地说话，到了月底，仔细一盘算，才发现自己根本没做成几件能拿得出手的事情。这样的人往往用一个"忙"字，当作自己努力的外衣。可是他们没想到，这样的忙，只能是"瞎忙"、不会有什么好的结果产生，也不会给单位和自己带来多大的效益。

只有做一个凡事讲究方法的"忙人"，才会提高效率、带来价值！俗话说："只要精神不滑坡，方法总比问题多。"不成功的原因，往往在于对问题的屈服：将问题无端放大，看轻自己。其实，只要努力，怎么会没有方法呢？只有多找方法，才能会找方法。只有会找方法，才能创造出更大的价值。

20 年前，在内蒙古一个贫困、偏僻的小村庄，有一个普通的年轻人。某天，家里人生了病，却因为贫困，请不起医生。无奈，年轻人只能跟乡亲们借。给家人看病他需要 2 元钱，然而走遍了村子，也没能凑齐。乡亲们不是不愿意借，实在是因为他们自己家里也没钱。

这件事，刺激到了这个年轻人。他觉得，继续留在村里，根本看不到希望。于是，19 岁那年，带着 6 个窝窝头的他，骑着一辆破自行车，打算到城里谋生。城里的工作本就不是那么好找的，再加上他高中没有毕业，学历低，想要找一份好工作那简直是难上加难。好不容易，在建筑工地上，让他找到了一份打杂的小工。每天 1.7 元的工钱，对他来说只够吃饭，他只能想尽办法，每天省下 1 元钱，拿来接济家人。不管生活再怎么艰难，他都不断地对自己说："绝对不可能永远是这样"。渴望出人头地的他，下决心付出比别人更多的努力。很快，2 个月后，他就被提升为了材料员，工资也加了 1 元钱。因为比别人多付出了，他才能比别人先站稳脚跟。在这之后，他开始重视方法。他觉得：想要在新单位站稳脚跟，就得得到大家更多的认可，成为单位不可缺少的人员。可是，怎么才能做到这点呢？冥思苦想后，终于，他想到了一个点子：在工地的生活是十分枯燥的，他想到，如果让大家的业余生活过得丰富一点，会怎么样呢？想到这，他拿出自己省下来的一部分钱，买了《水浒传》《三国演义》等名著，自己阅读后，再讲给大家听。这样一来，每天晚饭后的时间，变成了大家最开心的时间。工友们开心的笑声，是对他的最大奖赏。没有想到的是，某一天，老板来到工地检查工作，发现他口才还不错，将他提升到公关业务员这一职位。只是一个小点子，付之实践后能有这样的效果，这让他备受鼓舞。渐渐地，他将主动找方法的这一特长，运用到对工地上所有的问题上面，他抱着一种主人翁的心态处理每一件事。夜班有个工友，有随地小便的习惯，怎么提醒都没有用，为此，他想了无数办法，让大家能做到了文明如厕；还有一个工友，性格非常暴躁，常常在喝酒后想跟承包方拼命，每次，他都想办法化解矛盾……

这些虽说都是小事，可领导却都看在眼里。渐渐地，他成为了领导不可缺少的左膀右臂。由于他常常主动找方法，又碰巧，出现了一个创业的良机。某天，工地的领导告诉他，公司本打算承包一个工程，却因为这样那样的原因，决定放弃。凡事喜欢想方法的他，劝说领导不能就这样放弃。看他充满热情，领导说："这个项目我没有把握，要是你能看得准，就由你来牵头做，有什么需要，我给你提供帮助。"他当时简直不敢相信自己的耳朵：这意味着领导给自己提供了一个可以自行创业的机会！于是，他二话不说就接下了这个项目，信心百倍地干了起来。

在这个过程中，遇到的困难出乎意料，光是要盖的公章就有 17 个，尽管如此，他还是想办法，把它们一个个地盖下来了，终于，项目如期完成，他也掘到了人生第一桶金。在他进城工作 5 周年时，他盘算了自己的家产，发现已经有整整 300 万元了。这个年轻人在这个过程中，尝到了进取精神和想办法解决难题带来的益处，那之后他更加努力。现在，他不仅拥有当地最大的建筑工队，同时还是内蒙古最大的草业经营者之一，每年都有 1 万多的农民为他的企业提供草、玉米等饲料。拥有财富的他，在贫困的家乡建了个世界最大的金霉素生产厂，其生产量达全球的 1/4，很多父老乡亲都跟着他实现了脱贫致富。这个创造奇迹的人，叫王东晓，内蒙古金河集团的董事长。

人的一生，是遭遇问题和与问题战斗的一生。问题是无穷尽的，我们若不主动找方法，我们能够打赢这场战争吗？有些时候我们之所以不成功，在于对问题的屈服和无端地将问题放大、看轻自己。其实，只要努力找方法，怎么会找不到呢？问题找得越多，你会越来越会找，因为方法总比困难多！

人的思维神经就像人的肌肉，不断锻炼，才会越来越强大。不练，再健康的肌肉也会变萎缩。练习得好，就算基础不好，也能通过努力提高。只有越去找方法，才越会找方法。越会找方法，才能创造越来越大的价值，不仅提高了找方法的自信，也越来越明白找方法的窍门，就能找出更多更好的方法来！想办法是有办法的前提。如果脑袋放假了，即使天才，遇到问题也会一筹莫展。

"没办法！""没有一点办法了！"这样的话，你是不是很熟悉？你的身边，是不是经常有这样的声音？当向别人提出要求时，得到这样的回答，你是不是觉得失望？当上级给你某个任务，或同事、顾客跟你提出要求时，你是不是也这样回答？你这样回答的时候，你是不是能够同样体验到别人对你的失望？

一句"没有办法"，似乎为自己找到了不去做的理由。也正是这样一句"没办法"，浇灭大多创造之花，阻碍前进的步伐！可是真的没办法吗？还是说我们根本没好好想办法？发动机只有发动起来才产生动力，同样地，只有想办法才会有办法！

当北京申奥成功，大家为中国的国力得到承认而自豪，也为北京得到这样一个经济发展的机会而高兴，可你是否知道，1984 年以前，奥运会并不是每一个国家都想得到的香饽饽，相反，没有几个国家是敢于申办奥运会的。在相当长的时期内，举办奥运会是赔钱的，前苏联举办的莫斯科奥运会，就亏损了很多资金。而 1984 年的美国洛杉矶奥运会却是一个转折，那次奥运会，美国政府没有掏一分一文，却盈利 2 亿多美元，创下一个奇迹。创造这一奇迹的人，是一个叫尤伯罗斯的商人。开始时，他是不愿意接受这项任务的，再三相邀下，他才答应（图 7.1）。

图 7.1　1984 年洛杉矶奥运会组委会主席尤伯罗斯

尤伯罗斯将整个奥运活动与企业和社会之间的关系做了通盘的考虑，想了很多点子让奥运会赚钱。最绝的点子是拍卖奥运会实况电视转播权，这是从来没有过的。最初，最高拍卖价是1.52 亿美元，当时已是个天文数字了，但却遭到了尤伯罗斯的拒绝。他说："这个数字太保守了！"他觉察到人们对运动会的兴趣正在不断高涨，奥运会已然是全球关注的热点。电视台可以利用节目转播赚不少钱。采取直播权拍卖的方法，必将引起各大电视台之间相互竞争，价钱也会不断被抬高。

不出所料，单单电视转播权这一项，就为他筹集了2亿多美元的资金。以往的奥运会万里长跑接力这一项比赛，都由名人担任，但尤伯罗斯也修改了这种做法：谁都可以跑，只要身体棒，外加出钱就可以，每公里按3000美元收费。这个消息一公布，报名的人蜂拥而至，1.5万公里的路，一共收费4500万美元！这次奥运会给尤伯罗斯带来空前的声誉。回首成功的过程，他非常自豪：有想法就会有突破点。畏难怎么能够创造出这样的辉煌呢？只要能够战胜对艰难的畏惧，下决心去努力，就能找到解决问题的方法！只要不断开发潜能，找方法的能力就会越来越强。把"不可能"放到一边，只想自己是否竭尽全力。想尽一切办法、穷尽一切可能努力，就没有"无法解决的问题"，不够努力只会造成失败和遗憾。

二、寻找方法的意义

在生活、工作中，你有没有经常被各种应接不暇的问题弄得焦头烂额呢？你在面对问题的时候有没有觉得进退维谷、束手无策？此时，你不能只盯着问题发呆或置之不理，而应该积极思考解决的方法。正所谓：世上无难事，只怕有心人。只要努力去想办法，相信一定能有解决之道。

只有时时处处找方法、随时注意方法，才能从成功的起点向前走，只有找出方法才能创造成功。只要找方法，处处都是成功的机会。

只有有方法，才能让一个员工、一个企业有更大的舞台，才能在困境中生存，在困境中发展，也只有有方法才能让我们走向更大的成功。

1. 积极寻找方法是个人和企业的生存之本

成功的方法之一就是善用大脑想方法，用智慧将工作做好。在工作时，要用手去做，更要用脑子去想。不管工作中遇到多大困难，都有必要停下来好好思考一下，不要以为事情就只能这样了，只有在工作中努力想办法，才能解决面对的困难。这样你才能成为公司中受欢迎的员工，才能使企业在市场经济竞争中立于不败之地。

1952年，受经济低迷的影响，日本东芝电器公司积压了大批电扇。为此，公司相关部门的工作人员绞尽脑汁想了很多办法，但销售量就是上不去。看到这种情况，一个基层小职员也努力想想办法，几乎达到了废寝忘食的地步。某天，小职员看到街上有很多小孩都拿着五颜六色的小风车玩，他头脑里突然一亮：为什么不把风扇的颜色改变一下呢？这样既让年轻人和小孩子感到眼前一亮，彩色的电扇又能让成年人感觉为屋里增光添彩！想到这里，小职员跑回公司跟总经理提出了这个建议，公司为此特地召开大会，经过仔细研究，决定采纳小职员的建议。第二年夏，东芝公司推出了彩色的一系列风扇，一改以往黑色的面孔，受到人们喜爱，掀起了一股抢购狂潮，在很短的时间内就卖出了几十万台，至此大量积压的电扇成了抢手货，公司很快走出了困境。这位小职员不但获得了公司2%的股份，同时也成为公司里受欢迎的人。

思考是人类特有的能力。不管遇到什么样的挫折，要学会多思考，用脑子去工作，培养善于找方法的良好习惯。所以，在工作中仅仅按上司的吩咐来完成工作是远远不够的，不管什么时候，我们都应该做一个用头脑想办法，把事情做到最好的员工。这样的人，才会在企业里受欢迎。

2. 积极寻找方法可以简化解决问题的过程

在日常工作、生活、学习中，不管遇到多大的困难，只要认真地找方法，所有问题都会得到解决。方法，对于解决问题是最简单、实用的。因为它不但能简化解决问题的过程，还能够让结果变得更完美。

在开始工作时或者做一件事情前，找出那些阻碍你成功的因素是非常有必要的，这样就可以有效减少工作中的阻力，但是要想在工作前把所有阻力都清除是极不现实的，如果你固执地坚持这一点，你的工作就永远都不可能开始。而且，优秀员工并非工作前就解决了所有问题，任何人都不可能做到这一点，因为随着工作的进展，问题是不断产生和变化的。事实上，优秀的员工不管从事什么行业，遇到麻烦都会立刻想办法解决，他们的这一行为就像前进中遇到沟壑毫不犹豫就跨过去一样自然。方法让艰难的问题变简单，这样就简化了一个复杂的过程。"在当今社会里，什么样的员工最受单位欢迎？"你要是个对自己的前途、命运负责的员工，相信这个问题肯定也是你关心的问题之一。如果你不了解这个点，你在职场的发展就很有可能受到极大的制约，走很多弯路。

有位企业老总讲述自己故事时说到：10 多年前，他还在一家建筑材料公司里当业务员。当时公司最大的问题就是如何讨账。产品不错，销路也不错，就是产品销出去后，总无法及时收款。有位客户，买了 10 万元产品，总是以各种理由推脱不肯付款，公司前后派了三批人去要账，都没拿到货款。当时，他刚到公司上班，和另外一位姓张的同事一起被派去要账。经软磨硬磨，最后，客户同意给钱，但让他们过两天去拿。两天后他们去到那儿，对方给了他们一张 10 万元的现金支票。他们高兴地拿着支票去银行取钱，却被告知，账上仅有 99920 元。明显，对方耍了个花招，给的是一张无法兑现的支票。眼看着第二天就要放春节，不及时拿到钱，不知又得拖多久。

遇到这样的情况，很多人可能一筹莫展。但他灵机一动，拿出 100 元存到客户公司的账户里。这样一来，账户里有了 10 万。他立即把支票兑了现。当他带着 10 万元回到公司时，得到了董事长的赞赏。随后，他在公司里发展得越来越好，5 年之后当上了公司的副总经理，继而成为了总经理。

这就是主动想办法的精神，故事中主人公的快速成长，与他的这种精神密切相关。在工作中，我们经常看到有与该主人公相同的人，哪怕遇到再棘手的问题，他们首先想到的绝不是退缩，而是想办法解决。与此相反，还有一种人，哪怕面临的问题十分简单，仍然找借口不做，并且还会找各种理由为自己推脱。往往找借口的人，是不会主动想办法解决问题的，哪怕是有现成的办法摆在他面前，他也会因为怕麻烦而不想去接受，从这一点就可以看到一流员工和末流员工的区别所在。

美国职业篮球协会（NBA）著名球星杰森·基德，曾经讲述了一件影响他一生的小事。在他小时候，父亲会常常带着他去打保龄球。可是他打得并不好，于是，他开始找各种理由不去。直到有一天，就在他再一次为自己打得不好而找各种借口的时候，父亲毫不客气地打断了他："不要再找借口了。你知道为什么自己打得不好么，那是因为你不练习，还不愿意总结方法。假如你是用心在完成它，我相信你不会是现在这样。"父亲的话极大地震撼了他，此后，只要一发现自己的缺点，他就会想尽办法去纠正它。在那之后，不论是打保龄球还是篮球，他都要求自己必须做到两点：第一，要比别人投入更多的时间、精力练习；第二，要时刻总结经验教训，找到最好的方法提升自己的不足。也正是因为这两点，才让他成为了最优秀的球员。

日本松下公司的企业文化中有这样一段话：

"如果你有智慧，请你贡献智慧；

如果你没有智慧，请你贡献汗水；

如果你两样都不贡献，请你离开公司。"

从这里可以看出，员工其实可以分为以下3种。

1. 敬业并且能找到方法的员工。这类员工不仅拥有智慧还乐于奉献智慧，而这份智慧必然会为他所在的企业创造财富。毫无疑问，这类员工是最好的员工。

2. 敬业但是缺乏方法的员工。他们能够也只能奉献汗水，这种员工单位需要，但他们自身不会有太大的发展。

3. 既不去找方法又不敬业的员工。他们什么也奉献不了，所以最终的结局只能是离开。因此，我们不难看出：一流员工是敬业又会找方法的；二流员工虽敬业但不会找办法；而末流员工只会找借口。倘若你想获得最大程度的发展，那你就应该努力争取做第一种员工。事实是，最优秀的人，往往是最重视找方法的人，这样的人相信凡事都会有解决方法，而且总会有更好的方法。

有人曾经对企业的100多名管理干部做了一个调查。调查的两个问题分别是：什么样的员工最不受欢迎？什么样的员工最受欢迎？调查结果如表7.1所示。

表7.1　　　　　　　　　　　　　　　　员工对比

最不受欢迎的员工	最受欢迎的员工
工作不努力而找借口的员工	没安排工作却能主动找事做的员工
损公肥私的员工	通过找方法加倍提升业绩的员工
过于斤斤计较的员工	从不抱怨的员工
华而不实的员工	执行力强的员工
受不得委屈的员工	能承受压力的员工

这样的调查结果，进一步证实了凡事总想着找借口的员工，一定会变成单位里最不受欢迎的员工；相反，凡事主动找方法解决问题的员工，一定会成为单位里最受欢迎的金牌员工！

福特美国是美国最大、也是最早的汽车公司之一。1956年，福特汽车公司推出了一款新车。这款汽车不管是式样还是功能都很好，而且价钱还不贵，按常理说，这样的车一定会有很多人争相购买，但结果很奇怪，它销路平平，这和当初设想的情况完全相反。看到这样的结果，公司的经理们个个急得像热锅上的蚂蚁，绞尽脑汁也想不出怎么样才能让产品变得畅销。就在这时，在福特汽车销售量居全国末位的费城地区，一位刚毕业的大学生，对这款新车产生了浓厚的兴趣，他叫艾柯卡。

艾柯卡当时只是福特汽车公司的一位见习工程师，跟汽车的销售毫无关系。但是不知什么原因，公司老总因为这款新车滞销而着急的神情深深地印在他的脑海里。于是他开始琢磨：我能不能想个办法让这款汽车畅销起来？终于有一天，他灵光一闪，径直来到经理办公室，跟经理讲了自己的创意，那就是在报上登广告，内容为："花56元买辆56型福特。"这个创意的具体做法是这样的：如果有谁想买一辆1956年生产的福特汽车，他只需先付20%的货款，余下部分可以通过每月付56美元的办法慢慢付清。

可喜的是，他的建议得到了经理的采纳。正如他所期待的那样，这办法十分灵验，很快，"花56元买辆56型福特"的广告就已经人人皆知了。"花56元买辆56型福特"的做法，不但打消了很多人对车价格的顾虑，还给想要买车的人创造了"每个月才花56元，实在是太划算了"的印象。奇迹就在这样一句简单的广告词中发生了：短短的 3 个月，这款汽车在费城地区的销售量从原来的末位一跃成为了全国的冠军。因为这件事，年轻的工程师很快受到赏识，总部将他调到了华盛顿，委任他为地区经理。后来，艾柯卡还不断地根据公司的发展趋势，推出了一系列富有创意的举措，顺理成章地，最后他成为了福特公司的总裁（图 7.2）。

作为一个大学生，大家最关心的问题是走入社会后，如何才能更快地脱颖而出？更快地得到大家的认可？关于这些问题，艾柯卡给大家提供了最佳答案：愿意主动想办法帮单位解决问题的人最容易脱颖而出。同样，能快速找到方法帮单位解决问题的人，最容易得到人们的认可。

图 7.2　福特汽车公司前总裁艾柯卡

三、寻找方法的技巧

（一）把自己逼到绝境

难！是大多数人拒绝努力的第一理由。可是，一旦你将心灵的焦点对准"难"，你的头脑就会加速运转，继而找出千万个理由，只为证明真的很"难"，在这种时候，一个人是很容易屈服的。因为，畏惧会使人没法真正冷静下来应对问题，甚至会导致整个行动的瘫痪。但是，如果你不先去想问题难不难，而是先问自己是否已经尽了最大努力，你就能做到轻装上路，还能尽可能地挖掘出自己的潜能，从而找到方法将问题解决。有句话是这样说的：当你把自己逼到"非……不可"的境地的时候，你一定会创造出自己都难以想象的奇迹！

（二）从"尽力"的假象中解放自己

人之所以没有办法做到真正地"竭尽全力"，往往是因为他们觉得"我已经尽力"了，我已经做到自己能做到的最好了，并且深信已经没有办法可以再往前了，哪怕只是再前进一步。说穿了，这些都不过是我们不愿意接受挑战所找的借口。

稻盛和夫在日本经济界被誉为"经营之圣"。由他创办的京都陶瓷公司，是日本最负盛名的高科技公司之一。该公司刚创办不久，就接到了著名的松下电子的显像管零件 U 型绝缘体的订单。这笔订单对于京都陶瓷公司来说，意义非凡。想跟松下做生意绝非易事，商界对松下电子公司有这样的评价："松下电子会把你尾巴上的毛拔光。"对待京都陶瓷这样才刚刚创办起来的公司，尽管松下电子看中了其产品质量，给了他们供货的机会，但在价钱上却一点不含糊，年年都要求降价。对此，京都陶瓷的一些人渐渐没了信心，他们总认为：我们已经竭尽全力了，已经尽力到再也没有潜力可挖的程度了。担心再这样下去，企业会无利可图，不如放弃。就连稻盛和夫也认为：松下出的难题，确实很难解决。但同时稻盛和夫也不赞成就这样屈服于难，因为这是在给自己未足够挖掘潜力找借口的表现。经过再三摸索，公司创立了名叫"变形虫经营"的管理方式。具体做法是将公司分为一个个的"变形虫"小组，把每个"变形虫"小组作为最基层的独立核算单位，将降低成本落实到每个人。因为哪怕是一个只负责打包的老太太，也知道自己用于打包的绳子的原价是多少，也明白浪费一根绳子会带来多大的损失。这样一来，稻盛和夫公司的营运成本大大降低，做到了在满足松下电子苛刻的条件下，也能有可观的利润。

现实生活中，不乏有这样的问题，难度非常大，想了很多办法，依旧无法解决。于是便有人认为这已经是"极限",再怎么努力也是白搭。其实,只有真正经过一番努力,才会明白所谓"难",只是自己的"心灵桎梏"。只有不断努力,开发的潜能才会越来越大。若努力不够,当然不知道自己的潜能到底在哪里。我们平时所感觉到的"危险""恐惧",往往是预先给自己设置的、被歪曲了的现象。预想的恐惧会扭曲事实的真相,其实事情根本没有想象的那般严重。一个问题的严重性往往是被自己放大的,事情的"困难"也是一个道理。

只要我们努力面对恐惧,恐惧早晚会烟消云散。在工作中,大家是不是遇到过这样的情况:感觉自己遇到的问题就跟山一样,想要克服它,完全不可能。这个时候,一种说不出的恐惧就会不招自来,而大多数人,这个时候会很快就在这个如山一样难以移动的问题面前屈服了。其实会出现这样的情况并不奇怪,因为不可避免的,会有一些问题很有难度。可是,如果只因为对问题难度的恐惧,就决定放弃解决问题,不去尝试,不去努力,这样的决定又有多少合理性呢?

（三）强迫自己面对

美国著名的巴顿将军曾经说过:"如果勇敢便是没有畏惧,那么我从来不曾见过一位勇敢的人。"就是说,再勇敢的人,也会有畏惧的时候。那么,如何才能从恐惧中将自己解放出来、培养出真正的勇气呢?——最有效的方法,莫过于强迫自己去面对。

美国总统艾森豪威尔有过这样的一段经历:在他5岁的时候,有一次去叔叔家玩。叔叔的房子后面养了一对大鹅,公鹅一见他就一边怪叫着一边向他扑来。受到了惊吓的他拼命跑开,并向大人哭诉自己的遭遇。

连续受了几次惊吓后,艾森豪威尔的叔叔找了个旧扫帚给他,指着大鹅对他说:"你一定能战胜它!"鹅再次向他冲来,他拿着手里的扫帚,身体不住地颤抖。最终,他鼓足勇气,大吼一声,挥起扫帚向鹅冲去。鹅掉头便跑,他紧追不舍,狠狠地给了鹅一下,鹅惨叫着逃跑了。从那以后,鹅只要一见他,便会远远地躲开。从此,他懂得了:只要勇敢迎战,就能战胜对手。

有段时间,他每天放学回家都会被一个与他年龄相仿、粗壮好斗的男孩追赶。某天这一幕正好被他父亲看见,父亲冲他大喊:"你为何容忍那小子追得你满街跑?你应该去把那小子给赶走才对!"他停下来,面对自己畏惧的对手。开始猛烈反击,这样的反应把对手吓住了,反倒慌忙夺路而逃。艾森豪威尔勇气大增,一把抓住对手,警告他:"如果你再敢找我麻烦,我会每天打你一顿。"这件事,让他悟出一个道理:有些人表面耀武扬威,实质不过是外强中干,唬人罢了。

（四）树立足够的信心

遇到强硬的对手和敌人,恐惧是在所难免的。但不要忘记:你畏惧对手的同时,对手可能也畏惧你,甚至比你对他的畏惧还要大。这种情况下,谁更敢面对,决定了最后谁能获得胜利。在遇到困难的时候一定要树立起充分的信心,沉着面对困难,积极解决问题。

相信任何问题都有解决的方法,相信方法总比问题多,看待问题的态度很重要。当遇到问题时,平庸的人不是主动去解决问题,而是千方百计找借口回避问题;优秀的人则是把问题当机遇,积极寻找解决问题的办法,在解决问题中发掘成功的契机。大多数人都是有追求、有理想的人,但实际情况是,很多人都只停留在追求梦想的层次,没有结果。只有少数人会让自己的每一个追求,都通过踏踏实实的行动来实现,将别人看来不可能实现的变成现实。

第四节　成功人士的习惯

习惯对生活能够产生深远的影响，因为它是一贯的，在不知不觉中，影响着人的品德、左右着人的成败、暴露出人的本性。古希腊哲学家亚里士多德说过："人的行为总是一再重复。"人的品德基本上是由习惯组成的。俗语说：思想决定行动，行动决定习惯，习惯决定品德，品德决定命运。本节将主要对积极主动的习惯、以终为始的习惯、要事第一的习惯进行介绍。

一、习惯的养成

美国著名教育家曼恩曾说："习惯就仿佛一条缆绳，我们每天为它缠上一股新索，不要多久就会变得牢不可破。"这句话里面的习惯会变得牢不可破我不敢苟同，因为我相信习惯可以养成，也可以打破，但绝对不是一蹴而就，而是需要无比的毅力和长期的努力。

太空人搭乘阿波罗 11 号太空船首次登陆月球的刹那，的确令人叹为观止，但必须先摆脱地球强大的引力，才能飞往月球。因此在刚刚发射的几分钟，即在太空船开始飞起的几英里之内，是最艰难的时刻，往往超越往后的几十万英里所消耗的力量。习惯也是同样的道理，它具有极大的引力，只是许多人没有注意或不愿承认罢了。想要摆脱各种不良习性，如果缺乏意志力，不敢大刀阔斧地改革，就难以实现目标。"起飞"需要极大的努力，一旦脱离重力的牵绊，我们就可享受到好习惯带来的前所未有的自由。

（一）习惯的定义

习惯是积久养成的生活方式。泛指一个地方的地方风俗、道德传统、社会习俗等，也指逐渐养成且不易改变的行为。广义的习惯不仅仅是生活方式性的、动作性的或社会风尚性的，还包括人类所有的优点。甚至包括"仁爱""善良"这样永恒的主题，也需要进行不断的修炼，才会真正养成行动性的习惯。

习惯的养成，绝不是一朝一夕之事，而要改正某一种不良习惯，也是需要一段时间的。据专家的研究表明，重复一件事情或一个动作 21 天以上就会形成习惯，85 天的重复会形成稳定的习惯。所以如果一个观念被自己或者是别人验证了 21 次以上，它一定会变成你的一种信念，如表 7.2 所示。

表 7.2　　　　　　　　　　　　　　习惯养成的 3 个阶段

阶　　段	时　　间	特　　点
第一阶段	1～7 天	刻意，不自然
第二阶段	7～21 天	刻意，自然
第三阶段	21～85 天	不经意，自然

习惯的形成大致分成三个阶段：第一个阶段是最开始的 1～7 天，这个阶段最显著的特征是"刻意，不自然"。你得刻意地提醒自己去做出改变，并且你也会觉得有些不舒服，不自然。第二个阶段是在 7～21 天，这一阶段的特征是"刻意，自然"，因为你已经觉得比较自然，比较舒服了，但一不留意，你依然会回复到从前的状态，因此，你仍然需要刻意去提醒自己改变。第三阶段是 21～85 天，这个阶段也是习惯养成的最后一个阶段，这个阶段的特征是"不经意，

自然"，其实此时就养成了这种习惯，所以这一阶段被称为"习惯性的稳定期"。一旦跨入这个阶段，你就已经真正地完成了自我改造，这个习惯已成为你生命中的一个有机组成部分，它会非常自然地为你"效劳"。

改变习惯的过程很可能是最难受的，毕竟习以为常的事物才最能给人安全感。但为追求成功与一生的幸福，暂时牺牲眼前的近利与安适，是非常值得的。当我们经过一番努力与牺牲所换来的果实，品尝起来将更为甜美。

（二）好习惯的培养

我们必须在实践中去养成习惯，要不断身体力行，将习惯变成自然。我特别喜欢中国近现代教育家陶行知先生的生活教育理论，他非常重视在学中做，做中学。他主张在做事情的过程中养成习惯，即在实践过程中养成习惯。他在《教育的新生》一文中写道："我们所提出的是：行是知之始，知是行之成。行动是老子，知识是儿子，创造是孙子。有行动之勇敢，才有真知的收获。"著名教育家叶圣陶先生也认为，要养成某种好习惯，要随时随地加以注意，身体力行、躬行实践，才能"习惯成自然"，收到相当的效果。

什么是"习惯成自然"呢？叶圣陶（图 7.3）是这样解释的："成自然就是不必故意费什么心，仿佛本来就是那样的意思。"他曾举了这样一个例子："走路和说话是我们最需要的两种基本能力。这两种能力的形成是因为我们从小就习惯了，'成自然'了；无论哪一种能力，要达到习惯成自然的地步，才算我们有那种能力。如果不达到习惯成自然的程度，只是勉勉强强地做一做，就说明我们还不具有那种能力。"

图 7.3　著名教育家叶圣陶

通常说某人能力不强，其实就是说某人没有养成多少良好习惯的意思。比如说小张的记忆力不强，就是小张没有把听见的和看见的一些事物好好记住的习惯。说小李的表达能力不好，就是说小李没有把自己的思想和感情清楚表达出来的习惯。因此，良好的习惯养成得越多，那个人的能力就越强。无论做人还是做事，都需要种种能力，所以当前最要紧的是养成种种的良好习惯。

良好习惯形成的过程，是需要经过严格训练和反复强化后得到的结果。现代控制论创始人、美国著名数学家维纳（图 7.4），在回忆父亲对他早期学习习惯的养成进行严格训练时说："代数对我来说没有什么困难，可父亲的教学方法，使我们精神不得安宁，每个错误都必须纠正。他对我无意中犯的错误，第一次是警告，是一声尖锐而响亮的'什么'，如果我不马上纠正，他会严厉地训斥我一顿，令我'再做一遍'。我曾遇到不止一个能干的人，可是他们到后来一事无成。因为这些人学习松懈，得不到严格纪律的约束。我从父亲那里得到的正是这种严厉的纪律训练。"父亲如此严格的训练，使维纳养成了一个良好的学习习惯，最终成为誉满全球的科学巨人。

图 7.4　美国著名数学家维纳

二、积极主动的习惯

（一）积极主动的表现

积极主动即采取主动，是在为自己过去、现在和未来的行为负责，是依据原则及价值观，而非外在环境或情绪来下决定的。积极主动的人是改变的催生者，他们摒弃了被动的受害者角色，不抱怨别人。他们发挥了人类四项最独特的天赋——自觉、良知、自主意志和想象力，并以由内而外的方式来创造和改变，积极地去面对一切。他们选择了去创造自己的命运，这也是每个人最基本的决定。

如果你自己不想向前走，那么谁又会推你走呢？因此，有一个积极主动的态度，是实现个人愿景的基本原则。当客观条件受制于人时并不足惧，重要的是，我们每一个人都有选择的自由，而且可以对现实环境进行积极主动的回应。人要对自己负责，为了自己去创造出各种有利的机会，做一个真正能"操之在我"的人。现代社会最重要的特征是：社会的个体都拥有选择的自由。我们每个人都可以选择自己想要的生活，但有一个前提，不能妨碍他人选择的自由。接着，个人必须为自己的选择而产生的结果承担应有的责任。当外界出现刺激时，积极主动的人必须根据自己的价值判断做出选择，然后给出富有个人特色的回应。这种自由被视为"人类最终的自由"。即在任何环境中，人有能力选择自己的态度及回应的方式。这给很多还没有做出选择的人提供了希望和一线光明。

我们经常说："我迟到，因为……""我不小心忘记了……"，"其实是有原因的……"。我们每天都在不停地抱怨或是找借口，其实我们更应该主动积极地去创造未来，实现梦想，而不是抱怨或找借口。所以，高效能人士会为自己的行为及一生所做的选择负责，因为他们致力于实现有能力控制的事情，而不是非常被动地忧虑那些难以控制或没法控制的事情。他们努力提升效能，从而扩展自身的影响范围和关切范围，同时一个积极的心态能让你更轻松地拥有"选择的自由"。

美国文学家及哲学家梭罗说过："最令人鼓舞的事实，莫过于人类确实能主动努力以提升生命价值。"

积极主动的人会认为，无论在任何情况下，自己总有选择的权利。所以，他们对自己总是有一份责任感，因为命运操纵在他们自己的手里，而自己并不是环境的陪衬或他人的附庸。对一件事情，他们总是坚信，自己就能够主导事情的发生以及发展。积极主动的人和消极被动的人很多方面都存在巨大差异。消极被动的人总是认为自己一直受环境和他人的左右，如果别人不指点，环境不改变，自己就只能选择消极地生活下去。碰到问题的时候，消极被动的人总会找人帮着做决定，环境不好的时候，也只会去抱怨。他们总是在等待贵人相助或命运安排。他们总认为是事情找上他们，自己无法推动事情的进展或无法主导整个事情。

积极主动的人，心中自有一片天地，外界的变化不会发生太大的作用，自身的价值观、原则才是关键。如果认定工作品质第一，即使外界环境再坏，依然不改敬业精神。而消极被动的人，如果稍受礼遇，就变得愉快积极，反之则退缩逃避。心情好坏完全建立在他人的行为上，别人不成熟的人格反而成了控制他们的利器。理智重于情感的人，则喜欢经过谨慎的思考，再选定自己的价值观和原则，并以此作为行为的原动力。他们与感情用事、陷溺于环境而无法自拔的人是截然不同的。不过，这并不表示积极主动的人对外来的刺激无动于衷。他们对外界的精神、物质以及社会刺激仍会有所回应，只是如何去回应外界完全掌握在自己手中。美国小罗斯福总统的夫人曾说："除非你同意，任何人都不能伤害你。"

由此可见，不幸的遭遇固然会使人身心受伤，但是基本人格可以不受影响。愈是艰难痛苦的经历，反而愈能坚强意志，砥砺志节，从而提升自己面对未知考验的勇气，甚至能做到感召他人。

（二）积极主动的意义

30 年前的工业社会里，每一位员工在企业这个生产机器里都是一个齿轮。因此这些企业最喜欢的人才是：一个有专业知识的、能够埋头苦干的人。

斗转星移，今天社会对人才的定义已经在悄然不觉中发生了很大的变化，因为在现代化的企业中，大多数人的工作不再是以人力去机械式的重复劳动，而是更加需要独立思考、自主决策等复杂过程。著名的管理学家彼得·德鲁克曾指出："未来的历史学家会说，这个世纪最重要的事情不是技术或网络的革新，而是人类生存状况的重大改变。在这个世纪里，人将拥有更多的选择，他们必须积极地管理自己。"所以，在今天，大多数优秀的企业对人才的期望是：充满热情、灵活自信、积极主动的人。

要想在现代化的企业中获得成功，就必须培养出自己的主动意识：在工作中要勇于承担责任和后果，主动为自己设定工作目标，并不断寻找方法和改进方式；此外，还应当培养推销自己的能力，在领导或同事面前要善于表现出自己的优点和能力。

作为当代中国的新青年，应该不再是被动地等待别人告诉你还要做什么，而是主动去了解自己要做什么，并且规划好要做的事情，全力以赴地去完成。想想在当前这个世界上最成功的那些人，谁会是被动消极、唯唯诺诺的人？对待自己的学业或者是研究项目，你要以一个母亲对孩子那样的责任心全力投入、不断努力。只有用积极主动的态度，目标才能达到。

其实，许多年轻人并不是没有积极主动的态度做出自己的决定，而是不习惯对重大问题做出自己的决定。如果问一位中国的大学生："你最常做的决定是什么？"他的回答很可能是决定看什么电影，读什么书，买什么样的计算机，等等。这些事情固然需要作出决定，但是，还有很多更重要的决定是需要由你自己去做出的。例如，读什么学校、喜欢什么专业、未来是考研还是出国等关系到自己一生的决定。但是一些人却习惯于听从父母的安排，或参考别人的选择，殊不知，面对这些最重要的问题，只有你自己的决定才能真正帮助你迈向成功。自己只是作一些无关紧要的决定，对一生有重大影响的决定却听他人的，这是多不符合逻辑呀！

当谷歌 Google 的创始人赛吉·布林和拉里·佩奇在电视上被访问时，记者问他们的成功应该归功于哪一所学校，他们并没有回答斯坦福大学或密西根大学，而回答的是"蒙台梭利小学"。在蒙台梭利教育的环境下，他们学会了"自己的事，自己解决，自己负责"。正是因为这样的积极教育方式赋予了他们不断尝试、积极主动、自我驱动的习惯，因而带来了他们的成功。

所以，每一个年轻人都应该拥有一颗积极主动的心，你必须提前规划好自己的未来，为自己的人生作出最为重要的抉择。你自己的事业没有人能比你更在乎，也没有什么东西像积极主动的态度一样更能体现出你自己的独立人格。正如美国诗人惠特曼在《草叶集》里所写的那样："我不能，别的任何人也不能代替你走过那条路；你必须自己去走。"

根据自主程度的高低，人生的问题可分为以下三类：个人可直接控制（与自身行为有关）；个人可间接控制（与他人行为有关）；无法控制（已成过去或客观环境使然）。积极主动的人对以上的每一种情况都有自己的处理办法。

可直接控制的问题：解决之道在于改变现在的习惯，这是我们绝对能够做到的。

可间接控制的问题：我们可以发挥自己的影响力去影响到对方。

无能为力的问题：我们可以改变嘴角的线条——以微笑、真诚平和的态度，去面对并接纳这些问题。纵使心中有再多不满，也要做到处之泰然，不至于让我们被问题制服了。不管一个问题是能直接控制还是到了无法控制的地步，又或者是还能够能间接控制，解决这些问题的第一步都是从改变我们的习惯开始，从而改变我们的影响途径，改变我们看问题的方式。

积极主动不仅仅是指一个人做事情时的态度，还意味着一种负责任的态度。积极主动的人在面对问题时，会告诉自己，成功是靠自己的努力去争取来的，守株待兔的生活方式只会一无所成。当机会来临时，狐疑不决只会让机会转瞬即逝。俗话说天生我材必有用，但只有主动积极才能做命运的主人。山不向我走来，我便走向山；海不向我移动，我便奔向海。

（三）积极主动的方法

想要达到积极主动的境界，先循序渐进地调整自己的心态，培养自己的习惯，学习创造机遇、把握机遇的方法，并在积极展示自我的过程中收获成功和快乐。建议大家按照以下这 7个步骤去做，它们分别如下。

1. 拥有积极的态度，乐观面对人生

心理学家很早就发现一个现象：当一个人被击败，不是因为外界环境的阻碍，而是取决于他对环境如何反应。埋怨不会改变现实，但是积极的心态和行动却可能改变一切。

根据心理学家统计，每个人每天会产生约 5 万个想法。当你拥有积极的态度，就能乐观地、积极地把这 5 万个想法转换成动力和动力的能源；如果你的态度是消极的，你就会显得悲观、软弱、缺乏安全感，同时也会让它们成为你正面情绪的障碍和阻力。

消极的人期望或允许环境控制自己，一切听别人安排，因为他没能具备拥有控制自己命运的能力，也难以逃脱失败的厄运；相反，积极的人总是以不屈不挠的态度去面对困难，他的成功是指日可待的。积极的人总是使用乐观的精神控制自己的人生；消极者则刚好相反，他们的人生总是徘徊在曾经的失败与困惑的阴影里。

积极的态度肯定能够改变一个人的生活方式，但并不能保证他每件事都心想事成；可是，消极的态度却必败无疑。从来没有哪个持着消极态度的人还能够取得可持续的、真正的成功。

当然，不是所有的事情都必须由自己来选择，也不是每一件事情都可以由自己来主导。所以，在选择积极态度的同时，我们必须保持平和的心态，也就是大家常说的那句话：要有勇气去改变可以改变的事情，有胸怀接受不可改变的事情，有智慧来分辨两者的不同。

2. 远离被动的习惯，从小事做起

消极被动的习惯是追求积极主动最大的障碍，如果你从小就长期处于一个消极、被动的环境下长大，你更应该尽全力剔除自身所存在的那些消极因素。

例如，很多消极被动的人总是迷信宿命论，把不如意的事情归罪于血型、星座、基因遗传等因素，并由此变得自怨自艾，又或者不停抱怨别人的不是，指责环境的恶劣，如果这样的想法成为了习惯，就会陷入消极被动的恶性循环，难以自拔。

那么该如何远离消极被动呢？有这样 4 个建议。

（1）不要让事情找上你，应主动对事情施加影响

在你身上发生的每一件事都应该是因你的决定而发展、变化的，而不应该是因为你无所作为才变成现实的。

有位同学告诉我说："我去申请了两份工作，但是这两份工作第一份是竞争激烈的，第二

份是竞争比较轻松的，而我比较喜欢那份竞争激烈的工作，但其他同学也都在争取那份工作。我现在只好选择等待，如果那家公司不聘请我，我就只好到另一家公司去。"我很惊讶地问他："既然你很喜欢第一份工作，为什么你却表现得这么被动，只知道等待而不主动去争取呢？"不要忘了，选择了被动就是选择了弃权，不做决定也是一种决定。

（2）不要习惯性地同意或追随别人，应当学会"有主见"

年轻人必须知道自己到底喜欢什么、需要什么，而不应当随波逐流。许多同学有很强的"从众"心态，自己有想法却从来不表达出来，时间一长甚至连自己都不清楚自己的想法是什么了。他们每次做决定的时候，都会习惯性地先问别人："你怎么想？"而从不会问问自己："我怎么看？"

想要改掉"从众"这个习惯，你就需要下定决心，从每一件小事做起，都表达出自己的意见，即使你不是很在乎。例如，自己决定自己的衣着打扮，自己决定在餐馆点什么菜，周末时自己决定要做点什么事情或者是去哪里玩，等等。你应该学会的是对自己的生活作出符合自己意愿且很合理的安排，而不是"别人怎样我就怎样"。当自己感觉对于某一件事情"无所谓"，想依从别人的意见时，千万记得提醒自己，一定要把自己的选择或者是想法展现出来。

不要被别人的选择所影响，也不要觉得自己一定要"从众"才是最优的选择。别人的决定不能成为影响你表达自己意见的阻碍。有没有人总是喜欢告诉你该做什么？如果有，下定决心，要求他们不要再这么做。如果他们不听，那就不要和他们在一起。

也就是说，大家要设法让自己潜意识里面的"我感觉，我想要"体现出来，不要被动，不要从众，避免盲目听从老师、父母、名人……答应自己，当你认为自己应该说"不"的时候，千万不要跟着说"是的"。从小事到大事，你如果都能做到听从自己的意愿，日子久了，你就会养成积极主动的习惯。

（3）不要说"我办不到"，应当积极去尝试

遇到困难时，不要想着如何找借口，应该多思考一下，还有没有别的解决方案？能不能将问题分解开来，一步一步地加以解决？或者，自己是否还需要先提高某方面能力，然后再回头来处理这个难题？不要因为逃避而说自己没有选择或没有时间——没有人缺少时间，只不过，不同的人，对自己的时间分配方式有所不同而已。

（4）使用语言下意识地训练自己

我们的任何语言都很可能会下意识地引导我们的思想，真切地反映一个人对环境的态度。

习惯于消极被动的人，在言谈举止中就会流露出推卸责任的态度。

例如，他们在生气时会大声抱怨道："某某使我怒不可遏！"他们其实想说的是：这件事情的责任不在我，是外力左右了我的情绪。

他们总是抱怨："我没时间。"这表明：又是外力控制了我，让我没有选择的机会。

他们还喜欢说："我不得不如此，我不得不这样。"这其实意味着：迫于环境或他人施加的压力，我只好选择了服从。

他们在自我表白的时候说："我就是这样的人。"这其实是在宣称：我已经没有办法去改进或提高自己了。

相反，积极主动的人总是在言语中透露着自己所决定的权利，他们喜欢说的话包括："试试看还有没有其他的可能性。""也许我可以换个思路来解决这件事情。""我能够控制自己的情绪。""我还可以想出更有效的表达方式。""我选择……""我打算……""我情愿……""我的

感觉是……""我要……""我决定……",等等。

所以,我们要多尝试着去学习积极主动者的讲话方式,在说话时多用"我……"的句式,多给自己决定的权利,少推卸责任,不埋怨他人。

3. 对自己负责,把握自己的命运

这个世界到底是不是公平的?有些人认为世界公平,一个人只要有志气就一定能克服一切困难和障碍;也有些人认为世界是极端不公平的,因为无论是财富、运气还是天赋,老天爷好像总是青睐于别人。但以辩证的观点来看,一切都靠自己(人定胜天)和一切都靠命运(宿命论)都是不合适的。

每一个人都有机会,都有选择,但是,受到先天能力和环境因素等影响,从而使得每个人所拥有的机会有所不同。所以,这个世界不是完全公平的。但如果只是因为世界不公平而放弃了自己的机会和选择,那就是你自己的责任,就不能怪世界不公平了。

所以,凡事都要先思考清楚,什么是自己不能改变却依然要必须接受的,什么是自己可以选择的,什么是自己必须要勇敢面对并挑战的。当你碰到不可改变的事情时,要勇敢地去接受它,不要把时间浪费在悔恨、嫉妒和羡慕上。你应该做的是积极主动地抓住你命运中可以选择、能够改变、可以最大化影响你的那部分。

"积极主动"的含义不仅限于主动决定并推动事情的进展,同时还意味着人必须为自己的选择负责。责任感是一个很重要的观念,积极主动的人不会把自己的任何行为归咎于环境或他人。他们在待人接物时,总会根据自身的价值观或原则,作出有意识的、负责任的抉择,而非屈从于外界环境所施加的压力。

对自己负责的人会勇敢地面对人生中任何的挑战。大家不要把困难的或不确定的事情一味搁置起来。比如说,有些人认为英语特别重要,但如果学校不考试英语的时候,自己就不学英语;或者,有些人觉得自己需要加入一些社团,去锻炼沟通表达能力,但却因为害羞或者害怕面试就选择了放弃。对此,我们必须认识到,不去解决也是一种解决,不作决定也是一个决定,消极的解决或者决定将使你面前的所有机会丧失殆尽,终有一天会为此而付出沉重的代价。

4. 积极尝试,邂逅机遇

积极尝试是学习最好的方法。在一个先进的公司,你不需要担心和害怕失败。在一项美国公司的首席执行官的调查中发现,他们最欣赏的就是那些敢主动要求做某项新工作的员工。无论是否能做好这项工作,至少这些员工比那些只会被动接受工作的员工更加令人欣赏,因为他们有勇气且积极上进,而且会从中学习和收获到更多的东西。

对于那些正在为选择人生道路而迷茫的年轻人来说,他们更应该积极地去尝试着做更多不同的事情。在美国,很多父母经常对孩子说的一句话是:"你没有试过,怎么知道自己不喜欢呢?"所以,大家应当充分利用自己的时间,尝试做不同的或者没有尝试过的事情,并试图找到通向成功的门径。只有这样,才能在人生之路上邂逅更多的机遇。

所以,不要因为暂时不了解自己的优点或者长处而犹疑不决。珍惜每一次尝试,机遇往往稍纵即逝且不可复制。要随时做好准备,以免错失良机,同时还应该学会从每一次失去的机遇中吸取教训。此外,只有敢于挑战自我,你才能充分地开发自身的潜力。

5. 充分准备,把握机遇

不要坐等机遇上门,因为那是消极的做法。俄罗斯现实主义艺术大师屠格涅夫说过:"等待的方法有两种,一种是什么事也不做地空等,另一种是一边等,一边把事情向前推动。"也就是说，在机遇还没有来临时，就应事事用心，事事尽力，提前做好准备。

如果被苦难或挫折阻挡，应该学习如何把挫折转换成动力，不要在遇到困境时躲在阴暗的角落里怨天尤人，更不能在需要立即行动的时候却犹豫不决，人生不能用这种消极的方式度过。我们终有一天要面对自己，对自己的生命负责，因此，必须在平时就得为将来可能遇到的事情，做好充分的准备，掌握足够的信息，以便在机会来临的时候作出最好的抉择，把握住稍纵即逝的机遇。当你知道机遇来临的时候，要积极把握；当你尚未看到机遇的时候，要时刻做好相关的准备。

6. 积极争取，创造机遇

当机遇尚未出现时，除了时刻准备之外，我们也应该主动为自己创造机遇。对大学生来说，大家应该适时规划好大学的 4 年，积极争取和创造机遇。你的毕业计划将成为你学业的终点和事业的起点，你的兴趣和志向将为你提供方向和动力。你如果不知道你的志向和兴趣在哪里，应该马上作一个发掘志向和兴趣的计划；你如果不知道毕业后要做什么，应该马上制订一个尝试挑战新领域的计划；你如果不知道自己最欠缺什么，应该马上写一份简历，找你的老师、朋友打分，看看哪里需要改进；如果你毕业后想出国深造，你应该想想如何让自己在申请出国前有实际的研究经验和论文；如果你毕业后想到某个公司工作，那你应该找找该公司的聘请广告和你的履历进行对比，看自己还欠缺什么知识或者经验……只要做到了这些，你就不难发现，自己每天都会比前一天离成功更近一点。

7. 积极地推销自己

在全球化和信息化的时代里，能够积极推销自我的人相较消极的人而言更容易脱颖而出。

很多在美国工作多年的中国人对美国同事的印象总是这样的："他们怎么这么能说？"他们充分地表达了自己的工作成绩，而中国同事在很多时候做得很好，却没有展现出来，这不能不说是一个遗憾。

在公司里，经常得到晋升机会的人，大多是能够表达自己和有进取心、积极推销的人。当他们还是公司的一名普通员工时，只要和公司利益或者团队利益相关的事情，他们就会不遗余力地发表自己的见解、贡献自己的主张，帮助公司制订和安排工作计划；他们常常鼓励自己和同伴，提高整个队伍的士气；在完成本职工作后，他们总能协助其他人尽快完成工作；这些人总是以事为本、以事为先——他们都是最积极主动的人。

要想把握住转瞬即逝的机会，就必须学会说服他人，向别人推销自己、展示自己的观点。一般说来，一个好的自我推销策略可以让自己的人生和事业锦上添花。好的自我推销者会主动寻找每一个机会，让老板或老师知道自己的业绩、功劳和能力。当然，在展示自己时，切记不要贬低别人来抬高自己，更不能忘记团队精神。

有些人可能会认为："要求我们展示自己，这是要我从一个内向的人彻底转变为外向的人吗？"其实，一个内向的人很难彻底地变成一个外向的人。所以，建议大家可以在自身性格允许的范围内往"外向"靠拢，尽量去寻找一些"比较外向但又不给自己带来太大压力"的机会。

在人生的旅途中，你是自己唯一的司机，绝对不允许别人驾驶你的命运之车。你要稳稳地坐在司机的位置上，决定自己何时要加速、要转弯、要倒车、要刹车、要停泊等。人生的旅途是十分短暂的，你应当珍惜自己现在所拥有的选择和决策的权利，虽然可以参考别人的意见，但千万不能随波逐流，跟随别人的思想。

只有善于展示自己的人才能在工作中获得真正的机会，只有积极主动的人才能在瞬息万变的竞争环境中赢得成功。

三、以终为始的习惯

（一）以终为始的定义

以终为始，从预期结果做开始。告诉我们做事先有心智创造，后才有实际创造。心智就是你的一些观点、想法和动机，远期目标决定未来的趋向，所以在做事情之前应该先规划如何发展，明白自己想要取得的成就是什么，多问问自己"我所珍视并拥有的是什么"，"哪些品质是我想去拥有或去效仿的"，"我究竟是一个怎样的人"，"我想为社会创造些什么、留下些什么"……这样，在你做事情前给自己定一个目标，清楚自己的愿景在哪里，坚持不懈，达成目标，以终为始。

以建筑为例，在拿起工具建造之前，必须先有详尽的设计图纸。而绘出设计图之前，须先在脑海中构思每一细节。有了设计图，然后有施工计划，像这样按部就班地执行下去，才能完成整个建筑。假使设计稍有缺失，弥补起来可能就事倍功半。设计蓝图代表愿景，整个建筑过程均以它为准绳，因此宁可事先追求尽善尽美，以免亡羊补牢。

创办企业也是同样道理。要想经营成功，必须先确定产品或服务可达到的营运目标，然后综合资金、研究发展、生产作业、行销、人事、厂房设备等方面资源，朝着自己的愿景去努力前进才能事半功倍。许多企业都败在事先规划不周，或对市场认识不清，以致资金不足。

先构思而后行动的原则适用范围极广。做衣服，要先设计款式；上台演讲，应先预备讲稿；出门旅行，要先决定目的地与路线。明白了这个道理，把制定使命看得与行为本身同样重要，自身的影响圈就会日渐扩大。

太多人成功之后，反而感到空虚；在得到名利之后，却发现自己牺牲了更可贵的事物。因此，我们务必确定真正重要的愿景，然后勇往直前坚持到底，使生活充满意义。假设你正在前往殡仪馆的路上，要去参加一位至亲的丧礼。抵达之后，居然发现亲朋友好齐集一堂，是为了向你告别。也许这是许久之后的事，但姑且假定这时亲族代表、友人、同事或社团伙伴，即将上台追述你的生平。请认真想一想，你希望听到什么样的评语？你这一生有任何成就、贡献或值得怀念的事吗？你是个令人怀念的同事或伙伴吗？失去了你，对关心你的人会有什么影响？你是个称职的丈夫、妻子、父母、子女或亲友吗？请大致记下你的感受，这有助于了解本小节的重点——以终为始。

人生旅途，岔路很多，一不小心就会走错路。许多人拼命埋头苦干，却不知所为何来，到头来仍然发现追求成功的阶梯搭错了墙，为时已晚。因此，人们也许在任何时候都不停地在忙碌，却不见得有意义。因为太多人成功之后，反而感到空虚；得到名利之后，却发现牺牲了更可贵的事物。上自达官显贵、富豪巨贾，下至凡夫俗子、平头小民，无人不在追求更高的事业、地位、声誉或更多的财富，可是名利往往让他们蒙蔽良知，成功每每须付出昂贵的代价。盖棺论定时，你希望获得的评价，才是你心目中真正渴望的目标。从这个角度看，名利、成就等不免显得微不足道。

（二）以原则为重心

1. 你的生活重心是什么

人人都有自己的生活重心，即使不一定很明显的表示，但它确实存在。一般而言，生活重心可以分为以下9种。

（1）以配偶为重心。

（2）以家庭为重心。

（3）以金钱为重心。

（4）以工作为重心。

（5）以名利为重心。

（6）以享乐为重心。

（7）以敌人或朋友为重心。

（8）以宗教为重心。

（9）以自我为重心。

一般而言，我们都是以上某几种形态的混合体，随外在情势的不同而有所调整。此一时可能以朋友为重心，彼一时或许又变为以工作为重心。生活重心如此摇摆不定，情绪上难免起起落落，一会儿意兴风发，一会儿颓废沮丧；一会儿斗志昂扬，一会儿又落魄消沉。所以，最理想的状况还是建立一个正确且固定的生活重心，让自己的人生变得更平顺、更和谐。

2. 以原则为中心

所谓正确的生活重心，也就是以原则为依归。原则是恒久不变、历久弥新的，不像其他重心依靠的是善变的人或物。所以原则值得信赖，更可以给人一种安全感。同时它还是理智而非感情用事的，能带给你"虽千万人，吾往矣"的信心。

配偶也许会与你离婚，再亲密的朋友也可能离你而去。但原则却能助人突破自我，克服人生困难，也教人身处顺境而不迷失方向。原则使人冷静思考，正确判断，它使我们不会轻易被外界所迷惑，勇往直前。

以原则为生活重心，可以说是综合了其他重心而自成一体。举例来说，生活重心不同，产生的观念便互异。现在假定你已买好票，准备晚上与丈夫（或妻子）一同去欣赏音乐会，对方兴奋不已，充满期待。可是突然老板要你晚上加班，因为第二天有一个重要会议。以家庭或配偶为重的人，当然是优先考虑配偶心里的感受。那么你很可能会选择委婉拒绝老板，以免令配偶对你大失所望。即使是为了保住自己的工作而勉强留下来加班，心里也非常不情愿，另一方面还得设法平息配偶的不满与失望。

至于金钱至上的人，则重视的是加班带来的加班费，或考虑到加班能使老板在给员工调薪时另眼相看，因此你才会理直气壮地告诉配偶你要加班，也会理所当然认为对方应该谅解你的选择，因为经济的需求超过一切。

对工作狂来说，加班工作正中下怀，因为既可增加经验，又在领导面前有更多表现的机会，有利于自身的晋升，所以不论是否是工作需要，仍然主动延长加班时间，并且自以为配偶一定以此为荣，对类似的爽约从来不会小题大作。

贪名图利的人，则为加班费所增加的购买力以及带来的丰厚利润而兴奋，又或者认为加班对个人形象很有帮助，可借此赢得为工作而牺牲奉献的美誉。

重视享受的人，即使配偶并不介意他为工作加班，仍会撇下工作去赴音乐会，因为他觉得该慰劳一下自己。

看重朋友的人，则根据是否有朋友和同行，或其他工作伙伴也留下加班的意愿而做决定。以敌人为念的人，会乐于留下来，因为这可能是一个打击对手甚至击败对手的良机。在对方悠哉游哉的时候拼命工作，正是以证明你对公司的贡献比对手更胜一筹。

热衷宗教的人则会衡量，共同加班的人是否信仰同一宗教，或音乐会演奏的是否为自己信仰的宗教音乐等来决定取舍。

以自我为中心的人只关心加班或赴音乐会，哪一样对个人的好处更大。

但注重原则的人则会先保持冷静客观的态度，不受情绪或其他因素干扰，然后从整体的角度——包括工作需要、家庭需要、其他相关因素，以及不同的决定可能造成的结果加以考虑，经过深思熟虑，才做出自己认为最正确的抉择。

不论最后选择赴音乐会还是加班，都不足为奇，因为拥有其他生活重心的人也是两者择一，只不过基本上拥有原则的人所做的抉择会有以下 3 个特征。

第一，这是主动而非被动的决定。

第二，这是经过通盘考虑所得的结论，不是一时冲动。

第三，根据原则所做的决定，能提高自我的价值。为了报复他人而决定加班，与真心为企业福祉着想而加班，虽然同是加班，但是意义却大相径庭。

此外，若平时已与老板及妻子建立良好的互赖关系，此时不难向他们解释如此决定的缘由，而且也会获得体谅，使你可以心安理得，无所牵挂。

总而言之，以原则为生活重心的人，虽然见解不同凡响，自己的思想行为也自成一格，由于拥有坚实的内在，其所获得的高度安全感、人生方向、智慧与力量，使其能享有积极主动而充实的人生。

（三）"以终为始"的应用

1. 开发个人宣言

应用"以终为始"的方法，开发个人的使命宣言、信条或者哲学。因为个人的使命宣言能够给我们一个坚定不变的核心，是我们所有目标和计划的依据，是我们人生的宪法，是最高准则。个人宣言将帮助成为我们想成为的人，我们从中可以处理的外部变化。确认使命也意味着，着手做任何一件事前，先认清方向。这样不但可对目前所处的状况了解得更透彻，在追求目标的过程中，也不致误入歧途，白费工夫。

2. 确立生活重心

生活首先不能离开重心，不能失去自我，我们需要有一个清晰的人生方向来指导我们的日常活动，没有它们，我们将会一事无成。我们可以应用"以终为始"的法则来建立自己的愿景。愿景为我们的生命插上理想的双翅，引导我们的生活重心，代表着我们心智与想象力的最高水平。与愿景紧密相关的事情是我们应该努力的重心，与愿景不相关的事情尽量少做。要充分发挥自己的想象力与思考力，进行自我领导，做自己的主人，避免自己随波逐流，人云亦云。

3. 计划组织安排

在拟出自己的愿景和目标后，我们可以用"以终为始"的法则来帮助个人、家庭、团队和组织做计划，并据此塑造未来。根据需要达到的目标来制定阶段性的计划和目标。例如，对于一个出国学习的留学生，他的第一要务是要确定他要什么，然后安排足够的人力、财力以及物力去达到留学目标。有个著名的田径世界冠军说他每次比赛都在赛段上假想出几个分段点来，这样才能使终点显得不那么漫长。每一个起点都是终点，直到最后的终点，这其实就是计划组织安排的一种体现。

4. 提高自我领导

用"以终为始"的法则来提高自我领导能力。处理所有事情的时候都要经历两次创造。第一次是在我们自己心中创造，第二次通过工作来实现这些想法。我们可以重写剧本甚至写自己的剧本，成为自己的领导人。我们可以尝试问自己一些类似的问题，然后一一回答。

（1）我在过去的几年里做过哪些成功了的事，哪些不成功的事，为什么没成功，为什么成功了？

（2）我获得的成功是否是我所期望的那样？

（3）我想达到什么样的目标和境界，我现在离那个目标还差些什么内容？

（4）实现这些内容，需要付出什么样的努力？

"以终为始"是人生规划的核心要领。对于大学生，首先要明确自己的目标，再设计前进的道路。如果没有一个好的规划，做许多与目标关联度不高的事情，即使是走再多的路也是弯路。如果不知道自己的终点在哪里，永远也不会真正的满足，会活得非常无奈，非常累，而且不知道你何时偏离了正确的目标，总在跟别人对比，最终是很难获得真正的自信与满足。

大到国家，小到优秀的企业都有一个五年规划或者十年规划，我们个人也一样。用"以终为始"的原则来引导我们的生活，会减少人生的迷茫，增强自己把握人生方向的能力。

四、要事第一的习惯

（一）要事第一的定义

要事，即最重要的和最值得去做的事情。要事第一强调的是全神贯注于人生的要事，所以应该先校正方向，再规划日程。日常生活中，要随时随地展现出你的积极主动和确立目标的功夫。要事第一是通过独立意志的有效发挥，建立起以原则为重心的处事态度，继而达到有效的自我管理。

（二）要事第一的内涵

你每天为完成自己最重要的事情投入合理的时间了么？可能你养成一种习惯，可能你习惯根据事情先后顺序来安排每件事情，知道么，我们可以有一个更强大的方法，就是每天为你最重要的事情挤出时间，并用心去完善它。这可能会破坏你的其他习惯和常规，但不可否认这是一件好事，因为你越是注重养成要事第一的习惯，你就会越容易实现你想要的结果。如果这样做了都没能达到你要的结果，那么你就可以提出比这更合理的问题了。比如：你是否在这件事情上投入了足够的时间？你是否在这件事情上投入了足够的精力？亦或是你的方法有问题？

也有可能一些意料之外的事情发生了，或许，你已经完成了当初你认为的你想要的结果，只是你现在不喜欢了。现在你可以回顾并问问自己，你是否正在做你真正想要的或者需要的正确的事情？

做事要讲效率，当然要对人有效才行。每当我们为了某事慌慌张张的忙碌时，我们需要问一问自己："我为了什么而忙碌？"有时候是因为我们落后于进度了，或者是因为我们关注结果胜过关注过程。那么怎么才能做到不那么忙碌呢？这并不意味着我们可以减慢进度，除非慢下来对形势有利。事实上，我们应该快速但不慌张地处理事情，就像有的事情总是重要的，有的不是那么重要。

时间不会因为我们的管理而变得比别人多，没有人可以让一天超过 24 个小时，所以才会有人说，时间是没办法管理的，想要做好管理，只能是管理好自己，高效的利用时间，找到最重要的事情，时间管理的一个重要方法就是专注于最优先级的事情。

德国伟大的诗人歌德曾经说过："要事绝不应为小事所牵绊"。做事情高效的秘诀是要善于集中精力。高效的人，往往都能把重要的事情摆在第一位，且一次只做一件事。可是大多数人都不能做到在同一段时间内只专心致志地做一件事，更别说两件、三件了。我们知道杂技演员可以完成双手同时抛接七八个球，但就算是技术最娴熟的演员，最多也只能坚持 10 分钟。时间越久，掉下来的球定会越多。当然也有极个别的例外，比如奥地利作曲家莫扎特，他能同时作曲数首，并且能保证每首都是杰作。其他著名的作曲家像巴赫、韩德尔、海顿、威尔第等，每次只能专心于一首曲子的制作。所以说，既然大多数人不是天才，那么学会集中精力在同一时间段内做好一件事情就是十分必要的。

1. 能够分出轻重缓急

美国外交家基辛格的父亲性格十分拘谨，对孩子的要求又相当严格，平时不管孩子犯了多么微小的错误都会被他严厉地训斥一顿。基辛格的母亲则恰好相反，性格不仅开朗活泼，还富有幽默感，所以每当基辛格在父亲那受了委屈，或被父亲打了之后，便会不由自主地投到母亲那里寻求安慰。

基辛格小时候特别贪玩。有一次，他将自己的书包放在离家不远的杂货铺里让老板帮忙看着，自己就放心地去玩了，玩得尽兴，也就忘记了书包的事情。回到家，父亲沉下脸："书包哪去了？"情急之下，基辛格谎说晚上在同学家做作业，放在同学家里了。没想到的是，父亲从桌子底下拿出了书包，当场揭穿了他的谎言。原来父亲去杂货铺买东西的时候，看到了他的书包，顺便帮他拿回来了。就在基辛格以为又要受训斥的时候，母亲赶来说："以后可以出去玩，但不能忘记学习，一切都应该以学习为重，学完之后再去找同学玩，会玩得更痛快。"基辛格承认了自己的错误，以后，他做完功课便会把书包放在杂货铺老板那，说："我妈妈会来取。"

对于大多数人来说，阻碍他们没有把重要的事情放在第一位的原因，并不是他们不知道哪些事情更重要，而是他们没有考虑过将要做的几件事情中，哪些可以缓一缓。而这会使他们无法为重要的事情挪出时间。小安喜欢的电视剧马上要开演了，但他的作业还没做完。这时有两个选择，一是放下作业，看电视，因为电视节目的时间是固定的，而作业的时间可自行安排。二是做完作业，再看电视，如果作业做不完，意味着很多知识可能会不清楚，还会影响第二天上课，电视即使不看，也不会对自己的学习造成多大影响。这两种选择都有比较充分的理由，怎么选择？哪件事情事实上更该缓缓？这要当事人自己判断，正确的判断才能保证你更顺利地成长。

2. 能够拒绝各种诱惑

在诱惑的面前，人们会很容易放弃自己实际最应该去做的事情。

1973 年诺贝尔物理学奖的获得者伊瓦尔小时候就曾经在诱惑面前没能很好地控制好自己，一度物理考试不及格。"我该怎么跟爸爸说呢？"回家的路上，伊瓦尔一直想着这个问题，不知不觉手里那张不及格的物理试卷皱巴巴的了。当他走到了娱乐中心，喧哗声一阵阵地传了出来，他下意识地迈了进去。发现在一个台球桌前，围着好多人，伊瓦尔挤了进去，看见一个高高瘦瘦的男子，正眯着一只眼，用击杆瞄准一只球。

"击球！""进了！"围观的人们发出赞叹。男子频频击球，球一个个滚进了网兜。伊瓦尔跟着人群一起欢呼着，嘴里还不断指挥着："这边，先生！"稚嫩的童音引起了男子的注意。"喂，小家伙，你会玩这个吗？""当然，先生！""想试试吗？"男子和蔼地问道。周围人们的眼光都集中到了这个不起眼的小孩身上，他变得有些羞涩了。"哈！八成不会。"一个比他大些的男孩大叫。"谁说我不会，你看着。"伊瓦尔急了，把手中那攥了好久的试卷往兜里一塞，勇敢地接过男子的击杆。他比球桌高不了多少，围观的人们都饶有兴趣地注视着他。他眯着眼，找到目标,对准,推杆,球准确地进了网。"进了!"屏息观看的人们热烈地鼓起掌来。

伊瓦尔没出声,兴奋地频频推杆,球一个个都进了球网。人群沸腾了,"这小家伙可以当台球冠军!"放下击杆,擦擦汗,伊瓦尔仰起脸,无声地望着中年男子。男子的赞赏之意溢于言表,他没有评价小伊瓦尔的球技,只是轻声提醒:"小家伙,天色很晚了,你该回家了。"这话像一盆冷水,刚升腾起的骄傲感顿时荡然无存。他低下头。伊瓦尔在他喜欢的台球面前,却放弃了他最应该做的事情,他没能拒绝诱惑。

(三)发现要事的方法

1. 重新编排当日计划

在做一个当日的工作编排前,我们得先停下来问自己一个问题:"今天我最重要的事情是什么?"例如,今天的一个目标是"在外面享受好天气"那就绝对不会让别的事情妨碍了短暂的阳光明媚的夏日。

2. 重新安排一周计划

我们可以重新安排一周的计划,但在此之前我们得先停下来,问自己一个问题,"这一周,我最重要的事情是什么?这样才能做出周详的安排。我们可以简单地检查一下,我们是否为本周计划表上的基本安排留出了足够的时间,因为基本的事情是必须要做的。当然安排也不是绝对的,一件事不能完全被放弃,我们可以在这里多用点时间,在那里少用点时间,当然这要看自己如何创新了。要是你在某处卡住了,那就跟别人联手去寻求他们的帮助……你可能会惊奇,怎么这么简单的行动会带给自己这么清晰的日程表,感觉就像是有另一双眼睛,能帮我们为得到更多想要的事物找到不一样的方法。

3. 投入到工作生活的热点上

不管怎么样,我们都应该要明确自己的热点(精神、身体、情感、事业、财务、人际关系和兴趣爱好),这样我们才可以谨慎地筹划我们人生中重要的事情,才可以认真地投入于我们的热点当中。这里最重要的要素就是如何在计划表上为自己的热点问题挤时间。如果不能在这件事情上得到足够的时间,那么就为它安排更多的时间。一旦在自己的热点上得到了足够的时间,就投入进去自己最好的精力和心态。

孔子是我国古代伟大的教育家,他曾说过:"少成若天性,习惯成自然"。著名的心理学巨匠威廉·詹姆士也说过:"播下一个行动,你将收获一种习惯;播下一种习惯,你将收获一种性格;播下一种性格,你将收获一种命运。"正所谓观念变,行动变;行动变,习惯变;习惯变,性格变;性格变,命运变;命运变,人的生活变。

习惯不是三分钟的心血来潮,也不是十天半月的短期行为,习惯一旦形成就会有旺盛的生命力和持久性,会与人的一生相随。

本 章 小 结

1. 只有建立"为自己工作"的心态,才能在激烈的职场竞争中获得成功。

2. 细节决定成败,关注细节是现代职业人士必须具备的基本职业素养。

3. 没有解决不了的问题,只是你暂时没有找到解决问题的方法。请相信:方法总比问题多。

4. 在工作和生活中都需要养成积极主动、以终为始、要事第一的良好习惯。

课 后 练 习

1. 请谈谈关注细节为自己工作能带来什么样的好处?
2. 请谈谈你对细节决定成败的理解。
3. 请谈谈你对方法总比问题多的理解。
4. 请思考你的生活重心是什么? 结合本章内容谈谈应该如何进行改变和调整?

第八章　职场礼仪

我国素以文明古国、礼仪之邦著称于世，随着现代社会的发展，对礼仪规范的要求也越来越多，能够在不同的场合正确运用礼仪规范已成为重要的职场关键能力，也成为了影响个人职业发展的重要因素。本章主要介绍职场中常用的职场着装礼仪、职场商务礼仪及职场社交礼仪的相关知识与技巧。

第一节　职场着装礼仪

一个人的形象可以看作是一个人的名片，每一个人虽是一个个体，可一个人的综合形象却严重影响着他的人际关系、升迁、收入甚至家庭。职场着装是职场人外在形象的重要组成部分，是一种能够传递信息的无声语言，往往能起到先声夺人的作用，一方面体现着一个人的学识、气质修养和审美情趣，另一方面映射出穿戴者的身份、社会地位和思想、价值观念。职场中，每个人都应通过合适的着装传递一定的信息，为有效沟通做好铺垫，让别人更好地了解自己。

一、职场着装礼仪的意义

现代社会中，每个人都不可避免地与他人接触，在这种密集而短时间的现实接触中，一个人的个人形象、气质表现代表了一个人的品味和价值观，直接影响了个人在人际交往中的第一印象。

人与人第一次交往中给人留下的印象，在对方的头脑中形成并占据着主导地位，这种效应在心理学上称之为首因效应。"给人留下一个好印象"，一般就是指第一印象，这里就存在着首因效应的作用。因此在求职、招聘、交友等社交活动中，灵活把握这种效应，将极好的形象展现给他人就显得尤为重要，也是为以后的合作交流打下良好的基础。当然，这在社交活动中只是一种暂时的行为，更深层次的交往还需要个人各方面的提升和进步。

职场着装礼仪会直接影响着个人形象。要做好这一点，职场人士应加强在谈吐、举止、修养、礼节等各方面的素质。首先要注重仪表风度，一般情况下人们都愿意同衣着干净整齐、落落大方的人接触和交往。其次要注意言谈举止，言辞幽默、侃侃而谈，不卑不亢、举止优雅，定会给人留下难以忘怀的印象。

由此看来，礼仪是维系人际关系的纽带，是促进事业成功的必经途径，灵活运用职场着装礼仪不仅对塑造个人形象有非常重要的意义，也是打开交际之门的钥匙。

二、职场着装礼仪的原则

依照社交礼仪的现实需求，真正发挥职场着装在赢得成功进而做到品位超群的作用，职场人必须兼顾其个体性、整体性、整洁性、文明性、技巧性。5 个方面需在遵循 T.P.O 原则下，兼容并得，融为一体。

1. 个体性

正如世间没有两片完全相同的树叶，每一个人都具备自己独立的个性。在着装时，既要认同共性，也要保留自己的个性。着装要坚持个体性，具体来说有两层含义：第一，着装应当考虑自身的特点，要做到"量体裁衣"，使之适应自身，并扬长避短。第二，着装应尽量简约大方，在保持自己穿衣风格的前提下，着装在某些方面应当追求创意。切忌穷追时髦，随波逐流，使个人着装千人一面，毫无特色可言。

2. 整体性

正确合体的着装，应当基于统筹的考量和精心的搭配。其各个部分不仅要"自成一体"，而且要相互呼应、配合，在整体上尽可能地显得完美、和谐。若是着装的各个部分之间缺乏联系，"各行其是"，即使再完美也毫无意义。着装要坚持整体性，主要体现在两个方面。其一，要恪守服装本身约定俗成的搭配。例如，穿西装时，应配皮鞋，而不穿布鞋、凉鞋、拖鞋、运动鞋。其二，要使服装各个部分相互适应，局部服从于整体，力求展现着装的整体之美，全局之美。

3. 整洁性

在任何情况之下，着装都要力求整洁，避免肮脏或邋遢。着装要保持整洁性，应体现于下述 3 个方面：第一，着装应当整齐。不应又折又皱，应及时熨烫。第二，着装应当完好。不应又残又破，乱打补丁，至于故意裁剪的"乞丐装"，应注意着装场合，尤其是正式场合亦应禁穿。第三，着装应当卫生、干净，要勤于换洗，不应存在明显的污渍、油迹、汗味与体臭，以免在与人交往中给他人造成不便。

4. 文明性

穿着服饰，是人类文明的一大进步。日常生活中，不仅要懂得合理搭配，更要努力做到文明着装。着装的文明性，主要是要求着装文明大方，符合社会的道德传统和价值取向。这就要求做到如下 4 点：一是要忌穿过露的服装。在正式场合，切忌袒胸露背，切忌穿暴露大腿、脚部和腋窝的服装。在大庭广众之前打赤膊，更在禁止之列。二是要忌穿过透的服装。倘若使内衣、内裤"透视"在外，则会给人留下有失检点的糟糕印象。三是要忌穿过短的服装。不要为了标新立异，而穿着不适宜场合的服装。更忌在正式场合穿短裤、小背心、超短裙等布料过少、剪裁过短的服装。它们不仅会给出行带来不便，促使频频"走光""亮相"，更是会失敬于人，与人交往中也会使他人多有不便。四是要忌穿过紧的服装。不要为了展示身材、展示线条而有意选择过于紧身的服装，在不适宜的场合反而会弄巧成拙，有失得体。

5. 技巧性

不同的服装，有不同的搭配和约定俗成的穿法。例如，穿单排扣西装上衣时，两粒纽扣的要系上面一粒，三粒纽扣的要系中间一粒或是上面两粒；女士穿裙子时，所穿丝袜的袜口应被裙子下摆所遮掩，而不宜露于裙摆之外；穿西装不打领带时，内穿的衬衫应当不系领扣等等，这些都属于着装的技巧。着装的技巧性，主要是要求在着装时要依照其成法而行，要学会穿法，遵守穿法。

6. T.P.O 原则

T.P.O 分别是英文 Time、Place、Occasion3 个单词的缩写字头，意思是时间、地点、场合。着装 T.P.O 原则是指穿着服装时必须考虑时间、地点和场合这三个因素。

"T"原则，即时间原则，主要指着装时应考虑时代性、四季性、早晚性。所谓时代性是指着装要与时代合拍，过分超前或落后都会"不合时宜"。所谓四季性是指着装应考虑春、夏、秋、冬四季的气候环境，尤其是在色彩选择上应随季节变化。夏天的服装应简洁、凉爽、大方，避免使人感到闷热烦躁；冬天的服装应保暖、轻快、简练。所谓早晚性是指着装应根据一天里早、中、晚气温、光照的变化及所从事的活动不同而调整。

"P"原则，即地点原则，主要指着装应适合所处的环境。环境的概念较广，有办公室、码头、车站，有高级宾馆及公园、绿地，有繁华的大街及偏远的乡村等，应对即将到达的地点环境有所了解或估计，然后选择恰当的服装饰品。

"O"原则，即场合原则，主要指着装应与活动场合的气氛相和谐。例如，参加庄重的仪式或重要典礼等重大公关活动时，着装应尽量正规；生日聚会、联欢活动等喜庆场合，服装的色彩可以适当丰富，男子若穿西装，可不系领带；参加郊游、户外运动时，则以舒适便利为主，可随意搭配、穿无拘无束的休闲便装；参加亲友的丧礼等肃穆场合，应穿深色或素色服装，表达对逝者的哀思和尊重。

职场着装应严格按照工作要求，保持着装的正式性；社交时间更多则是展示个性，着装应与性格特质、时尚要求一致，突出个体差异及新颖性。应聘时的衣着首先应考虑应聘工作的性质，然后选择适合这一工作的合适衣着，以体现自身的修养、气质及能力。应聘职位较低的工作如业务内勤人员，着装要力求给人以勤勉踏实、利落大方、清爽整洁的印象；应聘职位较高的工作，着装要给人以稳重、气派的感觉。蓝色在国际上被称为最佳的"应聘色"，常让人感觉处事稳健、踏实、认真、理性，被谋职者视为最稳妥的颜色。

三、职场着装礼仪的规范与技巧

（一）女士着装

1. 着装禁忌

相对偏于稳重单调的男士着装来说，女士们的着装则亮丽丰富得多。得体的着装，不仅可以凸显一个人的美丽，还可以体现其良好的修养和独到的品位。

成功的职业女性应该学会如何适宜地装扮自己，但在日常生活中，职业女性的着装常会出现以下问题：

（1）过于时髦

现代女性热爱流行的时装是很正常的现象，即使其本人不去刻意追求流行，流行也会左右着她们。但有些女性却往往盲目追求时髦而导致负面作用发生，例如公司女职员在指甲上同时涂了几种鲜艳的指甲油，当她打字或与人交谈时，双手暴露在众人面前时，就会给人一种厌恶的压迫感。一个成功的职业女性对于流行的选择必须有正确的判断力，同时要切记：在办公室主要表现工作能力而非赶时髦的能力。

（2）过于暴露

夏天的时候，许多职业女性便不够注重自己的身份，穿起颇为性感的服装，这样不仅会影响到他人对你的评价，使其才能和智慧被埋没，甚至还会被看成轻浮。因此，职业女性应注意自己仪表的整洁、大方。

（3）过于潇洒

最典型的形式就是一件随随便便的T恤或罩衫，配上一条泛白的"破"牛仔裤，丝毫不顾及办公室的原则和体制。这样的穿着与职场着装礼仪要求出现偏差，易导致负面影响的产生。

（4）过于可爱

在服装市场上有许多可爱俏丽的款式，也不适合工作中的穿着，否则会给领导、合作伙伴带来工作态度不端正、不稳重的感觉。

2. 着装技巧

职业女士的着装应该符合本人体态特征、职位、所在企业文化、所处办公环境，志趣爱好等。职业女士不应该为了体现干练、稳重而一味模仿办公室里男士的服饰打扮，要端正心态，尽力发挥女性特有的柔美，体现女性的魅力（图 8.1）。

（1）化妆

合适的妆容可以增添女性的魅力，使女性举手投足更具气质，但不宜浓妆艳抹，过度打扮。若妆容过浓、香水味道刺鼻，会给人不舒适感，使人产生抵触情绪；但也不宜过于简单，会让人感到随便、未被重视。总之有一个原则，每天的装扮必须要与该女士当天的职场活动相匹配，符合他们的身份和专业度，以使自己在职场中表达得大方得体。

图 8.1　职业女士着装

（2）服装

庄重典雅的服装让女性更有职业气质。职业女装一般分为西服套裙、夹克衫或不成型的上衣，以及连衣裙或两件套裙 3 种。在这 3 种类型中，每一种都要考究其颜色和面料。其中西服套裙是女性的标准职业着装，不论年龄，一套剪裁合体的西装、套裙和一件配色的衬衣或罩衫外加相配的小饰物，会使职业女性看起来优雅而自信。但应注意裙子长度需在膝盖左右或以下，不宜太短以免有失庄重。

服装颜色以淡雅或同色系的搭配为宜，穿着应有职业女性的气息，T 恤衫、迷你裙、牛仔裤、紧身裤、宽松服、高跟拖鞋等，不适合面试场合，会给人留下太随便的印象。其中，在面对套装、裙子、礼服、夹克等的选择时，当中稳重有权威的颜色包括：海军蓝、灰色、碳黑、淡蓝、黑色、栗色、锈色、棕色、驼色，特别需要指出的是要避免浅黄、粉红、浅格绿或橘红色等颜色鲜艳的暖色调，衬衣选择中不宜穿 V 型衫。

需要注意的是，体型较胖的女性最好穿一身颜色一样的服装。

（3）鞋袜

传统的皮鞋是最畅销的职业用鞋。它们穿着舒适，美观大方。建议鞋跟高度为三至四厘米为主。在求职等场合不宜穿运动鞋或过高的高跟鞋。正式的场合不要穿凉鞋、后跟用带系住的女鞋或露脚趾的鞋。鞋的颜色应与衣服下摆一致或较深。衣服从下摆开始到鞋的颜色一致，可以使大多数人显得高挑、挺拔一些。如若鞋是另一种颜色，人们的目光就会被吸引到脚上。推荐中性颜色的鞋，如黑色、藏青色、暗红色、灰色或灰褐色。建议不要穿红色、粉红色、玫瑰红色和黄色的鞋。

在穿着裙装时最好要穿丝袜，在正式的商务场合，女性穿裙装不穿丝袜跟男士不扎皮带一样，视为轻浮的表现，丝袜颜色以传统纯色、黑色为宜，切忌颜色大紫大红、图案花哨、切忌露出袜口，因为它们会惹人注意。女性外出最好随身携带一双备用的透明丝袜，以防袜子拉丝或跳丝。

（4）首饰

职业女性希望表现的是她们的聪明才智，能力和经验等，所以佩戴首饰就必须讲究契合整体妆容。这就要求首饰的选取要简约淡雅，耳环是很重要的首饰，但不宜太长、太大，不要带摇摆晃动的耳环或走路就会发出声响的项链、手饰等，这样对专业形象的杀伤力极大。

（5）眼镜

眼镜会给人带来文气稳重的印象，但佩戴不合适也可能会显得不协调。尽量选择适合自己的镜框，另外，千万不可戴太阳镜去面试。

（6）手提包

作为一名职场女性，携包时应注意带一个即可，切忌带两个或以上。其中在多数面试场合，携带公文包比手提小包也体现出更多的权威。如果个子较矮小，包则不宜过大，这样会极不协调，反之亦然。

（二）男士着装

服饰表达心声。男士服饰的最终表现反映在心理情感上。童年阶段父母为男孩准备的服装打扮，青春期男孩对周围服饰环境的模仿及追求，人到中年服饰风格的日趋稳定、成熟。其每一阶段都是整体搭配现象的完整化与男性情感的结合体。

在交际活动中，合乎场合的穿着，是社交礼仪的重要体现。职场男士着装要遵循如下几个原则："三色原则"——全套装束颜色不超过 3 种；"三一定律"——皮鞋、手袋、皮带的颜色保持一致；"三大禁忌"——即穿西装必须打领带，不可无领带；西装上的标签必须拆除；穿深色西装不可配白色袜子。总之要做到简约而不简单，个性而又和谐，让他人感觉到尊重、沉稳。

1. 服装与场合

根据"T.P.O"原则，不同场合需要不同着装与之相配，如在极为隆重的场合穿着大小礼服，在一般正式场合不用穿礼服，穿正规西装、中山装、唐装等，颜色可多样，但要剪裁得体，适合自己。除此，一般正式场合还比较流行夹克、衬衣、T 恤衫及各式单西（服）等便服，这些便服在用于商务时需要注意如下 4 点。

（1）可不打领带，但建议将衬衣第一个扣子（即领带扣）解开；

（2）可穿质地较好的带领 T 恤衫，风格简单，忌衣料材质透明或衬衫图案花哨；

（3）可穿非运动类的便装皮鞋，不可穿运动鞋或布鞋；

（4）建议最好不穿牛仔裤。

2. 服装色彩

首先从色调入手，色调是表现整体色彩的基调，有鲜调、浅调、深调、灰调、中调。再次要注意到的是同类色的搭配，还是对比色的搭配。同时还要考虑色彩在服饰中所占据的面积、位置，这也是影响男士服饰色彩的稳定性因素。黑白灰的整体色度在服饰色彩上的表现极为重要，如上重下轻、内轻外重，上轻下重，内重外轻等。它所散发的稳定性因素将始终贯穿男服。要注意的是颜色铺设应当以主流颜色为主，如深蓝色、咖啡色、黑色、灰色等，不要穿格、条、花纹等服装，这样即便在各种场合都不会显得失态。

3. 男士西装规范

（1）西装的选择

不同的西装适合于不同的人群，如美式西装适合较放松的一些朋友聚会等休闲的场合，较适合身材高大魁伟，特别是体型较胖的男士。欧式西装适合于身材高大且上身较长的男士，日式西装则适合于肩部不宽，身材不高不壮的亚洲人身材。穿西装除要西装合体以外，还要注意颜色的选择，一般隆重、正式的场合会选择黑色，如婚礼等推荐深蓝色、深灰色。需要注意的是，切记避免浅色西装，浅颜色给人轻浮的感觉，不适合正式场合，但是可以用于休闲场合。

（2）扣子的系法

常见的西装，是双排扣，或者是单排扣，以两粒到三粒为最多；西装扣子可以不系，特别是对于单排款的西装来说（特别放松的场合，意欲表达自己的潇洒和自如的时候，可以不系）；各种款式的西装，最基本的原则就是最后一个扣子永远不系，包括双排扣的西装。

（3）衬衫的搭配

以白色或浅色为主，经典白色衬衫永不过时，这样较好搭配领带和西裤。深色西装配上白色衬衫，给人以风度翩翩、潇洒大气的形象；而蓝色衬衫则是 IT 行业男士的最佳选择，能体现出智慧、沉稳的气质；衬衫应该是硬领的，领子要干净、挺括，短袖衬衫和圆领衫在正式场合不宜；衬衫下摆需放入裤腰内。

（4）领带的搭配

领带的颜色一定要比衬衫的颜色深；领带的长度，不宜过长也不宜过短，领带尖应该触及皮带扣，尽可能别上领带夹；穿毛衣或马甲时，领带应放在毛衣、马甲的里面即贴住衬衣；领结要打得坚实、端正，切忌松松散散。

（5）鞋袜、腰带的搭配

皮鞋以黑色为宜。不要以为越贵越好，而要以舒适大方为度，穿时需检查鞋带务必系牢；皮鞋款式也尽量不要选给人攻击性感觉的尖头鞋，方头系带的皮鞋是最佳选择；皮带和皮鞋应是同一质地，如若不是，就要在颜色上找到统一；袜子的颜色也有讲究，穿西服时忌穿白色袜子，特别是深色西装，一定要搭配同色系的袜子，如果没有配上，也尽量搭配深灰色、蓝色、黑色等深色系袜子，最好和鞋的颜色一致，这样在任何场合下都不会有失礼节；袜子的袜桩保持足够的长度，以袜口抵达小腿为宜；优先选择是黑色皮腰带，腰带扣不宜过于花哨。

（6）穿着的禁忌

忌西裤过短，标准的西裤长度为裤管盖住皮鞋；忌衬衫放在西裤外；忌佩戴领带时不扣衬衫扣；西服袖子不长于衬衫袖，而应该比衬衫袖短 1.5 厘米；忌西服的衣、裤袋内鼓鼓囊囊；忌西服配便鞋（图 8.2）。

图 8.2　职业男士着装规范

"服装不能造出完人，但是第一印象的 80% 来自于着装"，良好的职场着装礼仪将会成为迈入职场、助力于职场奋斗的金拐杖。美国行为学家迈克尔·阿盖尔做过实验：当他以不同的仪表装扮出现在同一个地点时，得到的反馈完全不同。当他身着西装以绅士姿态出现，无论是问路者还是咨询事情者都会彬彬有礼；当他以流浪者形象出现时，接触他的都是借钱的无业游民。尽管，现在强调不得以貌取人，但是在人际交往过程中职场着装礼仪表达的意义在一定程度上超过语言，它能够直接体现出一个人的内在品质，因此正确的着装、文明的着装不仅会让职场人士在人际交往中得到信任和尊重，还会助其迈向成功。

第二节 职场商务礼仪

在现代市场经济无处不充满竞争的情况下，每个人都渴望自己的职场生涯顺利、成功，职场商务礼仪作为职场人内在修养的外在表现，是赢得周围同事尊重与赏识、处理人际关系、推动事业成功必不可少的能力。"知礼而后作"，只有掌握职场商务礼仪知识，才能塑造职业人士形象，只有掌握职场商务礼仪知识，注重细节，才能迈向成功。

一、职场商务礼仪的含义

职场商务礼仪就是现代企业的从业人员在职场商务交往和经济活动中应遵循的行为规范。商务活动中对人的仪容仪表和言谈举止的普遍要求，是在商务活动中体现相互尊重的行为准则，核心作用是为了体现人与人之间的相互尊重。而在职场往来中，任何一个表现都可能会导致意想不到的结果，也许是一块手表，也许是一顿晚餐。

1. 职场商务礼仪的特点

职场商务礼仪具有以下 4 个特点：规范性、多样性、差异性、继承性。

（1）规范性

规范性，是指标准化要求。商务礼仪的规范是一个舆论约束。如，替别人做介绍的先后顺序，不分男女，不分老少。职场中是平等的，先介绍主人，后介绍客人。理论上讲叫做客人有优先了解权，这是客人至上的体现。

（2）多样性

职场中不同场合都讲究礼仪，因此存在着多种多样的商务礼仪，如个人方面的礼仪，交际方面的礼仪等，呈现出多样化。

（3）差异性

区分对象，因人而异，差异性就是对象性，跟什么人说什么话。如，宴请客人时优先考虑的应该是菜肴的安排，要问对方不吃什么，有什么忌讳，不同民族有不同的饮食习惯，必须尊重民族习惯。如西方人有 6 不吃：① 不吃动物内脏；② 不吃动物的头和脚；③ 不吃宠物，尤其是猫和狗；④ 不吃珍稀动物；⑤ 不吃淡水鱼，淡水鱼有土腥味；⑥ 不吃无鳞无鳍的鱼（蛇、鳝等）。除了民族禁忌之外，还要注意宗教禁忌，比如穆斯林禁忌动物的血，佛教禁忌荤腥、韭菜等。因此不同的对象要安排不同的菜肴。

（4）继承性

礼仪规范将人们交际活动中约定俗成的程式固定下来，这种固化程式随着时间的推移沿袭下来，形成了继承性特点。例如：在重大活动中，座次以北为上，以右为尊的规则，就是继承了中华民族的传统礼仪，成为现今人们仍沿用遵守的礼仪规范之一。由此，人们对流传下来的礼仪规范应采取汲取精华、去其糟粕、古为今用的态度。

2. 职场商务礼仪的作用

（1）规范行为举止

礼仪最基本的功能就是对各种行为的规范约束作用。在商务交往中，人们相互影响、相互合作，如果不遵循一定的规范，双方就缺乏协作的基础。在众多的商务规范中，礼仪规范可以使人明白应该怎样做、不应该怎样做，哪些可以做、哪些不可做，有利于确定自我形象，尊重他人，赢得友谊。

（2）传递友好信息

礼仪是一种信息，通过这种信息可以表达出尊敬、友善、真诚等感情，使别人感到温暖。在商务活动中，恰当的礼仪可以获得对方的好感、信任，进而有助于事业的发展。

（3）增进彼此感情

在商务活动中，随着交往的深入，双方可能都会产生一定的情绪体验。它表现为两种情感状态：一是感情共鸣，另一种是情感排斥。礼仪容易使双方互相吸引，增进感情，促进良好的人际关系的建立和发展。反之，不讲礼仪，粗俗不堪，就极容易产生感情排斥，造成人际关系紧张，给对方造成不好的印象体验。

（4）塑造良好形象

商务礼仪是在商务活动中体现相互尊重的行为准则。一个人讲究礼仪，就会在众人面前树立良好的个人形象；一个组织的成员讲究礼仪，就会为自己的组织树立良好的形象，赢得公众的信誉和赞美。现代市场竞争除了产品竞争外，更体现在形象竞争。一个具有良好信誉和形象的公司或企业，就容易获得社会各方的信任和支持，就可在激烈的竞争中处于不败之地。所以，商务人员时刻注重形象礼仪，既是个人和组织良好素质的体现，也是树立和巩固良好形象的需要。

二、职场商务礼仪的原则

职场商务礼仪的原则是指从事某一具体职业的人，在其工作岗位上所遵循的与职业活动紧密联系的行为准则。美国学者布吉尼教授提出的"三 A 原则"被公认为是商务礼仪的立足之本，"三 A 原则"就是三个以 A 开头的英语单词，其中文意思就是"接受别人（accept）""重视别人（attention）""赞美别人（admire）"。

同时，职场商务礼仪的"黄金法则"与"白金法则"在指导职场人处理人际关系时也与"三 A 原则"有着异曲同工之妙。这里着重介绍职场商务礼仪的"黄金法则"与"白金法则"。

1. 黄金法则

"黄金法则"指的是你需要别人怎样对你，你就怎样对别人。《圣经·新约·马太福音》第 7 章第 12 节上说"无论何事，你们愿意人怎样待你们，你们也要怎样待人，因为这就是律法和先知的道理。"这是一条做人的法则，又称为"为人法则"，它几乎成了人类普遍遵循的处世原则，人们往往将之简称为"你想人家怎样待你，你也要怎样待人"。

世界各民族文化中都有类似的训言，并且将其奉为精神生活的一条基本准则。

美国纽约广告巨头智威汤逊公司董事长曼宁先生曾向一群年轻的广告撰稿人作了一次演讲。这些二三十岁的青年男女在这个人才济济、竞争激烈的广告业中都是刚刚起步，每个人都渴望向广告界传奇人物——曼宁先生多学几招，曼宁先生位居广告界领袖人物的时间简直跟他们的年龄差不多长了。曼宁那天向这群才智不凡的听众说道："这是一场真正的竞赛，智能、才气与精力都只是这场竞赛的入场券。没有这些条件，你根本不具备进入这个行业的资格。"曼宁又说："但是，要想赢得比赛，你还需要具备更多的条件。你必须懂得成功的诀窍，并把它贯穿到你整个人生之中。那么，什么是成功的诀窍呢？那就是：你希望别人怎样对你，你就先怎样对人。"

理论上，这可真是一条金科玉律，就连在"人吃人"的纽约麦迪逊大道上也管用。它可以说是超越了宗教、伦理、自我实现，甚至是非对错之上。正如曼宁先生所说的那样：金科玉律是永远不负众望的。但是，从现代的角度来看，"黄金法则"也难以解决纷繁复杂的所有问题，需要根据实际情况来灵活应用。

拓展阅读

JWT 的企业文化

智威汤逊广告公司（JWT，J. Walter Thompson）创始于 1864 年，是全球第一家广告公司，也是全球第一家开展国际化作业的广告公司。自成立以来，智威汤逊（JWT）一直以"不断自我创新，也不断创造广告事业"著称于世。JWT 首开先例的顾客产品调查、第一本杂志指南、第一本农业指南、提供给国际投资人的第一本行销指南、制作第一个电台表演秀、制作第一个商业电视传播、第一个使用电脑策划及媒体购买……智威汤逊以品牌全行销规划（Thompson Total Branding），结合广告、直效行销、促销、赞助及公关活动，致力于协助客户达成短期业绩成长，并创造长期的品牌价值。

时至今日，140 周岁的 JWT 风采依旧，昂首跻身于世界 4 大顶尖广告公司之列。JWT 的大家庭有300 多个分公司、办事处的 10000 多名成员遍布在全球六大洲的主要城市，为客户提供全方位的品牌服务。目前智威汤逊隶属于全球最大的传播集团 WPP。

智威汤逊（JWT）的"第一"：

全球第一家提出"广告不仅是卖产品讯息而是与消费者建立关系"理论的广告公司；

全球第一家提出并执行"Brand Idea"（品牌创意点）的广告公司；

全球第一家以 Research（市调）来企划品牌的广告公司；

全球第一家以 Sex（性）作为广告表现的广告公司；

全球第一家运用电台广播剧及电视剧做置入性营销的广告公司；

全球第一家设立"品牌策略规划部门"的广告公司；

全球第一家与客户（联合利华）合作关系超过 100 年的广告公司。

2. 白金法则

"白金法则"指的是别人需要你怎样对待他，你就怎样对待他。白金法则是美国最有影响的演说人之一和最受欢迎的商业广播讲座撰稿人托尼·亚历山德拉博士与人力资源顾问、训导专家迈克尔·奥康纳博士（图 8.3）研究的成果。白金法则的精髓就在于"别人希望你怎样对待他们，你就怎样对待他们"，从研究别人的需要出发，然后调整自己的行为，运用智能和才能使别人过得轻松、舒畅。

简单地说，就是学会真正了解别人——然后以他们认为最好的方式对待他们，而不是自己中意的方式。这一点还意味着要善于花些时间去观察和分析身边的人，然后调整自己的行为，以便让他们觉得更称心和自在。这当然就使得他们更容易产生认同。

"空中客车"飞机推销人才贝尔纳·拉弟埃，从 1975 年受聘以来业绩非凡。他成功地推销了 230 架飞机，价值 420 亿法郎。他动用的是一种"情感推销法"。拉弟埃来到印度推销飞机时，接待他的是印度航空公司主席拉尔少将，拉弟埃的第一句话便是"正因为你，使我有机会在我生日这一天又回到了我的出生地"，这句话直接向对方表明，感谢主人慷慨赐予的机会，使得他能在自己生日时这么一个特殊又具有纪念意义的日子里来到该国，而且最具意义的是该国还是他的出生地。同时他又谈到他与印度的世交，并掏出了一张自己 3 岁时与印度伟人圣雄甘地的合影。这使拉尔少将大为感动，很快与之签订了合同。

图 8.3　美国著名的市场策划和应用行为学家托尼·亚历山德拉博士

贝尔纳·拉弟埃就是成功运用了"白金法则"。在现今价值多元的社会里，大家的喜好需求也随着千变万化，莫衷一是。所以在待人接物、处理人际关系时，先考虑他人的感受，再从自己的观点出发："我希望别人如何对待我，我就如何对待别人"时，往往只能达到"自己"猜测对方满意，而未必是"对方"真正的满意。如果想要达成对方 100% 的满意，就必须从对方的立场来考量；"别人希望我怎么对待他们，我就怎么对待他们"，现今大家耳熟能详的"以客为尊""顾客满意"其实就是这个道理。

"己所不欲，勿施于人"，这是人际互动的基本原理，至少不会冒犯别人。

"己之所欲，施之于人"，这只是人际关系的黄金法则，适用于价值需求一致的文化社会。

"人之所欲，才施于人"，是人际经营的白金定律，唯有如此，才能在价值多元化的现代职场中无坚不催。

每个人都有自己传达个性风格的方式和途径，握手的方式，碰到不耐心的事时排解情绪的方式，办公室的布置方式，做决断的方式，打电话时或简捷利落或喋喋不休、絮絮叨叨的方式……以及诸如此类种种其他的方式方法，都可以传达出个性风格的信息。学会"读"懂这些信息的"符号"，准确识别他人的个性风格可算得上是一种本事，其目的是据此调整行为方式，减少和避免冲突的发生。在此基础上，"白金法则"指导人们根据他人的性格特征、兴趣爱好，采取相应的行动，因此，在职场中与 100 个人进行商务社交，就必须用 100 种有针对性的礼仪方式去处理，只有这样才能使得事业获得极大的成功。

三、职场商务礼仪的应用

与大学生关系最紧密的职场商务活动应当是求职过程中的面试环节，而是否能在面试环节中合理、熟练地使用职场商务礼仪则往往关系到面试的成败。在面试礼仪中需要特别注意以下的几个问题。

1. 时间观念

守时是职业道德的基本要求之一，提前 10~15 分钟到达面试地点效果最佳，除了熟悉环境、稳定心神外，也可以从中体现出求职者本身对此次面试的重视程度以及对招聘人员以应有的尊重。提前半小时以上到达会被视为没有时间观念，但在面试时迟到或是匆匆忙忙赶到却是致命的，如果面试者面试迟到，那么不管什么理由，都会被视为缺乏自我管理和约束能力，即

缺乏一定的职业能力。而且大公司的面试往往一次要安排很多人，迟到了几分钟，就很可能永远与这家公司失之交臂，因为这是面试的第一道考题，万事开头难，所以求职者务必要把握好时间。

2. 形象塑造

面试时，给招聘单位留下的第一印象最重要。面试时，要做到仪态大方得体，举止温文尔雅，必要时，可借助一定的公关手段和方法来帮助树立自己的良好形象。各种公关手段主要有言词语言公关、态势语言公关和素养公关。这些公关手段又包括数种方法，如幽默法、委婉法等。还应掌握一些公关的基本技巧。只有在了解有关公关的常规知识之后，才能顺利地、成功地树立起自己良好的形象。如果能给一个人留下好印象对自己有好感，那么也就可能给周围的每一个人甚至是更多的人，都留下不错的印象。职场表现中，常常是风度翩翩者稳操胜券，仪态平平者则屈居人后。

在人际交往中，人们常常用"气质很好"这句模糊其意的话来评价对某个人的总体印象，似乎正是其模糊性才体现出较高的概括力。然而，一旦要把这个具体的感觉用抽象的概念作解释，就变得难以表达了。其实，从心理学的角度来看，一个人的言谈举止反映的就是他的内在修养。比如，一个人的个性、价值取向、气质、所学专业……不同类型的人，会表现出不一样的行为习惯，而不同公司、不同部门，也就在面试中通过对大学生言谈举止的观察，来了解他们的内在修养、内在气质，并以此来确定其是否是自己需要的人选。面试能否成功，是在应聘者不经意间被决定的，而且和应聘者的言谈举止很有关系。而这些内在素质，都会在平常的举手投足中流露出来。

如果说气质源于陶冶，那么风度则可以借助于技术因素，或者说有时是可以操作的。每个人都有自己的形象风格，风度总是伴随着礼仪，一个有风度的人，必定谙知礼仪的重要，既彬彬有礼，又落落大方，顺乎自然，合乎人情，外表、内涵和肢体语言的真挚融合为一。展现自我风采的还有一个重要因素便是自信，由内而外散发出的自然魅力，风采无人能挡。

（1）待人礼貌

走进公司之前，口香糖和香烟都收起来，因为大多数的面试官都无法忍受在公司嚼口香糖或吸烟的行为；到了办公区，最好径直走到面试单位，而不宜四处张望，给人以散漫的感觉；手机应注意调至静音或关机状态，避免面试时因突然的来电铃声造成尴尬局面，同时也分散面试者自身的精力，影响成绩。一进面试单位，应至前台办公人员处开门见山地说明来意，经引导到指定区域落座，若无前台，则找工作人员求助。这时要注意用语文明，开始的"你好"和被引导后的"谢谢"是必说的，这代表良好的教养；一些小企业没有等候室，就在面试办公室的门外等候；当办公室门打开时应有礼貌地说声："打扰了。"然后向室内考官表明自己的身份是面试人员，绝不可贸然闯入；假如有工作人员告知面试地点及时间，应当及时表示感谢；不要询问单位情况或向其索要材料，且无权对单位加以品评；不要驻足观看其他工作人员的工作，或在落座后对工作人员所讨论的事情或接听的电话发表意见或评论，以免给人肤浅嘴快的印象。

（2）坐姿得体

正确与错误的坐姿如图 8.4 所示。

进入面试室后，在没有听到"请坐"之前，切不可随意落座，直到考官告诉"请坐"时才可坐下，并道声"谢谢"。坐姿也有讲究，"站如松，坐如钟"，面试时也应如此，良好的坐姿是给面试官留下好印象的关键要素之一。坐椅子时最好坐满三分之二，上身挺直，这样显得精神抖擞；保持轻松自如的姿势，身体可略向前倾。有两种坐姿不可取：一是紧贴着椅背坐，显得太放松，不能表现出精力和热忱，松懈的姿势会让人感到疲惫不堪或漫不经心；二是只坐在椅边，显得太紧张，这样反倒会给人留下死板的印象，应该很自然地将腰伸直，并拢双膝，把手自然地放在上面。切忌跷二郎腿并不停抖动，两臂不要交叉在胸前，更不能把手放在邻座椅背上，或加些玩笔、摸头、伸舌头等小动作，容易给别人一种轻浮傲慢、有失庄重的印象。

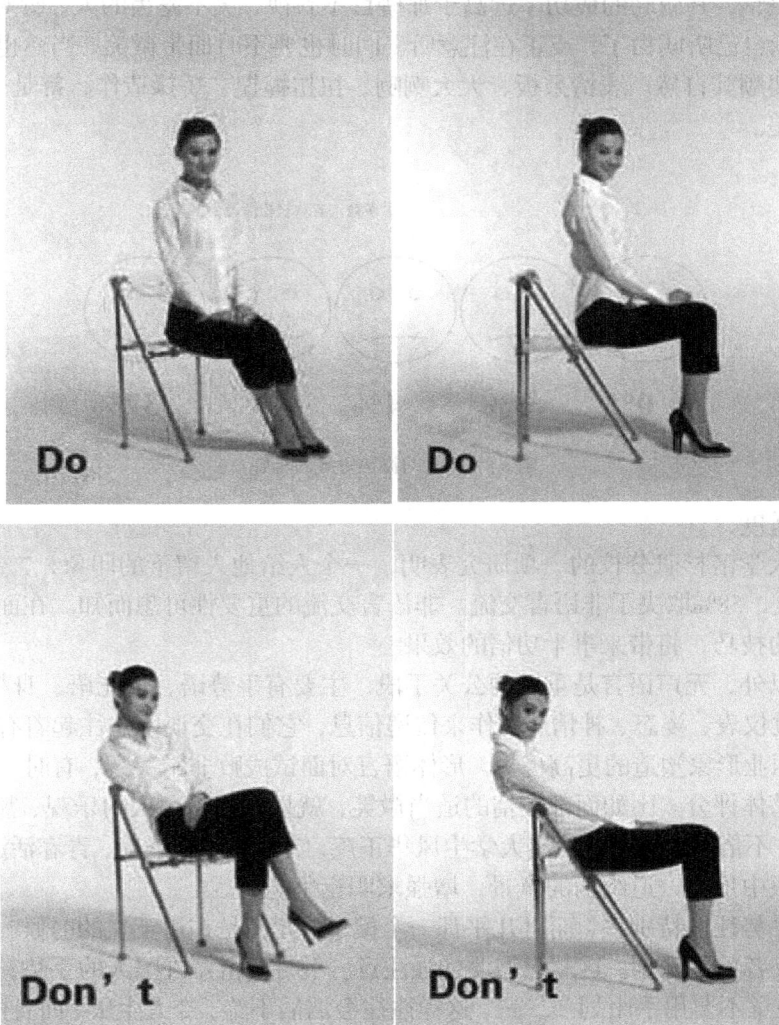

图 8.4 正误坐姿对比图

（3）眼神恰当

面试一开始就要留心自己的身体语言，特别是自己的眼神，眼睛是心灵的窗户，恰当的眼神能体现出智慧、自信以及对公司的向往和热情。对面试官应全神贯注，目光始终聚焦在面试人员身上，用肢体语言展现出自信及对对方的尊重。注意眼神的交流，这不仅是相互尊重的表示，也可以更好地获取一些信息，与面试官的动作达成默契。正确的眼神表达应该是：礼貌地正视对方，注视的部位最好是考官的鼻眼三角区（社交区）；目光平和而有神，专注而不呆板；如果有几个面试官在场，说话的时候要适当用目光扫视一下其他人，以示尊重；回答问题前，可以把视线投在对方背面墙上，约两三秒做思考，不宜过长，开口回答问题时，应及时把视线收回。

（4）微笑自信

微笑是自信的第一步，也能消除紧张。面试时要面带微笑，亲切和蔼、谦虚虔诚、有问必答。面带微笑会增进与面试官的沟通，会百分之百地提高外部形象，改善与面试官的关系。赏心悦目的面部表情，其应聘的成功率远高于那些目不斜视、笑不露齿的人。听对方说话时，要时有点头，表示自己听明白了，或正在注意听。同时也要不时面带微笑，当然也不宜笑得太过僵硬，一切都要顺其自然。表情呆板、大大咧咧、扭扭捏捏、矫揉造作，都是一种美的缺陷，破坏了自然的美。

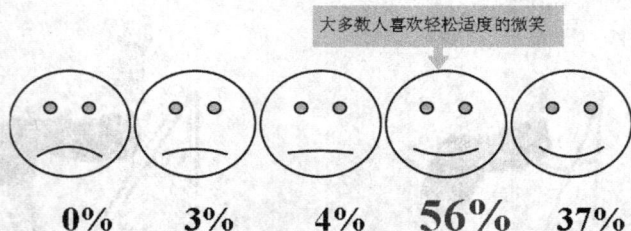

图 8.5 人们对微笑方式的喜好

（5）手势适度

美国加州大学洛杉矶分校的一项研究表明，一个人给他人留下的印象，7%取决于语言，35%取决于音质，58%取决于非语言交流。非语言交流的重要性可想而知。在面试中，恰当使用非语言交流的技巧，将带来事半功倍的效果。

除了讲话以外，无声语言是重要的公关手段，主要有手势语、目光语、身势语、面部语、服饰语等，通过仪表、姿态、神情、动作来传递信息，它们在交谈中往往起着有声语言无法比拟的效果，是职业形象塑造的更高境界。形体语言对面试成败非常关键，有时一个眼神或者手势都会影响到整体评分。比如面部表情的适当微笑，就显现出一个人的乐观、豁达、自信；服饰的大方得体、不俗不妖，能反映出大学生风华正茂，有知识、有修养、青春活泼的独有魅力，它可以在考官眼中形成一道绚丽的风景，增强求职竞争能力。

中国人的手势往往特别多，而且几乎都一个模子。尤其是在讲英文的时候，习惯两个手不停地上下晃，或者单手比划。这一点需要加强注意。平时要留意外国人的手势，了解中外手势的不同。另外注意不要用手比划一二三，这样往往会滔滔不绝，令人生厌。而且中西方手势中，一二三的表达方式也迥然不同，用错了反而造成误解。交谈很投机时，可适当地配合一些手势讲解，但不要频繁耸肩，手舞足蹈。有些求职者由于紧张，双手不知道该放哪儿，而有些人过于兴奋，在侃侃而谈时舞动双手，这些都不可取。不要有太多小动作，这是不成熟的表现，更切忌抓耳挠腮、用手捂嘴说话，这样显得紧张，不专心交谈。很多中国人都有这一习惯，为表示亲切而拍对方的肩膀，这对面试官很失礼。

由此看来，说话时做些手势，加大对某个问题的形容和力度是很自然的，可手势太多也会分散人的注意力，所以对于手势等形体语言，只需在需要时适度配合表达即可。

3. 面试表现

（1）耐心等待面试

应聘过程中，不应该把面试仅仅局限于与现场面对面的交流，其实包含等待面试、面试结束后等表现都在应聘单位的测试过程当中，因此等待面试也具有同样不可小觑的影响。进入公司前台，要把访问的主题、有无约定、访问者的名字和自己名字报上。到达面试地点后应在等候室耐心等候，并保持安静及正确的坐姿。不要来回走动显示浮躁不安，也不要与别的接受面试者聊天，因为这可能是未来的同事，甚至决定工作是否称职，闲谈使得对周围的影响是难以把握的，这也许会直接导致求职者应聘的失败。在面试等待中，更要坚决制止的是：在接待室恰巧遇到朋友或熟人，就旁若无人地大声说话或笑闹，做出吃口香糖、抽香烟、接手机等不恰当行为。

（2）把握进屋时机

如果没有人通知，即使前面一个人已经面试结束，也应该在门外耐心等待，不要擅自走进面试房间。自己的名字被喊到，就有力响亮地予以回答，然后再敲门进入，敲二至三下是较为标准的。敲门时千万不可敲得太用劲，以里面听得见的力度为准。听到回复说："请进"后，要回答"打扰了"再进入房间。开关门尽量放轻，进门后不要用后手随手将门带上，而应转过身去正对着门后用手轻轻将门合上。回过身来将上半身前倾 30 度左右，向面试官鞠躬行礼，面带微笑称呼一声"你好"，彬彬有礼而大方得体，不宜过分殷勤、拘谨或过分谦让。

（3）专业化的握手

有些面试过程中，握手是最重要的一种身体语言。专业化的握手能创造出平等、彼此信任的和谐氛围。自信也会使人感到胜任力而且愿意做任何工作，这是创造好的第一印象的最佳途径。怎样握手？握多长时间？这些都非常关键。因为这是求职者与面试官的初次见面，这种手与手的礼貌接触是建立第一印象的重要开始，不少企业把握手作为考查一个应聘者是否专业、自信的依据。所以，在面试官的手伸过来后就握住它，要保证整个手臂呈 L 形（90 度），有力地摇两下，然后把手自然地放下。握手应该坚实有力，富有"感染力"。双眼要直视对方，自信地说出姓名，即使是女士，也要表示出坚定的态度，但不要太使劲，更不要使劲摇晃；不要用两只手，用这种方式握手看来不够专业。而且手应当是干燥、温暖的。如果求职者刚刚赶到面试现场，可用凉水冲冲手，使自己保持冷静。如果手心发凉，可用热水捂一下帮助手心恢复一定体温。

（4）简洁有力表达

个人自我介绍是面试实战非常关键的一步，因为众所周知的"前因效应"的影响，这 2～3 分钟见面前的自我介绍，将是面试者所有工作成绩与为人处世的总结，也是接下来面试的基调，考官将基于求职者的面试材料与介绍进行提问，得体的回答将在很大程度上决定求职者在各位考官心里的形象，只有具备良好的形象，才能得到面试官的重视。

语言艺术是一门综合艺术，包含着丰富的内涵。一个语言艺术造诣较深的人需要多方面的素质，如具有较高理论水平，广博的知识内涵、扎扎实实的语言功底等。如果说外部形象是面试的第一张名片，那么语言就是第二张名片，它客观反映了一个人的文化素质和内涵修养。谦虚、诚恳、自然、亲和、自信的谈话态度会让求职者在任何场合都受到欢迎，动人的公关语言、艺术性的口才将帮助求职者获得成功。面试时要在现有的语言水平上，尽可能地发挥口才作用，对所提出的问题对答如流，恰到好处，妙语连珠，耐人寻味，又不夸夸其谈，夸大其词。自我介绍是很好的表现机会，应把握以下 4 个要点：第一，要突出个人的优点和特长，并要有相当的可信度。特别是具有实际管理经验的要突出自己在管理方面的优势，最好是通过自己做过什么项目这样的方式来叙述一下，语言要概括、简洁、有力，不要拖泥带水，轻重不分。重复的语言虽然有其强调的作用，但也可能使考官产生厌烦情绪，因此重申的内容，应该是浓缩的精华，要突出自身与众不同的个性和特长，给考官留下几许难忘的记忆；第二，要展示个性，使个人形象鲜明，可以适当引用别人的言论，如老师、朋友等的评论来支持自己的描述；第三，坚持以事实说话，少用虚词、感叹词之类；第四要符合常规，介绍的内容和层次应合理、有序地展开。要注意语言逻辑，介绍时应层次分明、重点突出，使自己的优势自然地逐步显露；第四，尽量不要用简称、方言、土语和口头语，直观表达，以免对方难以理解。当不能回答某一问题时，应如实告诉对方，含糊其辞和胡吹乱侃不仅不会使你的回答透彻有力，还会给面试官留下不诚信、不踏实的糟糕印象，可能会直接导致面试的失败。

第三节 职场社交礼仪

职场社交礼仪是指人们在职场人际交往过程中所具备的基本素质和礼仪规范。社交在当今社会人际交往中发挥的作用占据着重要席位。通过社交，人们可以沟通心灵，建立深厚友谊，取得支持与帮助；通过社交，人们可以互通信息，共享资源，对取得事业成功大有帮助。

一、问候礼仪

英国谚语有云：善始者方能善终。第一印象具有不言而喻的重要性，职场上问候他人是否恰当，往往决定着一个合作项目是否继续下去的可能性，往往决定着一次面试是否成功。

如对方是熟人，作为职场成功人士，他们往往会主动向对方问候，让对方感觉到亲切和受尊重。如是陌生人，会采用"久仰"等客套话打开初次见面的僵局。整个问候过程中应始终保持微笑，因为美学家认为：在大千世界中，人是最美的；在人的千姿百态中，微笑是最美的。除此应用善意的眼神注视对方，让对方产生信赖感，而且在合适时候应多用"指教""包涵""劳驾""打扰""借光"等体现个人修养的敬语。

职场中问候他人时需要注意对他人的称呼，最普遍的、适用的称呼方式有：称行政职务；称技术职称；行业称呼；时尚性称呼如先生、女士等，除此和外商打交道时，更习惯称呼先生、女士，慎用简称。

致意也是一种常用的问候方式，主要是以微笑、点头、举手、欠身等动作问候朋友；基本规范是男士首先向女士致意；年轻者先向年长者致意；学生首先向老师致意；下级应当首先向上级致意；当年轻的女士遇到比自己年岁大得多的男士的时候，应首先向男士致意。

二、握手礼仪

有一种礼仪，不用说话就能显示出热情、友好的待人之道，如果应用得当，它能进一步增添别人的信赖感，但是它也在不经意的举手投足之间，泄露人们教养的秘密，它就是见面时最为普通的——握手礼仪。

美国著名盲聋女作家海伦·凯勒说：我接触的手有能拒人千里之外；也有些人的手充满阳光，会让人感到很温暖。握手是交际的一个部分。握手的力量、姿势与时间的长短往往能够表达出握手对对方不同的礼遇与态度，显露自己的个性，给人留下不同印象，也可通过握手了解对方的个性，从而赢得交际的主动。

（一）握手的要求

握手时，上身稍微前倾，两足立正，伸出右手，四指并拢，虎口相交，拇指张开下滑，向受礼者握手。

神态方面要做到专注、热情、友好、自然，面含笑意，目视对方双眼。除此之外，只要有可能，就应起身站立。最佳距离为 1 米左右，因此握手时双方均应主动向对方靠拢。

为表示友好热情，应当稍微用力，大致握力在以两公斤左右为宜。时间应控制在三秒以内，握上一两下即可。

（二）握手的场合

1. 遇到较长时间没见面的熟人；
2. 在比较正式的场合和认识的人道别；
3. 在以本人作为东道主的社交场合，迎送来访者时；
4. 拜访他人后，辞行之时；
5. 被介绍给不认识的人时；
6. 别人给予一定支持、鼓励或帮助时；
7. 对别人表示理解、支持和肯定时；
8. 向别人赠送礼品或颁发奖品时。

（三）握手的顺序

根据礼仪规范，握手时双方伸手的先后次序。应在遵守"尊者决定"原则的前提下，具体情况具体对待。主要涉及的情况如下：

1. 年长者与年幼者握手，应当由年长者首先伸出手来；
2. 长辈与晚辈握手，应当由长辈首先伸出手来；
3. 老师与学生握手，应当由老师先伸出手来；
4. 女士与男士握手，应当由女士首先伸出手来；
5. 社交场合的先至者与后来者握手，应当先至者首先伸出手来；
6. 上级与下级握手，应当由上级首先伸出手来；
7. 职位、身份高者与职位、身份低者握手，应由职位、身份高者首先伸出手来。

（四）握手的禁忌

1. 不要用左手与他人握手；
2. 避免两人握手时与另外两人相握的手形成交叉状；
3. 不要在握手时带着手套、墨镜；
4. 不要在握手时将另外一只手插入衣袋里；
5. 不要在握手时另外一只手依旧拿着东西不肯放下；
6. 不要在握手时面无表情，不置一词或长篇大论，点头哈腰；
7. 不要在握手时紧急握住对方的手指尖，好像有意与对方保持距离。正确的做法是握住整个手掌；
8. 不要在握手时把对方的手拉过来、推过去，或者上下左右抖个不停；
9. 不要拒绝和别人握手，即使有手疾或汗湿或弄脏，也要向对方表明歉意。

三、介绍礼仪

如果在职场中缺少介绍，双方或多方就无法深入谈话，无法迅速结识他人，因此介绍礼仪是职场社交中常见而重要的一环，简约而不简单，具有吸引力的介绍礼仪是每一个成功人士的利器，介绍礼仪的精髓在于通过介绍、被介绍的动作体现出亲切、精干、值得信赖。

（一）介绍礼仪

根据介绍场合、对象的不同，介绍分为正式介绍、非正式介绍和自我介绍 3 种类型。介绍过程中要遵循先提到名字者为尊重的原则，要保持手掌五指并拢，掌心朝上，指向被介绍人的仪态。

1. 正式介绍

正式介绍是指在较为正规、郑重的场合进行的一种礼仪活动。正式介绍中一般采取"请允许我向您介绍……"的方式，重点在于介绍结束后，介绍人最好不要马上离开，避免双方因初次接触而存在尴尬。

2. 非正式介绍

非正式介绍是指在一般、非正规场合中进行的礼仪活动。非正规场合中气氛会较为轻松，大家无需过分拘于礼节，介绍人可以根据与双方关系的亲密性和当时情形，做让双方都觉得轻松的介绍，一般采用"这就是……""这是我朋友、同事……"等方式。

3. 自我介绍

自我介绍是在职场交际中较为常用。这种情况存在于主人无法抽身介绍、忘记介绍或想主动结识对方的场合。自我介绍时应该要先向对方打招呼，使对方有思想准备，语言组织要恰当，表述要清楚，使对方第一时间了解到自我介绍人的姓名、工作情况。在自我介绍中要做到明朗、爽快、速度稍慢、流畅而不可炫耀、镇定而有信心，要表示出渴望认识对方的热诚，在获知对方姓名后，不妨口头重复一次，以示尊重。

自我介绍被广泛运用在商务社交环境中，如应聘求职、与不相识者相处、与身边陌生人接触，还包括在公共场合进行业务推广，初次利用大众传媒向社会公众进行自我推荐及自我宣传等。自我介绍通常有以下 3 种形式。

（1）应酬式：这种形式常适用于某些公共场合和一般性的社交场合，这种自我介绍最为简洁，往往只包括姓名一项即可，如：您好，我叫……

（2）工作式：这种形式主要适用于工作场合，介绍内容应包括本人姓名、供职单位及部门、职业或从事的具体工作内容等。

（3）交流式：适用于社交活动中，希望与交往对象进一步交流沟通，介绍的内容应包括介绍者的姓名、工作、籍贯、学历、兴趣及与交往对象的某些熟人的关系等。

（二）被介绍礼仪

当在职场社交中，被介绍以后首先要起立，尤其是面对长辈之时，目视对方面带微笑，被介绍人的目光一定要注视着对方的脸部，不要让其他事情分散注意力，不要东张西望，以免给对方留下心不在焉、不重视或不欢迎的印象。

如果双方均为男性，握手绝对必要，这象征着信任和尊敬。如果被介绍对象有女性时，女性觉得有握手必要时，可以先伸出手来，表示愿意认识和热诚。

（三）介绍他人的基本规则

在日常商务社交场合中，人们常常需要作为中间人介绍其他人相互认识，这需要掌握介绍他人的一些原则。在处理为他人做介绍的问题时，必须遵守"尊者优先了解情况"的原则，其具体体现如下。

1. 介绍上级与下级认识时，先介绍下级，后介绍上级；

2. 介绍长辈与晚辈认识时，应先介绍晚辈，后介绍长辈。

3. 介绍年长者与年幼者认识时，应先介绍年幼者，后介绍年长者。

4. 介绍女士与男士认识时，应先介绍男士，后介绍女士。

5. 介绍已婚者与未婚者认识时，应先介绍未婚者，后介绍已婚者。

6. 介绍同事、朋友与家人认识时，应先介绍家人，后介绍同事、朋友。

7. 介绍来宾与主人认识时，应先介绍主人，后介绍来宾。

8. 介绍与会先到者与后来者认识时，应先介绍后来者，后介绍先到者。

四、乘车礼仪

乘坐轿车时，应当注意的礼仪问题主要涉及乘车座次、上下车顺序、车上举止3个方面。

（一）乘车座次

在比较正规的场合，乘坐轿车时一定要分清座次的主次，而在非正式场合，则不必过分拘礼。轿车上的座次，在礼仪上来讲，主要根据以下4个因素来考虑。

1. 轿车的驾驶者

主要适用于双排座、三排位轿车，由主人亲自驾驶轿车时，一般前排座为上，后排座为下；以右为上，以左为下。乘坐主人驾驶的轿车时，最重要的是不能令前排座空着。一定要有一个人坐在那里，以示相伴。由专职司机驾驶轿车时，通常仍讲究右尊左低，但座次同时变化为后排为上，前排为下。

2. 轿车的类型

如果是4座车，不管由谁驾驶，车上座次由尊而卑依次是：副驾驶座，后排右座，后排左座。4排以及4排以上座次的大中型轿车，不论何人驾驶，均以前排为上，以后排为下，以右为尊，以左为卑，并以距离前门的远近，来排定其具体座次的尊低。

3. 轿车上座次的安全系数

乘坐轿车要考虑安全问题。在轿车上，后排座比前排座要安全得多。最不安全的座位，当数前排右座。最安全的座位，则当推后排左座（驾驶座之后），或是后排中座。

4. 轿车上嘉宾的本人意愿

在正式场合乘坐轿车时，应请尊长、女士、来宾就座于上座，这是给予对方的一种礼遇。同事应尊重嘉宾本人的意愿和选择，并要将其放在最重要的位置。嘉宾坐在哪里，即应认定哪里是上座。即便嘉宾不明白座次，坐错了地方，轻易也不要对其指出或纠正。

上面的这4条因素往往相互交错，具体运用时根据实际情况而定（图8.6）。

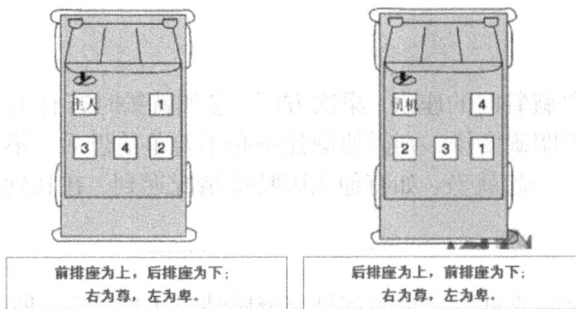

图8.6　乘车座次示意图

（二）上下车顺序

基本要求是：倘若条件允许，须请尊长、女士、来宾先上车，后下车。

1. 主人亲自驾车

当主人亲自驾车时候，主人应后上车，先下车，以便照顾客人上下车。

2. 专职司机驾车

乘坐由专职司机驾驶的轿车，并与其他人同坐于后一排时，应请尊长、女士、来宾从右侧车门先上车，自己再从车后绕到左侧车门上车。下车时，则应自己先从左侧下车，再从车后绕过来帮助对方。若左侧车门不宜开启，于右门上车时，要里座先上，外座后上。下车时，要外座先下，里座后下。总之，以方便易行为宜。乘坐多排座轿车，通常应以距离车门的远近为序。上车时，距车门最远者先上，其他人随后由远而近依次而上。下车时，距车门最近者先下，其他随后由近而远依次而下。

（三）举止

1. 动作要雅

在轿车上切勿东倒西歪。穿短裙的女士上下车最好采用背入式或正出式，即上车时双腿并拢，背对车门坐下后，再收入双腿；下车时正面面对车门，双脚着地后，再移身车外。

2. 要讲卫生

不要在车上吸烟，或是连吃带喝，随手乱扔。不要往车外丢东西、吐痰或擤鼻涕。不要在车上脱鞋、脱袜、换衣服，或是用脚蹬踩座位；更不要将手或腿、脚伸出车窗之外。

3. 要顾安全

不要与驾车者长谈，以防其走神；不要让驾车者听移动电话。协助尊长、女士、来宾上车时，可为之开门、关门、封顶。在开、关车门时，不要弄出大的声响，夹伤人；在为他人开关车门时，应一手拉开车门，一手挡住车门门框上端，以防止其碰到人。当自己上下车、开关门时，要先看后行，不要疏忽大意，注意安全。

五、就餐礼仪

（一）餐前礼仪

餐前礼仪指的是准备用餐、等候用餐时所需要注意的符合礼仪规范的行为，主要注意点有如下3个方面。

1. 守时守信

应邀赴宴或者参加聚餐时，一定要准点到达约定地点。严格地讲，过早抵达或迟到到达都是失礼的表现，过早到达也许会给主人措手不及的感觉，迟到的话会让其他人等待，是对其他人员的不尊重。

2. 各就各位

各就各位主要讲的是就餐时的座次、桌次方面，参加就餐时若有主人安排一定要按照主人的意思进行就坐，倘若无明确安排，则需要谦让务必不要争前恐后，不守礼仪，应在长辈、领导或主人就坐之后与大家一起就坐。如有他人因特殊情况迟到，在其到达后，要起立示礼，表示尊重。

3. 认真倾听

就一般情况来说，聚餐或宴请之目的都是交流感情或工作交际，所以在用餐前务必要主人或他人对其他聚餐人员的介绍，用心倾听并记忆，记忆他人的姓名、职称或单位，以便在后面的就餐过程中更加有效地进行沟通。在正式就餐之时，领导或主人往往会进行致辞，致辞之时，切忌与人交谈或暂时离开，这是缺乏文明修养的一种表现。

（二）餐时表现

餐时表现主要是指在用餐期间的活动，也是用餐礼仪最重要的体现。综合国内外的礼仪要求，下面以"九要十不要"来提醒大家用餐时哪些行为是符合礼仪规范的，哪些是不符合礼仪规范的（图8.7）。

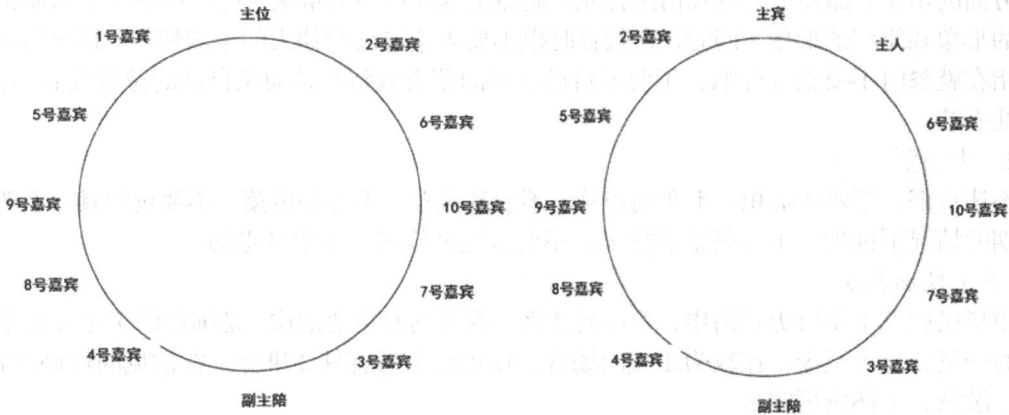

图 8.7　常规中餐座次（左）及主宾身份尊贵座次（右）

1．九要

（1）要正襟危坐

就座时，应从左侧进入，并保持身体与餐桌一定的距离。在餐桌上保持良好的姿势，双手不要支在餐桌上，手脚不要乱伸，同时不要乱晃身体。

（2）要举止高雅

正式宴会时，此点尤其重要，在用餐时最好不要有就餐噪声，吃东西时不要有啧啧作响之声；在咳嗽、打喷嚏时最好离开餐桌，自觉控制，不要当众出丑；另外就是不要随便挪动桌椅，也不要有敲打餐具等动作。

（3）要慎用餐具

在西餐中，正确使用餐具更为重要。如果不会使用，最巧妙的方式是模仿主人的使用方法。不宜主动拿餐具当教学材料来指点别人，也不要嘲笑别人错误使用餐具。

（4）要吃相干净

在就餐时注意自己的个性形象，不要吃得嘴角、身上都有"留痕"，也不要把餐具、餐桌搞得一塌糊涂。

（5）要礼待主人

在就餐时要时时帮助主人、以礼还礼，多加问候。

（6）要照顾宾客

客人之间也要相互照顾，不要互不搭理，致使场面尴尬、气氛不和谐。在就餐时，之间要互相帮助存外套、拿调味品、碗筷等。男士更是要体现自身的绅士风度，对女士主动多加照顾。

（7）要尊重服务者

在一些宴会和聚餐中，要尊重服务者，给予其本人以及劳动应有的尊重和感谢，不要轻易就埋怨或责备，体现自身的素质修养。

（8）要积极交流

宴请或聚餐的主要目的是工作交际或朋友交流感情，因此就餐时不要忘记进行适当的交际活动，要主动与他人交流、主动向他人请教。

（9）要自我控制

控制情绪、适度行动是就餐时尤其重要的方面。情绪方面，无论发生什么令自己气愤或委屈等方面的情绪，都要学会自我情绪控制，避免给领导或主人带来不必要的麻烦，从而也维护自身的形象和组织的形象。同时，在就餐时也不要表达自己对他人的不满情绪。适度行动，主要是指在就餐时不要狼吞虎咽，不要见自己喜欢的菜肴就将其移动至自己的位置或立马去夹，要有礼有节。

2. 十不要

不违食俗，不要坏吃相，不要胡布菜，不要乱挑菜，不要争抢菜，不要玩餐具，不要在没人抽烟的情况下抽烟，不要频繁清嗓子，不要做过度修饰，不要乱走动。

（三）饮酒礼仪

中华民族五千年历史长河中，酒和酒文化一直占据着重要地位，是绚烂的千年文化中浓墨重彩的一笔，亘古至今。在较为正式的场合，饮用酒水颇有具体讲究，在常见的饮酒程式中，斟酒、敬酒、干杯应用较多。

1. 斟酒礼仪

通常情况下，酒水应当在饮用前斟入酒杯，有时候主人为表示对来宾的尊重会亲自斟酒，有时候是服务者斟酒，有些特殊时候需要客人去斟酒。在此过程中需要注意如下3点。

（1）如果是主人为表示尊重亲自斟酒，此时一般情况下大家需要端起酒杯致谢，必要时，还需要起身站立或欠身点头回礼；

（2）在服务人员斟酒时，勿忘道谢，但是一般情况下是不需要拿起酒杯的；

（3）若需要大家斟酒时，要注意这么3点：其一，要面面俱到，一视同仁，切勿有挑有拣，只为个别人斟酒。其二，要注意顺序。可以顺时针方向，从自己所坐位置之处开始斟酒，也可以先为尊长、领导或嘉宾斟酒；其三，斟酒要适量。白酒或啤酒均需要斟满，酒满敬人，但是不要溢出，这样显然不合适而且是浪费，而洋酒则无此讲究。

2. 敬酒礼仪

敬酒，亦称祝酒，它具体是指在正式宴会中，为工作或生活中的某种理由而饮酒的行为，在敬酒时，通常要讲述一些祝愿、祝福之意。敬酒可以随时在就餐的过程中进行，频频举杯祝酒，会使现场氛围热烈而欢快。通常情况下敬酒时，其他在场者应停止用餐或饮酒，应坐在自己座位上，面向对方洗耳恭听，不要议论他人表达的祝福。

3. 适度饮酒

适度饮酒也是一种饮酒礼仪，无论在什么场合饮酒，都要有自知之明，并要好自为之，努力保持风度，做到"饮酒不醉真君子"，切忌争强好胜，故作潇洒，想着一醉方休，非得灌醉某人不可。醉酒行为不仅易伤身体，还容易出丑丢人，惹事生非，因此适度饮酒是对他人的尊重，是一种礼仪。

4. 以礼拒酒

假如因为生活习惯或健康等原因不能饮酒，可以采用合乎礼仪的方式拒绝他人的劝酒，如，讲明不能饮酒的客观原因，如酒精过敏、驾车等理由；或主动以其他饮料代酒。不得在他人为自己斟酒时采用推酒瓶、藏酒杯的方式，或者把酒偷偷倒掉或倒入他人酒杯中，这些均是失礼的表现。

同时，在职场宴会中不要强行劝酒，非要灌醉他人，看对方笑话不可，这样容易让对方觉得尴尬或不满，要做到己所不欲，勿施于人。

六、电梯礼仪

电梯是大多数人生活中密不可分的交通工具，懂得电梯礼仪和乘坐电梯注意电梯礼仪，使乘坐电梯时即安全又得体，给对方留下美好的印象，不仅体现了个人的素质水平，同时也会体现个人所代表的组织形象。

（一）搭乘电梯的一般礼仪

等候电梯遵循先出后进的礼仪规范。尤其是电梯门口处有很多人在等候时，请勿挤在一起或挡住电梯门口，以免妨碍电梯内的人出来，而且应先让电梯内的人出来之后方可进入，不可争先恐后。

与不相识者同乘电梯，进入时要讲先来后到，出来时则应由外而里依次而出，不可争先恐后。先进入时应为后面进来的人按住"开门"按钮，出电梯门时，靠电梯最近的人应先走出电梯门。男士、晚辈或下属应站在电梯开关处提供服务，并礼让女士、长辈或上司先行入电梯，自己再随后进入。搭乘电梯时切勿交谈与工作相关的内容，更不可谈论别人隐私及其他敏感话题，最好保持安静或礼貌示意问好等。

在电梯里，尽量站成"凹"字形，挪出空间，以便让后进入者有地方可站，进入电梯后，正面应朝电梯口，以免造成面对面的尴尬（图8.8）。

图8.8　电梯礼仪

（二）共乘电梯所要注意的礼仪

1. 与上司共乘电梯

（1）身为下属最好站在电梯口处，以便在开关电梯时为上司服务。而上司的理想位置是在对角处，以使得两人的距离尽量最大化，并卸下下属的心理负担。

（2）在电梯里讲话时不宜盯着对方的眼睛不放，目光可适当下移，以嘴巴和颈部为限。

（3）因电梯空间很小，所以讲话时最好不要有手部动作，更不能指手画脚，动作过大。

（4）打破沉默并不是下属的专利，上司也可利用这几十秒钟增进对下属的了解。

（5）如果上司正在思考或明显不想开口，那也完全没必要找个话题。

（6）酒后或吃大蒜后，最好嚼块口香糖再上电梯，而香烟则应在上电梯前掐灭。

（7）上下梯时长者、女士优先。

2. 与客人共乘电梯

（1）伴随客人或长辈来到电梯厅门前时，先按电梯呼梯按钮。轿厢到达厅门打开时，若客人不止一人时，可先行进入电梯，一手按"开门"按钮，另一手按住电梯侧门，礼貌地说"请进"，请客人们或长辈们进入电梯轿厢。

（2）进入电梯后，按下客人或长辈要去的楼层按钮。若电梯行进间有其他人员进入，可主动询问要去几楼，帮忙按下。电梯内可视状况是否寒暄，例如没有其他人员时可略做寒暄，有外人或其他同事在时，可斟酌是否必要寒暄。电梯内尽量侧身面对客人。

（3）到达目的楼层，一手按住"开门"按钮，另一手并做出请出的动作，可说："到了，您先请！"客人走出电梯后，自己立刻步出电梯，并热诚地引导行进的方向。

七、名片礼仪

名片，又称卡片，中国古代称名刺，是标示姓名及其所属组织、公司单位和联系方法的纸片。名片是新朋友互相认识、自我介绍的最快、最有效的方法，也是一个人身份、地位的象征，是使用者要求社会认同、获得社会尊重的一种方式，对于职场人员来说，它还是所在组织形象的一个缩影，所以交换名片应重视其礼仪效应，恰到好处地使用名片，会给人一种文明有礼的感觉。

交换名片是商业交往的第一个标准官式动作，也是人际交往中常用的一种介绍方式。一般情况下，交换名片宜适用于在与人初识时，自我介绍或他人介绍之后进行。

1. 递送名片礼仪

递送名片的先后没有太严格的讲究。一般是地位低的人先向地位高的人递送名片，男性先向女性递送名片。出于公务和商务活动的需要，女性也可以先向地位高的人递送名片。当对方不止一人时，先将名片递给职务较高或年龄较大的人，如分不清职务高低或年龄大小，则可以依照座次递送名片，应给对方在场的人每人一张，以免让人觉得厚此薄彼。如果自己这方的人比较多，则让地位高者向对方递送名片。

递送名片时，应起身或欠身面带微笑，正视对方，将名片的正面朝向对方，双手拇指、食指分别捏两端，并表示感谢或"请多关照"等客气语言。

2. 接受名片礼仪

接受他人名片时，应起身或欠身，面带微笑，恭敬地双手接过名片，并表示感谢。对接到的名片要当着对方的面仔细把对方的名片看一遍，最好能将其名片信息简易表述一下以示尊重，随后郑重地将其放入自己的名片夹（或钱包）中。切忌随意乱放、用手把玩或漫不经心地随手向手袋里塞放。

八、电话礼仪

电话、手机被现代人公认为便利的通信工具，随着科学技术的发展和人们生活水平的提高，几乎每个人都有电话，每天也要接、打大量的电话。在日常工作中，使用电话的语言很关键，它直接影响着一个公司的声誉；在日常生活中，人们通过电话也能粗略判断对方的人品、性格，因而掌握正确的、礼貌待人的打电话方法是非常必要的。看起来打电话很容易，对着话筒同对方交谈，觉得和当面交谈一样简单，其实不然，电话礼仪颇为将就，可以说是一门学问，也是一门艺术。

（一）电话礼仪的基本理念

电话礼仪中必须要有同理心理念和随机应变的判断理念。同理心理念也就是指人们平时所说的换位思考、将心比心的观点。随机应变的判断理念是指在互通电话过程中，双方必须认真倾听对方所述、思考对方所想，从而进行自我的理解与判断。因此互通电话的双方才能充分利用电话进行互通，更有效地理解到对方的意思表达。

同时在电话礼仪中要遵循如下 5 个要点。

1. 语气语调要温和，音量适中，让对方觉得在通话过程中，是面带微笑，乐意倾听和沟通的，让人觉得舒服和谐，从而能更想相互沟通；

2. 口齿清楚，有节奏感，不可太快太慢，切忌不管对方是否清楚，只顾以自我为中心进行表述；

3. 学会倾听，在电话交谈中，双方靠声音传递意思，倘若不认真听，就无法准确地交流信息。

4. 3 分钟原则（图 8.9），无论是接听还是拨打电话，都要尽量把时间控制在 3 分钟以内，避免浪费自己和对方的时间；

5. 掌握分寸，根据与通话方关系的亲疏，合理把握自己的说话分寸。

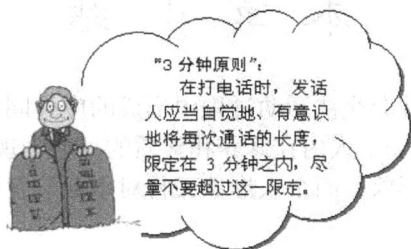

图 8.9　3 分钟原则

（二）接电话的基本礼仪

接听电话时，要在电话铃声响后三声内接听电话，铃响即接会显得唐突，过久不接，会让对方觉得等的过久，影响情绪且觉得未得到应有的尊重。

在接通电话后，不要习惯性地说"喂、哪位？""谁"，一般情况下，都是要主动问候，先报家门，作下自我介绍，有必要时要报上部门，如"您好，我是×××……""您好，我是××单位××部门的×××，请问……"然后再询问对方的姓名和对方要找的是谁，进而再表示问候。

在通话即将结束时，最好将已掌握的通话内容进行简单总结，以与对方进行沟通，看下是否有漏洞或理解不到位的地方，确认完毕以后，感谢对方来电，并礼貌结束通话，在对方挂掉电话后，再挂电话。

（三）打电话的基本礼仪

拨打电话时要事先准备内容，避免在通话后，忘记某件事情或某件事情表述不清。

拨打电话时除紧急事情，最好要在适宜时间内拨打对方电话，若是工作上的事情，最好在对方工作时间内拨打，不要占用别人的工作外私人时间。

在电话拨通之后，先行问候，视情况先做自我介绍，然后确认对方是否是通话对象。如果事情比较繁琐，最好先таблица述好整个通话中有几件事情或事情的主要内容然后再做详细介绍。整个通话过程中要注意自己的语言文明和态度文明。通话结束时，要答谢对方以后再挂掉电话。

（四）代接电话基本礼仪

代接电话有一个非常重要的关键点，要注重隐私，在代接过程中，千万不要热心过度，有着打破沙锅问到底的态度。

一般情况下，要准确记忆对方想表达的简易内容和对方叮嘱的关键点，如数据、时间、地点等具体信息，最好认真做好记录或笔录，在对方讲完以后，要略微把要点重复一下，以验证自己的记录是否足够准确，免得误事。记录的过程中最好详细记录通话对象的信息、通话时间、通话内容、是否要求回电，回电的时间等等。

另外，转达信息除了准确还要及时，避免误事，不到万不得已，最好不要请他人代为转达内容。

总之，电话礼仪是非常重要的一门礼仪学问，请大家在与他人通过电话沟通时慎重把握自己的言行，多用"请""谢谢""对不起""辛苦您了"等词语，因为这10个字都时时刻刻体现着气质、感恩之心、素质修养和对他人的鼓舞鼓励。

本 章 小 结

1. 现代礼仪泛指人们在社会交往活动过程中形成的应共同遵守的行为规范和准则。从个人修养的角度来看，礼仪就是一个人内在修养和素质的外在表现。

2. 职场着装影响着个人形象，而个人形象又将对事业的发展产生影响，要注意在职场着装时遵循"T.P.O原则"。

3. 职场商务礼仪指现代企业的从业人员在职场商务交往和经济活动中应遵循的行为规范。在职场商务礼仪中，职场人士应该遵循"黄金法则""白金法则"两大法则。

4. 职场社交礼仪是指人们在人际交往过程中所具备的基本素质，交际能力等。掌握职场社交礼仪可以促进人们进行心灵沟通，建立深厚友谊，取得更多支持与帮助。

课 后 练 习

1. 与用人单位电话通信时，应该注意哪些细节？

2. 求职过程中怎么进行自我的形象塑造？

3. 请结合自己的理解，阐述对"黄金法则"和"白金法则"的看法。

第九章 准备，赢得一切

在从学生迈向职业人的这一转变过程中，往往会有一段适应的过程，如何缩短这一过程的时间，顺利地进入职业人的状态，需要从心理到生理上都积极进行调整。本章从大学生与职业人的区别、大学生转变为职业人的渠道与方法等方面进行讲述，让同学们做好转变的准备，迈向努力赢得一切的光明征程。

第一节 大学生与职业人

大学生毕业后面临多种方向选择：一是就业，二是继续深造考取研究生。无论是选择什么方向，每个人都最终要走向社会，通过就业实现理想。大学生在走向工作岗位的过程中，都必须面对一个职业入口与角色变换的问题，或早或晚都要实现一个转变——从大学生到职业人的转变。根据社会心理学的角色理论，大学毕业生从学生向职业人转换的过程中，必然会出现角色冲突、角色学习和角色协调等一系列过程。为了更平稳地度过职业过渡期，大学生在进入工作岗位之前，应该学习一些相关的知识，认识自我，了解社会，做好职业探索，做好上岗前的各项准备，顺利地实现角色转换。

一、角色认知与角色转换

一个演员在不同的场景下会扮演不同的角色，每个人所处的家庭环境不同，处在不同的社会地位，从事不同的社会职业，面对不同的人群，每个时间段的任务也不一样，即扮演不同的社会角色。社会角色就是个人在社会关系体系中处于特定的社会地位，并形成符合社会要求的一套个人行为模式。大学生的主要角色是学生，主要职责是学习，职业人的主要角色是工作，主要职责是完成各项任务。

一个人在不同的场合和面向对象不同会经常变换自己的角色，比如说一个女性文员，下班回家，就要从文员职业角色变换为家庭成员角色，比如女儿或儿媳。比如上级与下级、领导与父母、老师与学生、主人与客人等的变换，就是角色转换。家庭成员增减，职务升迁，职业变化等，都会产生角色转换。角色转换必然伴随着角色定位、角色功能、角色要求的变化，也必然伴随着新旧角色的冲突。

角色冲突是必然存在的。我们可以通过角色认知与角色协调，实现每个角色的要求，使角色冲突尽可能地降至最低。协调角色冲突的最有效的方法是角色认知与学习，也就是通过角色认知和技能培养，提高角色实现能力，更好地完成角色的要求。

二、环境差异与角色差异

（一）学校与职场的区别

个人的发展离不开周围环境的影响，因此在寻找大学生与职业人的区别时，首先来了解学校与职场的不同。

1. 价值功能不同

学校，是一个为社会输送人才的组织，根本任务是培养人才。职场，是一个创造利润的组织。任何企业或公司都有自己的使命，可以肯定的是任何公司的首要目标就是利润，是完成任务，实现经济利益。成员之间遵守共同的游戏规则，通过组织成员的共同努力，推动企业与个人职业生涯的共同发展。

2. 客观环境不同

学校是一个相对稳定的社会，同学之间在一定时间和空间范围内一般不会改变，随着时间的推移，情感因素会占据主导地位，学生毕业时常常恋恋不舍。学校更多表现为一个团结互助与个人比较相结合，是一个竞争环境相对宽松的环境，学生之间对比和奖惩也不足以引起学生之间的巨大落差。职场是为了实现企业利润和个人利益而集合在一起的群体，职业人与企业、职业人与职业人交往，更多是以利益交换为目标和基础。职场是一个变化莫测的社会，市场在变、同事在变，就像战场。不同的同事、不同的客户、不同的上级、不同的要求，两种环境转换困难，让学生难以适应。

3. 工作方式不同

在工作中，几乎所有的任务都需要团队协作才能完成，所以在职场上要善于团结合作，通过交流、沟通，实现人与人之间的认同，通过共同努力才能取得好得工作业绩。在学校学习的开展依靠个人努力可以完成，在学校你可以一个人闷头读书，不向任何人请教，也可以通过考试甚至取得好成绩。学生之间有互相帮助，但学习成绩只考察到个人，基本不会考察小组或班级，学生要求独立完成作业、基本独立写成毕业设计等。在学校，不管用什么学习方式，只要学习成绩好就行。而职场中，职场规则和惯例比学校要严厉许多，通过制度和权力要求每个成员用特定的方式去完成任务。如果没有与领导和同事的沟通，如果没有向领导和同事请教的习惯，不仅工作任务完成困难，还非常有可能出现问题，为自己和公司带来损失。

（二）大学生和职业人的区别

大学生和职业人在人际关系和权利义务等方面有着较大的不同，除此之外在下列几个方面也存在较大区别。

1. 社会规范不同

大学生是以学习、探索为主要任务，万事都可以去创新去尝试，因为即使是做错了也不用承担过多的社会责任。对于大学生而言，社会对他们的规范内容主要体现在教育部出台的《高等学校学生行为规则》和各个高校所制定的《学生手册》中，对于大学生行为规范主要还是以说服、引导、教育为主。

对于职业人来说，在职场的任何行为都需要自己为之负责，违背了相关社会规范就要承担一定的社会责任，甚至法律责任。一旦出现错误，就很有可能对整个职业生涯产生影响。

2. 活动方式不同

学生更多地是在接受外界的给予，即接受和输入。在多年的学习生活中，学生往往养成了"要"的心态和习惯，他们习惯于向父母要，向老师要，向学校要，向社会要，把"要"当成了一种理所应当。

职业人则是充分利用自己的资源和技能创造价值和财富，向社会提供自己的劳动成果，即"给"，职业人更多地是要转变成"给"的态度。当然职业人并不是完全的付出，为了更好地创造价值和提升自我价值，职业人在"给"的同时要注意"要"，不仅为社会为家庭创造价值，同时不断学习，增加自己的能力。

3. 生存环境不同

学生时代主要生活在教室、宿舍和食堂三点一线的简单而安静的校园文化氛围中；而职业人则完全不同，所面临的社会环境是高频率的生活节奏，紧张的工作和繁重的任务，让职业人自由支配的时间更少，从而感觉生活、工作压力显著增加。

比如小王刚参加工作时，公司让他采购一些办公用品，他没怎么询问就自己做去了，结果不仅价格比公司合作单位高出很多，发票不规范无法报销，给同事和部门带来不少的麻烦。公司更多的是按规章办事，严格执行制度，强调服从、遵从，上级安排工作必须执行。

三、职业角色转换的过程

应届毕业生从学校走向社会，由学生转变为社会人，学生角色有单一性，而社会角色比较复杂，角色转换的过程中角色任务和要求也不同，也必然伴随着新旧角色冲突。要求应届毕业生尽早做好准备，转变职业角色认知观念，增强职业角色专业技能，提高角色执行能力，才可能有一个良好的职业生涯开端。

（一）见习期前的角色转换

我国大学本科毕业生一般在每年5月到6月毕业答辩，7月初毕业开始正式进入就业市场，奔赴工作岗位。但是各学校毕业生就业工作有的从大三就开始了，较晚的一般从前一年的11月份就开始了，也就是说，从准备就业到实际就业，至少有半年多的时间，这一阶段对毕业生进行角色转变至关重要，主要表现为两个方面：

毕业前夕是择业的黄金季节。毕业生通过与用人单位"双向选择"的过程，可以加强对用人单位的了解，进而通过签订就业协议书来确定自己的职业角色。

毕业生在求职过程中，通过与用人单位接触，了解到用人单位的基本情况，选择自己合适的职业，同时根据用人单位反馈，觉察社会对自己的认可程度，并不断调整职业预期，通过与职场优秀人士沟通，实事求是地进行职业定位。这是应届大学生职业角色转换的关键步骤，为学生未来的职业生涯确定了一个基本的方向，对大学生角色的转换将产生深远的影响。

一般来说，在校学习期间的学习环境，学习条件都是较为理想的。因此，从就业协议书签订到毕业离校这段时间，是有针对性地学习知识、培养能力进而转换角色的最佳时期。在这段时间内，除了按照学校正常教学计划完成课程的学习、实践和毕业论文外，还应该进行如下学习和训练。

1. 掌握与工作相关的知识与技能

大学的课程设置兼顾到学生未来的各种工作，涵盖面广，偏重于基础知识的学习，和一般技能的培养，而很少涉及专门岗位上所需要的特定的专业知识和技能。为了适应工作需要，大学生在毕业前夕，应当抓紧各种机会，利用各种资源，学习适应未来工作岗位的专业知识和专业技能，不断提高自身的专业能力，最终符合工作岗位的需求。同时，通过深入研究和不断训练，加深对即将从事职业的认同。

2. 进行职场关键能力的训练

大学毕业生都是通过高考走向大学的，智力上的相差不大，学习的好坏和专业技能也并不是唯一因素，表达与沟通、自我管理、系统思考、选择与判断能力等非智力方面的技能却是影响大学应届生职业选择、就业创业的突出因素。大学生要善于并敢于展现自我，杜绝在公众场合"怕出丑"和"怕丢人"等心理，树立自我展现的思想，更要善于"秀"出自己，不断提高口头表达能力和书面表达能力。拓展自己的人际关系范围，与人交往要诚恳诚信，不急不躁，提高自身价值，善于运用赞美等。

3. 做好必要的心理准备

大学毕业生经过十多年的学习、积累与沉淀，大都很有能力和才华，但实际中，并非所有大学毕业生都能在工作岗位上取得成功。究其原因，良好的专业技能和学习能力对事业成功非常重要，充足的心理准备更是必不可少。一般来说，每个人的事业不会一帆风顺，或者因为环境的原因，或者因为人际关系的原因，或者因为生活压力，或者其他方方面面的原因导致事业受阻，如果没有充分的思想准备，就会产生过激或负面情绪，导致过激或负面行为，最终湮灭自己的才华。因此，充分的思想准备尤其是面对困难的"受挫准备"尤其重要。在工作顺利的时候能平常心对待，在屡试屡挫的境地中屡挫屡试，不懈追求。在平凡而又不受人重视的岗位上积累经验、奋发图强，终将有一天会一鸣惊人。

（二）见习期内的角色转换

见习期指大学生参加工作半年到一年内的工作阶段，见习结束表现合格才能转正为正式员工。见习期是一个应届大学生走向职业的必由之路，是一个大学生了解职场、适应职场进而取得事业成功的必然途径。与大学生活相比，职场压力大，环境相对艰苦，工作节奏快，要求高，加班变成家常便饭，规章制度也要求得越来越严格，竞争更加激烈，属于个人的空间和时间越来越少。这些变化，都会引发学生角色的冲突，因此大学生在见习期间，为了更好地适应职场，要加强角色学习，适应人际关系和环境变化，提升角色技能，才能顺利实现由大学生向职业人的角色转变。

概括地讲，应届大学生要想取得工作成绩，并在获得领导的肯定、同事的认同，可以从三个层面展现和提升。

1. 要善于展现自己的学识

大学生经过多年的培养，具备一定的专业知识，而且大学里接触的都是最新的知识，所以会受到同事的青睐和尊重，因此也会使一些大学生与新同事之间产生一定的陌生。因此，见习期的大学生要表现出随和与谦虚，尊重同事，在适当的时候适度展现自己的知识和技能。

充分利用工作之余的娱乐时间，积极参与到与同事的交流中，在交流中加强同事之间的了解，表明自己的人生观、世界观和价值观，缩短与同事间的距离。

对于内向的学生来说，要对内向有正确的认识。一般认为，内向者不善于表达，根据心理学家荣格的学说，内外向是指"注意力的指向"，与表达无关。内向者更关注自己的内心世界，如自身的思想、情感；外向者则把心理能量指向外在环境和他人。大学毕业生应从个人特点和岗位要求两方面入手考量，清楚地回答："我的行为风格是什么？"。在准确认识自己的兴趣、价值观和准备程度后，再结合工作岗位的要求，可以利用工作机会，特别是当同事在工作中遇到麻烦时，以谦虚诚恳的态度从理论上提出自己的见解，一起商讨，一起解决问题，进而发挥自己的知识优势。

2. 要树立工作的责任意识

每一个大学生都希望在工作岗位上取得一番成就，都对未来有着美好的憧憬，但是，大学生在走向工作岗位的时候，一般都是从事最基础性的工作，甚至是打杂等没有任何技术含量和知识含量的工作，从最简单的事情做起，往往这些不符合大学生的心理预期。其实作为大学生要充分认识到，基础性工作或辅助性工作是建立一个人职业品牌的最根本途径，单位通过考察一个新员工的表现来确定新员工的可信任程度，了解新员工的基本技能和工作态度，进而在见习期结束时为新员工定岗定编。但是，有部分大学生认为自己没有被重用，自己的美好时光不应该浪费在鸡毛蒜皮的小事上，工作不愿意做，没有足够的工作热情，这些都是不成熟的表现，是不负责任的表现，对个人的成长有百害而无一得。因此，应届大学生在见习期，无论岗位分工如何，无论工作价值高低，都要以饱满的热情投入到工作中去，以高度的责任心和饱满的热情圆满完成领导交办的任务。

3. 要培养实事求是的工作作风

因为时代的因素和其他多种原因，大学生具有较强的自我意识和自尊心，希望在工作岗位上能快速展开工作，独当一面，建功立业。有这种想法，说明大学生积极上进，但由于实际工作经验的缺乏，工作中还是难免出现失误。失误很正常，但最重要的是要能实事求是地认识到工作中的不足，正确认识工作中的错误。更要避免眼高手低，要勇于向领导和同事承认自己的错误和不足，勇于开展批评与自我批评，更要勇于承担责任，对领导安排的工作无论工作大小、无论轻重都要认真对待。见习期的工作可以反映新员工的素质和技能高低，对转正成为正式员工至关重要。事实证明，许多优秀的人才都是在见习期间展露自己的才华，最终被单位发现并在以后的工作中成就斐然。

四、职业角色转换的常见问题

应届大学生从学校走向职场，由一个学生身份转变为员工身份，身份不同、角色不同，要求不同，行为方式也就不会相同，但应届大学生面对角色转换，由于社会因素、家庭教育、个人能力、思想认知、情感因素等原因的影响，往往会出现新旧角色的冲突。正确认识新旧角色，迅速完成角色转换，完成由学生到职业人的跨跃，是每一个应届大学生必须面对的难关。在这个跨跃过程中，要正确处理下面几方面的问题：

（一）对学生角色的依恋

人的行为方式和思维方式受过往习惯的影响，当环境出现变化，大部分人都会有一些不适应。应届毕业生经过十多年的学生生涯，对学生角色体验深刻，已经形成了固定的思维和行为习惯。进入工作场所后，大学生的思维方式和行为方式并不会随着环境的改变而马上发生改变，会以学生时代的行为和思维方式看待问题和处理问题，以学生角色规范行为和分析处理事物。当再出现冲突时，容易出现对学生依恋情绪。

（二）对职业角色的恐惧

第一次走近职场，面对新同事、新环境，出现的是不同于以往的工作方式和要求，面对困难和无序时，许多大学生不知道应该从什么地方入手，不知道如何应对复杂的人际关系，不知道如何将所学知识运用到工作中去，害怕出现问题，害怕承担责任，害怕上司与同事的不满，害怕造成不良的影响，一切的一切，造成新人不能放开手脚工作，也就得不到成长和锻炼。

（三）主观思想上的自傲

部分大学毕业生对自身和工作认识不足，认为自己接受了高等教育，有学历、有能力，是不可多得的人才，应该在重要岗位承担重要工作。因而看不起基层员工，看不起基层岗位，认为到基层工作是大材小用，是浪费人才，是有失身份。导致基层工作做不好，琐碎工作不好好做，最后得不到公司和领导的认可，耽误了个人美好前程。

（四）客观工作上的浮躁

部分应届大学生刚刚参加工作，就急于表现自己，希望做出点成绩，这就表现得一些不踏实的浮躁作风。要知道，一项工作要做出成绩决定因素有很多，客观环境、个人能力、资源状况，而这些因素，大学生不可能完全具备，所以就可能出现情绪波动，不能踏踏实实在本职岗位上深入研究，进而了解工作性质，通过持续不断的努力和重复锻炼自己的专业技能和形成自己的独有的工作技巧。或者产生畏难情绪，通过不断调动工作岗位来逃避现实，最后认为单位有问题，不能给自己合适的岗位，如果这样的话，不管什么工作单位、什么工作岗位都不合适，最终只能是一事无成。

五、职业角色转换的关键原则

角色转换是一个艰苦而长期的过程，需要坚持不懈的努力。同时，在学生角色向职业角色转换的过程中需要注意以下 4 条关键原则。

（一）热爱本职工作，培养职业兴趣

许多时候，我们所说的兴趣只是表面的好奇，或者浅薄的兴趣，没有能力支撑的兴趣不会有成就，没有成就支撑的兴趣不会长久。应届大学生刚刚走上工作岗位，对未来有无限的憧憬，对一切都感到好奇，有强烈的探索欲望。作为新人，许多大学生会压抑自己的探索欲望，害怕失败。要知道，只有探索才会成长，只有探索才会进步，只有探索才能发现自己的不足，只有探索才能有所成就，只有成就才能激发更大的行动，才能形成职业兴趣。

（二）虚心学习知识，提高工作能力

应届大学毕业生通过大学的学习，掌握了一定的知识和技能，但知识宽泛而专业度不足，理论系统但操作性不足，同时，现代科技进步发展迅速，新知识层出不穷，知识老化速度很快。要求应届大学生在新知识的更新、知识技能、专业性、操作性上投入更多的时间和精力。在工作实践中不断学习、向领导学习、向工程技术人员学习、向老员工学习、向同行学习，通过实践操作锻炼和提高，丰富专业知识，提升专业技能。

（三）勤于观察思考，善于发现问题

工作就是完成任务，完成任务就是解决工作中各种各样的问题，通过学习和实践，学会观察问题、分析问题和解决问题的方法，运用自身掌握的知识研究工作规律，培养独立思考能力，努力解决问题。

（四）勇挑工作重担，乐于无私奉献

应届大学毕业生第一次工作，其主要目标就是尽快提高自己的专业能力和综合素养，能力的培养只有在工作中，只有在实践中，只有在克服困难的过程中得到提升。通过承担责任，解决问题，突破个人舒适圈，扩大个人能量圈，更好地实现从学生到职业人的跨越和转换。

第二节　准备，赢得一切

一、做好角色转换的准备

（一）尽快度过职场适应期

每位学生从学校走向职场，都要经历"职场适应期"。有的学生在短期内不能适应工作环境，不能很快进行角色转换，在很多时候的表现比较学生气。这时还不能称之为真正的职业人士。

步入社会后，每个人都是这个社会大机器中不可或缺的组成部分，作为即将步入职场的学生来说，应尽快适应社会人这个新身份，使自己能够快速融入社会。上海职业介绍松江分中心的朱美忠老师建议，应届大学毕业生如想缩短融入期，应从以下几个方面做准备：1.心理准备。大学生无论在校期间有多少光环，毕业之后初入职场大多从最基层岗位着手做起，一定要学会蛰伏，切勿眼高手低；2.做事要积极主动，切忌眼高手低。在工作中不断地积累工作经验，为自己的职业生涯良性发展打下坚实的基础。

（二）努力找到职业契合点

踏入职场的那一刻开始，就已经从学生转换成一名社会人，在校形成的许多生活习惯都得随之改变。或许在校期间喜欢睡到自然醒，上课经常迟到，这些并不会带来什么严重后果，可是步入职场之后，每一个细微的失误都可能错失一次绝好的机会，带来意想不到的严重后果。

和很多应届大学毕业生沟通，有些人有这样的困惑：自己在入职前也做了相应的准备，可是为什么入职后仍感觉无所适从、力不从心呢？尤其是感觉所学专业与所服务的岗位之间找不到一个契合点。其实这与学生涉世未深有关，容易将事情看得简单化、理想化，过分乐观估计了自己对新岗位的认知。对岗位的认知仅从书本上去理解，这是远远不够的。理论与实践是两码事，由此产生的困惑、不解、甚至对自己所选择的道路产生怀疑，不免会产生失落感。

避免以上情况的发生不是没有办法，第一，明确自己的社会定位，即"我该做什么？"。第二，明确职业定位，就是要"怎么做？"有了明确的目标之后，积极主动的面对工作中遇到的各种琐碎之事，分清主次，并逐渐形成良好的习惯。

（三）不断调整理想与现实的距离

第一份工作对于应届大学毕业生来说影响是深远的，从所谓的象牙塔出来并怀揣着理想乌托邦的思维定式。然而理想与现实总是有差距的，现实情况是不断增加的就业压力，甚至找一份专业对口工作的几率都成为奢望，让很多人心情一落千丈，接受起来很是困难。理想在现实面前低头，失去奋斗的目标、奋斗的动力，只感觉理想高不可攀，遥不可及，因此情绪跌倒谷底。

当务之急是要把理想与现实之间搭起一座桥梁，让理想照进现实，即把理想转化为职业目标，并出具行之有效的方式方法，去实践职业目标。但是搭桥是有技巧的，需结合自身情况选择一条最适合自己的道路，加快职业目标实现进程，进而实现职业理想。

（四）学会适应及处理复杂的人际关系

新到一个公司，崭新的生活方式、陌生的社会环境、复杂的人际关系，都让他们感到不习惯。没有耐心去思考一些细节上的问题，因此，难以适应、四处碰壁。

初入职场，应揭掉自我的标签，贴上低调做人的标签。90后的一代是个性张扬的一代、是彰显自我风格的一代、是追求与众不同的一代。在这样一个时代特性下，很多应届大学毕业生把工作岗位想象成一个我型我秀的舞台。但工作毕竟只是工作，刚迈入工作岗位的大学生们一定要低调做人，少说话、多做事，尽快熟悉公司的人际关系网，并找到接入点融入这个大家庭中。要锐于胸中，和气浮脸、义施于人、才见于事。对上司更是要以尊重为第一原则，对同事关系并多予理解、帮助，对朋友要有事没事打个电话，勤于沟通联络。要想应对职场复杂的人际关系，避免摩擦，学习基本礼仪也是融入环境的有效手段之一。职场有职场的规则，身处其中、一言一行，一举一动都要符合职场要求。在职场中失礼会成为众人关注的焦点，并给人留下一个不懂礼的不良印象，所以对于很多人，尤其是应届大学毕业生来说，礼仪是步入职场前的必修课，免得在职场中亡羊补牢。

（五）理论联系实际，向多角度、多方位应用型人才转换

到了工作岗位后，不像在学校里，学习都是系统理论，理论都有教科书，有老师讲解，有人答疑解惑。上岗后没有人告诉你应该学习哪门，应该学习什么，更不会有人义务在旁为你答疑解惑。很多人不知所措，做事没有了目标和方法，或是偏离了目标，不知道从哪儿入手。其实工作中知识积累全靠平时自己实际动手、练习中培养和探索中来的。

其实为了帮助应届大学毕业生尽快了解公司、融入公司，企业一般都会对新入职员工进行入职培训，在培训中要像块海绵一样，尽可能多的多学多看，不懂就问，虚心请教那些有工作经验的人，切忌不懂装懂，让人啼笑皆非。放下姿态，以谦虚的态度请教别人，你会发现，每个人身上都有很多值得挖掘的闪光点，在不断的请教、学习、实践中既能取得进步，还可以潜移默化的建立良好的人际关系，把自己融入到集团中，可谓一举两得。

（六）转变生活节奏、尽快适应紧张的工作模式

从小在家娇生惯养、备受家里呵护、可谓温室里的花朵一下子被迫进入职场、面对紧张的职场环境、尤其受到时间、规章制度的约束，肯定会感到浑身不自在。下意识地迟到、早退、请假成了家常便饭，总想着放假或是找个借口请假去外面的世界看一看。

每当新员工进入单位都会为公司带来新的活力、新的生机，同时也会产生一些新的问题。除了工作能力外，应届大学毕业生还要具备实干精神，不但能够出色完成本职工作，还要承担起自己不愿意做的工作。能否学会妥协，学会委曲求全，学会承担起自己不愿意承担的事情是一个人成熟的标注，也是他个人将来会不会在本专业领域有所建树的主要因素。

（七）从浮躁的心态向理性的工作转换

新进企业，企业会留给大学生一定的时间和机会来与企业磨合、来积累工作经验、来让大学生成长并具备核心竞争力。但大学生不能以此为借口不努力，越是这样，我们越是要从浮躁的心态中走出来，越努力越幸运，让自己尽快成为符合企业要求的人才。

重视实习经验，实习阶段是一个大学生走向社会的阶梯，如果实习时谦虚谨慎、好学上进、勤奋刻骨，把理想落于实处，树立应有的责任观、兢兢业业地对待实习经历，最后留在实习单位的可能性很大。因为企业更看重的是胜任力模型冰山下的、那些隐藏起来的"可发展基因"。但现实情况是很多应届大学毕业生在实习时敷衍了事，这山望着那山高，领导布置的工作也不能及时完成，还总想搞点小聪明，结果到头来竹篮打水一场空。

（八）从家长呵护向自我保护转换

一般来说，应届毕业生的第一份工作经验是刻骨铭心的，它会给之后的职场产生固化思维，形成固定心理，进行影响到职业规划和职业心态。因此切忌不可以选择一个自己根本不了解的公司，这是一种冒险，更是一种对自己不负责的行为。在进入公司前，需了解自己相关权益，是否缴纳保险、是否提供应有的福利，这些往往要靠应届生自己去选择、去判断。切不可迫于压力或是比较心理而匆匆签下一个自己并不满意的公司或是自己并不满意的岗位。

作为一个具有独立行为能力的个体，应届大学毕业生应学会在社会中保护自己，特别是一些用人单位的制度还不够完善时，侵犯了自身权益，要懂得拿起法律武器为自己维权。因为我们一旦毕业，就是《劳动法》的保护对象，应学会应对，学会维护自己合法权益。

二、努力去赢得一切

当我们做好从大学生到职业人角色转化的准备，那么接下来需要做的就是通过自己的努力，在工作中不断的提升自己，凭借自己的才华去赢得属于自己的生活与未来。

（一）努力的方向

在工作岗位上，要有意识地培养自己工作岗位所需的各种能力、各种意识，实现学生角色意识与职业角色意识的平稳转换。

1. 立足工作岗位，努力转换意识

（1）独立意识

社会角色与学生角色在社会属性上是不同的，学生角色具备经济不独立性进而导致的社会责任不完整性。而进入职场后，成为社会角色的独立社会人，不仅要实现经济独立，更要在工作上可以独当一面，承担社会责任。

（2）团队意识

实践证明，在社会关联度高度紧密的今天，任何一项大工程的竣工、一项科研项目的完成单靠某个个体的力量很难实现，必须依靠团队，依靠几十个甚至成百上千的人共同努力、通力配合才能完成。这就需要应届大学毕业生培养团队合作意识和协作精神，从大局出发，当个人利益和集体利益发生冲突时，应顾全大局，个人利益服从集体利益，建立和谐的人际关系，实现友好合作环境。

（3）主人翁意识

所谓国家兴亡，匹夫有责。作为企业的一员更是如此，一个人工作的好坏，不仅与自己的前途密不可分，且与单位、部门的兴衰休戚相关。因为大学生应积极参与到企业的生产、管理及决策中，对所在的单位及部门承担起应有的责任，牢固树立主人翁意识，以实现国家繁荣昌盛、民族富强及单位良性发展为第一己任做好本职工作。

2. 坚持学习求教，努力完善自我

（1）提高专业技能

大学生因为在校期间已经接受较系统、较扎实的专业基础知识，所以具备获得专业技能的基础条件。研究数据显示，在大学期间所掌握的知识，30%左右是在工作中能用得上的，70%左右属于备用的知识。所以进入工作岗位后，自己的知识结构与知识量可能不足以支撑自己应对现有的工作，因此，大学生为了更好适应社会角色这个身份，应不断循序渐进、加强学习，不断更新知识、开阔视野，完善自身知识体系，提高工作技能和业务水平，以适应新形势的要求。

（2）提高职场能力

除了根据自身情况需要补充和学习必须的专业知识外，职场能力也是影响大学毕业生工作成就的重要因素。在实际的工作过程中，我们应当树立起充分的自信，学会对自我的情绪管理与调节，培养寻找解决问题方法的能力，用平行思维去判断和梳理所遇到的困难。通过自身在工作实践中的学习与积累，努力提高自身的职场能力，从而获得在工作上的不断进步。

（二）靠努力、实力赢得属于自己的一切

俞敏洪在北京大学的一次演讲中所说："人的一生是奋斗的一生，但是有的人一生过得很伟大，有的人一生过得很琐碎。如果我们有一个伟大的理想，有一颗善良的心，我们一定能把很多琐碎的日子堆砌起来，变成一个伟大的生命。但是如果你每天庸庸碌碌，没有理想，从此停止进步，那未来你一辈子的日子堆积起来将永远是一堆琐碎。"我们应以理想为支点，以努力、实力为杠杆，来实现自己这个独特、绝无仅有的生命。

本 章 小 结

1. 大学生在开始自己的职业生涯之前，应该对自我，对社会，对即将从事的职业进行深入细致认知，作好上岗前的各项准备，顺利地实现角色转换。

2. 从学生到社会人角色转换时应当学会热爱本职工作，虚心学习知识，勤于观察思考，善于发现问题，勇挑工作重担，乐于无私奉献。

课 后 练 习

1. 请简述学生和职业人的区别。
2. 请简述角色转换过程中容易出现的问题并思考应该如何克服？
3. 请谈谈大学生进入职场后，如何尽快度过职业适应期？